2008 年度国家社会科学基金西部项目成果

本书由红河哈尼族彝族自治州公安局、红河哈尼族彝族自治州中级人民法院资助出版

云南哈尼族
传统生态文化研究

黄绍文　廖国强　关磊　袁爱莉　著

The Traditional Eco-culture
Studies on the Yunnan Hani People

中国社会科学出版社

图书在版编目（CIP）数据

云南哈尼族传统生态文化研究／黄绍文等著．—北京：中国社会科学
出版社，2013.6

ISBN 978 - 7 - 5161 - 2727 - 8

Ⅰ.①云…　Ⅱ.①黄…　Ⅲ.①哈尼族—文化生态学—研究—云南省
Ⅳ.①K285.4

中国版本图书馆 CIP 数据核字（2013）第 112775 号

出 版 人	赵剑英	
责任编辑	喻　苗	
责任校对	王晓琳	
责任印制	王炳图	

出　　版	中国社会科学出版社	
社　　址	北京鼓楼西大街甲 158 号（邮编 100720）	
网　　址	http://www.csspw.cn	
	中文域名:中国社科网　　010 - 64070619	
发 行 部	010 - 84083685	
门 市 部	010 - 84029450	
经　　销	新华书店及其他书店	

印　　刷	北京君升印刷有限公司	
装　　订	廊坊市广阳区广增装订厂	
版　　次	2013 年 6 月第 1 版	
印　　次	2013 年 6 月第 1 次印刷	

开　　本	710×1000　1/16	
印　　张	26.75	
插　　页	5	
字　　数	455 千字	
定　　价	78.00 元	

图 1 森林—村寨—梯田和谐的山寨

图 2 错落有致的蘑菇房

图 3　春耕前祭寨神

图 4　祭地神

图 5　波澜壮阔的哈尼梯田

图 6　梯田栽秧

图7 已种植百年历史的梯田高棵稻种

图8 梯田副产品黄鳝制干备用

图 9　哈尼族喜欢鸡蛋拴着卖

图 10　哈尼族长街宴

图 11　哈尼族妇女制作传统生物染料

图 12　哈尼族阿卡女子头饰

目　录

Contents

导　论

一　文化与自然生态

英国哲学家罗素曾说过这样一段风趣的话："人类自古以来有三个敌人，其一是自然（Nature），其二是他人（Other People），其三是自我（Ego）。"① 而被誉为中国学术泰斗的季羡林先生也说："人类自从成为人类以来，最重要的是要处理好三个关系：一、人与自然的关系；二、人与人的关系，也就是社会关系；三、个人内心思想、感情的平衡与不平衡的关系。其中尤以第一个关系为最重要。"② 的确，人与自然的关系是人类繁衍生息、发展演进的永恒主题之一。人类是自然界的一部分，这一基本事实从本体论的意义上规定了人类对自然的恒永依赖性和自然对人类的恒久制约性。整体主义的现代生态学表明，人就是依赖于生态系统之完整性和稳定性的一个物种。正如美国生态经济学家莱斯特·R. 布朗所说的："尽管我们许多人居住在高技术的城市化社会，我们仍然像我们的以狩猎和采集食物为生的祖先那样依赖于地球的自然系统。"③ 人类之所以依赖于地球生态系统，"理由很简单：人是一个生物有机体，它和它赖以生存的其他有机体一样必须服从同样的规律。没有水人会渴死，没有植物和动

---

① 转引自宋蜀华《论文化》，《云南民族学院学报》（哲学社会科学版）1999 年第 5 期。

② 季羡林：《走向天人合一——〈人与自然丛书〉总序》，载余谋昌《文化新世纪——生态文化的理论阐释》，东北林业大学出版社 1996 年版，"总序"第 III 页。

③ ［美］莱斯特·R. 布朗：《生态经济——有利于地球的经济构想》，林自新、戢守志译，东方出版社 2003 年版，第 5 页。

物人会饿死，没有阳光人会萎缩，没有性交人种会灭绝"。①

人类文化便是在与自然生态系统交往的漫漫历程中逐步形成的。"文化"是人类思想史上一个最富诱惑性的概念之一。各个时代、各个学派的学者都会从各自的历史语境、话语系统、认知模式等出发，对文化做出自己的理解，因而对文化的定义也就见仁见智，纷繁多样。美国人类学家 C. Kluckhohn 和 A. L. Kroeber 在合著的《文化：关于概念和定义的探讨》一书中，列举西方世界从 1871 年到 1951 年关于文化的定义就达 160 多种。② 之后对文化的定义仍层出不穷。至今广为学术界认可的是英国人类学家泰勒于 1871 年对文化下的经典性定义："文化，就其民族志中的广义而论，是个复合的整体，它包含知识、信仰、艺术、道德、法律、习俗和个人作为社会成员所必需的其他能力及习惯。"③ 尽管如此，当代西方学者也从未停止在文化定义上的努力。例如，英国学者奈杰尔·拉波特和乔安娜·奥弗林于 1999 年将文化界定为："文化指的是系统协调的整体，是由信仰、知识、价值观念和实践构成的一个稳定共享的体系。"④ 并将文化分为"复数的文化"和"单数的文化"。而美国学者史蒂文·瓦戈则认为："'文化'这个词指的是社会成员共享的一整套知识、信仰、态度和行为规则。"⑤ 然而，诚如奈杰尔·拉波特和乔安娜·奥弗林所指出的："从一开始，人类学就处于对文化一词含义的争论中，近年来关于文化一词的用法的争辩不断，异常激烈。因此，当前，即使站在最为'包容性'的立场上，这一词汇依然十分复杂，以至于无论我们单独采用哪种文化'归类'方法，都会成为交叉火力下的靶心。"⑥

胡潇在《文化的形上之思》一书中对各种文化定义的界定方法进行过考辨，总结出现象描述、社会反推、价值认定、结构分析、行为取义、

---

① ［德］约阿希姆·拉德卡：《自然与权力——世界环境史》，王国豫、付天海译，河北大学出版社 2004 年版，第 22 页。

② 转引自宋蜀华《论文化》，《云南民族学院学报》（哲学社会科学版）1999 年第 5 期。

③ 转引自黄淑娉、龚佩华《文化人类学理论方法研究》，广东高等教育出版社 2004 年版，第 9 页。

④ ［英］奈杰尔·拉波特、乔安娜·奥弗林：《社会文化人类学的关键概念》，鲍雯妍、张亚辉译，华夏出版社 2005 年版，第 79 页。

⑤ ［美］史蒂文·瓦戈：《社会变迁》，王晓黎等译，北京大学出版社 2007 年版，第 191 页。

⑥ ［英］奈杰尔·拉波特、乔安娜·奥弗林：《社会文化人类学的关键概念》，鲍雯妍、张亚辉译，华夏出版社 2005 年版，第 78 页。

历史探源、立体立意、意识解读 8 种方法和思路。① 而尹绍亭先生则认为文化相对论、文化适应论、文化整体论和文化变迁论是"文化的几个最基本的概念"。② 其中，文化相对论是以横坐标的视角，从本文化与他者文化之间的关系上对文化所作的理解，文化整体论是从文化的结构和功能上对文化的认识，文化变迁论是从历时性的、纵向的角度去理解文化，而文化适应论则是"从人类适应的角度去考察研究文化的认识论。适应，是文化的基本特性之一。文化适应主要有生态环境适应和社会环境适应两个方面"。③

　　20 世纪 90 年代以后，学术界日益重视人类文化与生态环境关系的研究。许多学者从人类对生态环境的适应角度去理解文化、界定文化。余谋昌认为："文化是人类适应自然的生存方式。或者，文化是人类在自然界生存、享受和发展的一种特殊的方式。"④ 郭家骥认为："文化是一个民族对周围自然环境和社会环境的适应性体系。"⑤ 任国英认为："人类通过劳动创造了自己的文化，再通过文化求得自己在自然界中的生存和发展，所以就某种意义而言，我们可以将文化看成是人类适应自然的一种手段。"⑥ 余达忠指出："文化作为人类的一种生存方式，本质上体现的是人类对于生态环境的一种社会适应，表达的是人与自然的一种关系，即人类在用文化的方式适应生态环境中建立起了人的世界。"⑦ 杨庭硕等学者在《生态人类学导论》中对文化与生态环境的关系做了较为深入的探讨。其要义包括：

　　其一，文化属性与生态环境紧密相关。文化所具有的单一归属性、功能性、习得性、共有性、稳定性、整体性、能动创新性和相对性 8 种属性中，"文化的单一归属性、稳定性主要与人类的社会生活相关，其余的 6

　　① 转引自张宇丹、魏国彬《文化营销传播论》，《思想战线》2005 年第 5 期。

　　② 尹绍亭：《文化生态与物质文化》（论文篇），云南大学出版社 2007 年版，第 76 页。

　　③ 同上书，第 78 页。

　　④ 余谋昌：《文化新世纪——生态文化的理论阐释》，东北林业大学出版社 1996 年版，第 10—11 页。

　　⑤ 郭家骥主编：《生态文化与可持续发展》，中国书籍出版社 2004 年版，第 7 页。

　　⑥ 宋蜀华、白振声主编：《民族学理论与方法》，中央民族大学出版社 1998 年版，第 324 页。

　　⑦ 余达忠：《现代生态文化的形成、价值观及体系架构》，《三明学院学报》2010 年第 1 期。

种属性与生态环境的运行关系较为直接。"①

其二，生物多样性与文化多元并存相互关联。"生物多样性与文化多元并存，两者相互关联。由于文化自身具有双重性，因而两者的生态价值也必然会相互关联。文化多元并存的水平降低，必然诱发为生物物种多样性的受损，这是人类对生物资源的消费趋于简单化所必然导致的后果。而生物物种多样化水平的降低，又必然导致生态系统的稳态延续能力下降。"②

其三，人类对生态环境的依赖具有永久性。"不管现代科学技术多么发达，都没有改变人类及其社会对地球生命体系的依赖，地球生命体系依然会对未来的人类社会发挥无法替代的重大作用。"③

其四，关于文化适应问题。"文化人类学探讨的文化适应事实上是指民族对所处生态环境的适应，这与生物学中探讨的生物物种对所处环境的适应相似。"④ 文化适应可划分为生物性适应和社会性适应两部分。"文化的生物性适应，是指一个民族针对其所处生态环境做出的人为信息系统创新和社会程序化，目的是使该民族获得高效利用生物资源和无机资源的能力，并在利用的同时确保所处生态系统的稳态延续。""文化的社会性适应是指，作为维系社会存在的人为信息系统，调适于一定时代及其历史积淀下来的社会背景而获得稳态延续能力。"⑤

诚如有的学者指出的，人具有生态本原性，"人类来自于自然，自然是人类生命之源，也是人类永享幸福生活最重要的保障之一"。⑥ 人类与自然间具有血肉般的联结。大自然不仅给人类提供衣食之源，也是人类精神力量的源泉，因而大自然既是人类的"生命家园"，也是人类的"精神家园"，正如亚里士多德所说："古往今来人们开始哲理探索，都应起源于对自然万物的惊奇。"⑦ 正因如此，人类的"文化"从诞生伊始便与"自然"、"生态"紧紧地勾连在一起，须臾不可分离，有学者甚至认为人

---

① 杨庭硕等：《生态人类学导论》，民族出版社 2007 年版，第 41 页。
② 同上书，第 55—56 页。
③ 同上书，第 57 页。
④ 同上书，第 66—67 页。
⑤ 同上书，第 73、75 页。
⑥ 曾繁仁：《试论人的生态本性与生态存在论审美观》，《人文杂志》2005 年第 3 期。
⑦ ［古希腊］亚里士多德：《形而上学》，吴寻彭译，商务印书馆 1959 年版，第 5 页。

类是"一种自然与文化的合成物"。①

二　生态文化与文化生态

20世纪90年代以来，在生态环境问题日益成为全社会高度关注的重大问题的大背景下，学术界提出一种新的学术概念——生态文化。生态文化概念的提出反映了当代人类的一种文化自觉。生态文化研究已逐步成为当今学术研究的一个前沿领域。

学术界对于生态文化的认识和理解并不完全一致，甚至有很大差异，主要有两大类观点。

第一类是将生态文化视为一种人类应当采取的新的文化形态，以区别于以资源破坏和环境污染为代价的传统文化。代表性学者是著名生态哲学家余谋昌。他认为："21世纪人类的选择是从传统文化走向生态文化，建设生态文明社会。"②"生态文化是人类走向未来的选择。它使人类文化发展走向新阶段。在人类文化的新阶段，创造人类新的文化乐园，创造人类更加光辉灿烂的文明。它将为人类创造更多的文化价值，保护和发展自然价值，从而为人类和自然界提供过去无法比拟的福利。"③他还将生态文化放到人类文化的历史长河中进行阐释，认为："人类文化的发展经历了自然文化、人文文化和科学文化三个主要阶段，现在正向生态文化的方向发展。""生态文化是人类文化发展的新阶段。"传统文化是"一种衰退中的文化"，必将被"一种新的上升的文化"——生态文化所取代，"这导致世界历史的一次重大转折，迎来人类新文化的到来"。④郭少棠等认为："但所谓'生态文化'不应是近代以来西方主导下所形成的文化再加上生态的因素，而应是一种建立在对近代西方文化进行彻底反思并吸收人类一切优秀文化在内的、人与环境

① 高长江：《宗教生态学的地方智慧——简论中国民间信仰的生态意识》，载余达忠主编《生态文化与生态批评》第一辑，民族出版社2010年版，第229页。

② 余谋昌：《文化新世纪——生态文化的理论阐释》，东北林业大学出版社1996年版，第28页。

③ 同上书，第151页。

④ 余谋昌：《生态文化是一种新文化》，《长白学刊》2005年第1期。

和谐共存的新'文化'。"① 雷毅认为："工业文化无视人对自然的依赖性，表明它是一种不可持续的文化类型，因此我们的未来不能托付给工业文化。实现人类的持续生存，需要一种新的文化形态来支撑，这种文化应当是能顺应自然规律，促进人与自然协同发展的文化，我们通常用生态文化来表征它。"② 不少学者正是沿着这样的思路去阐释生态文化的，认为工业文明将被一种新的文明形态——生态文明所取代，生态文明是依赖于生态文化所建立起来的一种新的文明，与生态文明阶段相对应的主导文化是生态文化，③ 生态文化是生态文明建设的核心和灵魂，④ 是社会主义先进文化的重要组成部分，⑤ 应把积极建设生态文化作为新时期文化创新的新方向。⑥ 生态文化必将成为社会主义核心价值体系的时代内涵和题中应有之义。⑦

学术界对作为文化新形态的生态文化有多种界定。有的学者对生态文化作广义、狭义之分。余谋昌认为，生态文化有广义和狭义之分，"狭义的理解是，以自然价值论为指导的社会意识形态、人类精神和社会制度；广义的理解是，以自然价值论为指导的人类新的生存方式，即人与自然和谐发展的生产方式和生活方式"。⑧ 柴毅龙认为："广义的'生态文化'，是一种价值观或者也可说是一种文明观。狭义的'生态文化'是指的一种文化现象。"⑨ 陈寿朋、杨立新认为："广义的生态文化是一种生态价值观，或者说是一种生态文明观，它反映了人类新的生存方式，即人与自然和谐的生存方式。这种定义下的生态文化，大致包括三个层次，即物质层次、精神层次和制度（政治）层次。狭义的生态文化是一种文化现象，

---

① 郭少棠、张慕薄、王宪明：《西部大开发中的生态文化建设与可持续发展》，《清华大学学报》（哲学社会科学版）2000 年第 5 期。

② 雷毅：《生态文化的深层建构》，《深圳大学学报》（人文社会科学版）2007 年第 3 期。

③ 陈德钦：《论生态文化与生态文明》，《吉林工程技术师范学院学报》2009 年第 7 期。

④ 陈彩棉：《生态文化是生态文明建设的核心和灵魂》，《中共贵州省委党校学报》2009 年第 4 期。

⑤ 陈俊宏：《弘扬生态文化构建和谐社会》，《人民论坛》2010 年第 1 期。

⑥ 唐彬、梁红：《生态文化：新时期文化创新的新方向》，《理论月刊》2008 年第 9 期。

⑦ 杜明娥：《生态文化：社会主义核心价值体系的时代内涵》，《社会科学辑刊》2010 年第 1 期。

⑧ 余谋昌：《生态文化是一种新文化》，《长白学刊》2005 年第 1 期。

⑨ 柴毅龙：《生态文化与文化生态》，《昆明师范高等专科学校学报》2003 年第 2 期。

即以生态价值观为指导的社会意识形式。"① 卢风也对生态文化做了广义和狭义之分，他说："生态文明是人类的必由之路，生态文明就是广义的生态文化。""狭义的生态文化是以生态价值观为核心的宗教、哲学、科学与艺术。"② 有的学者则未做广义、狭义之分。如雷毅认为："生态文化是以整体论思想为基础，以生态价值观为取向，以谋求人与自然协同发展为宗旨的文化。"③ 余达忠认为："生态文化是以生态价值观为理念的人类的一种全新的生存发展方式，这是生态文化最根本的特征，是生态文化作为一种文化形态与此前所有文化形态的本质区别。"④

另一类则是从人类文明演进的角度，将生态文化视为一个历史范畴或文化的有机组成部分。如中国生态文化协会会长江泽慧认为："广义的生态文化是指人类历史实践过程中所创造的与自然相关的物质财富和精神财富的总和。狭义的生态文化是指人与自然和谐发展、共存共荣的意识形态、价值取向和行为方式等。"⑤ 郭家骥认为："所谓生态文化，实质上就是一个民族在适应、利用和改造环境及其被环境所改造的过程中，在文化与自然互动关系的发展过程中所积累和形成的知识和经验，这些知识和经验蕴含和表现在这个民族的宇宙观、生产方式、生活方式、社会组织、宗教信仰和风俗习惯等等之中。"他进而强调："生态文化应成为生态人类学的一个核心概念和生态人类学研究的一个主攻方向。"⑥ 高建明认为："生态文化是有关生态的一种文化，即人们在认识生态、适应生态的过程中所创造的一切成果。"生态文化自古有之，其组成部分主要包括生态知识、生态精神、生态产品、生态产业、生态制度等。⑦ 王玉德认为："生态文化是有关生态与文化关系的文化"，具体涉及生态对文化的影响、影响生态的文化、区域生态文化圈的特点和比较、生态文化的发展轨迹等 4

① 陈寿朋、杨立新：《论生态文化及其价值观基础》，《道德与文明》2005 年第 2 期。

② 卢风：《论生态文化与生态价值观》，《清华大学学报》（哲学社会科学版）2008 年第 1 期。

③ 雷毅：《生态文化的深层建构》，《深圳大学学报》（人文社会科学版）2007 年第 3 期。

④ 余达忠：《生态文化的形成、价值观及其体系架构》，《三明学院学报》2010 年第 1 期。

⑤ 江泽慧：《大力弘扬生态文化　携手共建生态文明——在全国政协十一届二次会议上的发言》，《中国城市林业》2009 年第 2 期。

⑥ 郭家骥主编：《生态文化与可持续发展》，中国书籍出版社 2004 年版，第 8 页。

⑦ 高建明：《论生态文化与文化生态》，《系统辩证学学报》2005 年第 3 期。

个方面。①

从历史角度加以认识的生态文化显现出作为一个文化学学术概念的鲜明特征，因而可以对生态文化做多种划分。从历时性的角度，可分为传统生态文化和现代生态文化，王玉德、张全明等著的《中华五千年生态文化》②便是对中国传统生态文化较为深入系统的研究成果；从分布区域看，可分为中国生态文化和区域生态文化；从民族构成看，可分为汉族生态文化和少数民族生态文化，少数民族生态文化又可细分为藏族生态文化、纳西族生态文化、哈尼族生态文化……；从文化结构上看，可分为生态物质文化、生态制度文化、生态观念（精神）文化；从生产形态上，可分为采集狩猎生态文化、游牧生态文化、农业生态文化……；从学科领域看，可分为生态哲学文化、生态伦理文化、生态科技文化、生态文艺文化、生态宗教文化……；等等。

文化生态则是与生态文化具有不同内涵的学术概念。柴毅龙认为文化生态有广义和狭义的区别，所谓广义的文化生态"是指影响文化产生、演进的自然环境、科学技术、经济体制、社会组织以及价值观念体系等变量构成的整个文化生态系统"。它"首先是一种世界观，或也可以说是一种文化观，是一种文化的生态学"。而"狭义的文化生态，主要是指精神文化与外部环境（自然环境、社会环境、文化环境）以及精神文化内部各种价值体系之间的生态关系"。③高建明认为："所谓文化生态是借用生态学的方法研究文化的一个概念，是关于文化性质、存在状态的一个概念，表征的是文化如同生命体一样也具有生态特征，文化体系作为类似于生态系统中的一个体系而存在。"④李学江认为，文化生态是指文化的生成、传承、存在的生态状况。文化具有生态性，具体体现在：文化生成的生态性、文化传承和传播的生态性、文化存在的生态性。⑤

可见，生态文化与文化生态是两个不同的学术概念，具有不同的含义，二者不应混淆。柴毅龙认为："'生态文化'论的侧重点在'文化'上。如果以'生态文化'为核心概念建立'生态文化学'，那么，其重点

①　王玉德：《生态文化与文化生态辨析》，《生态文化》2003 年第 1 期。

②　王玉德、张全明等：《中华五千年生态文化》，华中师范大学出版社 1999 年版。

③　柴毅龙：《生态文化与文化生态》，《昆明师范高等专科学校学报》2003 年第 2 期。

④　高建明：《论生态文化与文化生态》，《系统辩证学学报》2005 年第 3 期。

⑤　李学江：《生态文化与文化生态论析》，《理论学刊》2004 年第 10 期。

应是一种'文化学'研究，其学科应属'文化学'的分支。如果以'生态文化'为核心，建构一种思维方式，或者说，将'生态文化'首要的看作一种价值观，那么，它实质上是人类在遭遇了环境问题压迫后所做出的新的文化选择。这就是说，人类试图通过创造一种'生态文化'，或者说'生态文明'来解决人与自然的冲突和矛盾。不同的是，'文化生态'论的重心是在'生态'上。它是用生态学的思维方式来阐释人类及其文化问题的。……'文化生态'论者实质上是把整个人类文化看作一个生态大系统。"①

三 民族生态文化的学理辨析

（一）民族生态文化的界定

学术界对民族生态文化②的界定尚处于草创和起步阶段。有的学者对某一特定民族的生态文化作界定。如南文渊曾对藏族生态文化做过较深入的研究，他指出，如何在脆弱而有限的自然环境中生存，是藏族自古以来一直面临着的重大问题，"对这个问题的思考与解决，形成了藏族关于宇宙、自然、人生的基本观念和生活方式。我们将此称为藏族生态文化"。③有的学者界定的是"生态文化"，但因其研究对象主要是少数民族，因而可视为民族生态文化。如郭家骥指出："全球各地少数民族和土著居民传统的生产生活方式中，迄今仍然存活着许多与特定的生态环境相适应、与当代可持续发展理念相吻合的生态智慧和生态知识，这些与生态环境密切相关的地方性知识，便构成各民族的生态文化。"④ 喻见认为："贵州少数民族传统的生态文化是保护自然、热爱自然、合理利用自然的文化。"⑤

---

① 柴毅龙：《生态文化与文化生态》，《昆明师范高等专科学校学报》2003 年第 2 期。
② 民族生态文化也有广义和狭义之分，广义的民族生态文化包括以华夏民族为主体的中华传统生态文化和少数民族生态文化，狭义的民族生态文化特指中国少数民族生态文化。在本书中，我们论述的是狭义的民族生态文化。
③ 南文渊：《藏族生态文化的继承与藏区生态文明建设》，《青海民族学院学报》（社会科学版）2000 年第 4 期。
④ 郭家骥：《生态文化论》，《云南社会科学》2005 年第 6 期。
⑤ 喻见：《贵州少数民族地区生态文化与生态问题论析》，《贵州社会科学》2005 年第 3 期。

迄今对民族生态文化做出较明确而完整的界定的学者是何明。他认为，中国少数民族生态文化，"即中国少数民族社会所特有的尊重自然与保护环境的物质技术手段、制度措施、生产生活方式、思想观念、价值体系的总和。按照文化学的内容分类，主要包括以下三个方面：第一是维护生态平衡、保护自然环境的物质生产手段和消费方式，换言之，是既实现社会价值为社会提供足够的产品，又保护自然、保证人与自然'双赢'的生产方式和消费方式；第二是维护生态平衡、保护自然环境的社会结构、社会机制、社会规约和社会制度；第三是尊重自然、爱护自然、亲近自然的思想情感和价值体系"。[①]

综合学术界已有的论述，我们对民族生态文化做如下界定：民族生态文化是中国各少数民族在与自然生态环境交往的漫漫历程中，以特有的生态观、文化观和宇宙观为指导，以调适生态与文化之间的关系、寻求人与自然和谐共存为落脚点和归宿而形成的生态物质文化、生态制度文化、生态观念（精神）文化的总和。民族生态文化是民族文化的有机组成部分，对民族文化的传承和演进具有重要作用。

这样的界定意欲突出民族生态文化的几个基本要点：

其一，民族生态文化是经历了一个漫长历史过程逐步积累而成的文化，是历史的产物。正因如此，我们在考察民族生态文化时，必须以一种历史的眼光看问题，回复到传统社会特有的文化背景、话语体系、思维方式和文化观念中，认真梳理在多样化的自然生态环境、多样化的生计模式和经济形态中形成的丰富多彩的民族生态文化。

其二，少数民族具有独特的生态观。这种生态观并非建立在"科学"的、"现代"的生态学的基础上，而是奠基于一种蕴含独特智慧的"本土生态知识"的基础上。"本土生态知识是指特定民族或特定地域社群对所处自然与生态系统做出文化适应的知识总汇，是相关民族或社群在世代的经验积累中健全起来的知识体系。这样的知识体系总是直接或间接地与该民族所处的自然与生态环境相关联，担负着引导该民族成员生态行为的重任，使他们在正确利用自然与生物资源的同时，又能精心维护所处生态系

---

① 廖国强、何明、袁国友：《中国少数民族生态文化研究》，云南人民出版社 2006 年版，"导论"第 7 页。

统的安全。"① 本土生态知识与普同性生态知识相对应，相应地，各民族的生态观与普同性生态观相对应。"生态观是指人们对自己所处的自然、生态系统之间关联性的判断和态度。"② 大量田野调查表明，许多本土生态知识"不仅准确、精当，而且具有不容置疑的科学性和合理性，但却披上了一件似乎永远抹不去的宗教信仰外衣"。③ 因而这种生态观是"科学"与"信仰"、"宗教"、"巫术"的有机结合体，它深刻影响着相关民族的思想和意识，指导和引领着该民族成员的生态行为，对民族生态文化的产生、演进和传承产生重要影响。

其三，少数民族独特的文化观和宇宙观是民族生态文化演进发展的又一重要指导思想。在传统社会中，中国许多少数民族秉持的是人文生态系统与自然生态系统相互依存、共生共存的整体文化观和人、神与自然为一体的宇宙观，在对人与自然关系的认识上有其特定的认知范式，这种认知范式的核心是人类与自然万物"同源共祖"，在他们的观念中，人类与自然万物是同母所生或同父异母的兄弟姐妹，是亲密的亲人和伙伴，人类与自然都不是世界的中心，真正的中心是超越和凌驾于人类和自然之上的、冥冥之中主宰人类和自然命运的一种神秘而又无处不在的"力量"，其化身是用现代汉语话语系统表述的"神灵"。人类与自然万物的关系不是"主人"与"臣子"的关系、征服与被征服的关系，而是一个互为主客体的有机体。④ 正是在这样的文化观和宇宙观的指导下，中国许多少数民族形成了独具特色的生态文化。

其四，民族生态文化是以调适生态与文化的关系、寻求人与自然和谐共存为落脚点和归宿的文化，换言之，民族生态文化研究的是少数民族在调适生态与文化的关系、寻求人与自然和谐共存的过程中形成的生态智慧和生态知识。从人与自然的关系来看，人类文明史上大致有两种文明模式，一种是以掠夺自然资源、破坏生态环境为代价的"自掘坟墓型"文明，如两河流域的巴比伦文明，印度河流域的哈巴拉文明，中美洲的玛雅文明等；另一种是谋求人与自然和谐共存的"可持续型"文明，如绵延

---

① 杨庭硕、田红：《本土生态知识引论》，民族出版社 2010 年版，第 3 页。

② 同上书，第 5 页。

③ 同上书，第 44 页。

④ 详见廖国强《生态哲学：从"实体中心论"走向"虚体中心论"——以中国少数民族生态文化为视点》，《思想战线》2010 年第 5 期。

五千年从未中断的中华文明以及中国许多少数民族文明。前者是"反面的历史之镜",后者是"正面的历史之镜"。民族生态文化研究的是"正面的历史之镜",以期让这面镜子照亮当下、启示未来。

其五,关于民族生态文化的结构问题。我们按文化人类学界颇为流行的关于文化的三分法,① 将民族生态文化分为生态物质文化、生态制度文化和生态观念(精神)文化,这样的划分与何明对民族生态文化主要内容的概括相对应:其概括的第一方面相当于生态物质文化,第二方面相当于生态制度文化,第三方面相当于生态观念(精神)文化。这样的划分既是基于民族生态文化的内涵和性质,也是出于研究之便。事实上这三类文化绝非相互孤立的,而是紧密联系、互渗互融的,在其功能的有机联系中体现出文化的整体性。

其六,民族生态文化是民族文化的一个子系统。如前述及的,人类文化就是在处理人与自然、人与他人、人与自我这三大关系中逐步形成的,从这个意义上讲,人类的文化可以分为"处理人与自然关系的文化"、"处理人与他人关系的文化"和"处理人与自我关系的文化"三大类。民族生态文化就是"处理人与自然关系的文化",因而是民族文化的有机组成部分。

(二)民族生态文化与生态文化的区别与联系

如前所述,学术界对生态文化主要有两种认知理路,一种是将生态文化作为一种新的文化形态,一种是将生态文化作为一个历史范畴。从后一种生态文化看,民族生态文化是一个下属概念,犹如"文化"与"民族文化"一样,没有可比性。我们在此比较的是民族生态文化与作为文化新形态的生态文化(以下简称生态文化)。

两者之间的区别主要表现在:

其一,民族生态文化是一种"已然"的文化,而生态文化是一种"应然"的文化。如前所述,民族生态文化是一种历史形成的文化,或者说,是一种曾经存在或仍然存在的文化,而生态文化则是当下学者在反思

① 如李亦园认为,文化在结构上可以划分为物质、制度和精神三个层面,详见李亦园《田野图像——我的人类学研究生涯》,山东画报出版社 1999 年版,第 72 页。容观琼也持同样的观点,详见容观琼《人类学方法论》,广西民族出版社 1999 年版,第 45 页。

现代社会深刻危机过程中构建出来的文化，是一种人类应当拥有的新型文化或是文化发展的新阶段，"生态文化的产生意味着人的价值观念的根本转变"。①

其二，民族生态文化是文化的一个有机组成部分，而生态文化是一种文化类型，既与传统文化或工业文化相对应，又与自然文化、人文文化和科学文化相对应，从这个意义上，有人将21世纪称为生态文化时代。

其三，民族生态文化是建立在本土生态观的基础上，而生态文化则是建立在"科学"的生态价值观的基础上。有学者认为，生态价值观"是生态文化形成和发展的基础所在"，② 而"生态价值观是现代生态科学发展的产物"。③ 因而民族生态文化往往带有浓厚的宗教信仰的油彩，而生态文化则是"科学"的、普世性的，有学者甚至将之视为"全球化的普世主义文化"。④

但两者之间又有深刻的联系。生态文化作为一种自觉的文化形式，既来源于对现代社会的深刻反思，又来源于对有史以来人类文化遗产的批判继承，其中就包括对民族生态文化的批判继承，因而从这个意义上讲，可将民族生态文化与生态文化的关系视为"源"与"流"的关系。例如，许多学者均将生态价值观视为生态文化的指导思想，而"生态价值观是根据现代生态科学研究成果，重新反思、审视人类文明形态而建立起来的观念，其核心就是将人和人类社会都纳入自然生态系统中，建立一种全新的人与自然的关系——生态系统中的一切事物都是互相依存关联的，人是自然生态系统的一部分，既不在自然之上，也不在自然之外，而是在自然之中，人的生存发展依赖于自然，人必须遵循自然，别无选择，人与自然的和谐相处，是人和人类社会发展进步的前提"。⑤ 尽管系统化、学理化的生态价值观形成于20世纪后期，但其思想源头却十分悠长和多样。中国许多少数民族的生态观便是其源头之一。在中国许多少数民族的观念中，人与自然是一个不可分割的整体，人类并非天生就是自然万物的主宰，而只是自然共同体中的一员。人与自然不仅是资源关系，更是根源关

① 王丛霞：《生态文化：科学与人文走向融合的文化》，《长白学刊》2005年第4期。
② 陈寿朋、杨立新：《论生态文化及其价值观基础》，《道德与文明》2005年第2期。
③ 余达忠：《生态文化的形成、价值观及其体系架构》，《三明学院学报》2010年第1期。
④ 李学江：《生态文化与文化生态论析》，《理论学刊》2004年第10期。
⑤ 余达忠：《生态文化的形成、价值观及其体系架构》，《三明学院学报》2010年第1期。

系。自然孕育了人类，养育了人类，自然是人类的母亲。① 因而，生态文化的所谓"构建"，如果离开了包括民族生态文化在内的众多"流头"的滋养，就会成为无源之水、无本之木。

四　民族生态文化研究概述

20 世纪 90 年代以来，随着生态文化这一学术概念的流行和生态文化研究的深入，一些学者将生态文化概念引入民族文化研究中，对民族生态文化展开多学科、多层面、多视角的研究。在涌现大量学术论文的同时，相关研究专著也陆续面世。2002 年，南文渊的《高原藏族生态文化》②出版，这是国内第一部对某一特定民族生态文化进行系统研究的专著。2004 年，郭家骥主编的《生态文化与可持续发展》③ 出版，书中除了对生态文化做了进一步阐释外，还辟专章，对藏族、纳西族、白族、彝族、傈僳族、普米族、独龙族、拉祜族、怒族、基诺族、景颇族、德昂族等12 个云南少数民族生态文化做了探讨。2006 年，廖国强、何明、袁国友合著的《中国少数民族生态文化研究》出版，"这是迄今第一部系统研究中国少数民族生态文化的学术著作"。④ 2007 年，宝力高编的《蒙古族传统生态文化研究》⑤ 出版，成为第一部系统研究某一民族生态文化的论文集。民族生态文化研究日益受到重视。下面我们从生态物质文化、生态制度文化、生态观念（精神）文化三个方面，对学术界的相关研究成果做一简要介绍。

（一）生态物质文化研究

中国少数民族在历史上创造出多种生产形态，主要有山地刀耕火种农

① 廖国强：《朴素而深邃：南方少数民族生态伦理观探析》，《广西民族学院学报》（哲学社会科学版）2006 年第 2 期。
② 南文渊：《高原藏族生态文化》，甘肃民族出版社 2002 年版。
③ 郭家骥主编：《生态文化与可持续发展》，中国书籍出版社 2004 年版。
④ 廖国强、何明、袁国友：《中国少数民族生态文化研究》，云南人民出版社 2006 年版，第 202 页，"鉴定结论"。
⑤ 宝力高编：《蒙古族传统生态文化研究》，内蒙古教育出版社 2007 年版。

业、坝区稻作农业、梯田稻作农业、林粮兼作型农业、游牧业等。每一种生产形态都蕴含着丰富的生态文化。

关于刀耕火种农业，尹绍亭做了长期深入系统的研究，先后出版了《一个充满争议的文化生态体系——云南刀耕火种研究》①、《森林孕育的农耕文化——云南刀耕火种志》②、《人与森林：生态人类学视野中的刀耕火种》③ 等。尽管尹先生是从人类生态学或生态人类学的视角来研究刀耕火种的，但其所揭示的刀耕火种对山地森林环境的适应性和独特的技术体系（如有序轮歇耕作制），却可归入民族生态文化的范畴。有的学者从民族植物学的角度对刀耕火种进行研究。如许建初《从社区林业的观点探讨西双版纳刀耕火种农业生态系统的演化》认为，刀耕火种不仅仅是一种简单的生产活动，而是一种复杂的森林资源利用和土地资源管理的形式，是"生态、经济和社会文化功能的有机结合"。④ 廖国强将刀耕火种农业中的生态文化总结为三个方面：一是在维系生态整体稳定性的前提下的适度开发；二是实行有序的垦休循环制，保护性地利用自然；三是保护自然植被和人工造林。⑤ 诸锡斌、李健的研究表明，时至今日，刀耕火种生产方式仍具有生命力，根本原因之一就是刀耕火种耕作方式蕴含着朴素而深刻的生态智慧。⑥

以傣族为代表的坝区稻作民族，在长期的生产实践中同样创造出一套生态调适机制。何新华、徐为山对西双版纳傣族农林生态结构多样性保护与持续发展进行研究，认为傣族"在合理保护利用生物资源的长期实践认识中，逐步地产生和发展了与大自然和谐相处的民族生态意识，形成了人类—生物资源—生态环境三者之间的有机协调发展，并在生物、时空和技术三维结构的良性生态循环过程中，创造了一个较为理想的农林生态系

---

① 尹绍亭：《一个充满争议的文化生态体系——云南刀耕火种研究》，云南人民出版社1991 年版。

② 尹绍亭：《森林孕育的农耕文化——云南刀耕火种志》，云南人民出版社 1994 年版。

③ 尹绍亭：《人与森林：生态人类学视野中的刀耕火种》，云南教育出版社 2000 年版。

④ 许建初：《从社区林业的观点探讨西双版纳刀耕火种农业生态系统的演化》，《生态学杂志》2000 年第 6 期。

⑤ 廖国强：《云南少数民族刀耕火种农业中的生态文化》，《广西民族研究》2001 年第 2 期。

⑥ 诸锡斌、李健：《试析农业现代进程中的少数民族传统耕作技术——对云南和山地少数民族刀耕火种的再认识》，《科学技术与辩证法》2004 年第 2 期。

统多元组合结构模式"。① 郭家骥所著《西双版纳傣族的稻作文化研究》②
对傣族稻作农业中蕴含的生态文化多有论及，如休闲肥田制度。高立士根
据多年的实地调查，完成《西双版纳傣族传统灌溉与环保研究》，书中阐
述了傣族在处理人与自然关系上的淳朴生态观，认为"傣族传统农业生态
系统以'垄林'—坟林—佛寺—园林—竹楼庭园林—人工薪炭林—经济植
物种植园林—茶园—鱼塘—水稻田组成"，③ 并对傣族别具一格的传统水
利灌溉系统进行了深入探讨。高先生的这一研究成果，既"可以看作中
国民族生态学第一本实例著作"，④ 又可以看作民族生态文化研究的实例
著作。

　　哈尼等民族在梯田稻作农业中建立了一套智慧独具的生态调适机制。
白玉宝在《论哈尼族梯田稻作的生态机制》一文中，对哈尼族梯田稻作
的生态机制做了较早的、富有开创性的研究。⑤ 王清华对哈尼族梯田进行
了长期深入的调查和精深的研究，撰写的《梯田文化论》堪称经典。该
书对梯田稻作农业中的生态文化多有论述，如认为梯田农业"是良性的
农业生态系统。之所以称为'良性的'，这是因为，哈尼族梯田农业生态
系统几乎就是哀牢山区自然生态系统的翻版，它是那样巧妙协调地与哀牢
山区自然生态系统暗合一体、浑然天成，从而使传统农业在山区发展到了
极致。这种适于自然、利用自然、改造自然又符合自然规律要求所建构的
有利于人们生存和发展的农业生态系统，是长期认识世界、改造世界的卓
越成果"。⑥ 正因如此，该书才有了一副标题——"哈尼族的生态农业"。
朱黎勇《哈尼族梯田农耕文化与生态平衡》认为哈尼梯田稻作农耕文化
系统具有良性的生态平衡的功能或特征，具体表现为：一是森林、水源、
村落、梯田的有序建构；二是森林、人口与梯田的平衡发展；三是在生存

　　① 何新华、徐为山：《滇南少数民族农林生态结构多样性与持续发展》，《科学对社会的影响》1995 年第 4 期。
　　② 郭家骥：《西双版纳傣族的稻作文化研究》，云南大学出版社 1998 年版。
　　③ 高立士：《西双版纳傣族传统灌溉与环保研究》，云南民族出版社 1999 年版，第 42 页。
　　④ 祁庆富：《关于二十一世纪生态民族学的思考》，《中央民族大学学报》（社会科学版）1999 年第 6 期。
　　⑤ 白玉宝：《论哈尼族梯田稻作的生态机制》，《思想战线》1994 年第 4 期。
　　⑥ 王清华：《梯田文化论》，云南大学出版社 1999 年版，第 25—26 页。

与发展中求得新的平衡。① 曹正学《哈尼族梯田文化森林生态经济的特点及发展思路》对哈尼族梯田文化与森林生态经济之间的关系进行了探讨。② 一些学者还通过对梯田稻作农业的微观研究来揭示其蕴含的生态文化，如王清华对元阳县全福庄村哈尼族梯田养鱼情况进行调查，认为"哈尼族的梯田渔业是哈尼族对哀牢山自然环境长期适应的结果，是一种奇特的文化创造"。③

在广西、贵州、湖南等地的侗族、壮族、瑶族、苗族中，广泛存在着一种可称为"林粮兼作型"的农业生产形态。这种生产形态充分体现出这些民族卓越的生态智慧，堪称生态文化的典范。早在 20 世纪 80 年代，著名社会学家费孝通通过实地调查，将林粮兼作型农业概括为："以粮养林，以林蓄水，以水供田，以田植粮。从林粮矛盾变成林粮相济。"④ 杨有耕曾对这种林粮兼作型农业的生产过程做了详细调查。⑤ 梅军在《略述黔东南苗族传统农林生产中的生态智慧》一文中认为："黔东南苗族人们在长期的生产生活实践过程中探索出来的林粮兼作型农业，可以说是人类农业生产历史上的一次重大变革。它不仅有效地解决了林粮争地的问题，而且成功地实现了生态效益、经济效益和社会效益的有机结合，从而探索出一条切合山地实际的可持续的发展之路。"⑥ 廖国强也认为，林粮兼作型农业是一种以林为主、立体开发、综合利用、长短结合的生态经济型农业。⑦

西北少数民族游牧生态文化也独具一格。南文渊《高原藏族生态文化》探讨了由于特定的自然环境形成的游牧生活特性，以及游牧方式体

---

① 朱黎勇：《哈尼族梯田农耕文化与生态平衡》，载李期博主编《第四届国际哈尼/阿卡文化学术讨论会论文集》，云南民族出版社 2005 年版，第 38—43 页。

② 曹正学：《哈尼族梯田文化森林生态经济的特点及发展思路》，载李期博主编《第四届国际哈尼/阿卡文化学术讨论会论文集》，云南民族出版社 2005 年版，第 64—82 页。

③ 王清华：《哀牢山哈尼族妇女梯田养鱼调查》，《民族研究》2005 年第 4 期。

④ 费孝通：《四上瑶山》，载《瑶族风情录》，广西人民出版社 1991 年版，第 3 页。

⑤ 杨有耕：《魁胆侗寨解放前的林业生产调查报告》，《贵州民族研究》1982 年第 1 期。

⑥ 梅军：《略述黔东南苗族传统农林生产中的生态智慧》，《贵州民族研究》2009 年第 1 期。

⑦ 详见廖国强、何明、袁国友《中国少数民族生态文化研究》，云南人民出版社 2006 年版，第 29—34 页。

现出的游牧民族对自然环境的谨慎适应和合理利用。① 南文渊《藏族牧民游牧生活考察》认为，青海高原藏族传统的游牧生活注重草原生态、文化与畜牧经济的协调，是一种人与自然共存的生活方式。② 麻国庆《草原生态与蒙古族的民间环境知识》认为蒙古族的民间环境知识直接间接地对于草原生态的保护发挥了积极的作用。③ 马戎、李鸥《草原资源的利用与牧区社会发展》认为，蒙古族轮牧制度（转场制度）的目的是为了保护草场。④ 吉尔格勒《游牧民族传统文化与生态环境保护》指出："依据不同的畜群的习性、种类和特征来决定移牧、轮牧和游牧，不仅保护草原地区脆弱的植被和稀少的水源等生态环境，同时又注意节约牧草、水源等自然资源。其中蒙古族有走'敖特尔'，即轮流更换牧场的方式来维护草原的生态平衡。四季游牧就是为了减少草原和草场的人为压力的一种文化生态样式，确保牧草和水源生生不息和永不枯竭。"⑤ 王立平、韩广富《蒙古族传统生态文化观探源》也认为："游牧最大的特点在于为生态的自我恢复提供有利条件，从而顺从生态环境本身的规律来合理取舍。"⑥ 张建世《藏族传统的游牧方式》对藏族的转场制度、草场的使用和管理方式、游牧方式等做了深入考察。⑦

　　此外，中国许多少数民族生活领域中同样蕴含着丰富的生态文化。廖国强认为，中国许多少数民族不仅注意选择人与自然和谐共存的居住环境，而且注意营构村寨的生态体系，包括村寨的森林生态体系和生活水资源生态体系，同时通过种植和管护薪炭林使人类需求和自然需求同时得到满足。⑧

---

① 南文渊：《高原藏族生态文化》，甘肃民族出版社 2002 年版。

② 南文渊：《藏族牧民游牧生活考察》，《青海民族研究》1999 年第 1 期。

③ 麻国庆：《草原生态与蒙古族的民间环境知识》，《内蒙古社会科学》（汉文版）2001 年第 1 期。

④ 马戎、李鸥：《草原资源的利用与牧区社会发展》，载潘乃谷、周星主编《多民族地区：资源、贫困与发展》，天津人民出版社 1995 年版。

⑤ 吉尔格勒：《游牧民族传统文化与生态环境保护》，《内蒙古广播电视大学学报》2001 年第 4 期。

⑥ 王立平、韩广富：《蒙古族传统生态文化观探源》，《广西民族大学学报》（哲学社会科学版）2010 年第 4 期。

⑦ 张建世：《藏族传统的游牧方式》，《中国藏学》1994 年第 4 期。

⑧ 详见廖国强、何明、袁国友《中国少数民族生态文化研究》，云南人民出版社 2006 年版，第 2 章"生活领域中的生态文化"。

（二）　生态制度文化研究

在中国许多少数民族中，有许多以保护森林、保护水源、保护野生动物，调解人与自然的关系、维护生态平衡为目的的传统习惯法和乡规民约。这些朴素的、本土化的生态保护法构成生态制度文化的重要内容。古开弼《我国历代保护自然生态与资源的民间规约及其形成机制——以南方各少数民族的民间规约为例》概括了我国南方各少数民族保护自然生态与资源的民间规约的主要类型：（1）藏传佛教的"十善法"及藏区僧俗的自然生态与资源保护规约；（2）傣族的祖训与寨规、勐规；（3）羌族的禁山誓约与户主"议话"；（4）苗族的"榔规"、"榔约"与"议榔词"；（5）侗族的"款约"与款首裁决；（6）水族的"封山议榔"和"毁林罚戏"；（7）布依族的"榔团盟约"与"文明公约"；（8）壮族的"都老制"与"都老裁定"；（9）瑶族的"石牌"与"料令"；（10）哈尼族的"分区育林"与"种子孙树"；（11）仫佬族的"会款禁约"与"冬头裁定"；（12）布朗族的"龙林"崇拜与盗树罚种规约；（13）德昂族的崇山崇树习俗与环境保护惯例；（14）阿昌族的物权规约与"保寨钱"；（15）拉祜族的寨规与"僧俗联防"；（16）独龙族的传统生态农业与农林兼利；①（17）白族民间的"族中公约"与"立树惩戒"；（18）京族的"翁管制度"与畲族的"罚酒禁林"。还阐述了与自然生态和资源保护有关的民间规约的形成机制，主要包括原始宗教信仰的压力机制、原始民主意识的约束机制、传统道德教化的示范机制、封建宗法社会的维持机制等。②白兴发《少数民族传统习惯法规范与生态保护》认为，少数民族制定有许多自然生态保护方面的习惯法规范，"这些植根于宗教禁忌、神灵崇拜的规范，对民族自身的繁衍和生态环境的保护，产生着积极的作用和影响"。③余贵忠《少数民族习惯法在森林环境保护中的作用——以贵州苗族侗族风俗习惯为例》认为，"苗族的'榔规'是森林的守护神"，"'侗款'是侗族环境保护和侗寨社会稳定

---

①　这作为一种"规约"似乎有些勉强。

②　古开弼：《我国历代保护自然生态与资源的民间规约及其形成机制——以南方各少数民族的民间规约为例》，《北京林业大学学报》（社会科学版）2005年第1期。

③　白兴发：《少数民族传统习惯法规范与生态保护》，《青海民族学院学报》2005年第1期。

的基石"。① 王明东、颜绍梅《云南彝族水利山林习惯法及其功能》对云南彝族保护水利山林的习惯性及其功能进行研究。② 此外，许多学者在其相关论著中都对生态制度文化有所论及。如喻见《贵州少数民族地区生态文化与生态问题论析》通过对苗族的"榔规"、侗族的"侗款"的分析，认为"贵州少数民族生态保护习惯法，内容丰富，条款具体，便于操作，而且奖罚分明，惩处严厉，量刑适当，违法必究，同时由于少数民族社会执法严格，保护生态环境就成为全民共同遵守的社会良风"。③ 宝贵贞《少数民族生态伦理观探源》专门探讨了少数民族乡规民约、习惯法中传承的生态观。④ 李群育《浅谈纳西族传统的生态文化》论及纳西族中保护生态环境的社会禁律、习惯法和乡规民约。⑤ 彭军、蔡文君《羌族民俗与羌族传统生态文化》记述了羌族保护森林资源的碑刻、乡规民约等。⑥ 范宏贵的《少数民族习惯法》⑦ 一书也记述了许多保护自然生态的习惯法。廖国强将少数民族保护森林资源的习惯法的主要内容概括为 4 个方面：一是禁止乱砍滥伐森林，二是保护动物，三是防火，四是建立护林执法体制。⑧ 这方面的研究成果很多，不一一列举。

习惯法与禁忌密不可分，"这种不可分性表现为禁忌不但是习惯法的直接渊源，而且很多禁忌与习惯法合为一体，违反禁忌即被认为违反习惯法"。"早期法律是沿着从禁忌到习俗，再由习俗到法律的轨迹发生的。"⑨民族的禁忌习俗与自然环境密切相关。南文渊在《高原藏族生态文化》第六章"自然禁忌与自然保护法"中，指出自然禁忌对高原生态环境有着直接的保护意义；这些对自然的禁忌通过内化而成为藏族人日常生活中

① 余贵忠：《少数民族习惯法在森林环境保护中的作用——以贵州苗族侗族风俗习惯为例》，《贵州大学学报》（社会科学版）2006 年第 5 期。

② 王明东、颜绍梅：《云南彝族水利山林习惯法及其功能》，《思想战线》1998 年第 3 期。

③ 喻见：《贵州少数民族地区生态文化与生态问题论析》，《贵州社会科学》2005 年第 3 期。

④ 宝贵贞：《少数民族生态伦理观探源》，《贵州民族研究》2002 年第 2 期。

⑤ 李群育：《浅谈纳西族传统的生态文化》，载张保华主编《云南文化资源研究与开发》，云南民族出版社 1994 年版。

⑥ 彭军、蔡文君：《羌族民俗与羌族传统生态文化》，《贵州民族研究》2010 年第 2 期。

⑦ 范宏贵：《少数民族习惯法》，吉林教育出版社 1990 年版。

⑧ 详见廖国强、何明、袁国友《中国少数民族生态文化研究》，云南人民出版社 2006 年版，第 84—90 页。

⑨ 张晓辉、卢保和：《论哈尼族的习惯法及其文化价值》，载徐中起、张锡盛、张晓辉主编《少数民族习惯法研究》，云南大学出版社 1998 年版，第 191 页。

的行为规则，在长期历史中最终使自然禁忌功能扩大成为藏区环境保护法规。① 华锐·东智《浅谈藏族传统禁忌文化对生态环境和精神文明建设的积极贡献》指出，藏族禁忌文化根植于藏族特有的自然环境中，对保护当地的自然环境，维护生态平衡，人与自然和谐发展具有积极的意义。② 佟宝山《西南少数民族传统文化中的生态环保观》指出，西南少数民族保护自然生态的禁忌习俗主要有：禁忌砍伐树木、破坏山川；禁忌捕杀动物；禁止污染水源。"这些不成文的'环境保护法'似乎更有效力，更能为社会全体成员所遵循。"③ 白兴发《论少数民族禁忌文化与自然生态保护的关系》认为，少数民族的禁忌习俗与自然环境密切相关，对保护自然生态环境产生着积极的影响。④

　　人生礼俗是制度文化的重要组成部分。少数民族人生礼俗中蕴含着不少饶有趣味并发人深省的生态文化事象。廖国强从生育礼俗、婚恋礼俗、丧葬礼俗三个方面对此做了探讨，指出少数民族中生孩种树拜树，节制生育、坟山墓地植树种竹等习俗以及特有的植树节和祭山林活动，均体现了这些民族以人与自然和谐为主旨的生态文化。⑤ 不少学者对葬法与生态的关系进行研究，如包和平、吉日嘎拉《蒙古族天葬的文化内涵及生态意蕴》指出，在蒙古族天葬仪式中渗透着古老蒙古民族社会文化的深刻内涵，并在其朴素的形式背后蕴含着极其合理的生态大智慧。这样的智慧自觉或不自觉地维护着人与自然、人与人之间的和谐，对脆弱的内蒙古生态环境起到了很好的保护作用。⑥ 杨海涛《民间口传文学中的人与自然——西南少数民族生态意识研究》从民间口传文学的视角探讨丧葬祭仪灵魂归宿观念中的生态意识，他认为："在西南民族的丧葬文化中，由祭师专

---

　　① 南文渊：《高原藏族生态文化》，甘肃民族出版社 2002 年版。

　　② 华锐·东智：《浅谈藏族传统禁忌文化对生态环境和精神文明建设的积极贡献》，《西北民族研究》2003 年第 1 期。

　　③ 佟宝山：《西南少数民族传统文化中的生态环保观》，《辽宁大学学报》（哲学社会科学版）2007 年第 6 期。

　　④ 白兴发：《论少数民族禁忌文化与自然生态保护的关系》，《青海民族学院学报》（社会科学版）2002 年第 4 期。

　　⑤ 详见廖国强、何明、袁国友《中国少数民族生态文化研究》，云南人民出版社 2006 年版，第 90—100 页。

　　⑥ 包和平、吉日嘎拉：《蒙古族天葬的文化内涵及生态意蕴》，《中央民族大学学报》（哲学社会科学版）2009 年第 3 期。

门吟诵的'指路经'通过对祖居地那一幅高山森林、河流、牲畜、庄稼与人类和谐相处的绿色生态圈的描绘，客观地起到了告诫人们要珍爱自然，规范人的行为，以达到人与自然和谐相处的作用。"①

（三）生态观念（精神）文化研究

近年来，中国少数民族宗教中蕴含的生态文化是学术界关注的热点。袁国友通过对少数民族树（林）崇拜、山神崇拜、龙崇拜和图腾崇拜较为系统的梳理和考察，认为："少数民族宗教信仰和崇拜体系中蕴含着丰富的生态观念、生态意识和生态行为方式，通过考察中国各少数民族的宗教文化，可以透视中国各民族独特而丰富的生态文化。"② 南文渊《古代藏族关于自然崇拜的观念及其功能》认为："藏族通过崇拜自然的宗教，将自然环境（天、山、湖等）看作是神灵的载体，而神灵则依附于自然环境，它们互为一体。敬畏神灵，实际上是敬畏自然，保护自然，把自然环境、动物与植物作为神灵崇拜，表明这些自然物的珍贵，崇拜它们的目的是为了保护它们。"③ 马宗保、杨文笔《视角转换与人文生态价值的时代再造——西北少数民俗文化中的生态价值》认为："藏族人的自然崇拜以宗教的信仰规定了自然生物的生命权和人对万物的保护义务，成为藏区协调人与自然关系，保护生态环境的一种方式。"④ 陈亚艳《藏族神山崇拜与自然保护》从文化生态学的角度，认为藏族传统文化中的山崇拜中包含着自然保护意识，这对构建人与自然平等和谐的自然观有一定启发意义。⑤ 王立平、韩广富《蒙古族传统生态文化观探源》指出，蒙古族萨满教是以大自然崇拜为主要内容的原始宗教，"蒙古族萨满教'万物有灵'观和自然观是人与自然和谐统一的价值观形成的思想基础"。"其中蕴涵着深刻的生态观念，对维持蒙古族赖以生存的草原的生态平衡起到了相当

---

① 杨海涛：《民间口传文学中的人与自然——西南少数民族生态意识研究》，《民族艺术研究》2000 年第 6 期。

② 廖国强、何明、袁国友：《中国少数民族生态文化研究》，云南人民出版社 2006 年版，第 102 页。

③ 南文渊：《古代藏族关于自然崇拜的观念及其功能》，《青海民族研究》2001 年第 2 期。

④ 马宗保、杨文笔：《视角转换与人文生态价值的时代再造——西北少数民俗文化中的生态价值》，《中南民族大学学报》（人文社会科学版）2007 年第 6 期。

⑤ 陈亚艳：《藏族神山崇拜与自然保护》，《青海民族研究》2000 年第 4 期。

积极的作用，使蒙古人的自然保护的生态文化能够传承下来。"① 杨红《凉山彝族生态文化的继承与凉山彝区生态文化建设》认为独特的神山、鬼山森林文化是凉山彝族适应自然生态环境的一种文化方式。② 高立士所著《西双版纳傣族传统灌溉与环保研究》对西双版纳傣族"垄林"（寨神林）做了迄今为止可说是最完备、最权威的研究。他认为，"垄林"实质上反映了傣族人民淳朴的自然生态观，并将垄林的功能总结为 7 个方面：垄林是傣族传统的自然保护区，是用之不竭的绿色水库，是植物多样性的储存库，是地方性小气候的空调器，是农林病虫害之天敌繁殖基地，是预防风火寒流的自然屏障，是傣族传统农业生态系统良性循环的首要环节。③ 高先生还对傣族的水崇拜做了深入研究，认为水对于傣族不仅是生命之源，而且是精神之源、文化之源。④ 范祖锜《云南路南彝族习俗与宗教调查》对路南彝族（撒尼人）密枝林作了较为详细的调查。⑤ 彭兆荣、路芳《阿细密枝山祭祀仪式之生态意蕴阐释——以云南省弥勒县西一镇红万村为例》认为密枝山祭祀起到了很好的稳定和维持生态平衡的作用，通过这种特殊的祭祀仪式，建立起一种保护生存环境的制度，村民在遵守仪式的禁忌与规定过程中构建了人与大自然以及人与人之间和谐相处的人文生态空间。⑥ 彭文斌《论羌族神林信仰的内涵》指出了羌族神林的生态保护意义，即通过对神林的崇拜达到对崇拜对象的保护，认为这是"羌族神林信仰意义的转移"。⑦ 王清华所著《梯田文化论》对哈尼族的自然崇拜、动植物崇拜有较详细的论述，并关注到其所蕴含的生态文化意义，如他指出："哈尼族对神树林的崇拜、祭祀严加保护和对人们的种种限

---

① 王立平、韩广富：《蒙古族传统生态文化观探源》，《广西民族大学学报》（哲学社会科学版）2010 年第 4 期。

② 杨红：《凉山彝族生态文化的继承与凉山彝区生态文化建设》，《西南民族大学学报》（人文社会科学版）2005 年第 2 期。

③ 详见高立士《西双版纳傣族传统灌溉与环保研究》，云南民族出版社 1999 年版，第二章"纯朴的生态观"。

④ 同上书，第一章"傣族的水崇拜"。

⑤ 范祖锜：《云南路南彝族习俗与宗教调查》，载《中国西南文化研究》，云南民族出版社1996 年版。

⑥ 彭兆荣、路芳：《阿细密枝山祭祀仪式之生态意蕴阐释——以云南省弥勒县西一镇红万村为例》，《思想战线》2009 年第 6 期。

⑦ 彭文斌：《论羌族神林信仰的内涵》，《四川民族史志》1991 年增刊《羌族研究》第 1辑。

制，一方面使人心安定，生产生活顺利进行；另一方面则有效地保护了森林和水资源，使梯田农业得以顺利地发展。"① 白玉宝《论哈尼族梯田稻作的生态机制》深刻地指出："从生态和环保的角度看，被哈尼族视为众神乐园的绵延群山和浩瀚林海，是哈尼族地区江河干支流的发源地。崇奉天地、敬畏自然的宗教信仰虽然是非科学的，但以这种宗教信仰为内在依据衍生出来的调整天人关系、地人关系的行为准则，其客观效果却是准科学的。这些行为准则为全体哈尼人所认同，从大范围内非常有效地保护了本民族生存区域的原始植被完整无损，实际上就是保证了作为梯田文化血脉的水源。"② 赵德文《哈尼族竜林的基本文化内涵》认为："哈尼族的竜林是哈尼人民用神性倾注生命力量保护下来的良好的自然生态圈。""对竜林的崇敬和倍加保护，形成了'自然本位'、'天人合一'的哈尼族古朴的哲学观念。"③ 艾怀森、周鸿《云南高黎贡山神山森林及其在自然保护中的作用》认为，高黎贡山 16 个世居民族的神山森林文化传统，有利于这个地区生物多样性保护，使当地 4303 种植物、669 种脊椎动物和 1690 种昆虫得到有效保护。④ 王金亮、古静《云南民族文化中环境与生物多样性保护意识探析》对云南少数民族崇拜土地、崇拜神山圣湖圣水和动植物的情况做了较系统的梳理。⑤ 杨海涛《民间口传文学中的人与自然——西南少数民族生态意识研究》以西南少数民族创世史诗、神话、歌谣为例，探讨树神崇拜中的绿色生态意识。⑥ 闵文义等《民族地区生态文化与社会生态经济系统互动关系研究——对民族地区传统多元宗教生态文化的形成特性的分析及启示》则从宏观层面总结了少数民族宗教文化类型及其主要生态文化特点（见表1）。

---

① 王清华：《梯田文化论》，云南大学出版社 1999 年版，第 276 页。详见该书第八章第一节"自然崇拜与梯田祭祀"和第二节"动植物崇拜与梯田祭祀"。

② 白玉宝：《论哈尼族梯田稻作的生态机制》，《思想战线》1994 年第 4 期。

③ 赵德文：《哈尼族竜林的基本文化内涵》，载刘顺才、赵德文主编《第五届国际哈尼/阿卡文化学术讨论会论文集》，云南民族出版社 2007 年版。

④ 艾怀森、周鸿：《云南高黎贡山神山森林及其在自然保护中的作用》，《生态学杂志》2003 年第 2 期。

⑤ 王金亮、古静：《云南民族文化中环境与生物多样性保护意识探析》，《云南师范大学学报》（哲学社会科学版）2009 年第 1 期。

⑥ 杨海涛：《民间口传文学中的人与自然——西南少数民族生态意识研究》，《民族艺术研究》2000 年第 6 期。

表1　　　　　　　**少数民族宗教文化类型及其主要生态文化特点**①

宗教文化类型	主要信教民族	主要生态文化特点
原始宗教文化	佤、独龙、基诺、黎、高山、布朗（部分）、怒（部分）、彝（部分）、景颇、哈尼、水、侗、仡佬、瑶、土家、畲、拉祜（部分）、壮（部分）、普米、仫佬、傈僳（部分）、布依、毛南、珞巴、赫哲、达斡尔、鄂伦春、鄂温克、锡伯、满	1. 以图腾崇拜的形式保护某种动物或植物；2. 以自然崇拜保护所谓的神山、神林；3. 信鬼神，不敢破坏生态，因怕遭到神的报复。
佛教文化	藏、蒙古、土、满、裕固、纳西、傣、布朗、德昂、佤（部分）、侗（部分）、拉祜（部分）、白、壮、布依、畲（部分）	1. 人和自然之间，是一种共生共荣、相互依存的关系；2. 平等对待所有生命及他们的一切权利；3. 崇尚节俭，抑制物欲；4. 受本民族原始宗教生态文化影响。
伊斯兰教文化	回、维吾尔、哈萨克、柯尔克孜、乌孜别克、塔塔尔、塔吉克、东乡、保安、撒拉	1. 要求人们尊重自然万物；2. 不畏惧自然，要求积极主动地适应自然；3. 良好的生活习惯及消费理念。
道教文化	白（部分）、彝、壮、侗（部分）、瑶（部分）、苗、黎、仫佬（部分）、毛南（部分）、纳西（部分）、羌	1. 强调"道法自然"，天、地、人受自然法则支配；2. 节制物欲，避免过度开发；3. "天道自然无为"，不过多干涉自然。
基督教文化	蒙古（部分）、朝鲜（部分）、羌（部分）、彝（部分）、白（部分）、哈尼（部分）、景颇（部分）、傈僳、独龙、怒、苗（部分）、瑶、壮、侗、黎、布依、土家（部分）、高山（部分）	1. 早期以自然"去神圣化"为理论，强调对自然的征服；2. 近代对其进行了反思，出现了"生态神学"；3. 多种原因使其传统生态理念对少数民族地区影响甚小。

　　少数民族生态伦理也是近年来学术界关注的问题。南文渊所著《藏

---

① 闵文义、戴正、才让加：《民族地区生态文化与社会生态经济系统互动关系研究——对民族地区传统多元宗教生态文化的形成特性的分析及启示》，《湖北民族学院学报》（哲学社会科学版）2005年第1期。

族生态伦理》是国内第一部对某一特定民族生态伦理进行系统研究的专著，作者将藏族生态伦理的基本特征总结为以下几点：（1）保护自然，珍惜一切生物生命是藏族生态文化和生态伦理的基本特征；（2）通过自然崇拜和自然禁忌，建立了尊重和承认自然内在价值与权利的价值观与行为规范；（3）藏族生态伦理具有东方民族传统文化的明显特征，即以综合思维模式为基础，体现了人与自然的和谐统一，主张整体和谐、同一和合、中和顺从；（4）宗教既是构建生态伦理的基础和指导思想，又是一种得心应手的解说工具。① 贾秀兰《藏族生态伦理道德思想研究》将藏族生态伦理道德思想的基本内容概括为：藏传佛教中的生态道德意识，如藏传佛教中的众生平等的思想、放生护生的思想等；藏族民间文化习俗中的生态道德意识，如藏族传统文化习俗中的生态法则、生活禁忌等。藏族生态伦理道德思想体现出了保护自然、珍惜一切生命、尊重和承认自然的内在价值与权利的特征。② 宝贵贞《少数民族生态伦理观探源》认为："在人与自然关系问题上，许多少数民族传统文化中蕴含着丰富而有益的生态伦理观念，而且在历史和现实中早已付诸实践。"神话传说、宗教信仰、乡规民约和习惯法是少数民族生态伦理观形成的主要来源。神话传说比较集中地反映出少数民族的生态伦理观，主要包括：天人一体的生态道德观，人神兽共祖意识，人类源于自然的思想。③ 李育红、杨永燕《伊斯兰教生态伦理思想及当代价值》将伊斯兰教生态伦理智慧的主要内容概括为：（1）大自然是统一整体；（2）接近自然而不崇拜自然；（3）珍惜自然资源，维护生态平衡；（4）爱护动植物。④ 白葆莉、冯昆思《论少数民族生态伦理思想与和谐社会建设》将少数民族生态伦理的基本观点概括为：（1）天人合一、平等共存的自然观；（2）地域差异、环境适应的和谐观；（3）典型敬畏、适度消费的发展观。⑤ 李韬《西部少数民族传统生

① 南文渊：《藏族生态伦理》，甘肃民族出版社 2007 年版，第 2—3 页。

② 贾秀兰：《藏族生态伦理道德思想研究》，《西南民族大学学报》（人文社会科学版）2008 年第 4 期。

③ 宝贵贞：《少数民族生态伦理观探源》，《贵州民族研究》2002 年第 2 期。

④ 李育红、杨永燕：《伊斯兰教生态伦理思想及当代价值》，《贵州民族研究》2008 年第 5 期。

⑤ 白葆莉、冯昆思：《论少数民族生态伦理思想与和谐社会建设》，《大连大学学报》2007 年第 2 期。

态道德观的考察及现代价值分析》认为，西部少数民族在与自然的长期冲突与调适中形成了独特的民族生态道德传统，这种以"人与自然和谐发展"为要旨的传统生态道德不但具有多样化的表现形式，而且有着丰富的内涵和鲜明的自身特征。① 杨福泉《略论纳西族的生态伦理观》指出，纳西族具有人与自然是同父异母之兄弟的观念，对自然界"欠债"和"还债"的观念，认为人得到大自然的恩惠应感激和回报，须善待大自然。② 廖国强《朴素而深邃：南方少数民族生态伦理观探析》将南方少数民族生态伦理观概括为四个方面：（1）自然之子——对自然的亲情和伙伴意识；（2）有恩必报——对自然的知恩图报意识；（3）天人之约——对自然的义务观；（4）推己及物——对自然的善恶观。③ 易小燕《水族双歌的生态伦理价值》认为，水族双歌蕴含着浓厚的生态伦理观念。一是意识到破坏自然环境会给人类带来灾难；肯定栽种树木、防止水土流失的行为；强调尊重自然、保护自然生态并进而实现人与自然的和谐共生。二是主张关爱动物，认为动物具有思想和情感，人应该与动物和谐共处；对于束缚动物自由、虐待动物的行为予以谴责。④ 这方面的论文还有周鸿等《神山森林文化传统的生态伦理学意义》⑤、罗义群《论苗族的生态道德观》⑥、李本书《善待自然：少数民族伦理的生态意蕴》⑦ 等。

不少学者还对少数民族的生态观进行探讨。郭家骥认为傣族具有人与自然和谐共处的生态文化观，其主要内容是：（1）人是自然的产物；（2）人与自然是和谐共处的关系，其排列顺序是：林、水、田、粮、人；（3）人类应该保护森林、水源和动物。⑧ 李群育《浅谈纳西族传统

① 李韬：《西部少数民族传统生态道德观的考察及现代价值分析》，《唐都学刊》2003年第2期。

② 杨福泉：《略论纳西族的生态伦理观》，《云南民族大学学报》（哲学社会科学版）2008年第1期。

③ 廖国强：《朴素而深邃：南方少数民族生态伦理观探析》，《广西民族学院学报》（哲学社会科学版）2006年第2期。

④ 易小燕：《水族双歌的生态伦理价值》，《西南民族大学学报》（人文社会科学版）2008年第10期。

⑤ 周鸿等：《神山森林文化传统的生态伦理学意义》，《生态学杂志》2002年第4期。

⑥ 罗义群：《论苗族的生态道德观》，《贵州社会科学》2009年第3期。

⑦ 李本书：《善待自然：少数民族伦理的生态意蕴》，《北京师范大学学报》（社会科学版）2005年第4期。

⑧ 郭家骥主编：《生态文化与可持续发展》，中国书籍出版社2004年版，第272页。

的生态文化》将纳西族的生态观总结为三个方面：（1）人与自然是相互依存、同存共荣的兄弟关系；（2）人类不能伤害自然，否则将受到惩罚；（3）人与自然发生纠纷要及时调解，人类要约束伤害自然的行为。① 董淮平《佤族传统生态观的当代解读》认为佤族传统生态观表现为对于动植物的亲情、对于大自然的感恩意识以及利用资源的责任体系三个层次。② 李克忠《源自传统的生态观——哈尼族传统文化中的生态理念与生态保护》对哈尼族传统古歌、神话传说故事、建寨盖房、梯田农耕活动、宗教、人生礼仪、食谱、服饰、茶艺中蕴含的生态观进行探讨，认为哈尼族具有人、自然与神灵和谐的宗教生态观，"哈尼族的文化是充满着生态科学细胞的，与自然和人类共生共存的创型文化"。③

除了对民族生态文化三个层面的研究外，一些学者还立足于现实，对新形势下如何继承和弘扬民族生态文化的问题进行探讨。这方面的论文有：林庆《云南少数民族生态文化与生态文明建设》④、杨红《凉山彝族生态文明的继承与凉山彝区生态文明建设》⑤、张亚雄《云南少数民族生态文化的社会价值》⑥、李学书《云南省少数民族生态文化的传承与创新》⑦、南文渊《藏族生态文化的继承与藏区生态文明建设》⑧；等等。

以上概述远未涵盖民族生态文化研究之全部，而只是粗线条的梳理。尽管如此，我们仍能看到民族生态文化研究中存在的不足，主要有：一是"民族生态文化学"探讨严重不足，未形成一门体系化的独立学科。二是田

---

① 李群育：《浅谈纳西族传统的生态文化》，载张保华主编《云南文化资源研究与开发》，云南民族出版社 1994 年版，第 232—236 页。

② 董淮平：《佤族传统生态观的当代解读》，《思想战线》2006 年第 6 期。

③ 李克忠：《源自传统的生态观——哈尼族传统文化中的生态观念与生态保护》，载刘顺才、赵德文主编《第五届国际哈尼/阿卡文化学术讨论会论文集》，云南民族出版社 2007 年版，第 31 页。

④ 林庆：《云南少数民族生态文化与生态文明建设》，《云南民族大学学报》（哲学社会科学版）2008 年第 5 期。

⑤ 杨红：《凉山彝族生态文明的继承与凉山彝区生态文明建设》，《西南民族大学学报》（人文社会科学版）2005 年第 2 期。

⑥ 张亚雄：《云南少数民族生态文化的社会价值》，《中共云南省委党校学报》2008 年第 6 期。

⑦ 李学书：《云南省少数民族生态文化的传承与创新》，《经济问题探索》2007 年第 8 期。

⑧ 南文渊：《藏族生态文化的继承与藏区生态文明建设》，《青海民族学院学报》（社会科学版）2000 年第 4 期。

野调查较薄弱，许多学者利用的是第二手的田野资料，实证性研究成果不多。三是研究状况呈现不平衡性。学者们的研究主要集中于藏族、蒙古族、傣族、哈尼族、纳西族等几个民族，缺乏对少数民族生态文化的整体观照。四是多学科综合研究尚需加强，前沿性理论指导下的创新之作并不多见。

五　民族生态文化研究的未来发展

20 世纪 90 年代以来，民族生态文化研究取得可喜成绩，但也存在一些不足和问题。今后的民族生态文化研究应着力从以下三个方面加以推进。

（一）加强民族生态文化学的学科构建

民族生态文化研究是一项涉及多学科、多领域的综合研究。然而在这一研究领域中尚未形成一系统成熟的民族生态文化学，从而造成此项研究一方面具有很强的开放性特征，具体表现在：一是研究学科的多样性，多学科的学者均涉足其中，许多学者是从民族生态学、文化生态学、生态人类学、人类生态学、民族植物学等学科切入，对民族生态文化加以研究的；二是研究视角的多样性，不少学者从生态智慧、生态知识、生态意识、生态观、生态伦理观、资源利用和保护方式等不同视角对民族生态文化进行探讨。另一方面具有鲜明的边缘性特征，即此项研究游走在各个学科的边缘地带，常常被相关学科所遮蔽，处于"散"、"乱"、"隐"状态。

因此，有必要整合相关学科的学术资源，构建一门专门以民族生态文化为研究对象的民族生态文化学。在构建该学科的过程中，可把握以下几点：

其一，民族生态文化学是一门新兴学科。它应有自己特定的研究对象、学科定位和学科内涵，并在整合相关学科学术资源的基础上形成自己的理论方法和话语系统。通过构建自成体系的民族生态文化学，引领民族生态文化研究从自发走向自觉、从零散走向集中、从边缘走向中心。

其二，民族生态文化学是一门综合性交叉科学。从大的方面讲，是"文"、"理"的交叉；具体而言，则是在民族学、生态学、生态人类学、文化学等学科的交叉点上"链接"出的一门学科。

其三，民族生态文化学是一门以民族生态文化为研究对象的学科。具体而言，就是对少数民族生态物质文化、生态制度文化、生态观念（精神）文化三个层面及其相互关系的研究。当然，在研究过程中，一定要注重民族生态文化与民族文化整体之间的内在有机联系。

其四，民族生态文化学是生态文化学的分支学科。生态文化学是王玉德、张全明提出的学科概念，"生态文化学是从文化学角度研究生态的学科。它是生态学和文化学的分支学科和边缘学科，也是涉及人类学、社会学、环境学、历史学、地理学、生物学的交叉学科"。"生态文化学的宗旨在于协调生态与文化的关系。它要建立一套科学的理论，从质、量、能、向四个方面调整文化的发展，使文化与生态尽可能达到充分的和谐。"① 尽管生态文化学作为一门独立的学科尚不成熟，但从隶属关系来看，如同民族生态文化是生态文化（作为历史范畴的生态文化）的下属概念，民族生态文化学也是生态文化学的一个分支学科。

（二）广泛吸收和借鉴相关学科的理论和方法，开展跨学科的综合研究

民族生态文化研究是一种跨学科的综合研究，必须广泛吸收和借鉴相关学科的理论和方法。除生态学外，该研究涉及的主要学科有：

1. 生态人类学

生态人类学是借用生态学知识，运用人类学的理论和方法，研究人类、文化与生态环境之间相互关系的学科，是 20 世纪 60 年代出现的一门人类学分支学科。生态人类学的主要理论有环境决定论、环境可能论、文化生态学、文化唯物论、生态系统论、民族生态学、人类地理学、群体生态学、历史生态学、政治生态学等。② 此不一一详述。

生态人类学的重要著作有：美国学者唐纳德·L. 哈迪斯蒂的《生态人类学》③、日本学者秋道智弥等编著的《生态人类学》④、中国学者杨庭

---

① 王玉德、张全明等：《中华五千年生态文化》上卷，华中师范大学出版社 1999 年版，第3—7页。

② 详见任国英《生态人类学的主要理论及其发展》，《黑龙江民族丛刊》2004 年第 5 期。

③ ［美］唐纳德·L. 哈迪斯蒂：《生态人类学》，郭凡、邹和译，文物出版社 2002 年版。

④ ［日］秋道智弥、市川光雄、大塚柳太郎编著：《生态人类学》，范广融、尹绍亭译，云南大学出版社 2006 年版。

硕等著的《生态人类学导论》① 等。此外，庄孔韶主编的《人类学通论》、朱炳祥的《社会人类学》、宋蜀华和白振声主编的《民族学理论与方法》等著作中均有专门论述生态人类学的章节。② 介绍性的重要论文有：罗康隆的《生态人类学述略》③、任国英的《生态人类学的主要理论及其发展》④、李霞的《文化人类学的一门分支学科：生态人类学》⑤、蔡琼和雷艳的《生态人类学的理论源流及其后现代特征》⑥；等等。⑦

　　生态人类学与民族生态文化学二者间有密切的相互关联性。首先，它们都将生态学作为自己的理论基础；其次，它们都以文化与生态之间的调适、人类与自然之间的互动关系作为自己的研究旨趣，并且都将文化视为人类适应自然的生存方式；再次，它们都从较高的学理层面（文化学或人类学）认识生态观，将生态观作为考察人类文化的重要指导思想；最后，传统的生态人类学主要以少数民族为考察对象，这一点又与民族生态文化学相似。因而不少生态人类学的研究成果就其研究的具体内容而言也可视为民族生态文化的研究成果。如尹绍亭关于刀耕火种的研究、高立士对傣族垄林和水的研究、麻国庆对蒙古族民间环境知识的研究、杨庭硕等人对本土生态知识以及水土资源的利用和维护的研究⑧等。不仅如此，民族生态文化研究还可吸收和借鉴生态人类学的不少理论和方法。例如，哈里斯（M. Harris）的文化唯物论"把适应环境作为最重要的解释机制，目的是通过追溯各种技术、居住模式、宗教信仰、礼仪等文化特征同环境因素的联系来论证它们适应环境的唯物的合理性"。他运用文化唯物论对

　　① 杨庭硕等：《生态人类学导论》，民族出版社 2007 年版。

　　② 参见庄孔韶主编《人类学通论》第五章"生态人类学"，山西教育出版社 2003 年版；朱炳祥《社会人类学》第五章第四节"生态人类学"，武汉大学出版社 2004 年版；宋蜀华、白振声主编《民族学理论与方法》第八章第七节"二、民族学视野下的生态人类学"，中央民族大学出版社 1998 年版。

　　③ 罗康隆：《生态人类学述略》，《吉首大学学报》（社会科学版）2004 年第 3 期。

　　④ 任国英：《生态人类学的主要理论及其发展》，《黑龙江民族丛刊》2004 年第 5 期。

　　⑤ 李霞：《文化人类学的一门分支学科：生态人类学》，《民族研究》2000 年第 5 期。

　　⑥ 蔡琼、雷艳：《生态人类学的理论源流及其后现代特征》，《黑龙江民族丛刊》2004 年第 5 期。

　　⑦ 参见瞿明安主编《当代中国文化人类学》第二十三章"当代中国的生态人类学"，云南人民出版社 2008 年版。

　　⑧ 杨庭硕、吕永锋：《人类的根基：生态人类学视野中的水土资源》，云南大学出版社 2004 年版。

印度圣牛进行的研究成为经典案例。① 印度乡村中圣牛的情境在哈尼族村寨中也随处可见：众多猪在村寨中悠闲地逛来逛去。这实际上与哈尼梯田文化中"冲肥"这一技术环节有密切联系：山水可以将游走的猪留下的猪粪及踩踏而成的肥料冲入村寨下方的梯田中。如果都是圈养，则需用人力将圈肥运至梯田中。

2．环境伦理学

由于解释背景或诠释立场的不同，中外学者会对环境伦理学做出不同的界定。主要有四种：（1）环境伦理学是一种关于动物个体的权利和福利的伦理学说；（2）环境伦理学是关于生命的内在价值或固有价值的伦理学说；（3）环境伦理学是一门关于生态系统整体的价值和意义的伦理学说；（4）环境伦理学必须是坚持社会正义的伦理学。环境伦理学的基本内涵主要有：第一，环境伦理学是由对环境问题的关注而引发的伦理思考；第二，主张改变和扩大伦理学的理论界域，将人与自然的关系也看成是一种道德关系，即把自然界（包括自然物）也作为道德关怀的对象；第三，强调人要承担保护自然的责任和义务。西方环境伦理学的主要理论流派有：以皮特·辛格为代表的动物解放论；以汤姆·雷根为代表的动物权利论（自然权利论）；以阿尔贝特·史怀泽和保尔·泰勒为代表的生命平等论；以阿尔多·利奥波德为代表的大地伦理学；以霍尔姆斯·罗尔斯顿为代表的自然价值论；以阿伦·奈斯为代表的深生态学。②

20 世纪 90 年代以后，环境伦理学在中国取得长足发展，相关论著不断涌现。在此背景下，不少学者将环境伦理学理论引入对中国传统生态智慧或传统生态伦理的研究中，取得丰硕成果。代表性的专著有佘正荣的《中国生态伦理传统的诠释与重建》③、任俊华和刘晓华的《环境伦理的文化阐释——中国古代生态智慧探考》④ 等。至于相关研究论文更是层出不穷。

相较于中国传统生态伦理的研究，少数民族生态伦理的研究则要薄弱

---

① 详见任国英《生态人类学的主要理论及其发展》，《黑龙江民族丛刊》2004 年第 5 期。

② 李培超：《伦理拓展主义的颠覆——西方环境伦理思潮研究》，湖南师范大学出版社 2004 年版，第 28—29 页。详见该书第二章和第三章。

③ 佘正荣：《中国生态伦理传统的诠释与重建》，人民出版社 2002 年版。

④ 任俊华、刘晓华：《环境伦理的文化阐释——中国古代生态智慧探考》，湖南师范大学出版社 2004 年版。

得多。由于生态伦理本身就是少数民族生态文化的重要组成部分，因而少数民族生态伦理研究也是民族生态文化研究的重要方面。尽管中国许多少数民族没有系统化、学理化的环境（生态）伦理学，却有十分丰富的生态伦理思想，应充分吸收和借鉴环境伦理学的相关理论，对之进行深入系统的研究。这样的研究具有多重意义。其一，可为丰富和拓展环境伦理学提供学术资源。如少数民族中人与自然是兄弟姐妹关系的观念可为环境伦理学中自然拥有内在价值和权利主体资格提供一种学术支撑。其二，可为反思和批判环境伦理学中一些有重大争议的论题提供有益的借鉴和启示。如关于在处理人与自然关系上应秉持平等原则还是公正原则的问题。① 其三，可为我们对少数民族生态伦理观作深度挖掘提供理论支持。如关于自然的权利主体资格问题，如果我们用环境伦理学中的自然权利论对哈尼族民间故事《苦扎扎》②、纳西族东巴经《休曲苏埃》③ 等做解读，就会发现，在这些民族的传统观念中，自然是享有权利主体资格的。

此外，民族生态文化研究涉及的学科还有：（1）民族植物学。④ 中国科学院昆明植物研究所裴盛基研究员是中国民族植物学研究的首倡者和领军人物。他组织实施的傣族庭院植物研究、少数民族资源管理研究、轮歇农业研究等项目均与民族生态文化有密切关联。（2）生态（环境）哲学。⑤ 生态（环境）哲学是"主张扬弃人与自然'主—客二分'和人统治自然的哲学"，⑥ 从而为我们反思近代以来形成的机械论和二元论以及人类中心主义等提供借鉴。（3）生态法学。⑦ 生态法学赋予自然法律主体资格，可为我们解读少数民族的"人类与自然纠纷案"提供启示。（4）生

---

① 中国许多少数民族在处理人与自然的关系上秉持的是一种"基于差异性的公正原则"。关于此问题，可参见本书第八章第五部分。

② 将在下面详细论述。

③ 参见田松《神灵世界的余韵——纳西族：一个古老民族的变迁》，上海交通大学出版社2008年版，第69—73页；杨云鹏：《纳西族先民的法意识刍议》，载徐中起、张锡盛、张晓辉主编《少数民族习惯法研究》，云南大学出版社1998年版。

④ 民族植物学理论可参见裴盛基、龙春林《应用民族植物学》，云南民族出版社1998年版；[美]盖利·J. 马丁《民族植物学手册》，裴盛基、贺善安编译，云南科技出版社1998年版。综述性论文可参见王锡华《我国的民族植物学研究》，《潍坊教育学院学报》2006年第1期。

⑤ 可参见余谋昌《生态哲学》，陕西人民教育出版社2000年版。

⑥ 余谋昌：《环境哲学的使命：为生态文化提供哲学基础》，《深圳大学学报》（人文社会科学版）2007年第3期。

⑦ 可参见马骧《生态法学》，陕西人民教育出版社2000年版。

态文艺学（生态美学）。① 以"人与自然的关系"为主题的生态文艺学（生态美学），可为我们解读少数民族丰富多彩的关于人与自然关系的口传文学提供启示。（5）宗教生态学。"宗教生态学是从神学的角度解释宗教信仰与生态保护之间的关系的一种宗教学理论。"② 宗教信仰的生态保护功能已日益引起人们的重视。

（三）加强研究队伍建设

目前，生态文化受到全社会的高度关注。2008 年 10 月，经国务院批准，以弘扬生态文化、倡导绿色生活、共建生态文明为宗旨的全国性社会团体——中国生态文化协会在北京成立。2010 年 1 月，杭州市生态文化协会成立。2010 年 12 月，浙江省生态文化协会成立。此外，福建省的三明学院成立了生态文化研究中心；国家林业局创办了中国第一本大型生态文化专业期刊——《生态文化》。可借鉴这方面的做法，在少数民族聚居区（如云南、广西、内蒙古、西藏等）成立民族生态文化协会这样的社会社团和民族生态文化研究中心这样的研究机构，组织多学科背景的学者开展合作研究，以整合研究力量。政府及相关部门应站在民族地区生态文明建设的高度，重视民族生态文化研究。

---

① 可参见鲁枢元《生态文艺学》，陕西人民教育出版社 2000 年版。
② 高长江：《宗教生态学的地方智慧——简论中国民间信仰的生态意识》，载余忠达主编《生态文化与生态批评》第一辑，民族出版社 2010 年版，第 229 页。

第一章

哈尼族分布区域与地理环境

哈尼族属于国际性民族，主要分布在中国云南和东南亚的缅甸、泰国、老挝、越南诸国的北部山区。据不完全统计，全球哈尼族人口有200多万人，其中，中国哈尼族163万余人（2010年第六次全国人口普查数据），主要分布在云南省红河哈尼族彝族自治州的元阳、红河、绿春、金平、建水、个旧等县市，普洱市的墨江、江城、普洱、澜沧、景东、镇沅、思茅、孟连等县市区，玉溪市的元江、新平、峨山、易门等县，西双版纳傣族自治州的勐海、景洪、勐腊县，楚雄彝族自治州的双柏县及昆明市的禄劝、武定等县。国外的哈尼族约50万人，分布在缅甸、泰国、老挝、越南4国的北部山区，其中缅甸掸邦高原东部景栋及边境一带约30万人，泰国北部清莱、清迈等地约10万人，老挝北部南康河流域约7万人，越南老街省和莱州省北部山区约3万人。① 至2010年11月，红河哈尼族彝族自治州哈尼族人口78.97万人，普洱市哈尼族人口45.46万人，玉溪市哈尼族人口13.02万人，西双版纳傣族自治州哈尼族人口21.54万人，其他地区2.01万人。②

在漫长的历史进程中，由于哈尼族氏族或部落在相对封闭的哀牢山、无量山中生存发展，加之彼此又被山河阻隔，哈尼族内部形成若干繁杂的称谓，其自称和他称有：哈尼、爱尼、雅尼、豪尼、和尼、海尼、觉围、觉交、碧约、阿卡、卡多、阿木、阿里卡多、阿古卡多、多卡、多塔、布都、布孔、补角、叶车、白宏、腊咪、昂倮、糯比、糯美、罗缅、期弟、各和、哈欧、卡别、阿邹、果作、阿松、峨努、阿西鲁马、西摩洛等30多种，其中，以自称"哈尼"的人数最多。哈尼族的历史名称尽管有诸

---

① 黄绍文：《箐口：中国哈尼族最后的蘑菇寨》，云南人民出版社2009年版，前言第1页。

② 参见2010年第六次全国人口普查数据资料。

多不同的自称和他称，但"哈尼"这一称谓在大部分哈尼族地区一直被沿用。因此，中华人民共和国成立后，中央人民政府根据本民族大多数人的意见，以自称人数最多的"哈尼"为哈尼族统一名称。

表1—1　　　　　　　　　哈尼族支系分布情况

州市	县名	支系名称		合计
		自称	他称	
红河州	红河县	哈尼、白宏、碧约、阿松	糯比、糯美、叶车、腊咪、	8
	元阳县	哈尼、白宏、多尼、阿松	昂倮、糯比、糯美、阿邹、各和、	9
	绿春县	哈尼、哈欧、阿松、碧约、西摩洛、卡多、卡毕、	期弟、腊咪、白宏、果作、白那	12
	金平县	哈尼、阿松、多尼、哈备	糯比、糯美、各和、果作、腊咪	9
	建水县	哈尼	糯美	2
玉溪	元江县	哈尼、碧约、卡多、白宏	糯比、糯美、多塔、布都、布孔、阿松、西摩洛	11
	新平县	卡多	糯比	2
普洱市	墨江县	哈尼、白宏、豪尼、碧约、卡多、西摩洛、卡毕	布都（豪尼）、布孔（白宏）、期弟、腊咪、阿木、哦怒	13
	普洱县	哈尼	豪尼、碧约、卡多	4
	江城县	哈尼	白宏、碧约、卡多、西摩洛	5
	澜沧县	雅尼、阿卡	雅尼、阿克、尖头阿卡、平头阿卡、改新、吉坐、利车	9
西双版纳州	勐海县	雅尼、阿卡	平头阿卡、尖头阿卡、阿克	5
	景洪市	雅尼、阿卡	尖头阿卡、平头阿卡	4
	勐腊县	雅尼、阿卡	尖头阿卡、平头阿卡	4
国外	越南	哈尼	果作、腊咪、糯美	4
	老挝	哈尼、阿卡	吴求阿卡、吴我阿卡	4
	缅甸	阿卡	平头阿卡、阿克、尖头阿卡	4
	泰国	阿卡	平头阿卡、吴参阿卡、吴标阿卡	4

从自称和他称的角度看，自称为哈尼的支系主要分布在红河、玉溪、普洱3个州市中的哈尼族聚居县，其内部又分糯比、糯美、各和、腊咪、期弟、果作、叶车等若干他称。他称为腊咪的支系主要居住在红河县、绿春县、墨江县，少量居住在元阳县俄扎乡和金平县的者米拉祜族乡；他称为叶车的支系居住在红河县的浪堤、大羊街、车古3个乡；他称为多尼和阿邬的支系居住在元阳县和金平县；他称期弟和果作的支系居住在绿春县和金平县；他称为各和的支系居住在元阳县、红河县和金平县。自称为白宏的支系主要居住在红河县、绿春县、墨江县、江城县，少量居住在元阳县黄草岭乡；自称为阿松的支系居住在绿春县、元阳县、红河县；自称为哈欧的支系居住在绿春县；自称为哈备支系的居住在金平县的者米拉祜族乡。自称为碧约、西摩洛、卡多、卡毕等支系居住在绿春县、墨江县、江城县；自称雅尼（国外称阿卡），内部又互称尖头阿卡和平头阿卡，主要分布在澜沧、景洪、勐海、勐腊等县以及国外的泰国、缅甸、老挝。糯比和糯美是居住在新平、元江、元阳、红河、金平、建水等县哈尼支系内部的人因地理方位的不同而互称，一般是居住在东南方的被称为糯比，居住在西北方的被称为糯美。

一 哈尼族在不同历史时期的分布概况

哈尼族的早期活动，在汉文史籍中记载很少，本民族也没有传统文字可供探究。但从散见于汉文史籍中的零星材料和哈尼族民间的传说中尚能透视哈尼族文化源流的大致情况。

（一）春秋战国至南北朝时期哈尼族分布区域

"和夷"始见于《尚书·禹贡》一篇中，其记述古九州之一的《梁州》下说："蔡、蒙旅平，和夷底绩。"北宋苏轼《东坡书传》说："和夷，西南夷名也。"南宋毛晃《禹贡指南》"和夷底绩"下说："和夷，西南夷。"清代胡渭《禹贡锥指》说："和夷，洮水南之夷也。"清赵一清《水经注释》卷三三《江水一》下注："江水又东南径南安县西，……县南有峨眉山，有蒙水即大渡水也。……"下释："一清按《汉志》蜀郡青衣县，《禹贡》蒙山溪大渡水；东南至南安入哉。……哉乃涐之误，即《禹贡》之和夷也……”。从《尚书》形成时间来看，早在公元前3世纪（战国时），哈尼族的先民“和夷”已活动于今四川大渡河南岸及雅砻江以东的连三海、海子等沼泽地带以及发源于连三海的阿泥河（这是以哈尼族历史名称命名的河流，今称安宁河——引者注）流域。[①]

汉晋南北朝时期，“和夷”未见史籍中记载。但史学家认为，从氐羌中分化出来的“西南夷”民的昆明族、叟族中当包括哈尼族先民在内。《华阳国志·南中志》说：“夷人大种曰昆，小种曰叟。”这里的夷是泛指出自氐羌系统的各族。在“西南夷”中邛都（今四川省凉山彝族自治州内西昌地区——引者注）一带的叟族人口最多。西汉武帝时，于邛都地区设越嶲郡，意为跨越嶲水以置郡。嶲水以嶲族居住于其周围地带而得名。“嶲”音“髓”，与“叟”同声，译写可以通用。嶲族即叟族。至三国初年，越嶲郡的嶲族便译写作叟族，叟族与昆明族既共同出自氐羌而又普遍交错杂居在一起，以后逐渐分化、融合，分别成为近代彝、哈尼、拉祜、傈僳、阿昌等兄弟民族的一部分。[②]

（二）唐宋至元明清时期哈尼族分布区域

“和蛮”一名，出现于《新唐书·南蛮传》、《资治通鉴·唐记》和《张曲江文集》中。唐高宗显庆元年（656年），有和蛮大首领王罗祁与郎、昆、梨、盘四州大首领王伽冲和西洱河大首领杨栋附显等，一同向唐皇朝贡方物。至唐开元时（713—741年），在张九龄为唐玄宗《敕安南首领爨仁哲书》所列举衔名中，有和蛮大鬼主孟谷悮与安南首领爨仁哲、僚子首领阿迪、南宁州大鬼主爨崇道等九人并列。[③] 因此，唐初之时，哈尼族的分布区域分作两大片：东部一片为孟谷悮统辖，其领地为今云南省红河州东部及文山州西部一带。西部一片则由王罗祁统辖，其领地接近西洱河（洱海）地区。[④]

“和泥”一名是自唐朝以来各历史名称中最为常见的哈尼族称谓，虽

---

① 《哈尼族简史》编写组：《哈尼族简史》，云南人民出版社1985年版，第17—18页。

② 尤中：《中国西南民族史》，云南人民出版社1985年版，第59—60、265页。

③ 《哈尼族简史》编写组：《哈尼族简史》，云南人民出版社1985年版，第17—18页。

④ 尤中：《中国西南民族史》，云南人民出版社1985年版，第265页。

始见于元初，但在《元史·地理志》追述唐南诏银生府境（哀牢山、蒙乐山）之开南（景东）、威远（景谷、镇沅、普洱、墨江、元江）已有和泥散布其间。《元史·地理志》"威楚（今楚雄市）开南等路"下说："州在路西南，其川分十二甸；昔，朴、和泥二蛮所居也。……诸葛孔明定益州，皆未尝涉其境。至蒙氏（647—936年）兴，立银生府，后为金齿白蛮（夷）所陷；移府治于威楚，开南遂为生蛮所据。"《威远州》下说："州在开南州西南，其川有六；昔，朴、和泥二蛮所居。"明隆庆《云南通志》卷四和万历《滇史》卷八记录，由今景谷、镇沅、墨江、普洱、思茅、元江、红河、元阳、绿春、金平、江城以至越南、老挝边境，这一带近3万平方千米地区，总名和泥，唐代已有和泥居住，均属南诏银生府所辖。[①] 宋代大理国"37蛮部"中的和泥各部——因远、思陀、溪处、落恐、强现、维摩、王弄。前4部全在滇南哀牢山区，后3部在滇东南六诏山区。[②]

今各地哈尼族在追溯其家族谱系时均提及祖先"初末耶"（人名，流传于哀牢山区）或"搓莫耶"（人名，流传于西双版纳）。学术界认为"初末耶"或"搓莫耶"与历史文献记载的唐代乌蛮仲牟由的发音相似，是仲牟由的别音译文，当为同一人，其众多遗裔中，有绛、阔、阆畔、乌蒙、芒布5个部落，自大渡河南境向东南迁徙，活动于今川西南凉山彝族自治州及滇东北昭通地区和黔西北毕节地区的乌蒙山。这些地区俱在金沙江流域的两侧。阆畔、乌蒙、芒布这3个和泥部落，从唐代至明代千余年间，曾是滇东北乌蒙山区的统治者。[③]

《元史·地理志四·建昌路》中《阆州》下载："乌蒙所居，昔仲由蒙（即仲牟由）之裔孙名科者居此，因以名为部号；后，讹为阆，至三十七世孙㚟罗内附。"阆州在建昌（今西昌）东南400里，为今凉山彝族自治州东部的金阳县（金沙江西岸）。《元史·地理志四·建昌路》中《姜州》下载："姜者，蛮名也；乌蛮仲牟由之裔阿坛绛始居阆畔部，其孙阿罗仕大理国主高泰为宋元丰五年至元祐四年（1082—1089年）。是时，会川（今会理县）有城曰龙纳，罗落蛮世居焉，阿罗挟高氏之势攻

---

① 《哈尼族简史》编写组：《哈尼族简史》，云南人民出版社1985年版，第12—13页。

② 同上书，第14页。

③ 同上书，第28页。

拔之，遂以祖名曰绛部。元代宪宗时（1251—1260 年），随阘畔内附，因隶焉。1278 年改为姜州。"此"姜州"为今云南元谋县北部金沙江北岸的姜驿。《大明一统志》卷七二《东川军民府·建置沿革》说："地名东川甸，乌蛮仲牟由之裔骂弹得之，改曰那札那夷，属南诏蒙世隆（860—877 年），置东川郡。后，乌蛮阘畔盛，自号阘畔部。"《大明一统志》卷七〇《镇雄府·建置沿革》说："古为屈流大雄甸。昔，乌蛮之裔阿统与其子芒布居此地。其后昌盛，因祖名号芒布部。宋置西南番部大巡检使。元至元中，置芒布路隶乌撒乌蒙宣慰。本朝改为芒布府，初隶云南。洪武十六年（1383 年），升为芒布军民府，隶四川布政司。嘉靖（1522—1566 年）中，讨平土酋，改为镇雄府，领长官司四。"毕节在元代有"和泥二十四寨"。今镇雄县在明初洪武时称"和泥芒部府"，而且指明："蛮部六：伴溪、七溪、乌撒、阿头、易溪、易娘，属和泥芒部府"。其中，伴溪、七溪二部是滇南哀牢山下段"思陀甸长官司"和"落恐甸长官司"境的两个部落，将此二部置于滇东北，显然有误。据《元史·地理志四·乌撒、乌蒙宣慰司》"所辖六部：乌撒部、阿头部、易溪部、易娘部、乌蒙部、闷畔部"，则应将《洪武实录》记载属"和泥蛮六部"中的"伴溪"、"七溪"二部，更正为乌蒙部、闷畔部。[①]

上述史料表明，元、明时，今凉山彝族自治州东部金阳县尚有阔部，云南元谋县北部姜驿有绛部，滇东北会泽及东川有阘畔部，昭通有乌蒙部，镇雄有芒布部。此 5 部均为"唐乌蛮仲牟由之裔"。

历史上，大渡河曾名为"和水"或"涐水"，是由于其流域有"和夷"活动而得名。源出于大渡河西南连三海的安宁河，由北往南经凉山彝族自治州境内的冕宁、西昌、德昌等县与盐边县西北汇入雅砻江后注入金沙江。此安宁河，明代尚称阿泥河，就是因为历史上长期居住阿泥（哈尼）族而得名。凉山州东部金阳县清初名叫阿泥。这些河名、地名反映了大渡河及其南境凉山州内曾有哈尼族先民"和夷"、"阿泥"居住过。而且居于大渡河畔的"和夷"，"其土青黎，其田下上，其赋下中三错"（《尚书·禹贡》）的定居稻作农耕生活。又据《山海经·海内经》说："西南黑水之间，有都广之野，厉稷葬焉。爰有膏菽、膏稻、膏稷，百谷自生，冬夏播琴（殖）。"黑水就是大渡河西南的雅砻江和金沙江。西南

---

① 《哈尼族简史》编写组：《哈尼族简史》，云南人民出版社 1985 年版，第 34—37 页。

黑水之间的"都广之野",当是在大渡河南、雅砻江以东金沙江以西今四川凉山彝族自治州境内的这片广大地区。[①]

哈尼族先民虽然在四川西南安宁河流域的西昌一带形成了哈尼族文化源地,但由于魏、晋、南北朝时期的地方割据,以西昌为中心的"都广之野"为西南与中原必争之地。由于民族纷争等原因,哈尼族先民被迫往西南、南、东南迁徙。如上所述唐高宗显庆元年(656年)至唐开元时(713—741年),和蛮(哈尼先民)大首领王罗祁与西洱河(今大理)大首领杨栋附显等以及和蛮大鬼主孟谷悮与安南首领爨仁哲、南宁州大鬼主爨崇道等9人先后向唐朝贡方物。由此说明,唐显庆元年,西南迁徙的哈尼族先民已到了今楚雄州南部的南华、楚雄、双柏和普洱市北部地区的景东、镇沅等地。哈尼族先民往东南迁徙的一支至唐开元时已来到滇南六诏山区(今文山、砚山一带),向南迁徙的哈尼族先民由元谋直下途经安宁、易门、新平、通海、建水、个旧、石屏等地后进入红河(元江)南岸的哀牢山区。

唐开元二十六年(738年),南诏首领皮罗阁在唐朝的支持下统一洱海地区后,被唐朝廷封为"云南王"。由此南诏向东部和南部扩展其统治范围,先后将哈尼族居住地区纳入南诏统治范围之内,并在东部设置通海都督府进行统治,在西部设开南节度(今景东县)进行统治。当时,哀牢山区形成因远、思陀、溪处、落恐和六诏山区维摩、强现、王弄7部和泥,连同云南高原上其他部落,合称云南"37部蛮"。宋代大理国之初,段氏加恩37部,大行封赏,和泥各部仍在受封之列。哀牢山区各部和泥,从10世纪中叶进入封建领主社会,到11世纪中叶,生产有进一步发展。其中因远部最为强大,由山巅因远平坝甘庄城移治礼社江(元江)畔筑罗槃城,称为"罗槃国",最高领主称"罗槃主"。其幅员近3万平方千米,包括哀牢山东麓今元江县、新平县西部、墨江县、镇沅县、普洱县、思茅市、江城县以及景谷县东部等广大地区,南与越南、老挝接壤。思陀、落恐、溪处3部在今红河县内,也包括今元阳、绿春、金平部分地区,幅员近2万平方千米,西部和北部与罗槃国和纳楼部为邻,南接通越南。据《大明一统志》卷八七《车里军民宣慰使司》:"蛮名车里,倭泥、貉党、蒲剌、黑角诸蛮杂居。自古不通中国,元世祖命将兀良吉解伐交

---

① 《哈尼族简史》编写组:《哈尼族简史》,云南人民出版社1985年版,第112页。

趾，经其所部悉降之。"说明倭泥（哈尼族先民）至元代以前已分布在今西双版纳一带。宋宝祐六年（1258 年），西双版纳一带的"白夷"与"倭泥"一起被元兵"平服"。到 1275 年，元兵进攻"和泥"政治中心罗槃城，元朝云南省平章政事赛典赤率兵亲临城下，迫使罗槃主出降。其所属的墨江、思茅、普洱等和泥各部也迫于形势不得不归附元朝。1276 年，元兵继续向罗槃城以南的思陀、落恐、溪处各部进攻，和泥奋起反抗，终因力量悬殊，也不得不归附。于是，元朝在罗槃设元江万户府，思陀设置和泥路，落恐及溪处分别设置正副万户府等统治机构。后又逐废元江、落恐、溪处万户府和思陀和泥路，另设元江军民总管府隶云南行省，统辖各部和泥；后改元江军民总管府为元江路，以加强对和泥人民的统治。[①] 但元朝统治期间，和泥人民不甘受其民族压迫，几经联合当地白衣等民族反元均被镇压。因此，部分和泥人口也南迁到缅甸、老挝北部边境。由此，哈尼族的分布区域向南扩张。

明朝在元朝统治的基础上，从政治、军事、经济各方面采取了一系列的积极措施。哀牢山区和泥社会得到了前所未有的发展。政治上明王朝向和泥各部正式授官，经济、文化上与中原王朝往来更为密切。从江南应天府跟随明朝大将军沐英的龙咀，由于在红河防堵交趾兵和开辟红河南岸纳更荒山有功被封为当地第一任土官，允其从纳楼独立出来，世领今元阳、绿春、金平等部分地区。由此，自明朝以来，今哈尼族的分布格局已形成。只是六诏山区的和泥各土司于清康熙年间经吴三桂镇压后，和泥人所剩不多，有的为了生存融入当地居民中，有的向西迁入哀牢山区。因此，今六诏山区（今文山州境内）已不存在哈尼族。[②]

（三）中华人民共和国成立至今的哈尼族分布区域

起源于雅砻江、大渡河流域的哈尼族，在经历了近千年的迁徙生活后，至清末民初，已全部定居于滇南哀牢山区和无量山区的红河流域和澜沧江流域，与彝语支的其他民族和百越系统的傣族形成大分散、小聚居的分布格局。因此，要想画出一幅区域界限很鲜明的哈尼族分布图是十分困

①　《哈尼族简史》编写组：《哈尼族简史》，云南人民出版社 1985 年版，第 47—49 页。
②　黄绍文：《诺玛阿美到哀牢山——哈尼族文化地理研究》，云南民族出版社 2007 年版，第 33—38 页。

难的。但是，由于云南自然条件、民族分布、语言族属、宗教信仰、生产方式、生活习俗方面的不同，不仅从形式上影响各民族的物质文化活动，而且从内涵、功能以及心理等方面深刻地影响各民族的精神文化生活，使不同的民族分布区呈现不同的文化生态。因此，将历史上形成的哈尼族分布相对集中区域作为哈尼族文化区，研究其文化的发展演变具有重要的现实意义。

文化区是指具有某种文化特征的人群在空间上的分布区域。语言和宗教是其划分的重要指标。但是，一方面历史上哈尼族分布就形成小聚居大分散的分布格局，加之山川河流的自然阻隔，使用的语言也不完全相同，又无传统文字，客观上加深了语言的相异性。另一方面哈尼族也未形成统一规范的宗教信仰。因此，按语言和宗教划分哈尼族文化区也十分困难。在参照这两个方面指标的基础上，应将生产方式、经济形态、居住形式、风俗以及对自然环境适应作为划分哈尼族文化区和亚文化区的指标。①

根据上述历史时期至 20 世纪 50 年代初期的分布状况来看，哈尼族已聚居在滇南元江—红河、把边江—李仙江、澜沧江流域的哀牢山和无量山之间广阔区域，并在墨江、元江、红河、元阳、绿春、金平等地形成明显的哈尼族分布核心区。以此核心区为据点，北至景东—玉溪一线，东至玉溪—河口一线，西至景东—孟连一线，南接中越（南）、中老（挝）、中缅（甸）边境，形成一块不规则的多边形哈尼族文化区域。其地理坐标大致为东经 99°30′—104°，北纬 21°—24°30′。这一区域内主要有 23 个县（市），其中，根据 2010 年第六次全国人口普查资料显示，哈尼族人口9000 人以上的有 20 个县（市），即红河县 231919 人、墨江哈尼族自治县222174 人、元阳县 206336 人、绿春县 196040 人、金平苗族瑶族傣族自治县 93330 人、元江哈尼族彝族傣族自治县 89510 人、景洪市 83704 人、勐腊县 68373 人、勐海县 63375 人、江城哈尼族彝族自治县 57473 人、澜沧拉祜族自治县 49715 人、普洱哈尼族彝族自治县 45998 人、个旧市 28555人、思茅区 27393 人、镇沅彝族哈尼族拉祜族自治县 25394 人、建水县14431 人、新平彝族傣族自治县 12600 人、景东彝族自治县 12477 人、峨山县 12054 人、孟连县 9585 人。其他县（市、区）有哈尼族零星分布，

① 黄绍文：《诺玛阿美到哀牢山——哈尼族文化地理研究》，云南人民出版社 2007 年版，第 49 页。

其中，玉溪红塔区 7486 人、蒙自市 6060 人、石屏县 4709 人、双柏县 3770 人、昆明官渡区 3702 人、景谷县 3483 人、易门县 3384 人、通海县 1958 人、晋宁县 1633 人、河口县 1575 人、禄劝县 1178 人、武定县 751 人、华宁县 528 人，其他县有哈尼族零星分布。①

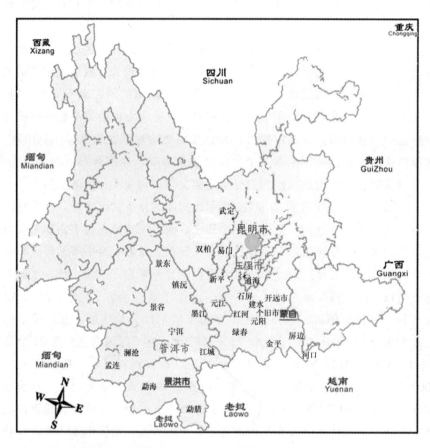

图 1—1　云南省哈尼族分布图

Distribution Map of the Yunnan Hani People

　　显然，上述哈尼族文化区的核心地区是在该文化区多边形几何中心部位，是哈尼族文化特征表现最为明显或最为典型的地方。自核心区向周围边缘区，其文化特征的典型性随距核心区的距离增加而逐渐减弱，遵循了

---

① 《哈尼族人口及分布简况》，《哈尼族研究》2011 年第 3 期。

文化区与距离衰减规律，至边缘区外文化特征逐渐消失。文化消失的地方理应就是该文化区的边界。但是，文化边缘区减弱和消失的进程是渐进的、长时间的。因此，边界是不明显的，往往具有一定宽度的过渡带。如今禄劝、双柏、易门等地有零星的哈尼族，说明哈尼族文化区在北部边缘形成很宽的过渡带，也揭示出哈尼族文化由北向南迁徙的轨迹。

由于历史上的民族压迫和战争等原因，西双版纳一带的哈尼族在元朝前后已大量从勐海县打洛镇等地出境，在缅甸东部景栋及边境一带形成哈尼族聚居区，由此向南，部分哈尼族来到泰国北部清莱、清迈等地。元朝时，由于元政府对哈尼族核心区"罗槃国"的镇压，许多哈尼族向南逃难到缅甸和老挝北部边境。因此，哈尼族在地理分布上形成跨境而居的民族，其文化区固然已超出国界。但由于国界区划，哈尼族文化区南部边缘形成鲜明的文化区界。在泰国北部清莱等地又形成哈尼族文化区飞地。随着中国与东南亚国家政治、经济、文化的交流和发展，特别是中国—东盟自由贸易区的建立，哈尼族文化区将成为通往东南亚的"桥头堡"，人为的文化分界将会逐渐淡化。目前，以学术为纽带的国际哈尼族文化交流在不断加强和联系。

（四）哈尼族文化主要核心区简况[①]

1. 红河县哈尼族及支系

红河县居住着汉、哈尼、彝、傣、瑶等民族，其中，哈尼族人口有23.19万余人（2010年），占全县总人口的78.22%，主要分布在甲寅、石头寨、阿扎河、洛恩、宝华、乐育、架车、浪堤、大羊街、车古、垤玛、三村等12个乡。哈尼族村落共有665个自然村（包括哈尼与彝族杂居的5个，哈尼与汉族杂居的2个），其中100户以上的有127个自然村，甲寅村有740户，3412人，为境内最大的哈尼族村落。境内哈尼族有哈尼、白宏、叶车、阿松、碧约、腊咪、糯比和糯美等不同自称或他称。同一称谓或支系一般居住在一定的区域，如叶车支系集中在浪堤、大羊街、车古三个乡，白宏、阿松、碧约集中在墨江、元江交界的垤玛和三村两个乡，腊咪支系在架车、洛恩乡。

---

① 红河、元阳、绿春、金平、墨江、元江各县简况均为笔者实地调查资料。

2. 墨江县哈尼族支系

墨江县是全国唯一的哈尼族自治县，位于云南省南部，地处东经 101°08′—102°04′，北纬 22°51′—23°59′，北回归线穿越县城而过，被誉为"太阳转身的地方"。县境内居住着哈尼、汉、彝、傣、拉祜、布朗、瑶、回、普米、白、壮等 14 个民族，其中，哈尼族人口 22.21 万人（2010 年），占全县总人口数的 61.63%。墨江县的哈尼族支系主要有白宏（他称布孔）、豪尼（他称布都）、碧约、卡多、西摩洛（哦努）、期弟、腊咪、阿木、卡毕等自称和他称支系。

3. 元阳县哈尼族及支系

元阳县居住着汉、哈尼、彝、苗、瑶、傣、壮等民族，其中，哈尼族人口 20.63 万余人（2010 年），占全县总人口的 51.99%，主要分布在新街、胜村、嘎娘、上新城、小新街、逢春岭、大坪、牛角寨、沙拉拖、马街、攀枝花、黄茅岭、黄草岭、俄扎等 14 个乡镇。哈尼族村落共有 529 个自然村（包括哈尼和彝族杂居的 13 个，哈尼和汉族杂居的 20 个，哈尼和苗族杂居的 3 个，哈尼和瑶族杂居的 1 个，哈尼与彝族、汉族杂居的 11 个，哈尼与苗族、汉族杂居的 2 个），其中 100 户以上的 143 个自然村，新街镇麻栗寨村有 479 户，2468 人，为境内最大的哈尼族村落。境内哈尼族有糯比（罗碧）、糯美（罗缅）、阿邬、各和（郭宏）、多尼（堕尼）、白宏、阿松、昂倮等不同自称或他称的支系。同一称谓或支系一般居住在一定的区域，如糯比和糯美支系集中在嘎娘、上新城、小新街、逢春岭、大坪 5 乡，昂倮支系集中在新街、攀枝花、黄茅岭 3 个乡镇；各和支系集中在黄草岭、俄扎、牛角寨、沙拉拖、马街 5 个乡，阿邬支系散居在小新街乡大鲁沙岩子脚和新鲁沙、逢春岭乡岩子脚、大坪乡芦山等村寨；多尼、白宏、阿松支系杂居在黄草岭、俄扎 2 个乡。

4. 绿春县哈尼族及支系

绿春县居住着汉、哈尼、彝、瑶、傣、拉祜等民族，其中，哈尼族人口 19.6 万余人（2010 年），占全县总人口的 87.8%，全县 9 个乡镇均有哈尼族分布。哈尼族村落共有 702 个自然村（包括哈尼与彝族杂居的 3 个，哈尼与拉祜族杂居的 3 个，哈尼与瑶族杂居的 1 个，哈尼与彝族、汉族杂居的 1 个，哈尼与彝族、傣族杂居的 1 个），其中 100 户以上的自然村落 59 个，大兴镇大寨村有 279 户，1622 人，为境内最大的哈尼族村落。境内哈尼族有哈尼、哈欧、腊咪、期弟、阿松、果作、碧约、卡多、卡毕、西摩洛、白宏、白那 12 种不同自称和他称支系，其中自称哈尼的居多，全县 9 个乡镇均有分布；自称哈欧的支系主要分布在大兴镇的岔弄、老边、马宗和三猛乡的桐珠、哈德等村委会；期弟支系主要分布在大水沟乡的牛倮底马村委会和大水沟村委会；阿松支系主要居于牛孔乡平掌村委会；果作支系分布在平河乡的车里、新寨、东哈、则东 4 个村委会；碧约支系主要分布在牛孔乡的摸东村委会和半坡乡的哈的村委会；卡多和卡毕支系主要分布在大黑山乡的老白寨村委会；西摩洛支系主要分布在大黑山乡的嘎处和老白寨村委会；白宏支系主要分布在大水沟乡大果马村委会；腊咪支系分布在三猛乡的巴德和腊姑村委会；白那支系分布在戈奎乡。

5. 金平县哈尼族及支系

金平苗族瑶族傣族自治县居住着汉、哈尼、彝、苗、瑶、傣、壮、拉祜、布郎等民族，其中，哈尼族人口 9.33 万余人（2010 年），占全县总人口的 26.2%，主要分布在阿得博、沙衣坡、大寨、金河镇、十里村、马鞍底、老集寨、者米、老勐、营盘、金水河等乡镇。哈尼族村落共 254 个自然村（包括哈尼与彝族杂居的 4 个，哈尼与汉族杂居的 15 个，哈尼与瑶族杂居的 1 个），其中 100 户以上的自然村落有 55 个，金河镇大龙塘村委会大龙塘村 510 户，2103 人，为境内最大的哈尼族村落。境内哈尼族有糯美（罗缅）、糯比（罗碧）、多尼、果作、阿松、各和（郭宏）6 种自称和他称支系。糯美、糯比支系主要分布在阿得博、沙衣坡、大寨、金河镇、十里村、马鞍底等乡；多尼、阿松支系分布在老集寨乡；果作支系分布在者米乡；各和支系分布在者米、老集寨、老勐、营盘、金水河等乡镇。

6. 元江县哈尼族及支系

元江哈尼族彝族傣族自治县主要居住着汉、哈尼、彝、傣、白、苗等民族，其中，哈尼族有 8.95 万多人（2010 年），占全县总人口的 41.17%。其地处元江中游而得名，位于东经 101°39′—102°22′，北纬 23°19′—23°55′之间，距省会昆明市 250 千米，距玉溪市 150 千米，是昆洛（昆明—打洛）、昆磨（昆明—磨憨）高等级公路的中转站，是云南通往东南亚国际通道的交通枢纽。元江县的哈尼族主要分布在元江西南岸的那诺、羊街、咪哩、羊岔街、因远等乡镇，主要支系有哈尼、糯比、糯美、多塔、碧约、布都、梭比、阿松、白宏（布孔），大部分自称为哈尼，他称糯比、糯美的分布在那诺乡、羊街乡和因远镇的都癸村委会。自称为哈尼，他称多塔、碧约的分布在羊岔街和咪哩乡。自称或他称为布都、梭比、阿梭、白宏的分布在因远镇。

二　哈尼族分布区域的地理环境

中国的地势，西高东低，呈三级阶梯下降。西部第一阶梯由平均海拔为 4000—5000 米的青藏高原组成；第二阶梯自北而南由内蒙古高原、准噶尔盆地、塔里木盆地、黄土高原、云贵高原组成，平均海拔 1000—2000 米；第三阶梯由中国东部的平原和低山、丘陵组成，海拔在 500 米以下。云贵高原正处于青藏高原和东部平原、丘陵之间的过渡地带，平均海拔 2000 米。云贵高原是中国梯田的主要分布区，特别在云南南部的哀牢山区最为典型。这仍然与其自然地理特征有直接的联系。云南总体地势是北高南低，也呈三级阶梯式下降：滇西北海拔 4000 米以上地区属青藏高原东南缘，以高山峡谷为主的地貌，为第一级阶梯；滇中高原平均海拔 2000 米，为第二级阶梯，是云南高原的主体；云南南部、东南部及西南部的边缘地带，以中低山和宽谷盆地为主，属第三级阶梯。滇西北地区山川紧逼，地势高耸，向南山川逐渐拉开距离，地势逐渐下降，中山及河谷、盆地相间分布，从最高的滇西北至最低的云南南部形成一种扫帚形地貌的垂直布局。在云南内部，80% 的国土为山地，14% 为高原，坝子面积仅占 6%。大小山脉布满其间，坝子、河谷散布于群山之中，构成区域性的立体垂直地形。

立体多样的地形地貌格局为云南立体多样的气候、植被、土壤、水文格局奠定了基础。从南至北，从北纬 21°8′—29°15′，由低到高，海拔由 76—6740 米，约 8 个纬度范围，910 千米长的地带内，出现了热带、南亚热带、中亚热带、北亚热带、暖温带、温带、寒带 7 个气候带，土壤、植被也同样出现相应的变化规律，相当于从海南岛至黑龙江大兴安岭北部的自然地带均在云南出现，成为中国自然带变化的缩影。[①]

---

① 童绍玉：《云南稻作民族文化生态》，《经济地理》2002 年第 1 期。

（一）哈尼族分布区域地貌

哀牢山和无量山均属于横断山系纵谷区的下段，是云岭山脉的重要分支。哀牢山脉为横断山脉南段云岭南延的东部分支，其最高海拔3000余米，隔元江与滇东高原相邻，自大理白族自治州南涧县境向东南延伸，自墨江、元江之间入红河州境内后盘踞在红河、元阳、绿春、金平等县境内，沿元江蜿蜒伸展到越南北部红河与沱江之间。山脉主体部分由变质岩系组成，片麻岩、片岩、石英岩、大理岩等分布面积大，山脉两侧为中生代红色砂页岩、泥岩等。哀牢山山脉受元江及其支流阿墨江、把边江、藤条江等切割，山脉又分出若干条分支，在其中下段，元江及其支流经过地区有一些在断陷盆地基础上发育的宽谷盆地，如元江坝、南沙坝、勐拉坝、骑马坝等。哀牢山区总的地貌特征是：山高谷深，地势起伏大，"V"形地貌发育充分，山脉脉状分布明显，主干山脉与水系干流平行相间分布。

无量山分布于把边江以西，澜沧江以东，它北窄南宽，山势比哀牢山低，比较缓和，组成山体的岩石主要为中生代红色砂页岩，局部地区有火成岩。山脉南部在河流分割破坏较轻的地区，高原面有所保存，阶梯状向西下降的一些盆地，如宁洱、思茅、小勐养、景洪等。无量山区总的地貌特征是：北高南低，地势相对和缓，扫帚状分布，大小坝子分布其间。

表1—2　　　　　　　　哀牢山脉的主要山峰

位置	名称	海拔（米）	走向	特征
金平县	西隆山	3074.3	西北—东南	全州最高峰、原始森林覆盖
金平县	大冷山	2506	西北—东南	原始森林覆盖
金平县	分水岭	2340	西北—东南	国家级自然保护区
元阳县	东观音山	2962	西北—东南	省级自然保护区
元阳县	西观音山	2745.8	近西—东	省级自然保护区
红河县	阿波黎山	2580.2	西北—东南	森林覆盖
红河县	阿姆山	2534	西北—东南	省级自然保护区
绿春县	黄连山	2637	西北—东南	国家级自然保护区

图1—2   连绵起伏的哀牢山支脉：元阳东观音山主峰白岩子
Bai-aizi, Main Mount of the Yuanyang Eastern Buddha Mountain,
Branch of the Ailao Mountain

（二）哈尼族分布区域气候

哈尼族文化区大部分地处北回归线以南，属于亚热带高原季风气候区，但由于受地势的影响，又形成气候类型多样的立体气候，孕育了"一山分四季，十里不同天"的山地垂直气候特征，从低海拔到高海拔分布着北热带、南亚热带、中亚热带、北亚热带、暖温带、中温带、寒温带7种气候类型。气候类型的立体分布导致其气候要素也呈立体分布不均。哈尼族所处的哀牢山区及红河南岸虽然纬度低，太阳高度角大，按理应获得的太阳日照时数多，但因地处印度洋北部暖湿气流的迎风坡，雨多雾浓，年日照总时数比红河北岸纬度稍高的坝区明显偏少，打破了日照时数随纬度增高而递减的规律。

气温和降水除了季节分配不平衡外，也反映出立体差异性。由于哀牢山脉平均海拔高度在2000米以上，成为一道天然的气候屏障，既阻挡了北方冷空气的南侵，又对来自热带海洋上的东南季风暖湿气流和西南季风暖湿气流起了抬升作用，引起水、热条件的再分配。元江—红河河谷、藤条江河谷和把边江—李仙江河谷等地年温差小，日温差大，年温差在8℃—13℃之间，但红河谷南沙等地的日温差夏季最高气温可达40℃

以上。海拔 1800 米以上的高山区夏季多雨，高温不足，最热时平均气温也只在 22℃—28℃之间。

降水季节分布也不平衡，干湿季节明显，从头年 11 月到次年 4 月，北回归线两侧上空受青藏高原和印度半岛北部干燥气流的西风带控制，形成晴天多，日照多，风干物燥的旱季。5—10 月，随着西风带的北移，带来太平洋北部湾的东南季风和印度洋孟加拉湾的西南季风暖湿气流，在哀牢山下段地形的抬升作用下，雨日多，降水集中，形成雨季。除了一些干热河谷外，大部分山区年平均降水量达 1500 毫米左右，其中哀牢山下段的金平县分水岭平均年降水量达 3471 毫米，最多年份高达 4338 毫米，居全省第一。元江流域干热河谷少雨区，包括元江坝子、红河勐龙、迤萨、元阳南沙、个旧黄草坝、蛮耗等地区，因地处背风坡，暖湿气流受到金平县分水岭、元阳县东、西观音山的阻截，"焚风"和"谷风"效应显著，成为区内少雨区，平均年降水量只有 809.2 毫米。①

（三）哈尼族分布区域的河流水系

哈尼族文化区的河流水系从东向西主要有元江—红河水系、把边江—李仙江水系和澜沧江水系。这 3 大河流水系自西北向东南横穿过哈尼族文化区的东部、中部和西部，与其大小支流形成水网密布的河流格局，为哈尼族传统生态文化的形成提供了重要的水利资源。

元江—红河发源于大理州魏山县小珠街，其干流自西北向东南经红河、石屏、元阳、建水、个旧、金平、蒙自、河口 8 个市县，由河口县向东南入越南后称红河，在红河哈尼族彝族自治州内干流长 240.6 千米，高差 251.6 米，集水面积 11496 平方千米，最大流量 4970 立方米/秒，最小流量 20 立方米/秒，年平均流量 292 立方米/秒，平均年径流量 92.69 亿立方米。其源于哈尼族地区的主要支流有小河底河、勐龙河、排沙河、龙岔河、杨系河、芒铁河、逢春岭河、麻子河、大寨河、新桥河、龙博河等，整条水系成羽状分布。

---

① 红河哈尼族彝族自治州编纂委员会编：《红河州志·卷一》，生活·读书·新知三联书店 1997 年版，第 147—148 页。

图1—3　养育哈尼族的母亲河：红河
Honghe，the Mother River

藤条江属红河支流，发源于红河县架车乡，经红河县洛恩，绿春县戈奎，元阳县沙拉托、黄茅岭，金平县老勐、老集寨、勐拉等乡，至金平县金水河镇那发出境入越南汇入李仙江下游黑水河后入红河。横穿红河哈尼族地区干流长173.2千米，高差1460米，集水面积4200平方千米，最大流量338立方米/秒，最小径流0.3立方米/秒，年平均流量22.7立方米/秒，平均年径流量7.18亿立方米。其主要支流有乌拉河、茨通坝河、荞菜坪河、金子河、金水河等，整条水系呈羽状分布。

把边江—李仙江发源于大理州南涧县宝华，中游称把边江，南经景东、镇源、墨江、普洱县，在江城县三锅桩附近与阿墨江交汇后始称李仙江，沿江城县与绿春县交界向东南流，经小黑江入越南后称黑水河。其流经红河州哈尼族文化区西南部83.2千米，高差159.8米，集水面积3325平方千米，最大流量6770立方米/秒，最小流量24.8立方米/秒，年平均流量40.9立方米/秒，平均年径流量132.99亿立方米。源于红河州哈尼族地区的主要支流有小黑江、月茅江、牛孔河等，整条水系呈树状分布。[①]

澜沧江发源于青海省唐古拉山东北部，向南流经云南省维西、兰坪、云龙、大理、保山、昌宁、南涧一线进入凤庆、云县、双江、景谷、镇沅、墨江、普洱、思茅、澜沧、勐海、景洪、勐腊、耿马等21个县市，

于勐腊县出境入老挝称湄公河。流经云南境内的干流长 1170 千米，流域平均降雨量 1342.4 毫米，流域面积 8.9 万平方千米。较大支流有黑江（威远江）、补远江（罗梭江）、小黑江、流沙河等。[①]

上述四大水系是哈尼族地区重要的水利资源，也是已开发和待开发的大中型水能资源分布区。

（四）哈尼族分布区域植被与土壤

元江（红河）南岸的哈尼族地区是红河哈尼族彝族自治州境内森林植被保护最为良好的地区，至 2008 年，红河县森林覆盖率 50%、元阳县森林覆盖率 43%、绿春县森林覆盖率 60%、金平县森林覆盖率 53.1%。前述哀牢山区的主要山脉或山峰均覆盖着莽莽的原始森林，是哈尼族梯田文化的"血脉"水源，是哈尼族地区"山有多高，水有多高"的自然绿色水库。其中，无量山、哀牢山及其支脉的金平县分水岭和绿春县黄连山为国家级自然保护区，江城县牛络河、红河县阿姆山、元阳县东西观音山等山脉是省级自然保护区。这些保护区分布着最为完整的热带季节性雨林、山地雨林、湿性季风常绿阔叶林、山地苔藓常绿阔叶林等植被类型，垂直分带明显，大部分处于原始老林状态。

黄连山自然保护区以保护南亚热带湿性季风常绿阔叶林为主的森林植被类型；主要以谭清苏铁、东京龙脑香、多毛坡垒、长蕊木兰等为主的 128 种国家重点保护珍稀濒危植物；以黑冠长臂猿、白颊长臂猿、灰叶猴、蜂猴、倭蜂猴、印支虎、马来熊等为主的 74 种国家重点保护珍稀濒危动物。保护区共有保护植物 152 种，其中国家一级保护植物 4 种；国家二级保护植物 124 种，云南省省级保护植物 24 种。有国家级保护动物 74 种，其中国家一级保护动物 15 种，二级保护动物 59 种。[②]

金平分水岭—五台山自然保护区的主要植被类型为山地雨林、湿性季风常绿阔叶林、山地苔藓常绿阔叶林、山顶苔藓矮林等，保护区内有 42 种植物是分水岭特有物种，有 29 种为国家和云南省重点保护植物，其中国家一级保护植物 1 种，国家二级保护植物 10 种，国家三级保护植物 7 种。保护区有 27 种国内外保护的珍稀濒危哺乳类，其中 8 种为国家一级

---

①　王声跃主编：《云南地理》，云南民族出版社 2002 年版，第 112—113 页。

②　许建初主编：《云南绿春黄连山自然保护区》，云南科技出版社 2003 年版，第 1—2 页。

保护野生动物，19 种国家二级重点保护野生动物，保护区内高度濒危的黑冠长臂猿、马来熊和印支虎最为重要。①

从总体上看，红河州哈尼族文化区植被呈立体状分布，北坡和南坡的植被类型又有差异。以元阳县为例，暖湿气流的迎风坡（南坡），海拔 800 米以下为季节雨林，海拔 800—1400 米为暖性松林，1300—1800 米为落叶常绿阔叶林，1800—2500 米为山地常绿阔叶苔藓林，2500 米以上为山顶苔藓矮曲林。西南季风的背风坡（北坡），海拔 800 米以下的元江谷地为稀树草坡，800—1400 米地区为暖性松林，1300—1800 米地区为落叶常绿阔叶林，1800—2500 米地区为山地常绿阔叶苔藓林，2500 米以上地区为山顶苔藓矮曲林。

由于红河南岸哈尼族地区的气候和植被的立体分布，土壤类型也呈垂直分布，为哈尼族地区形成立体多样的生态农业提供了重要的土地资源。海拔 900 米以下的元江河谷湿地、藤条江河谷、李仙江河谷有砖红壤分布，并分黄色砖红壤、褐色砖红壤 2 个亚类；海拔 900—1800 米中半山区是红壤，并分山地红壤、黄红壤、棕红壤 3 个亚类；海拔 1600—1900 米的迎风坡面为黄壤；海拔 1800—2500 米的上半山区为黄棕壤；海拔 2500 米以上的高山区为棕壤。此外，水稻土是本区梯田农业的重要土壤类型。②

综上所述，哈尼族分布区的自然环境，地形复杂，气候垂直变化明显，总体气候特征是：春暖干旱，夏无酷暑多雨，秋凉少雨，冬无严寒，干湿季分明，雨热同季，有利于水稻生长。哈尼族地区具有明显的水循环生态文化，一方面在江河水网密布的河谷地区，由于终年高温，水分蒸发升入高空热气团至高山区森林上空，凝聚为绵绵雾雨；另一方面，哈尼族所处的哀牢山下段地处东南季风和西南季风的迎风坡，来自太平洋及南海北部湾的暖湿气流，沿哀牢山走势深入内陆，在地形抬升的作用下，至高山区森林上空，形成绵绵地形雨，滋润着哀牢山和无量山区的原始森林，在林海山间汇集无数水潭和溪流，形成"山有多高，水有多高"，到处是

①　许建初主编：《云南金平分水岭自然保护区综合科学考察报告集》，云南科技出版社 2002 年版，第 13—15 页。

②　红河哈尼族彝族自治州编纂委员会编：《红河州志·卷一》，生活·读书·新知三联书店 1997 年版，第 169 页。

"泉水叮咚响"的独特地理景观。聚居于哀牢山区的哈尼族就是利用这种自然条件,从海拔2000米左右地区起修筑数万条沟渠(仅元阳县就有大小沟渠6000余条),将溪水泉流引至海拔1400—1800米的村落分布地带,在其周边缓坡、山梁开垦出层层梯田,往山脚河谷地带依次延伸,形成独特的梯田生态文化景观。

图1—4 哈尼族森林保护区中自然水库
Natural Reservoir in the Forest Reserve

三 哈尼族传统土地利用生态文化区

上述哈尼族文化区域,由于区内自然地理、民族关系等因素,区内又形成东西不同的传统经济文化类型,也就是不同类型的传统土地利用生态文化区。

从唐代南诏后期开始,随着傣族政治、经济、军事力量的崛起,南诏银生节度(治景东)以南地区不断被百越诸部所控制,傣族先民不断向北迁徙。南诏银生节度不得不从今景东县北移到今楚雄。大理国时期,虽然傣族势力日益增强,但段氏势力一直未能进入景东一带。由此,哈尼族文化区域内除东西自然地理差异外,民族关系也发生了明显的变化。以把边江为界,西部的傣族势力增强,哈尼族势力却逐渐减弱,最终处于被统治地位。而东部仍然以哈尼族势力为主，并不断吸收坝区农业的稻作文化，在山区发展了独特的梯田稻作文化。由此哈尼族传统生计方式或传统经济文化类型在东西产生了显著差异，形成不同生计方式的生态文化区。

（一）红河流域梯田农耕生态文化区

该文化区的自然地理标志是哀牢山和元江—红河。以梯田分布作为该区文化生态景观的地理标志，其分布区域大致为元江县南部、墨江、红河、元阳、金平、绿春、江城以及宁洱县东部把边江沿岸地区。区域自然地理特征是，哀牢山自西北向东南斜贯滇中南部，狭长的山脉一直延伸到越南北部山区，成为云南东西地貌类型和气候类型的地理分界线。发源于大理巍山县的元江—红河，受哀牢山势走向的影响，自西北向东南出境入越南后，流向南海，又成为滇东高原与滇西南山地的地理分界线，也是云贵高原梯田生态文化景观重要的地理界线。哀牢山的主体在礼社江—元江—红河以西、以南，其西又受把边江及其支流阿墨江的切割，形成地势北高南低、中高东西低的狭长山脉。山体内部受东西两江支流的深切，地形破碎，V 形地貌发育充分，地势起伏大，其主峰 3166 米与河口县红河与南溪河汇合处 76 米相比较，海拔相差 3000 余米，大多河谷与山体各群峰海拔相差 2000 米以上。由此孕育了"一山分四季，十里不同天"的山地垂直气候特征，从低海拔到高海拔分布着北热带、南亚热带、中亚热带、北亚热带、暖温带、中温带、寒带等气候类型，发育着相当于 20 个纬度带的土壤类型，生长着不同类型的植被景观。其上段有哀牢山国家级自然保护区，下段有屏边大围山国家级自然保护区、金平分水岭国家级自然保护区、绿春黄连山国家级自然保护区以及红河县阿姆山、元阳县东西观音山等省级自然保护区，由此形成"山有多高，水有多高"的独特地理环境，加之西北—东南走向的地势，来自南海北部湾的暖湿气流容易深入，形成丰富的地形雨。

上述这些自然条件为该区域内形成梯田生态文化景观提供了重要的自然地理基础。该区域的历史文化特征是，自唐代南诏至中华人民共和国成立前夕，在今元江、墨江、红河三县形成哈尼族氏族部落制或土司制度文化三角核心区，以此向东至元阳、金平，南至绿春、江城，西至把边江始终是哈尼族土司统治的辖区。由于区内山高谷深，地形复杂，明代以来的军屯、民屯的汉族移民也很少介入，一定程度上保持了哈尼族文化的纯洁性。区内哈尼族内部支系繁多，有和尼、哈尼、碧约、卡多、豪尼、白宏、峨努等30余种不同自称和他称，导致民族内部语言、服饰、居住形式等民族文化的差异性。但他们均以梯田生计为传统生态经济生活的主要方式，围绕梯田农耕活动产生祭祀、节日、自然崇拜、古歌、古礼等一系列传统生态文化。而梯田又主要分布在红河流域的元江县南部、墨江、红河、元阳、金平、绿春和江城等县，元江—红河往西至把边江梯田分布逐渐减少。因此，可将该区称为红河流域梯田农耕生态文化区。后面的章节将对梯田生态文化系统做详细论述。

（二）澜沧江流域陆稻农耕生态文化区

该文化区的自然地理标志是无量山和澜沧江。哈尼族在该区域的分布大致为：镇沅县南部、景谷县东部、宁洱、思茅、澜沧、景洪、勐海、勐腊等县市以及缅甸东部景栋一带和老挝北部边境哈尼族阿卡支系分布的广大山区。该区域的地势特征是，无量山自北向南走势，到普洱县地势逐渐缓和，变成海拔1000米以下的高原面，一直延伸到缅甸和老挝东部和北部边境。东西两侧又被把边江和澜沧江切割后，形成北高南低、中高东西低的扇形高原地带。自景谷—宁洱—思茅—景洪分布着大大小小的坝子，为该区的坝区水田稻作文化提供了良好的自然条件。但是，如上所述，自宋代大理国以来，由于该区被傣族势力所控制，大小坝子显然是傣族首选的聚居点。因此，以哈尼族为主体的彝语支各民族由北向南长途迁徙到此后，由于其势力较为弱小，不得不向森林茂密的半山区寻求生存之地，并以山地刀耕火种的原始农耕并兼营采集狩猎为其主要生计方式。自明代起，该区域的大小坝子又是封建王朝移民军屯、民屯的理想之地。由此，弱势的哈尼族很难下坝区发展水稻农耕，客观上巩固和发展了山区刀耕火种式的传统陆稻农耕文化。加之该区的哈尼族分布在澜沧江流域的宁洱、澜沧、景洪、勐海、勐腊等县以及湄公河流域缅甸、老挝的北部山区。因此，可将该区域的哈尼族文化称为澜沧江流域陆稻农耕生态文化区。其特点是，哈尼族在该区域内没有形成核心区，居住较为分散，与其他民族形成小聚居大分散居住格局。但刀耕火种的农耕经济活动为其生计的主要方式，并以陆稻种植为主；由此以围绕陆稻农耕祭祀、节日及原始宗教为其传统生态文化。该区的哈尼族内部较为单一，除了自称卡多、峨努、豪尼、白宏、碧约等少数人口分布在镇沅、宁洱等县，大部分人口自称雅尼或阿卡。至中华人民共和国成立前夕，除北部镇沅等地哈尼族进入封建地主经济外，南部的西双版纳及澜沧等地大部分哈尼族由于受傣族封建领主制的统治，普遍采用原始刀耕火种的农耕方式。该区内的其他山地民族也是以传统刀耕火种农耕为主要生计方式，因此在本书中不作为哈尼族传统典型农耕生态文化分析。

综上所述，哈尼族文化在云南各民族中具有其鲜明的民族性和文化特征，在云南地理空间占据一定的位置，使其成为云南整体文化的重要组成部分。特别是哈尼族传统生态文化，在云南乃至中华民族的整体文化中越来越显示出鲜明的民族文化特色。因此，要对哈尼族传统生态文化进行深入、全面的研究，必须将其置于一定的区域背景，以文化整体观为指导，认真梳理哈尼族在调适生态与文化的关系、寻求人与自然和谐共存的漫漫历史过程中逐步形成的生态智慧和生态知识。在下面的章节中我们将从生态物质文化、生态制度文化、生态观念（精神）文化等方面对哈尼族传统生态文化做系统而全面的分析研究。

第二章

哈尼族服饰中蕴含的生态文化

服饰是人类特有的文化结晶，是民族历史的"活化石"。色彩斑斓的哈尼族服饰不仅显示着丰富的个性和迷人的色彩，而且以其独特的方式展示着本民族的历史文化，他们用一针一线绣出了不用文字记述的神话，再把这些神话故事编成一部部"象形文字"符号穿戴在人们的身上。这就是本章要分析研究的哈尼族传统服饰生态文化。哈尼族就是用这种精美的传统工艺，记载着民族千年的历史，展示了人类的勤劳和智慧，寄托着人们美好的愿望，在每一幅图案和每一种佩饰的背后都有一个个鲜活而神奇的故事。所以说，哈尼族穿在身上的是由一幅幅精美图案组合而成的古老文化艺术，戴在身上的是一个个传奇的神话故事。

一 哈尼族服饰尚黑的生态文化

哈尼族由于支系繁多，不同支系的差别也体现在不同服装款式上，这就构成了绚丽多姿的服饰文化。但总的特征是其服饰以黑色为基调，无论男女老少均以黑色或青蓝色为主。同时以蓝、绿、灰色布料做装饰，再配以红、黄、蓝、绿、白、紫色的棉线或丝线绣花做点缀。男子均为一种款式，女子在人生不同年龄段有不同的款式，这也是女子人生角色转换的标志。

哈尼族服饰以黑色或青蓝色作为基调色。在氏羌族群中的彝、纳西、傈僳、拉祜等彝语支民族，黑色具有尊贵、高雅、正统的含义，哈尼族作为彝语支民族的一员，同样也崇尚黑色，他们以黑色为美、为庄重、为圣洁，将黑色视为吉祥色、生命色和保护色。

　　关于哈尼族以黑色为基调的服饰审美意识有许多种说法，都体现了哈尼族在迁徙途中融入大山森林的黑绿色基调后避免了族群灾难的主题，但归纳起来主要有这样几种：① 一说是哈尼族南迁到"色偶"（地名，据说是今大理洱海边）时，非常羡慕白鹇鸟的浑身洁白和无忧无虑的生活，于是，就模仿白鹇鸟穿一身洁白的服装，男子以白布包头，女子戴白头巾。后因战争而继续南逃时，白衣白帽太显眼，不得不逃进深山老林，就在那里发现了成天活跃在林中的喜鹊，于是，又模仿喜鹊穿一身黑白相间的服装，即内穿白衬衣，外套黑领褂，下穿黑裤子，头缠黑布包头。但这种黑白相间的服饰仍然显眼，"纳然"（外族）再次追来，哈尼只好再度南迁，最终逃进森林茂密的哀牢山中，开始过上安居乐业的日子，人们最终发现白色和黑白相间的服饰都不理想，黑色能融入深山密林中与之浑然一体，于是将衣裤全染成黑色。二说是哈尼族古时喜欢浅色的服饰基调，并绣上各种自然花卉，非常漂亮，但是古时哈尼族居住的地方强盗横行，年轻美丽的姑娘常遭凌辱。有一次，有一位寡妇大妈领着她的两位漂亮的姑娘上山挖野菜来充饥，不料遇上了一伙强盗，准备抢走两位姑娘。姑娘拼命逃避，跑进深山老林后无意中被野生蓝靛叶把她俩的衣服染黑了，黑色衣服与黑压压的大山森林混成一体，结果强盗进山搜查时没有发现她们便走了，姑娘幸免于难。三说是古时候，神鬼与人居住在不同的色彩世界里，神的地域是红色的，鬼的地域是杂色的，人的地域是黑色的。人和鬼原来是同胞兄弟，他们最先和谐共处，互相帮助。后来不知什么原因产生矛盾，天天吵着闹分家的事，天神知道后，便扯下黑幕将他们分开，同情哈尼族的天神将遮身的黑幕送给哈尼人披在身上，以防鬼怪纠缠。四说是哈尼族古时靠采集野果生活，有一天，一对兄妹在森林里采集野果，突然遇上了一只大老虎向他们猛扑过来，二人拼命地逃，逃到一处悬崖边，悬崖下面是一条大河，兄妹二人为避免被老虎吃掉，跳进了大河，顺河漂得很远很远，却无法上岸，突然他们抓住了一棵岸边的草，爬上了岸，兄妹二人就成了哈尼人的始祖，他们记住这棵草，也叫后人永远不要忘记这棵草，这棵草就是制蓝靛的大青叶，哈尼族从此无论迁到何处，也都要携带其种子，并在选寨址建村立寨时，要考虑大青叶适宜

---

　　① 黄绍文：《穿戴神话——哈尼族服饰艺术解读》，云南美术出版社 2010 年版，第 9—11 页。

生长的地方。

这些故事的主题都是反映黑色使哈尼族免除了灾难，黑色成为哈尼族生命的保护色，因而哈尼族崇尚黑色。哈尼族虽然没有传统的文字，但其服饰以黑色为基调在零星的汉文史料中有所记载。明景泰《云南图经志书》载："倭泥、类蒲蛮，男子绾髻于顶，白布缠头，妇人盘头露顶，以花布为夸头，衣黑布桶裙。"清乾隆《景东直隶厅志》载："窝泥，男服皂衣，女束发，青布缠头，别用宽布帕覆之，衣用长桶，有领袖不襟，穿衣自首套下，内著裤，领缀海贝，用作短小筒串饰项。"清道光《普洱府志》载："黑窝泥，普洱、思茅、他郎暂有之，性惰和缓，服色尚黑。"[①]这些史料说明，哈尼族古时的着装与现代的着装相比有很大变化，但黑色是从古到今的服饰基调。民族服饰不断变迁的今天，哈尼族在任何时候的祭祀活动，主持人都必须着黑色衣服，平时着汉装的人，到了正规礼仪的场合就得着黑色服装，否则视为不严肃、不庄重、不吉利。

图 2—1 穿着黑衣黑裤召唤神灵
Summoning the Holy Spirits in Black

---

① 转引自李宁《流不尽的万般神韵——解读哈尼族服饰文化》，载《哈尼族文化论丛·第二辑》，云南民族出版社 2002 年版，第 317—318 页。

图 2—2　穿着黑衣黑裤安抚神灵

Pacifying the Holy Spirits in Black

图 2—3　穿着树皮衣模拟原始狩猎

Immitating Primitive Hunting in Tree Bark Clothing

图2—4　穿着树叶衣狂舞
Dancing in Tree Bark Clothing

二　哈尼族服饰工序中蕴含的生态文化

哈尼族服饰的工序围绕自给自足的梯田农耕经济进行，从棉花的栽种、纺织、靛染、剪裁以及服饰的礼仪和审美意识无一不留下梯田烙印，同时，也体现了哈尼族服饰工序中的生态文化内涵。男耕女织是哈尼族社会性别的主要分工，"男人犁田不能晚于十月末，女人织布不要迟于正月末"的谚语是哈尼族梯田农耕和纺织程序的经验总结。纺织是哈尼族传统手工业的主要生产方式，完成一系列的生产工序无一不体现生产技术。哈尼族少女从小就得跟着母亲学习种棉、收棉、晒棉、轧棉花、搓棉条、捻线、纺纱、绕线、煮线、上浆、漂洗、缠线架、排经纬网、织布、染布等一系列传统纺织技术工序，这也是哈尼族妇女世代传承的传统技艺。因此，纺织和制衣成为衡量哈尼族女子心灵手巧和治家本领的重要尺度，也是她们身价的一种体现。故哈尼族有"不会织布就当不了真女子"的说法。

（一）种棉与传说

从服饰的生态原料来看，哈尼族传统服饰原材料皆源于自己种植的棉花。棉花种植是哈尼族传统的生产方式之一，家家户户都要种植棉花，品种为一年生草本棉，产量低，但抗病力和适应性强。哈尼族生活的亚热带季风区，气候温暖，极适合喜温暖、适宜沙壤土的草棉生长。哈尼族一般选择海拔 1300 米以下的河谷坝子开荒成专门的棉地，这种棉地土层厚，土地肥沃，阳光充足，地势相对平缓而干燥。为了管理方便，有的棉花被栽种在宽厚的田埂上和田边地角的空地上。棉花种植方式为撒播，薅除一两次杂草，施少量农家肥，他们在农历三月播种，农历九月收获。哈尼族家庭所种植的棉花是为了自用而不成商品，故自种的棉花一般只够做全家人穿衣用，每户人家至少要种植 1 亩左右，才够一家人的穿衣盖被及日用所需，人口多的家庭则需多种一些。20 世纪 80 年代后，随着外地棉花、棉布的大量调入，哈尼族地区自种棉花逐渐减少。

　　哈尼族种植棉花历史悠久，从选地、砍地、烧地、挖地、整地到撒播、管理等一系列生产技术均以神圣化的口传方式传承着，也体现了哈尼族种棉悠久历史。哈尼族《种棉花》[①] 的古歌这样唱：

> 最先使用棉被的是太阳神的女儿白姒，
> 最先使用棉衣的是月亮神的女儿罗姒，
> 罗姒和白姒在天宫后山玩耍时，
> 看见一棵从未见过的奇特树，
> 树上结满了一颗颗果子，
> 果子熟透后又开出雪白的花来，
> 柔软的白花甜甜地睡在果壳里，
> 如同襁褓中熟睡的婴儿。
> 罗姒和白姒把白花摘回来，
> 觉得像白云轻飘一样柔软，
> 又像火烤一样暖和，
> 两个姑娘就把它叫做棉花。
> 罗姒和白姒两个姑娘来到人间，
> 看见世人身上无遮衣，
> 把柔软的棉花做成了衣被，
> 送给了受寒的世人取暖，

---

　　① 李扬、李涛主编：《哈尼族口传文化译注全集·第三卷》，云南民族出版社 2009 年版，第 436—437 页。

同时把从天宫后山摘回的棉籽送到哈尼住的地方。

棉花栽在什么地方好？

要在高大山脉阻挡的河谷平地，

这里四面的寒风刮不进来，

河谷坝子的气候闷热得像蒸笼，

是栽棉花的好地方。

远古的先祖最先栽棉的是俄尼姑娘，

俄尼姑娘挖翻大蓬大蓬的芦苇地，

把棉籽撒进土地上，

绿绿茵茵的棉苗就长出来了。

撒棉籽要在温暖的三月，

撒下的棉籽满一轮，①

棉芽像蛆虫一样从土里钻出来，

棉苗长出一拃高，

操持家务的俄尼姑娘，

起早贪黑背着晌午饭下棉地，

棉地薅除三道杂草后，

苗棵长得像酸汤秆一样粗壮，

绽开的花蕾像地桃花一样美。

到了炎热的七月夏季，

大朵的棉花炸开了，

像是满天飘浮的白云，

俄尼姑娘背着宽大的背箩下棉地，

在棉地里摘花像是站在白云间的仙女，

摘满了一箩堆尖的棉花，

回到寨脚的大树下歇一歇，

一寨的老小都围拢过来，

年轻人走来摸摸看看，

不知道叫什么花名，

老人走来看一看，

---

① "轮"：哈尼族的计时单位，一轮为13日。

说是长在河谷地区的"攀枝花"……

图 2—5 宽厚的田埂上可种植棉花
Planting Cotton on the Ridge of the Field

（二）纺织

纺织既能体现哈尼族妇女的治家本领，也是展示哈尼族妇女勤劳和智慧的象征。哈尼族姑娘一般从十二三岁开始学习纺织和刺绣工艺。哈尼族纺织工艺包括轧棉花、弹棉花、搓绵条、纺线、绕线、上浆、洗晾、拉线、排经、穿篦、梳线、织布等工序。秋收时节，哈尼族妇女把棉花摘回家中，选择秋高气爽的晴天，将收获的棉花铺晒在屋顶晒台上，她们一边晒棉花一边用轧花机将棉籽除净，然后请弹棉花师来弹棉，届时邻里或亲朋好友的女子们都会主动前来帮忙，将弹松的棉花以高粱花秆搓成手指大小的棉条就可纺纱线。纺线是年轻姑娘的拿手好戏，她们三五成群不约而同地在某个家中的耳房及阳台上或院子里纺线，以此展示个人优美的身姿和麻利的手脚，笑声和织布声此起彼伏。此时也是"窈窕淑女，君子好逑"的大好时光，小伙子们也不失时机在离姑娘们不远的阳台上，不断地发出夜晚约会的信号，如果他们相互看上了，到时自然有约会，白天姑娘们纺纱的优美动作是他们夜晚绵绵私语的话题。纺纱机是一圆形转轮安装在木支架上，转轮中轴安装手摇柄，支架的左端固定棉线条，左手不断将棉条接头，右手摇手柄，将棉线套在转轮外圈，然后棉纱理顺绕成一扎扎线团，放进大铁锅中煮线染米汤浆，再取出纱线搓揉、漂洗、晒干理顺后缠绕在特制木架上，即可上机织布。

　　哈尼族织布一般在"十月年"过后至春节前这一段冬季农闲时间里进行，故有"男人犁田不能晚于十月末，女人织布不要迟于正月末"、"妇女闲时针线活要快做，莫等换衣才忙针线活"的谚语，充分道出了哈尼族男耕女织的社会分工及其梯田农耕程序。织布机是以四根直立木桩和六根横木所构成的直角木框架，直立木的上方两根横木、两根纵木，下方两根横木上固定四根木桩，靠后位搭上一纵木板做织者座凳，固定在上方横木的棕绳下垂悬挂拉线穿篦板和脚踏板，前方木桩与篦板之间排经线，梭子排纬线。哈尼族妇女织布必须手脚并用，先将纱线排于织布机轴架上做经线，然后织者两手横穿梭子，成纬线，双脚踩足下踏板，使经线分开后，纬线方可穿过，包括引线、排经、送纬、卷取、纬纱补给等过程。这样织出来的棉布称为"小土布"，白色，布匹一般宽 0.24—0.3 米，长 1.8—10 米。然后将织好的土布放进染缸里，以靛青染黑后方可缝制衣服。

　　种棉、纺纱、织布的过程在哈尼族民歌《哈尼族四季生产调》中做了精彩的描绘：

> 撒棉籽要找好梯地，
> 阿哥左手拿着鸟尾样的弯刀，
> 右手拿着黄竹扒钩，
> 砍翻九块乌山草做棉地，
> 烧了乌山草又要挖翻地，
> 阿哥挖好九块棉花地，
> 阿妹种下九筒棉花籽。
> 撒下棉籽满一轮，
> 地下四方长出棉根，
> 地上棉枝长出四片叶，
> 哥妹同种棉花长得旺，
> 枝头枝脚结出白云般的花。
> 收回棉花忙晒棉，
> 晒好棉花忙轧花，
> 麻栗树做的轧花机，
> 黄竹片做的弹花弓，

　　　　金竹篾做的弹花弦，
　　　　苦竹箭做的棉花棍
　　　　弹完棉花忙搓棉，
　　　　搓好棉条忙纺线，
　　　　绕上黄栗树的纺织机。
　　　　十个妇女理一织机的线，
　　　　没有理不顺的棉线，
　　　　十个男人同犁田，
　　　　没有犁不完的梯田。
　　　　横坐织机的少女似骑马，
　　　　织布横穿的梭子在舞蹈，
　　　　脚下踏板发出吱呀声，
　　　　织出的土布像白云带，
　　　　染好的土布像乌鸦翅……①

图 2—6　弹棉花
Fluffing Cotton

---

　　① 《哈尼族四季生产调》，白祖额哈尼文收集，段贶乐汉文翻译，云南民族出版社 1989 年版，第 128—132 页。

图 2—7　绕线
Thread Coiling

图 2—8　织布
Cloth Weaving

（三）板蓝根栽培与靛染

哈尼族栽培板蓝根的历史悠久，并有一定的规模。从 14 世纪中叶明王朝统治云南起，大量的中原汉人移民充实到云南各地，同时带来先进的农具和技术，促进了当地农业生产的发展，因此在哈尼族地区也出现了"土田多美，稼穑易丰"的繁荣景象，并以善种稻谷、靛草及饲养

"花猪"① 著称，于是有了"阿泥""少种禾苗多种靛"的描述，这是清乾隆《开化府志》卷一○中刘世长的诗句，强调了哈尼先民从事梯田农耕的同时又善于栽种板蓝根的历史。这就是哈尼族自古以来男耕女织社会的真实写照。

从上述哈尼族善黑及其种棉、纺织的传说来看，哈尼族是善于总结生产技术的民族。无论从民族学或民间文学的视角看，民间口传的文学作品所描绘的往往是其经历的生存环境和生活生产活动。大量的研究成果表明，民间文学作品有历史迂回的"折光"，具有真实、全面反映人类生活状况，深刻表现人类思想感情，记载人类历史，总结劳动经验等功能。在哈尼族卡别支系中流传着这样一首织布与染布的民歌：

> 蜘蛛是卡别人学织布的师傅，
> 蜘蛛用细细的脚爬出树洞，
> 树枝和叶子是蜘蛛的织架，
> 蜘蛛天天都在纺织，
> 卡别人的先祖阿奶，
> 学着蜘蛛的样子学会了织布。
> 先祖阿奶从山坡上采来野棉花，
> 把白生生轻轻飘飘的棉花撕开，
> 装满了一个个的篾箩。
> 先祖阿奶躲在蜘蛛网下细细观察，
> 聪明的先祖阿奶，
> 在家门前立起了织布架，
> 学着蜘蛛的样子，
> 把手中的棉花搓成线，
> 织出了细细密密的布。
> 织出的白布怎么染，
> 箐鸡告诉先祖阿奶说，
> 彩虹阿妈的颜色多，

---

① "花猪"：也称"葫芦猪"，是哈尼族善养的传统猪种，其个体矮小，耳短身长，成年猪体重也不过30千克。

抓住尾巴飞上天，

彩虹阿妈会将最美好的颜色给人间。

先祖阿奶得到了五彩的颜色，

回到山寨遇到了大雨，

五彩的染料化成水，

将箐鸡染得很漂亮，

只有黑色藏在腿套里，

带回来染布做衣裳，

从此哈尼世代穿黑衣。①

　　哈尼族使用的靛染植物是菘蓝，俗称板蓝根。菘蓝（Isatis indigoti-ca），十字花科，二年生草本植物，全株带粉绿色，叶呈长椭圆形，全缘或有微锯齿，抱茎，基部有宽圆形垂耳，春夏开花，色粉蓝，排成圆锥花序，花梗细长而下垂，果为长椭圆形，扁平，边缘呈翅状，顶端钝圆或截形，叶称大青叶，根称板蓝根，均可入药，其药效清热、凉血、解毒。

　　哈尼族称板蓝根为"苗"（miaoq），意为染，其叶称"苗半"，其根称"苗区"。哀牢山区海拔 1200—2000 米的林下均适宜栽培板蓝根。哈尼族习惯用老根发出的嫩茎割来栽插，家庭妇女都喜欢在村边林下、菜园地边、私有林等地栽培板蓝根。每年农历五—六月份栽培，第二年秋季可收割，也是制作靛蓝油的最佳时期。每当端阳节雨季来临之后，哈尼族妇女割来老茎发出的嫩茎栽插，采割时留下 10—20 厘米长的老根茎做发芽，割下来的茎叶运回家中又把嫩茎叶剪下作板蓝根苗，留下老茎叶制靛油，制作靛油时忌遇家庭成员的生日，因此，她们上山采割板蓝根也是选择日子。在 20 世纪 80 年代前，在哈尼族村寨周边设有许多石灰抿糊的靛塘，但现在留下来的不多了，原因是现代工业染布料的大量进入，人们图方便都到市场上购买，这样板蓝根的栽培量逐渐减少，靛塘也就减少了。

　　一般来讲，哈尼族家庭加工制作一次靛油，需要板蓝根茎鲜叶 3 背（约 100 千克），鲜叶以清水浸泡腐烂后配料需要 10 千克石灰粉，拌成石灰混合水，鲜叶与石灰粉一般为 3∶1 的比例。妇女们把割回来的板蓝根茎叶在塘中放水浸泡，热天浸泡 5—6 昼夜，冷天则浸泡 8—9 昼

---

① 转引自黄雁《北回归线上的哈尼人》，云南人民出版社 2009 年版，第 115—116 页。

夜，让其自然浸泡发酵后，捞出茎叶杂质，池塘里倒进一定比例的石灰水后用大括梳反复搅拌靛水1小时，这时会产生许多泡沫，从泡沫的颜色可以看出这塘蓝靛质量的优劣，好的则泡沫呈紫蓝色，差的则呈灰蓝色。水面泛起大量泡沫后停止搅拌，在靛塘里留置1天左右，使其充分沉淀，再撇去上层的水，塘底留下的靛油水用木桶打起来倒进支在塘坝上边的大篾箩里，箩口隔筛子，以免杂质进入，过一两天后在箩底捞起沉淀下来的靛油存放于瓦盆中，置于家中遮雨阴凉的地方备用，一年四季不会干结。成品靛油色紫蓝为上品，色绿为中品，色灰为下品。

哈尼族的每个家庭都要设置一个染布用的染缸，小小染缸象征一个家庭的完美，也是反映婚姻家庭的社会关系。如果染缸里随时保持青蓝的靛水，说明家庭的美好和有勤劳智慧的妇女在持家。有的地区哈尼族姑娘出嫁时娘家用一包三四千克的靛油做陪嫁物，婆家要给新娘准备好染缸，因为公婆的衣服与儿媳的衣服不能同用一个染缸染色。染缸里的水是用草木灰过滤的，再适量加入芭蕉树汁液以防退色，然后放一定的靛油溶解混合，一般来讲，1立方米的染缸水需要2斤靛油混合，并加入1两左右的白酒消毒，再采回一把水冬瓜（桤木）鲜枝绿叶放入缸中浸泡，促进缸水变蓝，待塘水变为蓝色即可将白布放入塘中浸染，一次可染自织的长约27米、宽30厘米的一卷土布，足够做2套妇女服饰。白布在靛塘中白天浸泡，晚上捞取晾干，第二天继续浸泡后捞取晾干，这样反复浸泡三四天即可染透。之后用清水漂洗一下，晒干即可缝制衣裤。红河县的哈尼族喜欢把自织的白土布染成藏青色，元阳、绿春、金平等县的哈尼族喜欢在靛染的基础上，再用水冬瓜皮煮出来的汁液染一次后变为黑蓝色。染缸除了染白布外，平时要染黑退色的衣服，保持衣服完好一新。靛油除自用外，到市场上可卖6—8元/公斤，瑶族、傣族也需要靛油，但他们不栽种板蓝根，只好向哈尼族购买。靛油也可制作工业染料。

哈尼族除了以菘兰做传统生物彩染外，也用水冬瓜（桤木）树皮等植物做染料，其方法是用大铁锅煮透植物染料，然后将布匹和衣服放入锅中用微火慢慢煮染，并不断翻滚布料，布料冷却后用清水漂洗晾干，彩染即告结束。从总体上看，20世纪80年代初期以后，哈尼族地区大量调入化学工业浸染的布料后，板蓝根栽培是大幅度下降了。但是，21世纪初期中国大地上发生了一场"非典"，板蓝根药材市场价格猛涨。加之以板蓝根茎叶提取的绿色染料——蓝靛油成为国际国内的健康生物染料，用蓝靛为原料的植物化工和洗涤化妆品也在国际国内市场上十分走俏。因此，在市场的驱动下，元阳、金平等地哈尼族聚居县将板蓝根作为一项生物商品加以开发，在海拔 1400 米以上的半山区作为一项生物商品的开发内容，2007 年两县板蓝根种植面积约 10 万亩。

　　哈尼族板蓝根栽培及加工靛染具有悠久的历史，技术与工艺独特，文化内涵深刻。由于该植物在林下生长，与保护森林相得益彰，体现了哈尼族服饰工艺的生态文化。土布染色工艺，色彩均匀，不易退色，深受哈尼人的喜爱，具有鲜明的民族特色，作为哈尼族重要的非物质文化遗产，应该进行产业化开发，以便发扬光大。

图 2—9　蓝靛草：染布植物
Indigo Grass

图 2—10　制靛青油
Making Indigo Oil

图 2—11   石灰与靛青水搅和使其沉淀靛油
Precipitating Indigo Oil by Stirring Lime and Indigo Water

图 2—12   捞取靛油汁
Taking out Indigo Oil from the Mixture

图 2—13   靛青染布
Dyeing Cotton Cloth with Indigo

三　哈尼族服饰类型中蕴含的生态文化

哈尼族生活的哀牢山区，山高谷深，交通闭塞，形成大聚居、小分散的居住格局。由于生存区域气候的差异性和封闭性，以保暖为功能的衣着也形成适应其不同地理环境的服饰类型，这也是哈尼族服装款式多姿多彩的主要因素。每一个支系形成一种衣着类型，也就是一定地域的同一支系形成统一的服饰审美，充分体现了自然地理环境对其生存区域服饰类型的影响及其以自然山川为主题的审美意识。同时，就一个地域的一个支系而言，儿童、青少年、成年人、老年人的男女服装具有不同式样，普通族人和宗教祭师又有相互区别的特征，不同的场合分为人生礼服、节日盛装、日常家居、劳动便装等。既体现了哈尼族传统服饰不同社会角色的标识，又反映出不同人群、日常生活需要的文化意蕴。

（一）儿童头饰与动植物饰物

哈尼族孩子一二岁时，无论男女孩都穿着自织自染的土布缝制的背带开裆裤，在小裤腰左右两侧钉上一条布带连成半圆形，穿着时布带上端套在脖颈上即可，男女孩裤的区别在于女孩的裤脚处适当做绣饰。哈尼族母亲给孩童做的帽子特别漂亮。由于儿童时期尚未形成自我的审美意识，作为母亲要根据本民族童装的基本款式，按照母亲的审美，给自己的孩子加以装饰，此时也是考察母亲是否心灵手巧，反映母亲审美情趣的时候。特别是首次做母亲，从少女时代跨入为人妻、为人母的思想变化及母爱情感全部倾注在这一顶帽子上，反映了青春气息尚未消失的少妇审美意识，展示了少女时代的精美手艺。

哈尼族童装的特点总的来说是简洁明快，符合儿童的心理。服饰中绣制的图纹不分男女，而且以自然山川为主，配以动物的羽毛、嘴、牙齿、爪、贝壳以及银币、银泡做装饰，所以从衣着上看，哈尼族在 3 岁以前的儿童基本上无性别之分，以护身保暖为本，所体现的审美情趣就像一朵含苞待放的花蕾。但有的儿童帽颇具民族特色，如小布帽、八仙小花帽、猫头鹰帽等。在红河县甲寅乡流传的八仙小花帽做得很精致，由于甲寅乡后山上每到春季开满了马缨花，在圆帽的顶部和四周，绣有马缨花，象征幸

图 2—14　银铃帽

Cap Decorated with Silver Bells

图 2—15　花布帽

Cap Embroidered with Flowers

福生活，帽顶镶钉宝塔状银饰，帽边沿钉上银菩萨、玉八仙、小银链等饰物，象征着吉祥如意，平安长大。整件帽饰作品将刺绣、挑花、镶嵌等工艺结合在一起，配以银和玉的珍贵饰品，显得华丽富贵，在方寸之间寄托了母亲对孩子的一片深情和美好生活的祝愿。元阳、金平县糯比、糯美支系中的小布帽以一块长方形的黑布为底板，其上以丝线绣上反映自然山水的重叠小三角形、正方形、水波纹等，色彩以红、黄、蓝、白、紫为主，然后围成圆筒状，帽顶缀饰彩色绒球，帽檐下垂银铃、银币，寄托了母亲对孩子的一片深情，祈求神灵保佑孩子吉祥平安。哈尼族缀缨系铃童帽，是用黑色的土布缝成帽形，帽檐一圈用红色丝线绣有猫头鹰眼的图案，帽顶缀银铃、缨穗以及避邪的小布包。有的以几块小黑布拼接成形似猫头鹰，称"合补吴丛"，意为猫头鹰帽，在脑门头上绣上一只小蝴蝶或小蜜蜂或螃蟹，边沿钉上狗牙、海贝、鹰嘴等做避邪物，据说孩子头上有这些炯炯有神的眼睛，夜行的鬼魅就不敢来作祟了。

图 2—16　猫头鹰帽
Owl-shaped Cap

（二）男子服饰

从整体上看，哈尼族男子服装款式大体一致，只有老幼差异。由于哈尼族男子是梯田农耕经济生产活动的顶梁柱，他们承担着犁田、耙田、挖田、垒田埂等农耕技术以及运输建房用的木料等重体力活。这些繁重的体力劳动决定了男子的衣着款式必须为宽松的长袖衣、大裤裆长裤。这种衣着款式极适宜山区劳动运作。

哈尼族成年男子的头饰，绝大多数以自织自染的黑色土布做成包头，有的支系也用紫色的绉纱和本族自己织成的白色土布做包头，有的在包头上插彩色羽毛进行装饰，比如西双版纳的阿卡男子。绉纱的白布包头现在已很少使用。男子的包头有长有短，长的 6 米多，短的也就 2 米左右，一般以 4 米为宜。有的包头的一端，以织布留下的纱线搓捻成无数细条，做成一束缨花，打包头时将这一端扣在右耳上，使缨花垂于耳边，显得大方。打包头时只能按从左到右的顺时针方向缠绕，在额头上方绕成层层相叠的"人"字形，给人以庄重之感。

　　哈尼族男子服饰主要有无领斜襟右衽和短领对襟衣两种款式，无论男女上装，在衣服下摆的左右两侧都要开衩，留出"V"形剪口，使后摆整块部分如同燕尾，若将哈尼族服饰从头到尾摆放在一起，形同春燕展翅。这种古典模式的"衣尾"，是中原华夏民族中曾经流行的服饰特征，经历代王朝在政治、经济、文化方面的改革创新之后，"衣尾"习俗在汉民族中已消失，却在被称为蛮荒高原的"西南夷"中保留了下来。《后汉书·南蛮西南夷列传》载："哀牢夷者，……种人皆刻画其身，象龙文，衣皆着尾。"《华阳国志》也载："（哀牢夷）衣后着十尾。"这些文化习俗历经2000多年之后，依然在"西南夷"之一的哈尼族服饰中保留下来，也反映了哈尼人的怀祖意识。相传哈尼的祖先住在石洞里时，最先缝制衣服的人把衣裤连起来，从头套到脚，好看是好看了，只是上山打猎时不方便，无意中下身的连衣裤子被山上的刺槐划破了，正好从中间分成了两半，人们就把衣服和裤子剪断，下身的裤子就成了两块围腰，上衣成右开襟，这就成了哈尼族衣服的基本款式。

图 2—17　老年男子服饰
Clothing Worn by the Male Aged

哈尼族男子服装比较单纯，朴素大方，款式大体一致。男子上衣无领斜襟右衽在右胸前和右腋下方钉布条做纽扣，为50岁以上男子上衣，下穿大裆裤、大裤脚。这种衣服式样，胸部保暖性较好，为岁数大的男性所喜爱。短领对襟衣俗称普通衣，钉上若干对称的布扣子，但其数量必须为单数，左右对称的两排布纽扣，一般为9对，衣服两肋下方开衩，左右两边打四个包，上小下大，也要左右对称。为10—40岁男子喜爱的上衣。家庭经济好的年轻男子穿对襟衣，往往喜欢两排钮子钉亮闪闪的银扣子，看上去端庄大方，朴实利索。男子的传统裤子，裤腰、裤脚较宽大，裤裆较低，两裤脚间夹角很大，称"扭裆裤"，穿时以布条做系腰裤带或裤腰要打折再系腰带。裤子一般不分正反面，可交换着穿。这种裤子穿起来宽松，通风性能好，穿着舒适，也便于在上山下地的陡坡活动。哈尼男子服饰上紧下宽的特征，便于上山狩猎活动和下田间劳作。

哈尼族男子还喜欢穿领褂，也称坎肩，用自织自染的黑色土布缝制，对襟，无袖，勒腰，多为夹层，分有领和无领两种，均可在领褂周边用彩色丝线绣饰。有的将前襟钉上两排对称银纽，银光闪亮，华贵大方，为男子盛服。但大部分男子穿的领褂很少做装饰，使用布纽，穿着时套在白衬衣上面。这是哈尼族在迁徙途中为了躲避战乱而模仿喜鹊羽毛的服饰打扮。

过去哈尼族男子喜欢穿木屐、棕鞋、草鞋。木屐哈尼语叫"赛木"（seiqmoq），关于木屐的来历是这样讲，古时候有一位名叫仰资的哈尼先祖，带领一路由北向南迁徙的人马，来到水土肥美的元江坝子安寨定居，过着五谷丰收、人丁兴旺、六畜满厩的生活。不久被异族人发现富裕的哈尼家园，异族人以联姻方式进驻了哈尼家园，并不断迁入异族人，随着人口的增加，两族人发生了矛盾，哈尼先祖在逃难时不断被异族追赶，于是先祖仰资想出了一个办法，让大家砍来小树，给每人做成一对形似高跷的"赛木"，其脚砍成猪蹄形和鹿子形，天黑之后，先祖仰资让大家穿着"赛木"逃命，等到第二天异族人赶来时哈尼人无影无踪，并没有留下迁徙路线的脚印，异族人一路只见大大小小的猪蹄印和马鹿蹄印，只好回头了，哈尼人因此摆脱了敌人的追赶，保住了族人的生命。从此，哈尼人对"赛木"产生了特殊的感情，为了纪念代代相传，并不断改进成今天哈尼人喜穿的形似小板凳的木屐。实际上这里传递着人与动物和谐相处的信息。

　　哈尼族的木屐，一般是用木质较轻巧的木头制作。基本式样如同一个小小的木凳子，有前后两道平行的鞋跟，因而又有"板凳鞋"的雅号。其做法是根据自己脚的大小，取两块厚6厘米、宽10厘米左右的长方形木头，要脚踩的一面平整，另一面锯出两道坎来做鞋路，砍去脚尖和脚后跟中间部分的木头，形成一个凳子状。在后鞋跟两内侧和前鞋跟脚拇趾和食趾夹缝位置分别钻出小孔，系上棕丝或布条绳即成。哈尼男子野外劳作都赤足，在家喜穿木屐，长途行走穿棕鞋或草鞋。

（三）女子服饰与支系标识

　　哈尼族不同地域支系服饰类型和特点就是体现在女子的着装上，根据不同海拔地带的气候差异和衣着面料厚薄的选择表现出不同支系居住区域的差异性。哈尼族各支系的女子服装，从款式到服装面料、色彩选择上有很大的差异，不同年龄层次的妇女穿戴也有明显的区别。一个女子是否成年、结婚、生育等，从她的穿戴上可以一目了然。

　　哈尼族神话《兄妹传人》[①] 这样讲：相传在遥远的年代，茫茫大地上，没有山，没有河，到处是绿色的森林和青青的草地，草地上有着一个又一个的龙潭。那时，天是白的，太阳和星星是黄的，天上五彩斑斓的云彩，天地间的人们不分你我民族，日子过得和睦而幸福。有一天，人们在龙潭里捕到了一条大鲤鱼，人们将其美餐，喜得发狂，唱呀、跳呀、狂欢了一夜。第二天，下起了狂风暴雨，掀起一层又一层的恶浪，洪水淹没了大地，人们在劫难逃，只剩下一对兄妹俩躲进葫芦里幸免于难。最后为了繁殖人类，兄妹俩经天神莫咪的恩赐，终成眷属，妹妹怀孕后生下了一个葫芦，又经天神的指点，天天给葫芦浇水，沐浴阳光，葫芦一天天长大后，从里面跳出了一对又一对男女，孩子们经阳光沐浴后一天天长大，总得有个名字叫，于是给第一对孩子取名为"昂特"（hhavqteiq：意为野猪），第二对取名"哈某"（haqmeel：意为老熊），第三对取名"哈郎"（haqlaq：意为老虎），第四对取名"哈日"（haqssiiq：意为豹子）。根据孩子们的习性，"昂特"定为卡多人的祖先，他们见了美丽的天空和绿色

---

　　① 云南省民间文学集成办公室编：《哈尼族神话传说集成》，中国民间文艺出版社1990年版，第60—64页。

的森林，喜欢得满山跑，遍山的树叶贴在他们身上，五彩斑斓的野花沾在他们的头上。从此，卡多妇女的衣服用各种颜色的布料拼成的图案装饰，头上还要缀饰各种颜色的彩带子。

"哈某"定为布都（豪尼）人的祖先，他们见了美丽的天空和绿色的森林，喜欢得满山钻，山上的青藤绕上了他们的头，箐沟里的野芭蕉树皮包住了他们小腿。从此，布都妇女的小腿上要打上绑腿布，头上要戴布包头帕。

"哈郎"定为碧约人的祖先，他们见了美丽的天空和绿色的森林，也高兴得满山跑，身上裹满了芭蕉叶，头上披着"猴子背巾叶"。从此，碧约妇女穿上白色的土布披衣，头巾一直垂到后腿部。

"哈日"定为西摩洛人的祖先，他们见了美丽的天空和绿色的森林，喜欢得满山跑，头上缠上了山芋叶，胸前沾满了铜钱叶子。从此，西摩洛妇女头上要戴三角帽，胸前挂满银钱币。

这是哈尼族部分支系来历的神话传说，也是生于大山之中自然之子的哈尼族对生命旅程的一种诠释和理解，即生命源于自然，回归自然，并从自然中获得高雅的艺术之美。充分反映了多姿多彩的服饰审美源于自然生态的文化主题。

卡多服饰：哈尼族卡多人居于墨江县联珠、龙坝、雅邑、坝溜、那哈、通关、把边等乡镇以及绿春县大黑山乡、江城县宝藏乡、新平县建兴乡等地。哈尼族卡多妇女以自织自染的靛青色或蓝色布缠头成圆盘式镶边包头，在额头交叉绕成"8"字形，帽顶向额头两边分配红、黄、蓝、绿、紫、白色的彩穗带至双耳边沿，耳垂戴银环饰，上衣内穿长袖衬衣，外衣为黑色或蓝色布的斜襟右衽衣长袖，衽襟处从右上胸到右下角腰间，钉呈S状的两排银泡，胸前偏下居中镶嵌放射状八角花一朵，左腰间垂挂两条或四条刺绣飘带，多为三角形、菱形、X形等花草图纹，衣服长及腿部，右上胸钉一对布纽扣，右腋下钉一对布纽扣。腰前披挂的围腰，多绣有星星、花草、穗子等花纹，后腰又挂两条绣有三角形、菱形、花草图案的飘带，均为卡多妇女最精美的艺术品。下着黑色筒裙，长及脚后跟，较为简洁。腰带两端绣图案垂于后面一块围腰上。居于新平县哈尼族卡多女子服饰戴青色圆盘式包头，前高后低，青年姑娘喜欢镶有银泡绒花的布条和红色丝线沿额上端交叉相绕；穿靛蓝色右衽上衣，胸襟以白纱布镶边，呈"厂"字形，黑白相间处嵌有一排银泡或芝麻铃，两袖中部环镶白底的绣有各种图案的数块布条；围腰由几块布拼制而成，绣有动植物图案；腰带由各种彩线织成，并系一串绣满各色花样的数十块布片；下着黑筒裙，长及脚后跟，花裙带沿臀部自然下垂。

图2—18　墨江县卡多女子服饰
Clothing Worn by Kaduo Women in Mojiang County

豪尼服饰：哈尼族豪尼人居于墨江县的哈尼族。豪尼妇女包头，以青、绿、蓝三色搭配而成，并镶缀银泡和银制芝麻铃，绣饰在额头前的精美图案愈加表现出豪尼妇女的美丽和娴熟。上衣着靛青色右衽长衣，以银币为纽，多为宽松，腰间紧束彩带，少女多为白色刺绣腰带，表现出少女的青春和纯洁，已婚妇女多为青色和蓝色刺绣腰带。下着齐膝的半短裤，小腿紧束靛青色和蓝色的脚套，如同长征时期的女红军，走起路来英姿飒爽。豪尼妇女腰腹间的彩带里常系着一块长方形刺绣围腰，遮住下半身及膝盖。在上衣靠右衽银币纽扣上，常挂一串由鱼、羊奶果、针线筒、挖耳、尖针等组成银饰。

图 2—19　墨江县豪尼女子服饰

Clothing Worn by Haoni Women in Mojiang County

碧约服饰：哈尼族碧约人居于墨江县联珠、龙坝、雅邑、坝溜、那哈、通关等乡镇以及绿春县牛孔、半坡和江城县嘉禾、国庆等地区。居于绿春县哈尼族碧约妇女上衣青色无领斜襟右衽长袖衣，两侧腰部开衩，右上胸钉一对布纽扣，右腋下钉一对布纽扣，衣襟后摆覆盖臀部，前摆只及腹中部，外露内衣，斜襟边沿以花边装饰。下着黑色筒裙，长及脚腕。头戴以梅花银泡钉满三角形的小布帽，帽顶系一条彩穗带，与独辫扎在一起垂于后背。居于墨江县哈尼族碧约女子靛青色布包头，长发绾于头顶，以木梳卡住，用一块青色布从额头高

图 2—20　绿春县碧约女子服饰

Clothing Worn by Biyue Women in

Luchun County

图 2—21　墨江县碧约女子服饰
Clothing Worn by Biyue Women in
Mojiang County

绾的发髻朝后倾斜，绾成板瓦状，并拖垂到下腰，包头下垂一端的棉线穗带垂于背部；耳垂穿戴苤菜花银饰。外穿白色土布右开襟短袖长尾衣，襟口以彩线绣有山川河流、花鸟虫鱼等蜜蜂、蝴蝶图纹，并镶缀鲫鱼、野果等银饰，后摆尾部和袖口边缘绣红、白相间的花纹；内穿靛青色右开襟长袖衣，以银币为纽扣。左腰垂挂向日葵花形刺绣飘带，末端用彩色绒线装饰。腰前系一块色彩鲜艳的刺绣围腰，一直拖坠到小腿。下穿黑色百褶长裙，长及前腿部。居于江城县哈尼族碧约女子服饰未婚妇女编发辫，戴六角镶银泡布帽，顶部嵌一颗大银泡，并以红绿丝线点缀大银泡的边缘。已婚妇女梳发髻，戴木梳，发辫绾向前额呈瓦楞形，包头从前领覆盖发髻，垂至腰际；穿藏青色右开襟连衣长筒裙，长及膝下，膝下包白布腿套。

西摩洛服饰：哈尼族西摩洛人居于墨江县联珠、龙坝、雅邑、泗南、龙潭、文武等乡镇，绿春县大黑山乡和江城县曲水乡、嘉禾乡等地。哈尼族西摩洛妇女头戴黑布包头，包头向前额凸出，少女戴银泡帽，帽顶红布呈四角状，脖子佩戴月牙形银项圈。上衣自织自染土布面料的黑色短领斜襟右衽长袖衣，长及膝部，衣裙连为一体，筒裙也长及膝部。领口钉22枚双排银泡，6枚3对银纽扣，相应配6朵鲜红的攀枝花。胸前缀满上百枚小银泡，衣脚四周绣棠棣花、万字花、八角花、大树叶等。腰带绣满月亮花、狗牙花，与筒裙搭配。白布绑腿。

居于墨江县西摩洛妇女头戴银泡镶嵌黑布圆口帽，帽顶红布帕向顶端收拢成角，帽前额部分镶嵌纵五颗横五行的银泡，色彩活泼而华贵。脖颈上常戴一条银项圈，两耳戴豆粒大小的银坠饰。上着黑色右衽斜襟服，长及膝部，没有纽扣，很少刺绣，但在黑布底料的胸前右侧和右肩至右衣脚，镶嵌四列几何银泡，平整美观，胸前银泡横竖有序，呈长方形。腰间紧束条宽带刺绣，图案为河道、星状、八角花、菱形。衣角右下侧绣有一块三角形、四边形、八角花，并用三颗一组的银泡镶嵌在图形之间，显得银光闪耀。右侧腰间垂挂两条刺绣飘带，末端坠以红、白、蓝丝线做成花束簇饰。下身穿齐膝短裙，有脚套护腿。

图 2—22　绿春县西摩洛女子服饰

Clothing Worn by Ximoluo Women in Luchun County

（四）阿卡服饰——跨越国界的完美艺术

哈尼族支系阿卡人目前聚居在澜沧江—湄公河流域，包括中国西双版纳傣族自治州、普洱市的澜沧县和孟连县以及国外的缅甸、泰国和老挝的绝大多数哈尼族均为阿卡支系，总人口约 68 万。这是王建华先生 2008 年 11 月在中国绿春县召开的第六届国际哈尼/阿卡文化学术讨论会上所提供的《从谱系看哈尼族和阿卡人的形成》一文中提及的数据，他认为，根据 2000 年中国第五次人口普查，西双版纳州的哈尼族人口为 186067 人，澜沧县的哈尼族人口为 45802 人，加上散居在孟连县等地的阿卡人在中国境内的人口约为 24 万人。2002 年王建华先生在老挝北部考察时，根据丰沙里和南塔省政府官员给他提供的数据是：丰沙里省的阿卡人 36000 人，南塔省的阿卡人 28000 人，乌隆赛省和波跤省的阿卡人 6000 人，加起来老挝境内的阿卡人大约就是 7 万。又根据缅甸景栋阿卡文化专家阿策·伟朗古先生的估计，目前居住在缅甸掸邦东部的阿卡人口可能达到 30 万。

泰国阿卡人口权威人士秋丁玛·莫连古女士估计，泰国的阿卡人8万。故生活在东南亚各国的阿卡人口45万余人。[①]

这些自称阿卡人的内部根据家谱制也有繁杂的分支称谓，但是，根据妇女的服饰类型，阿卡内部的互称主要有尖头阿卡和平头阿卡两大支。但无论以家谱宗支或妇女服饰分支，从国内到国外各支系间的语言、生活习俗的差异性都很小，而且居住区域相对集中，从整体看其服饰大体属于长衣短裙型。在西双版纳哈尼族阿卡人中有这样一个美丽的传说，很久以前，雅尼（阿卡）和傣族本是亲兄弟，傣族是哥哥，雅尼是弟弟。后来兄弟俩长大分家时，嫂嫂和弟媳一起分配共同织出来的布匹，在分衣裳布时，嫂嫂一再谦让，把长的一匹布分给了弟媳；又来分裙子布时，弟媳就一再谦让，把长的一匹分给了嫂嫂，短的留给了自己。从此，雅尼妇女做出来的衣裳是上衣宽大，下着短裙，而傣族妇女的衣服上衣总是紧身，下着长长的筒裙。

传说反映了阿卡人妇女服饰的特征，西双版州景洪、勐海、勐腊、澜沧以及国外的阿卡人一般居住在海拔1300米以下亚热带地区，她们以自织自染的黑色和青色土布做面料，上身多由无领对襟镶银泡、彩色布拼镶贴饰和彩线挑绣的胸衣等部分组成。上衣无扣，穿着时两襟敞开，与绣饰的胸衣配套着穿。对襟上衣袖子以红、蓝、黑、白、绿等色布拼镶为大小不等、长短不一的环条花纹装饰衣袖。衣服后摆长及臀部，至左右两端及背部下端正中处，留有"V"形剪口，使后摆整体形如燕尾。下身穿自织靛染黑色土布的百褶裙，长及膝部，腿部裹以黑土布为底，用红、白、黄、绿、蓝等彩色布拼接，上下两端边沿着意挑花及银泡似的图纹绑腿。头戴藏青色银饰圆帽，帽上缀有用丝线或彩色鸡毛编结成的穗子，帽子四周镶有许多珠串，帽绳从身后拉至下额拴在脖前，帽绳打结的地方吊着一串长长的彩缨或各色珠子穿成的花串子。整体的服饰集挑花、刺绣、贴花、镶嵌、拼缝、滚边等工艺形式为一体，以吸热性强、保暖效果好的黑色自织面料，同时辅以藏青色、灰色、蓝色和白色，并用紫、黄、绿、红、白色等进行点缀装饰加工。主要装饰原料有各种花边、彩色布条、五彩丝线、银饰品、铝制品、钱币、飞禽羽毛、昆虫、料珠、陆谷米、挑花

---

① 王建华、黄荣生：《从谱系看哈尼族和阿卡人的形成》，载白克仰、黄绍文主编《第六届国际哈尼/阿卡文化学术讨论会论文集》，云南人民出版社2010年版，第11页。

刺绣品等装饰镶嵌，形成色彩斑斓、生动有趣的服饰文化，成为跨越国界的完美艺术。

从分支装束来看，尖头阿卡幼女的头饰，在圆顶小帽上不绣任何图案，装饰品也不直接绣制在帽上，而是以精心绣制布条和染色彩的泡竹片，按照帽子大小编制成彩色竹片圈，在竹片圈上点缀银币、银泡、海贝、塑料彩珠串，套在小布帽上装饰，再用羽毛点缀，把少女装扮成鲜艳夺目，如同林中觅食的雉鸡。当姑娘到 17 岁的妙龄，从幼女头饰改为少女头饰，姑娘会主动邀约同村同龄的伙伴，自由举行"改帽"仪式，以便进入青年男女社交的行列，可选择自己心爱的小伙子。姑娘到了 18 岁，在"嘎汤帕"节（十月年）前准备好正式改平头为尖头帽所需的头饰品，在"嘎汤帕"节日前的一天晚上，同村同龄的姑娘们相互邀约，选择一户房屋宽敞的人家，在姑娘家人和婶嫂妇女们的主持下，举行隆重的改帽"加冕"仪式，把幼童少儿时代的平顶帽摘下来，给妙龄青春的姑娘庄严地戴上精心准备好的尖顶帽，接着姑娘还要戴上精心绣制的胸罩。仪式结束后，亲朋好友前来庆贺，祝贺姑娘已成人，这也是姑娘婚礼的前奏。

尖头阿卡妇女的头饰，主要以高约 12 厘米的泡竹片材料做装饰品框架，再用篾片制作成椭圆圈装饰筒套做小帽内侧，把椭圆圈的一端成弧形的露于装饰筒外二三厘米，呈尖头帽，在尖头帽上用银币、银泡串、海贝、塑料彩珠串以镶嵌、点缀法装饰。由于尖头阿卡头饰繁杂，打扮费时，所以，现只在节日庆典、婚丧嫁娶等重大活动时穿戴，平时很少装扮。

平头阿卡妇女的包头用自织自染的黑布叠绕而成，形状呈平顶圆锥，包头上用一条或两条宽约 3 厘米绣制精美图案，并排列和镶嵌银泡、银币、塑珠串等装饰成彩带条交叉系于包头上，既可防止叠制包头的散落，又是包头的装饰，其上再点缀羽毛、银链等，显得富贵而华丽。

西双版纳一带的哈尼族支系阿卡人在寨门上还以雕刻、绘画形式装饰各种图案，澜沧境内有一部分阿卡人，在老人过世时，在棺木上边哭边唱边用木炭涂写很多看不懂的符号。在澜沧、孟连一带的阿卡人，还喜欢在竹筷上和上山劳动、打猎时用于装盐巴、辣椒面的竹筒上也刻画一些图案装饰。但是，哈尼族阿卡人使用图案类型最多、绣制图案最漂亮、最有象征文化含义的还是妇女们的服饰图案。这些图案，不仅美观，而且更重要的是具有传承和记录民族历史文化的功能。

　　赵余聪先生认为，哈尼族阿卡支系妇女服饰中主要图案有 26 种,[①]
涉及山川河流、动物名称、草木花卉、祖先迁徙等方面的内容。

　　这些妇女传统服饰刺绣图案中，"芽叶"、"阿克胸加"、"阿克赛
普"、"阿喀迈讷"、"夺沃"、"卡飘戈达沃懂"、"卡帕戈"、"阿耶桌"
图案是在妇女上衣、胸罩、护腿、挎包及其他装饰品上不可缺少的基本图
案。具备这些基本图案以后，才可以根据个人审美需要刺绣各种图案。但
是在绣制各种服饰图案时，不能只考虑图案的美丽和色彩的搭配，如果仅
仅考虑图案的漂亮的话，可能会绣成"盲绣图"，这种图案就不能要了。

　　阿卡人妇女衣着由头饰、衣饰、短裙、胸饰、腰饰飘带、脚饰组成完
整的服饰艺术，无论哪一部分妆饰，都有绣饰图案，都是阿卡妇女精心创
制的杰作，每一部分的装饰，都展现着精湛的手工艺，精美的图案和鲜艳
的色彩，从头到脚的每一部分，都体现了其深层的文化内涵。一套完整的
传统服装，根据制作的精细和装饰品的数量质量确定其价值，每套完整的
服装成本是数千元乃至数万元。

图 2—23　西双版纳阿卡女子头饰

Headwear Worn by Akha Women in Xishuangbanna

---

　　①　赵余聪主编：《澜沧哈尼族》，云南民族出版社 2009 年版，第 190—192 页。

图 2—24　西双版纳阿卡女子服饰

Clothing Worn by Akha Women in Xishuangbanna

四　源于自然审美的服饰图案与象征文化

(一) 女子头饰与人生角色的标识

头饰是人身最显眼的部位，是哈尼族妇女服饰中一道亮丽的风景线，也是女子在不同年龄段中人生角色的标识。头饰，包含发型、帽子、耳坠、项圈。发型在不同年龄段也有不同的发式，5岁以前无论男女孩，都理成滑头，男孩的额头上方留一小丛发，女孩的头顶留一小丛发，意为灵魂藏身的地方。5岁以后女孩的发型就不刮滑头了，开始留长发，到少女时一般梳独辫子垂于脑后背，元阳、金平的糯比、糯美支系的姑娘在长头发中编入黑棉线编成一条粗大的假辫子，盘旋在帽檐上，结婚生儿育女之后，变成两条粗大的假辫子，盘旋在头顶，其上盖帽。许多地方的哈尼姑娘，青春年少之时，额前的刘海和鬓发有特别的修饰，剪得整齐，梳得平滑，一旦结婚成家，生儿育女之后，便把发辫盘于头上，用包头或头帕盖住。哈尼族妇女无论大小都戴帽，分不同年龄款式的帽，儿童戴小布帽，青少年戴通顶布帽或银泡帽，中老年戴头帕，不同支系的布帽和银泡帽又不相同。哈尼族姑娘的布帽各支系各有特点，如阿卡（雅尼）人，女孩3岁前由于体弱，抗病力小，父母担心各种鬼魂作祟，在幼儿的帽顶上加两簇红色羽毛，除了美观以外，能起到避邪的作用。传说天界为红色，人界为黑色，红色会通天，受天神护佑。到了十二三岁，女孩萌发了爱美之心，她们在帽檐边上加钉一圈银币，在额头的帽檐加嵌镜面，闪光耀眼，引人注目。又如碧约姑娘的帽子，是用青布做成的六角帽，顺着帽檐，用大银泡钉成多块三角形，中间相隔一定距离，形成上下交错的形状，正对额头上钉一枚大银币，显得朴素大方。卡多姑娘用黑红毛线与头发掺和，编成辫子缠于头顶，四周垂下数十条毛线形成流苏，轻快活泼。结婚之后改戴圆盘帽，由数十米长的黑布以头为圆心缠绕，层层叠叠绕成一个大圆盘，大的直径约60厘米，重达2千克，戴上后很难左顾右盼，只好低眉顺眼地行走，以此显示成熟女性稳重的姿态。叶车姑娘戴白布帽，用一块长60厘米、宽30厘米左右的漂白布，将宽面对折后，把其中的一头缝合，形成一个尖顶撮箕状的长形帽，末端用彩线锁边，戴在头上飘逸洁白。银泡帽，俗称公鸡帽，是居住在红河县的哈尼姑娘喜爱的帽子，戴在少女头上其形状如站立的公鸡，因而有公鸡帽之美称。帽子上边有规律地钉满细小的梅花银泡，两头的接缝处钉上梅花大银泡。姑娘们喜欢用一条彩色毛巾包盖头发，在发辫下面打个结，将银泡帽戴在上边，显得亭亭玉立，充满青春活力。

哈尼族妇女一旦结婚生育之后，就要改变头饰。戴银泡帽的要改戴成方帕，哈尼语称"吴丛"。头帕有多种形式，戴的方法不同，形状也不同，有的稍加装饰，有的没有任何装饰。一般头帕用一块60厘米见方的黑布做成。使用的方法多种多样，大部分是把头帕两角对折后，形成大三角形，将三角形底边正对额头，两边的角向后脑方向折拢来，并互相扣稳，形成一个三角形，戴在头脑后有一个尖尖的角。也有的折成板瓦状，覆盖于头顶上。

哈尼族妇女到了中老年就打包头和包巾布，用自织的黑土布，折成八九厘米宽、3米左右长的布条带，或缝成1米左右的正方形夹层方巾，把两头对角折起来，一头对角用金线镶上正方形的方格，另一头用红色丝线或毛线制成缨子做花边，从对折线起折成10厘左右宽的条带。然后根据各自头的大小，整齐地缠绕成圆形，将发辫拖到头顶盘好，把包头或包巾戴在头上。戴包巾时，一半缨子塞进包缝中，一半缨子垂到耳根。

哈尼族妇女的衣着，无论何种类型，其样式、色彩、质料、花纹等都随着年龄的增长产生不同的审美要求。哈尼族女子的一生，至少有三次较大的服饰变更，也是其人生角色转换的重要标识。

儿童时期，尚未形成自我的审美心理，根据父母的愿望，在其童装的基本款式上加以打扮。一般来看，哈尼族童装的特点是简洁明快，符合儿童心理。鲜艳的绣饰花纹主要体现在头饰上，佩饰较少，主要以动物的羽毛、狗牙、鹰嘴或银币做装饰，给人的审美趣味就像一朵含苞待放的花蕾。

青春期的少女已具有自己独立的审美意识和审美情趣。生理和心理均处于爱美之心最强烈的阶段，这种爱美的欲望就体现在衣着饰物的佩戴上。哈尼族女子的发型和头饰，有许多隐秘的文化内涵，知情人从服饰穿戴中就能辨认她是少女、未婚、已婚、已婚未生育、已婚生育等人生重要阶段。因此，发型和头饰成为一个女子不同人生阶段的重要标识。少年时期头发较短，有些部位的头发不能留长。进入青春期后留长发，独辫垂于脑后，总体特征是，青年女子的头饰最鲜艳，饰物最多，以银饰为主，主要的银质佩饰及造型图案有小圆泡、大圆泡、梅花牌、螺蛳、鱼、青蛙、螃蟹、菱形扣、方形牌、银铃、银链梳子、银手镯、星星、月亮、银链腰带、芝麻铃等。哈尼族的父母会尽其所有，尽可能让其子女穿戴，各种银饰在适当的部位，使得姑娘华丽富贵、光彩夺目，充满少女的青春气息。青年时期的女装还突出地表现在面料的选择上，除了基调的黑、青色布料外，还以灰、蓝、红、紫、黄等色彩装点，并且根据自己的爱好，自己动手制作，充分展示自己的手艺和审美情趣。

哈尼族妇女的服装和头饰复杂多样，也最具文化特色。与男子服饰相比，既有地区和支系的差别，又有不同年龄阶段的变异，显得更加丰富多彩。一个女子的一生，是布满人生礼仪的一生，从头到脚都展现出人生的伦理和社会道德。一般来说未成年时是一种装束，成年到结婚未生育时又是一种装束。这段时期为哈尼族女子爱美之心最强烈、穿戴最盛的时期。生育之后，一般都要改变装束，穿戴和饰物逐步素雅起来，原有的色彩艳丽的服装穿旧之后，不再重新制作了，标志着一个女子青春时代的终结。

哈尼族女子结婚生育后，为人妻、为人母，这是哈尼族女子人生角色的重大转变。生理和心理的重大变化使其对衣着的审美要求也要发生重大变化。有的支系一旦婚后生育，要把发辫藏于头帕下不外露；有的支系有较大区别，姑娘时戴通顶半椭圆帽或银泡公鸡帽，已婚生育改戴头帕和包头巾；有的以改戴帽子作为成人礼之束；有的支系女子已婚生育后在后腰部加束一块"批秋"遮住臀部，一来表示已婚生育，二来以示对长者的尊重。这种心理变化的社会伦理因素主要有二：一是来自社会生活习惯势力；二是自身心理的变更。哈尼族女子婚后，其发饰、头饰和服饰就必须按已婚妇女的传统约束来打扮。一般来说，生育之前，仍可保留一段姑娘时代的衣着特征。但一旦怀孕，其装束打扮成少妇的衣着，生育之后就成为"某某的阿妈"，在社会上人们再也不直呼其名，也是受人尊重的表现。进入中年阶段，姑娘时期的许多首饰不宜再戴，而较为艳丽的服装，也不再重新制作，改穿以蓝黑色为主的朴素服装，给人以庄重、朴素、实惠之感。

（二）服饰审美的自然元素

按哈尼族的自然宗教观，人从呱呱坠地的那一刻起，就得了神灵的呵护，人的一生就是在自然神灵的庇佑下快乐成长。在哈尼族眼中，自然界的日月星辰、山川河流、草木花卉都充满了神秘的智慧。把它们的身影戴在人身不离的服装上，这不仅仅是些装扮漂亮的元素，而是天神赐予人类的福星，是祖祖辈辈戴在身上驱邪除魔的护身符！因此，服饰上的每一幅精美图案，都再现着哈尼人对自己美好生活的描绘，凝聚着对自己民族历史文化的理解。虽然哈尼族历史上未形成与自己语言相对应的传统文字，但是那一幅幅鲜活的刺绣图揭示的就是最基本的文化象征，他们用这些极具意义的符号来表达对自然物的崇拜。

色彩是宇宙自然界的化妆品，春之淡绿，夏之浓翠，秋之流金，冬之素裹，这是自然界四季分色的演变。但是，那些自然分色之外的色彩，炽热红色的朝霞，纯洁无瑕的白云，富丽金黄的秋色，高远深邃的蓝色，青翠欲滴的绿色，都能唤起人们的感情，让人浮想联翩，感受大自然的瑰丽与多彩。然而，在这些七彩斑斓的世界里，哈尼族认为唯有黑色才能表达和彰显神秘、高贵、圣洁的美感和个性。黑色的服饰能搭配出变化多端的艳丽色彩，能够衬托银光闪闪的日月星辰，因此，偏爱哈尼的天神在把夜幕扯下给人做衣装的同时，也把宇宙间最有感情色彩的太阳、月亮、星星、彩虹的星球影子带下来给人做装扮。也正是这些日月星辰的身影，震慑了鬼怪对哈尼人的作祟，保护了人间的安宁。因此，今天的哈尼人做衣服绣饰，佩戴饰物都要将这些元素表达出来，戴在胸前的银币象征日月，黑色底板上点点滴滴的银泡象征夜空中闪闪耀眼的繁星，服饰边沿的五彩绣饰象征天边的彩虹！

这是被称为自然之子的哈尼人对其黑色生命力的诠释。黑色的夜空是博大而精深的，直到今天，哈尼族的理念中天和地是最大，天为上界，地为下界，天地之间，日月之行，斗转星移，如出其中；星瀚灿烂，云变万千，如出其里，黑色成为万能的包容的色彩。哈尼族的服饰以夜幕剪裁而成，它比任何一种颜色都能更好地包容斑斓躁动的色彩世界，使人的外在变得沉静稳重。这是作为山之骄子的古老民族的性格写照。

哈尼族尚黑还取决于其生存的自然地理和梯田农耕的社会经济。梯田是哈尼族的命根子，水是梯田农耕经济的血脉，没有森林就没有水源。在哈尼族看来，人—树—水是一个轮回循环的生命系统。哈尼族的神话传说《砍大树王》、《遮天大树王》、《都玛简收》等讲的都是这样一个主题：人喝了泉水后变成了一棵大树王。实际上大树王就是森林的象征，有了森林就有了生命泉水，也就保障了梯田的血脉。从现实的物质生产来看，森林除了能直接提供梯田命脉的水源外，也给哈尼人提供了丰富的采集和狩猎资源，使其成为哈尼人物质生产生活的极大依赖，因而与大山森林融为一体的黑色成为民族生命色。

图 2—25 绿春县腊咪女子腰带绣图：太阳与星星
the Sun-and-the-Stars Embroidered on the Waistband Worn by
Lami Women inLuchun County

图 2—26　绿春县腊咪女子袖子的花草蝴蝶图
Flowers-and-Butterflies Embroidered on the Sleeves Worn by
Lami Women inLuchun County

(三) 祈福求吉的日月图案

哈尼族对于茫茫宇宙天体的构成和运行现象充满着神秘感，他们认为天有 9 层，地有 9 层，每层都有不同的神灵主宰着自然界的生命；地上有多少人，天上就有多少颗星星，地上的人死去一个，天上的星星就要陨落一颗。因此，每当在繁星闪烁的夜晚出现划破夜空的陨石，人们就吐沫，忌讳陨石下落。哈尼族对神秘莫测的宇宙星空的朴素认识体现在一些神话传说中。如《查牛补天地》这样讲：

古时候，天神造出了天和地，造出了太阳和月亮。可是，太阳亮光灰灰蒙蒙的照不出 10 米远，月亮的光也是雾雾蒙蒙的照不出 4 米远。太阳神约罗使劲发热也晒不熟庄稼，月亮神约白挣白了脸也照不明黑夜的小路。天造成歪歪倒倒，地造成摇摇晃晃。于是，天神烟沙招来 77 个工匠和 12 位官人来补日月天地。用金料补太阳，用银料补月亮，用铜料铸天梁，用铁料造地柱，但都没有补好。于是最大的天神梅烟说，补天地日月用查牛 (土壤牛，即土牛)。哪里去找土牛？天神梅烟说，龙宫里养着一条土牛，它原来是条白牛，但由于没人管，吃饱喝足后天天在烂泥塘里打滚就变成了黑黄黑黄的土牛。天神奥玛派其姑娘奥白和奥娇杀翻了土牛，用土牛鲜红的血抹上天空，抹出满天的彩霞，天空穿上了彩衣彩裤；土牛喷出的三股热气做天地间的雾露，从此，天热，地也热；土牛的三滴眼泪做七月的雨水，天地就不干旱了；土牛的右眼做成了暖热的太阳，左眼做成明亮的月亮，从此日月照光辉，万物茁壮成长，夜晚有了月亮照路，鬼怪不敢来作祟。土牛左边的门牙做启明星，右边的门牙做北斗星，77 颗做满天的星斗；土牛的大肠做银河系，小肠做江河，直肠做大路，岔肠做小路；脊骨做天地梁，肋骨做撑天地的椽子，尾巴做扫帚星……①

图 2—27　绿春县果作女子袖子象征自然七彩图
Colorful Sleeves Symbolizing the Nature Worn by Guozuo
Women inLuchun County

上述的神话传说表明，在哈尼族的眼里，日月星辰是天神赐予的福祉，是幸福、吉祥的象征。因此，在哈尼族的服饰中，它们成为最基本的装饰图案，无论哪一个支系的何种款式衣装，都有它们的身影。红河县哈尼族少女的鸡冠帽，就是用银泡装饰的效果，先用硬布剪成鸡冠帽形状，再用 1200 多颗小银泡镶钉而成，戴在头上与黑色朴素的服饰相配，银光闪闪，十分耀眼。墨江碧约姑娘的小帽，先用黑色土布缝成有六个角的帽

---

① 云南省民间文学集成办公室编：《哈尼族神话传说集成》，中国民间文艺出版社 1990 年版，第 16—24 页。

子，帽檐四周用小银泡装饰，帽顶中间是一颗大银泡，大银泡中垂下一束红缨穗，十分醒目。西双版纳阿卡妇女的胸衣上有两块银牌，一块代表日，一块代表月，象征妇女的双乳，饰胸功能具体而明确。哈尼族各和、昂倮支系妇女头饰的帽箍，帽檐处大都用银泡镶钉成三角形图案，外包巾的各角也用银泡装饰。绿春县城的哈尼族妇女坎肩是双层黑土布，整个坎肩无任何装饰，只在领口上钉一菱形大银扣，显得朴素大方。元阳县昂倮支系少女形似龟甲的银泡衣，整件衣服用银泡嵌钉成满天星，胸前钉一枚代表太阳的大银币。绿春、墨江等地白宏支系妇女，胸前部位镶钉六排银泡，正中一枚是代表太阳的梅花形大银牌。哈尼人除了把日月戴在身上外，还把它们创作成各种民歌，其中家喻户晓的就是《巴拉拉度斗》（月亮歌）。

（四）几何美的山水图案

抬头见着山，低头还是见着山，山川河流是哈尼族美丽的家园。对于哈尼族的内心世界来说，山和水都是无比重要的。有的哈尼族支系直接以山取名，绿春县哈尼族果作支系的"果作（gaoqjao）"是"住在山上的人"的意思。山上有树，有树就有水，崇拜树神和水神其本质上是完全同等的；因为哈尼族的生存环境是一部由森林（水源）—村落（生命）—梯田组合成的生命交响曲。因此哈尼族就特别重视"阿倮欧滨"[①]这样的神话情结，即简收姑娘（人）变成了一棵参天大树（森林）。有了森林就有了生命泉水，哈尼族的梯田就成了生命的乐章。因此，在哈尼族妇女的眼里，连绵不断的山川和飘带如银的河流是相依相伴的，总是一幅幅永远绣不完的图画，是一个永远也改变不了的服饰文化的主题。在她们手下的服饰图案，层层叠叠的山峰时而是红色、时而是绿色、时而又是金色，山角形的纹路，沿着衣襟、袖口、衣脚、裤脚周边延伸，与此相伴随的是连绵起伏的波浪纹，朝着同一方向水流的样子，这些"河流"同样也时而是绿色、时而是红色，这与自然河水的变化是相吻合的。城里的姑娘到了六七岁就进入学校学习语文、数学、绘画、声乐等各种文化知识。而哈尼族的小姑娘到了六七岁就跟着姐姐学刺绣，先用妈妈裁衣剪下来的

---

① "阿倮欧滨"，地名，位于元阳县与绿春县交界的自然分山岭。传说中的"都玛简收"姑娘走到此山头上喝水时变成了一棵遮天大树。因此，每年正月末或二月初，绿春县大兴镇的10多个村寨联合起来以牛、猪、鸡为牺牲举行隆重的祭山神仪式。

碎布头，一双稚嫩的小手捏着细细的针头，沿着妈妈给她在布头上做好了的纹路，绣着有规则的长方形、三角形等几何图，这是哈尼人初学刺绣的基本图案。由于哈尼小姑娘从小见惯了妈妈姐姐们做的这一类针线活，自己学起来一点也不陌生，随着小手腕的飞舞，把一块块山峰的轮廓再现出来，然后用不同彩色线填满空间，凸现出色彩饱满的图案。

图2—28　元阳县糯比女子坎肩衣襟几何山水图

Sleeveless Jacket with Geometric Patterns on the Lapel Worn by

Nuobi Women inYuanyang County

　　哈尼族因居住不同，服饰的穿着款式和图案纹样也不尽相同。用服饰款式和纹样来识别哈尼族的不同支系虽然不像语言学识别那样具有严密性和科学性，但是服饰特征依然是识别哈尼人各支系的重要依据。人们通过对不同服装款式及其纹样的分析，能够指出哈尼族不同支系各自的服饰特征。如元阳县和金平县哈尼族糯比、糯美妇女服饰，一身黑色的靛染衣裤，只在围腰、衣襟后摆底边、袖口、帽缘等绣蓝色锁边、滚边、山形、波纹形、三角形、"回"字形、蕨菜形、菱形等花纹，显得庄重典雅、朴素大方。元阳哈尼族各和支系少女服饰图纹以红、蓝、绿、白等线绣成枪托形、八角花形、凹字形、波浪形、心形等鲜艳花纹。西双版纳阿卡妇女上衣，整个背部是用红、白、黄、绿等彩色丝线挑花，图案有方形、菱形、回纹、三角纹、五角纹、格子纹、条纹、水波纹、锯齿纹等图案，整个袖子是用红、黄、蓝、白等色布镶拼成条状，袖口绣"回"字形纹，绑腿用色布镶拼并在色布之间绣水波纹，使得整套衣服形成色彩斑斓、繁花似锦的效果；新平哈尼族服饰，用彩色丝线挑花刺绣在衣袖、腰带、围腰、前襟、头带上，图案花纹大都是菱形、锯齿、条形、花纹、波浪纹。

（五）图腾崇拜的动物图案

元阳县哈尼族昂倮支系的少女盛装龟甲衣，前胸用小银泡疏密得当地镶钉成吉祥图案，正中的大圆牌上铸有鱼、蛙、螃蟹、白鹇鸟等图案。由于这些动物与哈尼族生命传说有关，故称其为"生命起源图"。鱼纹状图案较多地应用于银链上，挂在妇女的前胸。这些都是象征水族创世神话的信仰，把创世历史戴在服饰上。传说哈尼族在迁徙中，为了躲避战乱，仿照白鹇鸟衣着，将白鹇鸟绣在衣服上和挎包上成为吉祥美好的象征，白鹇鸟由此成为今天哈尼人的吉祥鸟。

图 2—29   元阳县昂倮少女戴在胸前的"生命起源图"
Ornament with Life Origin Patterns on Worn by
Angluo Girls in Yuanyang County

　　西双版纳哈尼族阿卡支系的服饰除以各种精美的图案装饰外，她们在上衣袖口和护腿上贴绣颜色的排列顺序是：上衣自袖口往肩部依次排列上去，护腿也是从下端至上端的顺序依次排列，其颜色的排列顺序为：绿色、黑色、白色、红色、黄色、灰色。这种排列顺序是每一支阿卡人必须遵守的刺绣原则，其中可能蕴含着哈尼族迁徙文化的许多意义。如，在衣服袖口、裤脚口、飘带（腰饰）两端的彩布条，其颜色拼接排列的顺序相同，这五种颜色搭配和排列顺序，是否代表着祖先们曾经有过五次定居？或在迁徙中曾渡过五条大河？还是哈尼族内部曾分化为五大支路线迁徙？所有这些的悬念由于没有相应的文字记载，只能留给后人一个个的设想，成为一道道难以破译的命题。

　　历史上，哈尼族没有与本民族语言相应的传统文字，更没有任何文字记录的文学著作，但是他们拥有不计其数的口传文学。从哈尼族的历史发展来看，图纹刺绣不仅仅表现了哈尼族的服饰艺术文化特征，还扮演了另外一个重要的文化载体，它把表现许多哈尼族神话传说、故事的主题，绣制成服饰纹样或佩饰符号，它们主要有鱼、螃蟹、青蛙、田螺、白鹇鸟、燕子、牛等。这些动物大量出现在哈尼人的口头文学里面，而且它们都与人的生命和水有关。鱼、螃蟹和青蛙都生活在水里，白鹇鸟是哈尼人心目中的神鸟。虽然哈尼各支系服装上的表达形式有可能不尽相同，但是这些图案一直是哈尼服饰中最本质的象征文化。水族创世成为哈尼族生命主题的神话。其中最有代表性的是《神的诞生》、《青蛙造天地》等。《神的诞生》讲述的是在远古时无天无地，茫茫雾海混沌一片，大海里只有一条大金鱼活着，它每过 100 年翻动一次身子，翻了 77 次身子就睡醒过来，把右鳍一扇，把上面雾气给扫干净，露出了蓝蓝的天空；把左鳍往下一扇，露出黄生生的土地，于是有了天地。又不知过了多少年，金鱼娘把鱼鳞张开，一片片的鱼鳞射出万道金光，从脖子里抖出两个大神，就是太阳神约罗和月亮神约白；它一抖鱼鳞，从脊背上出来两个大神，它们就是天神俄玛和地神密玛，从细腰里抖出来的两个大神是人神，男神叫烟蝶，女神叫蝶玛，但它们都回到天上去了……《青蛙造天地》也讲述的是古时候无天无地，只有漫无边际的海洋，动植物相互蚕食，彼此生去了生态平衡。龙王想挽救这场灭顶之灾，派青蛙去造天地。青蛙告别了龙王，浮出水面，吐出来的骨头变石头，拉出来的屎变成土覆盖了大半水面。青蛙怀孕后生下一对巨人兄妹，把造天地的事业交给了兄妹俩。兄妹俩按照青蛙的指教造出了天地间的万物，世上有了人烟，但龙王不许他们变成人，于是兄妹俩不甘心，每到下雨时，就在水塘边"呱呱呱"地叫个不停，表示对生活在水里龙王的永世不满。

哈尼族的服饰也反映着祖先迁徙的烙印。如元阳县哈尼族昂傈支系妇女寿服的头饰，也叫寿帽，记录了哈尼族祖先几千年的迁徙史，整个帽边用彩色丝线绣有宝塔形的图案，代表着哈尼祖先的迁徙发展史，是为了让亡魂能沿此路线回到祖宗圣地。在寿服帽上象征三种能人"最、批、技"宝塔式图案，即哈尼族社会中的官人、莫批、工匠三种能人，宝塔的尖顶象征官人，中间的十字架图象征主持宗教祭祀活动的莫批，最下面的十字架图是象征工匠技术人员，密密麻麻的底层是平民百姓。有的支系帽顶的圆形图案象征天国，两边有梯子可达，帽后的缨穗长带象征天界、人间、地下三个层次。因此，心灵手巧的哈尼族妇女们，把祖先的教诲牢记心中，并把它绣在帽子上，使得亡魂顺利到达祖先起源地，成为一部部象形文字记录的"史记"。

图 2—30　元阳县昂傈女子寿帽
Cap for the Dead Worn by Angluo Women in Yuanyang County

（六）象征吉祥佩饰的动植物元素

佩饰是哈尼族服饰的重要组成部分，主要佩饰有挎包、项圈、手镯、耳环、银链、银梳、银币、银铃、银泡、银针筒等，佩饰不仅多种多样，质地也各异。银泡缀饰是哈尼族服饰一个引人注目的焦点，除普遍使用的银饰品外，海贝、羽毛、料珠、毛线、缨穗、骨针、绿壳虫等也用来做装饰。在黑色的底布上镶钉银泡花纹图案，显得华丽而朴实，如同满天的繁星。

西双版纳勐海县、勐腊县等哈尼族阿卡支系女子头饰，其装饰是塑料珠、银泡、银币、银须、银链，先用黑色土布缝成帽形，再用三块硬布缝成镶满料珠、银币、银须的瓦片状，上横一块，左右各垂一块，戴在阿卡妇女头上显得富贵大方。叶车女子的银质胸饰，银链之间每隔一段缀饰数条银鱼、银币，最下方缀饰银须，有掏耳勺、小刀、小叉等物件。腰饰上缀饰有银螺蛳、银鱼、梅花牌、银链、缨穗、小银泡等，具有信仰意义。阿卡妇女挎包，以黑色为基调，用红、黄、绿、白等颜色的丝线挑花成方形、菱形、"回"字形、三角形、条形等图案，并在图案的角处镶钉银泡、草珠、海贝、缨穗等，形成五彩斑斓的装饰性挎包。阿卡姑娘的头饰，奇异多彩，红色羽毛、绿壳虫、白骨针、银泡等均装饰于头部，红色羽毛是天界神鸟的象征，戴于头顶，会得到天神的保佑；绿壳虫是情侣亲手捕捉，白色牛骨是情侣精心磨制，具有爱情象征意义；银泡镶钉的数量是吉数，预示着姑娘的美好前程；绿春县、墨江县的西摩洛支系的妇女服饰，前胸用银泡按传统图案钉满全胸，长长的围裙上则用贝壳镶满几何图案，都有吉祥意义。

图2—31 元阳县昂倮少女上衣象征梯田生物多样性图

Blouse with Terrace Biodiversity Symbolic Patterns on Worn by

Angluo Girls in Yuanyang County

一套完整的哈尼族妇女服饰必须有银饰相配，衣和银合二为一成为有机整体，无论服装款式上有什么样的变化，银饰始终如一。哈尼族一直非常注重银饰，在他们的理念中，钱和银是等价的，都叫同样的名称"铺"，对金银的叫法也要把"银"的位置排在前面，叫"铺思"，意为银金。这些说明了哈尼人对银钱观念的领会，相信银是能体现富裕的标志。因此，在现实生活中，银饰除了装饰的功能外，还可以显示哈尼族家庭的经济水平。"哈尼族把家当都穿在妇女身上"的含义就在于此。

哈尼族不论家庭经济如何，子女都有赡养父母的义务，即使是分家自谋生活的子女，也自觉履行赡养父母的义务，否则就会受到社会的严厉谴责，甚至受到习惯法的处罚。多子女的家庭儿子婚后一般会另立新居，父母一般随幺子生活。兄弟分家时要给父母留一份"养老田"，其余财产再由兄弟均分。父母养老田归幺子。分开生活的每户子女每年都向父母敬奉一定数量的食粮和衣物及钱，以报父母养育之恩，不让父母为生活而担忧。女子一般无财产继承权，只是出嫁后可从娘家里取得部分陪嫁品。

哈尼族和银饰密不可分的原因是，银除了能体现家庭经济的富有外，它是为姑娘必备的陪嫁首饰，所有哈尼族家庭，娘家兄弟要为出嫁的姑娘至少准备一套嫁衣、一条多节的银链梳和一对手镯以及一套生产工具。这是哈尼人把家业分一半给姑娘的做法，否则在娘家继承家业的兄弟会于心不安。

哈尼族的银饰和中国其他少数民族比如苗族、瑶族和侗族的饰品比较不是很复杂，但是一直保持着传统，银饰基本上是为女性所佩带。在哈尼族的家庭里，银饰一般都是祖传的，要么来自家庭的母亲和祖母，要么是娘家的陪嫁物。当哈尼族重大庆典活动的时候，她们会戴上所有的银饰，因为这是她们展示自己银饰的最佳时机。

哈尼族一般有三种方法来制作银饰：一是模型制作；二是雕刻，并连接细小部分；三是镶嵌。虽然哈尼族自己的银匠很少，但他们的传统技艺是一代接一代传下来的。所以，直到今天那些哈尼的银匠依旧能够制作那些经典的银饰品。用于传统银饰的银币大多是清朝时期的银币，19世纪开始，一些法国银币从印度支那流传进来，也成为了哈尼银饰的原材料。不幸的是，20世纪80年代以来，一些非法商人仿造了许多假银锭和假银币，这些银币的含银量特别的低，因此造成了哈尼银饰质量低劣的局面。另一方面，由于传统银匠的过世，现代哈尼银饰在造型方面出现了一些混乱。比如鱼、白鹇鸟、螃蟹、青蛙、田螺是哈尼族银饰的传统造型。由于大量外地银匠的进入，他们把许多来自其他少数民族的图腾也带进了哈尼族的银饰。因而在集市上的一些银饰并不是传统意义上的哈尼族银饰品。

图 2—32 元阳县昂倮少女的银泡衣
Blouse with Silver Ornaments on Worn by Angluo Girls in Yuanyang County

第三章

哈尼族梯田农耕生态文化

根据第一章第三部分"哈尼族传统土地利用生态文化区"的划分，生活在红河流域的哈尼族在长期的梯田农耕实践中形成认识自然、善待自然的和谐理念，与其周围的自然生态系统建立了一种极为密切的文化生态链条，并以宗教信仰文化来调整人地关系的行为准则，成为人与自然环境之间相互影响、相互作用的生态文化机制，这正是所谓的哈尼族梯田农耕生态文化，简称哈尼梯田生态文化。从人类生态学的视角来看，哈尼梯田是已有千余年历史的人类文化遗产，其经过了历史的沧桑，在全球气候变暖以及百年不遇的中国西南大旱灾背景下，都表现出稳定的良性生态系统。因此，于2007年11月被国家林业部列入国家湿地公园，于2010年6月被联合国粮农组织正式列入世界农业文化遗产。

一 哈尼族梯田文化历史渊源

哈尼族的历史是一部辉煌灿烂的梯田稻作农耕史，也是一部漫长而艰辛的迁徙史。哈尼族的先民从遥远的青藏高原南下，写在哈尼祖先额头上一道道深深的皱沟，是身经百战和险恶自然双重压力下人生沧桑的重现，他们进行了"万里长征"来到云南高原上，按理云南高原上的大大小小坝子是人类居住的最佳环境，但作为后来者的哈尼先祖，势单力薄，每到一处坝子都受到原住民的觊觎，为了民族的生存，哈尼先祖被迫南迁进入了森林茂密的哀牢山区。于是，他们留给后人的遗训是：一身戎马生涯的哈尼族祖先，从前爱找平坝，但平坝给哈尼带来了悲伤！因此，哈尼族南迁到红河南岸后不再找平坝了，把山高密林中的凹塘，视为哈尼人亲亲的爹娘，用祖祖辈辈的生命铸成了田山，是祖先留下的珍贵遗产，大山森林是哈尼人的生命摇篮。

（一）史籍记载的哈尼族稻作文化

早在春秋战国时期，中国西南的大渡河畔已出现梯田的雏形。据《尚书·禹贡》载："和夷"所居的大渡河畔，"其土青黎，其田下上，其赋下中三错"。在此，虽未直接提及"梯田"，但以田呈"下上"之语加以推测，则有系指"梯田"的可能。这里的"和夷"虽不仅仅指哈尼先民，但"和夷"之中包含哈尼族先民当无疑义。故此为汉文史籍对哈尼族梯田文化的最早文字记载。《后汉书·西南夷列传》云：西南夷"造起陂池，开通灌溉，垦田二千余顷"。引高山流水是哈尼族梯田典型的灌溉方式。到隋唐，部分哈尼族先民已迁入哀牢山和六诏山等地区，汉文史籍称其为"和蛮"。据晚唐樊绰的《蛮书·云南管内物产》云："从曲靖州以南，滇池以西，土俗惟业水田。"这里主要是指平坝地区的水田，为了使平坝地区的水田与山区蛮治山田区别开来，又特别指出："蛮治山田，殊为精好。"这里的"蛮"也不仅仅系指哈尼族，但自唐代以来在红河流域的元江、墨江、红河、元阳等地形成哈尼族文化核心区，而梯田（山田）恰好又在此间分布集中。故此"蛮"当是哈尼族先民。至宋代，"梯田"一词正式见于文献，据宋代范成大《骖鸾录》载："仰山岭阪之间皆田，层层而上，至顶，名梯田。"降至明代，农学家徐光启把梯田载入其名著《农政全书》中，并列入我国古代七种田制类型之一，并在其书卷五《田制·农桑诀田制篇》引元代《王祯农书》"梯田"云："梯田，谓梯山为田也。夫山多地少之处，除磊石及峭壁，例同不毛。其余所在土山，下至横麓，上至危巅，一体之间，栽作重蹬，即可种藜。如土石相半，则必垒石相次，包土成田。又有山势峻极，不可展足。播殖之际，人则伛偻蚁沿而上，耩土而种，蹑而耘。此山田不等，自下登陟，亦宜粟麦。俱若梯蹬，故总曰梯田。"又诗云："世间田制多等夷，有田世外谁名题；非水非陆何所兮，危巅峻麓无田蹊。层蹬横削高为梯，举手扪之足始跻；伛偻前向防巅挤，佃作有具仍兼携。"这种"世外梯田"，至清代已日臻完善，形成蔚为壮观的规模，故清代中期嘉庆《临安府志·土司志》对哀牢山哈尼族梯田的耕作情景做了精彩的描绘："临属山多田少，土人（窝泥），依山麓平旷处，开凿田园，层层相间，远望如画。至山势峻极，蹑坎而登，有石梯蹬，名曰梯田。水源高者，通以略杓（卷槽），数里不绝。"①

在梯田分布较为集中的哀牢山下段，红河南岸地区，至明代哈尼族开垦梯田有明确的记载。据嘉庆《临安府志》卷十八"土司志"说："左能亦旧思陀属也，后以其地有左能山，故曰左能寨。洪武中，有夷民吴蚌颇开辟荒山，众推为长。寻调御安南有功，即以所开辟地另为一甸，授长官司，世袭，隶临安。"又据雍正《云南通志》卷二十四《土司传中·纳更山土巡检》下说："明洪武中，龙咀以开荒有功，给冠带，管理地方。寻授土巡检，传子龙政……"明代《土官底簿》"纳更山巡检司巡检"条说："龙政，车人寨冠带火头，系和泥人……"②

从当时云南各少数民族治理"山田"的技术来看，唯有哀牢山区的哈尼族梯田达到"殊为精好"的水平。

（二）哈尼族梯田稻作的神话传说

在哈尼族的民间神话中，反映稻谷的起源和开田种稻的神话传说很多，哈尼族谷物起源的神话可分为 8 种类型，即自然生成型、死体化生型、英雄盗来型、祖先取回型、动物带来型、天神赐给型、飞来型和穗落型等，③ 这里择其几篇典型内容，从中可窥见哈尼族稻作文化悠久的历史。

1. 稻谷起源的传说

流传于元阳等地的《天、地、人的传说》中讲，大鱼创造了宇宙天地和第一对人，男人叫直塔，女人叫塔婆。塔婆生下 21 个娃，其中老三是龙。龙长大后到海里当了龙王，为感激塔婆的养育之恩，向塔婆敬献了三竹筒东西，其中一筒里听到"簌簌"作响，塔婆赶忙拔开塞口一瞧，看见金闪闪的五谷种，于是她把筒内的谷种撒向高山，山坡上长起一片旱谷、高粱、荞子……类似哈尼先祖驯化五谷的传说，在迁徙史诗《哈尼阿培聪坡坡》中也这样讲：

---

① 转引自《哈尼族简史》，云南人民出版社 1985 年版，第 112—113 页。
② 同上书，第 51—52 页。
③ 阿罗：《哈尼族神话传说中的梯田文化》，载《哈尼族文化论丛·第二辑》，云南民族出版社 2002 年版，第 94—102 页。

哈尼有一位能人，

遮努的名声传遍八方。

她摘来了饱满的草籽，

种进黑黑的松土里，

姑娘又去背来湖水，

像雨神把水泼洒在草籽上。

草籽长出了高高的秆，

当树叶落地时，

草秆上结满了黄生生的草籽，

先祖们吃着香喷喷的草籽，

起名叫玉麦、谷子和高粱。①

流传于元阳、金平等地《尝新谷先喂狗》②的传说讲：相传地上的哈尼人无衣无食，过着饥寒交迫的日子，被天神莫咪女儿看见，人们整天忙碌，到头来还是过着无衣无食的苦难日子，于是天神女儿对天神莫咪说："父亲，我们在天上有 77 种谷物，吃饭穿衣不用愁，但人间的哈尼人却过着无食无衣的日子，如果能把天上的谷物种子送点给人间，让人间都像我们一样得到温饱，那该多好！"天神莫咪听完女儿的话却板着脸冷冰冰地答道："女儿，凡间的人们必须再等三年，才能得到 77 种谷物的种子。这些事情不是由你姑娘家管的事，我们管不着人间的冷暖和饥饿，我只晓得服从天规！"几天后莫咪女儿为解救人间的苦难日子，悄悄地把一袋谷种带到人间，还教人们栽种稻谷的方法。后来莫咪发现女儿违背了天神的旨意，当她返回天宫时就把她抓起来教训一顿后，投进天牢里。但是莫咪女儿为了让凡人都能吃到五谷杂粮，都能有棉有衣穿，她设法逃出天牢后又把另外 76 种谷物种子都偷到人间给凡人栽种。天神莫咪发现女儿一再触犯天规，就把女儿下放人间贬罚为母狗和凡人住在一起，给凡人看门守户。从此，哀牢山区的哈尼人每到

---

① 云南省少数民族古籍整理出版规划办公室编：《哈尼阿培聪坡坡》，云南民族出版社 1986 年版，第 17—18 页。

② 云南省民间文学集成办公室编：《哈尼族神话传说集成》，中国民间文艺出版社 1990 年版，第 183—184 页。

金秋时节尝新谷节时，从稻田里割回来的新谷做成米饭，在祭献完祖宗后，人们还没有吃米饭之前，先舀一勺新米饭喂狗。此习俗沿袭至今。

2. 开田种稻的传说

"香窝本"，意为最先垦田种田。这则故事流传于元阳县等地。故事的主要内容是：远古时，哈尼的先祖仅靠采集和狩猎无法维持生活，人们饿得面黄肌瘦像猴子脸，像路边被太阳晒干的蚯蚓。天神扎纳阿玛不忍心让哈尼人饿死，于是对哈尼人说，你们去看一看老鼠是怎样打洞的？哈尼人看见老鼠打好的洞里掉进草籽，用后脚蹬蹬就埋起来，烧山时大火烧不着，不久，长出的草秆像拇指粗，结出的草籽摘下来吃。这样先祖就学会了种草籽，拿着草籽从坡脚至坡头埋起来，山背山腰也埋起来，撵山烧黑的土灰上也戳个洞埋起来。草籽埋进土里六日，先祖看见发出了粗芽；草籽埋进土里有一轮的日子，先祖看见九山九岭都长满了嫩汪汪的草苗。早上出门的哈尼人走过平坝，认不得开垦大田；晚上回家的先祖，望见滔滔下流的河水，不知道引河中水来灌溉。是哪个教会了他们开田？是哪个教会了他们浇地？最先给先祖挖田的帮手是水牛，水牛不愿去被人穿通了鼻子，拉着细细的牛索，水牛任人摆布；最先给先祖开沟引水的帮手是螃蟹，螃蟹开沟引水累得凸出了眼睛……①

二　哈尼族梯田布局中蕴含的生态文化

哈尼族喜欢居住在海拔 1300—1800 米等高线的半山地带，这一地区平缓山梁的向阳坡面是他们理想的居住地。因为这一地带在哀牢山区气候适中，年平均温度 15℃—18℃，全年日照时数 1500—1800 小时之间，全年几乎无霜，年均降水量在 1500—1700 毫米，雨量充沛，气候温和。哈尼族认为，海拔 800 米以下的河谷地带气候炎热，瘴疠横行，在昔日医疗条件十分差的情况下，人们的生存和发展受到威胁。而海拔 2000 米以上

---

① 西双版纳傣族自治州民族事务委员会编：《哈尼族古歌》，云南民族出版社 1990 年版，第 97—106 页。

的高山区则气候寒冷，不利于人畜、庄稼的发展。在半山地带冬暖夏凉，气候适中，有利于人们的生产生活。故有哈尼谚语："要吃肉上高山（狩猎），要种田在山下，要生娃娃在山腰。"这生动形象地道出了哈尼族对哀牢山区自然地理环境垂直分布的整体认识。

（一）哈尼族梯田布局与开垦技术

哈尼族创建新村落时，村址的选择必须考虑有森林、水源、平缓的山梁或山坡等垦殖梯田不可少的自然条件。水源林、村落、梯田的布局都有严格的规定：在村落下方的缓坡、山梁开垦为梯田，梯田与村落呈均衡构建的态势，多数村寨踏出寨门就是梯田，梯田从寨子脚沿着山势盘绕到山脚河谷地带。海拔 2000 米以上的森林为水源林，高山密林孕育的水潭和溪流被盘山而下的水沟引入村寨，供人畜用水之外，又流入梯田，梯田连接沟渠，溪水顺着层层梯田，自上而下，长流不断。一般一村经营一片梯田，大村经营的梯田面积多，小村经营的梯田面积小，有的连成片，上千亩的梯田由几个村落共同经营，其灌溉水沟有数条，由受益者共同维护。

哈尼族迁徙到哀牢山区定居后的相当长一段时间里，采用半耕半采集狩猎的谋生手段。他们选择向阳平缓的山梁或山坡居住，在其居住周边的坡地上种植旱地作物，如旱稻、荞子、芋类等，为了保持肥力，逐步将坡地改为梯地。从实际调查可知，哈尼族开垦梯田是讲究程序的，开始在坡地上刀耕火种旱地作物，将生地变熟地，然后将熟坡地改梯地，继续种植数年旱地作物，让梯地自然沉降稳固。在梯地上继续种植旱地作物期间，开挖水沟是开垦梯田的主要配套工程，在工具简陋的条件下修筑大沟要联合数寨开挖数年，甚至数十年。

哈尼族在开凿水沟时利用地势的高低发明了特殊的"流水开沟法"，即开沟时以目测沟线，施工中沿地势走向边开沟边放少量水，以水流能自然通过来测量沟基的深浅。开沟过程遇到大石头，以木材烧石头，然后泼水在其上，致使石头炸裂。开挖梯田时遇石头时也是这样处理。

对某一片坡地进行开挖梯地时要从最底层的一级开始施工，他们不借助任何仪器和机械，凭借一把短柄板锄，根据坡度大小，设计梯田的宽窄和长度，把高处土方往低处搬运，以脚踩、锄头背敲打等办法夯实成梯地，无论台级大小，不作人为的拉直田埂，而是沿地势弯曲伸长，使得梯地的压力受均而不易坍塌。梯地在尚未挖通水沟之前，仍种植旱地作物，通过施绿肥、挖翻等反复耕作，提高土壤的肥力和含水率，使得梯地的生土熟化。梯地经过日晒雨淋自然沉降，形成稳固的基础后可把沟水引入和泥垒筑田埂，然后灌满水即成水田，如此一丘接一丘从底层向上逐级延伸，形成长短不一、宽窄不等的梯田，层层叠叠，由山脚河谷一带逐级延伸到山腰，形成波澜壮阔的田山。

案例：改变传统农田水利建设方式

1958 年以后，哈尼族地区适宜开垦梯田的土地已开成田，只剩下水源缺乏的旱地，这些土地都是轮歇坡地或荒坡地带，土质相对贫瘠，这些土地成为"大跃进"、"农业学大寨"所开挖梯田的对象。不考虑水源问题，遍地开荒，并提出当年开田当年靠雨水栽秧的"思路"，叫"现开现栽"田。其结果，这些新田开出来后严重缺水，开垦过程中也不讲究传统开田程序，雨季来临到处塌方。从实际调查可知，哈尼开垦梯田是讲究程序的，开始时在坡地上刀耕火种旱地作物，将生地变熟地，然后将熟地坡改梯地，坡改梯地的时间是每年收割完至整个冬季，在梯地上种几年旱地作物，使生土尽可能熟化，也是选择冬季将梯地垒筑田埂开成水田。由于冬季土质干燥，容易开挖，哪里渗水，也看得清楚，并可即时补漏加固，灌满水养田，第二年春季就可犁翻栽插。而"大跃进"时期，赶的是数量，不讲求时间，一年四季都开田，特别是为了学"大寨田"，不惜砍伐森林，也不按照地势弯曲开挖，人为把田埂拉直，结果承受压力集中，才挖好的田第二天田埂就倒塌。现今哈尼梯田中的部分"雷响田"，即等到雨季来临后才能栽种的田，就是这一时期开挖的田。让人痛心的是不惜砍伐森林造"大寨田"，如，元阳县者台村，由于当年能开梯田的缓坡山梁被祖先们早已开满了田，为了造大寨田，无奈在寨子的东南方海拔1600 米的地方砍伐一片森林后，造出了约100 亩的"大寨田"，"大寨田"连年所种的水稻由于水热条件不足，其收成的 2/3 为秕谷。2003 年在"退耕还林"政策的驱动下，将"大寨田"列为退耕还林对象。现在"大寨田"又变成了一片葱绿的森林。

（二）哈尼族梯田空间分布

哈尼族的梯田分布在滇南哀牢山脉中下段的元江（红河）流域、藤条江流域、把边江（李仙江）流域。据不完全统计，总面积达 140 万亩。从行政区域的横向分布看，红河哈尼族彝族自治州有 100 万亩，主要分布在元阳、红河、绿春、金平 4 县的各乡镇以及建水县的坡头、普雄 2 乡。普洱市有 30 万亩，主要集中在墨江哈尼族自治县的龙坝、坝溜、那哈、双龙、碧溪等乡镇，宁洱哈尼族彝族自治县的黎明、普义、把边等乡镇，江城哈尼族彝族自治县的嘉禾、曲水等乡镇，澜沧县的惠民、发展河等乡镇，孟连县的腊垒、南雅等乡镇。玉溪市约有 10 万亩，主要分布在元江哈尼族彝族傣族自治县的羊街、那诺、咪哩、羊岔街、因远等乡镇以及新平、双柏、镇沅县的哀牢山自然保护区边沿。西双版纳勐海县的格朗和、西定、巴达等乡镇也有少量梯田分布。从哀牢山梯田分布的区域来看，哈尼族聚居或散居的地区均有梯田分布其间，在一定程度上哈尼族分布区域与梯田分布区域合二为一。但地域组合规模、壮观程度从红河流域向西至把边江流域呈逐渐减少的态势。

从纵向区域的空间分布看，是在海拔 300—2500 米之间，以海拔和气候带作为参照系，哈尼族梯田大致可分为三大类：一是海拔 800 米以下为热带河谷梯田；二是海拔 800—1500 米之间为中低山亚热带梯田；三是海拔 1500—2500 米之间为高山暖温带梯田。其中热带河谷梯田和高山暖温带梯田的比例少，而中低山亚热带梯田是哈尼梯田的主体。红河流域梯田主要景点片区分布如下。[①]

1. 元阳县梯田主要景点片区

元阳县梯田主要分布在海拔 280—1800 米之间，各乡镇均有梯田分布。根据《元阳县志》记载，1984 年土壤普查的资料显示：水田 30.04 万亩，雷响田 8.89 万亩，两者均为梯田形式，共计面积 38.93 万亩。[②] 现选择元阳县梯田文化申报世界文化遗产核心区内所涉及的新街镇、牛角寨乡、胜村乡、攀枝花乡内的重点梯田景点片区分布见表 3—1。

---

① 黄绍文：《诺玛阿美到哀牢山——哈尼族文化地理研究》，云南民族出版社 2007 年版，第 125—133 页。

② 元阳县志编纂委员会编：《元阳县志》，贵州民族出版社 1990 年版，第 51 页。

表3—1　　　　　　　　　　　　元阳县梯田主要景点片区统计

片区名称	分布乡镇	种植户（户）	人口（人）	梯田面积（亩）	田丘最大面积（亩）	梯田坡度	梯田海拔（米）	现种植品种
龙树坝	新街镇	809	3655	2598	1—3	15°—20°	1350—1580	月亮谷、红脚老粳
陈安	新街镇	653	3172	1903	1—2	14°—23°	1300—1570	同上
箐口	新街镇	1381	6193	3105	2—3	10°—20°	1300—1820	同上
百胜寨	新街镇	665	3051	2729	1—3	14°—22°	1300—1570	杂交稻
胜村高城	胜村乡	1478	7541	2543	5.3	14°—20°	1430—1830	杂交稻
多依树	胜村乡	1283	7384	3544	4.8	10°—20°	1580—1840	合系41号
坝达	胜村乡	545	2954	2056	5.2	16°—21°	1640—1820	合系41号
麻栗寨	胜村乡	565	2945	1233	6.3	10°—20°	1400—1640	滇超2号
主鲁保铺	胜村乡	704	3469	2400	4	15°—22°	1500—1750	合系41号
中巧新寨	胜村乡	1429	7110	2868	4.6	16°—23°	1380—1520	杂交稻
牛角寨	牛角寨乡	1012	4734	2906	2.5	25°以上	1140—1450	杂交稻
新安所	牛角寨乡	1099	5797	3129	3.2	25°以上	1170—1920	杂交稻
果统	牛角寨乡	654	3073	1923	2.8	25°以上	1200—1500	杂交稻
果期	牛角寨乡	955	4902	3633	3	25°以上	1050—1780	杂交稻
良心寨	牛角寨乡	926	4379	2728	3	25°以上	1400—1700	杂交稻
勐品	攀枝花乡	3645	3184	1426	3	25°以上	700—1800	杂交稻
阿勐控	攀枝花乡	683	2961	1991	1—2	30°—50°	700—1800	杂交稻、传统品种
保山寨	攀枝花乡	1533	5624	3700	1—3	40°—60°	500—1600	杂交稻

2. 红河县梯田主要景点片区

　　红河县梯田分布在海拔400—2502米之间，大部分在海拔1000—1800米之间，各乡镇均有分布。根据《红河县志》记载：1984年土壤普查资料显示，水田面积有182832亩。[①] 现选择红河县境内梯田主要景点片区分布见表3—2。

---

① 红河县志编纂委员会编：《红河县志》，云南人民出版社1991年版，第133页。

表 3—2　　　　　　　　　　红河县梯田主要景点片区统计

片区名称	分布乡镇	种植户（户）	人口（人）	梯田面积（亩）	田丘最大面积（亩）	梯田坡度	梯田海拔（米）	种植品种
撒马坝	宝华乡	1274	6023	12000	4.5	10°—30°	600—1400	杂交稻
嘎他	宝华乡	492	2252	650	3.2	20°	1250—1700	轨铁谷、蚂蚱谷、红脚谷、糯谷
他撒明珠	甲寅乡	360	1800	1150	0.8	35°	1500—1750	蚂蚱谷、红脚谷、糯谷
阿撒作夫	甲寅乡	313	1565	800	2.1	30°	1500—1750	得尼、红脚谷
阿撒红碧	甲寅乡	300	1500	1100	1.1	35°	1600—1700	蚂蚱谷、红脚谷、糯谷
西拉东	阿扎河乡	598	2990	865	1	25°—35°	880—2100	杂交稻、红脚谷
切初	阿扎河乡	590	2950	1045	1.2	25°—35°	1000—2242	杂交稻、红脚谷
过者洛巴河	阿扎河乡	—	1344	2257	2.5	20°—35°	1100—2502	红脚谷、糯谷
规东	乐育乡	465	2790	2500	1.8	45°—60°	1300—1500	杂交稻、红阳一号
尼美	乐育乡	680	3400	3000	1.1	30°—60°	1500—1700	杂交稻、红阳一号

3. 绿春县梯田主要景点片区

绿春县梯田分布在 300—1800 米之间，大部分集中在 600—1700 米，各乡镇均有分布。根据《绿春县志》记载：1985 年的统计资料显示，水田面积 59892 亩，旱田面积 31653 亩，两者均属梯田，共计 91545 亩。[①]现选择绿春县梯田主要景点片区分布见表 3—3。

---

① 绿春县志编纂委员会编：《绿春县志》，云南人民出版社 1992 年版，第 193 页。

表 3—3　　　　　　　　　　绿春县梯田主要景点片区统计

片区名称	分布乡镇	种植户（户）	人口（人）	梯田面积（亩）	田丘最大面积（亩）	梯田坡度	梯田海拔（米）	种植品种
规洞河	大兴镇	1527	7635	1800	2	40°	1500	杂交稻
桐株	三猛乡	268	1608	1842	2.5	35°	1300	杂交稻
德马	三猛乡	352	1760	1120	3	30°	1400	杂交稻
洪角	平河乡	101	505	679	4—8	30°	1080	籼稻

4. 金平县梯田主要景点片区

金平县稻田分布在 101—1900 米之间。据《金平苗族瑶族傣族自治县志》记载：1984 年土壤普查资料显示，水田 288306 亩，雷响田 36797 亩，两者合计 325103 亩。其中，海拔 600 米以下的梯田 62008 亩，海拔 600—1000 米的梯田 98777 亩，海拔 1000—1300 米的梯田 84642 亩，海拔 1300—1600 米的梯田 69438 亩，海拔 1600—1900 米的梯田 10238 亩。[①]现选择 2 片主要梯田景点分布见表 3—4。

表 3—4　　　　　　　　　　金平县梯田主要景点片区统计

片区名称	分布乡镇	自然村（个）	户数（户）	人口（人）	梯田面积（亩）	田丘最大面积（亩）	梯田坡度	梯田海拔（米）	种植品种
马鹿塘	金河镇	6	630	2835	5000	5	35°	1200—1700	杂交稻
哈尼田	金河镇	7	1100	4950	4000	5	20°	1300—1700	杂交稻

（三）哈尼族梯田空间组合的生态美学价值

哈尼族梯田融人文与自然景观于一体，富有极强的生态美学价值。主

---

① 金平县志编纂委员会编：《金平苗族瑶族傣族自治县志》，生活·读书·新知三联书店1994 年版，第 78 页。

要体现在以下三个方面。①

1. 梯田景观的艺术化

首先，梯田依山势而建，与自然环境和谐呼应。哈尼族顺着山势延伸，利用有效土地空间开垦梯田，随着地形变化，在坡缓山梁的地带开垦大田，在坡陡的地方则开垦小田，使得梯田层次大小不一，顺着山势伸张，不作人为拉直，大者有数亩之广，如明镜悬在山腰，小者仅有澡盆大，千姿百态，玲珑剔透，如此众多的梯田，因地制宜，错落有致，无不展示出梯田与自然的和谐之美。

哈尼族聚居区的崇山峻岭中，这些精耕细作的梯田，层次分明、沟埂有序，顺着蜿蜒的山势，层层叠叠，环绕山间，与大自然浑然一体。哈尼族巧妙地利用了自然生态，增添了梯田的雄伟气势。由于较好地修筑了田间田埂，梯田与周边的山体形成呼应，达到了巧借自然的效果。因此，哈尼族被称为"雕刻大山的民族"。

其次，依山傍水所形成的蜿蜒曲线是形成梯田艺术美不可缺少的前提。蛇形曲线是公认的美丽线条，"蛇形线灵活生动，同时朝着不同的方向旋转，能使眼睛得到满足，引导眼睛追逐无限的多样性"。② 逶迤的曲线，如小提琴上的琴弦，充满了乐感美，体现出很高的艺术审美价值。

再次，连绵起伏的山势是构成美化梯田的自然地貌因素。梯田分布的核心区元阳县境内全部是崇山峻岭，所有的梯田都修筑在山坡上，梯田坡度在 15°—75°之间。以一座山坡而论，连片的梯田级数高达 3000 多级，这在中外梯田景观中都是罕见的。依山势起伏的梯田，犹如数不完的天梯，直插云霄，构成一道道亮丽的风景线。山岭上的梯田，高高低低，层层叠叠，连天接地，精致而恢宏，仿佛一道道天梯从山顶垂挂下来直抵山脚。每一层都是一道细碎精巧的水面涟漪，每一叠都是一片清净如鳞的波纹，达到了令人叹为观止的艺术审美效果："元阳梯田，天下奇观！"

2. 绿色森林的功能化

浩瀚的森林，美化环境，呈现出极高的生态观赏价值。哀牢山区森林

---

① 高玉玲：《哈尼族梯田文化的审美认识》，载白克仰、黄绍文主编《第六届国际哈尼/阿卡文化学术讨论会论文集》，云南人民出版社 2010 年版，第 312—315 页。

② 荷加斯：《美的分析》，转引自李醒尘编著《西方美学史教程》，北京大学出版社 1994 年版，第 22 页。

群落类型较多，从山谷到山巅展现出由热带、亚热带向寒温带垂直过渡的各种自然生态景观，物种丰富，观赏植物较多，较好地保留了原生群落状态。

哀牢山森林促成了良性的水循环。哀牢山区处于亚热带，受南面海洋性季风和海拔高低悬殊的影响，这一地带云遮雾罩，降雨充沛。从炎热河谷的江河中蒸发升腾的水蒸气在此化为绵绵雾雨，终年不断，在林中汇集成无数的水潭和溪流，形成天然的绿色水库。高山森林孕育的溪流水潭被哈尼族引入盘山而下的水沟，流入村寨，流入梯田。梯田连接纵横交错的水沟，泉水顺着水沟流入层层梯田，以田为渠，自上而下，长流不息，最后汇入山脚的江河湖泊，然后又蒸发升空，凝结为云雾阴雨，贮入高山森林中，如此形成周而复始的自然循环生态链。

3. 梯田生态景观的多元化

哈尼族梯田四季都有不同的景色，梯田随着时节的变化而多姿多彩，呈现出迥然相异的自然景观。春季主升发、夏季主生长、秋季主收获、冬季主收藏，四种自然力量各不相同，但都属于"张力"范畴，由于"张力"的作用，形成四种不同梯田美景。换句话说，春季，满眼翠绿，稻花飘香；夏季，绿海涛涌，稻谷摇曳；秋季，金色稻浪滚滚，万里飘香；冬季，水漫梯田，波光粼粼。四季不同的形式美，是取得充分发展的"张力"。然而，无论春天绿色的地毯、夏天绿色的海洋、秋天金色的盛装还是冬天流光溢彩的银盘，不同的季节，梯田都有不同的奇景，其同一性，即不论春夏秋冬都是一种永恒之美。这就构成了多样的内在联系性"聚力"。"张力"与"聚力"的中和作用，形成了充分的多样性与互不重复的个别性的梯田景观，有着深刻的内在联系性和丰富的统一性，共生了中和形态的整体性：梯田雄伟的审美基调。四季交替，使梯田景观在动态中达到了张力与聚力的对生性平衡，也就是达到了动态的生态平衡之美。

三　哈尼族梯田农耕生态机制

梯田耕作是哈尼族物质生产的核心内容。哈尼族在长期的梯田农耕过程中积累了相应的耕作制度、耕作程序、耕作技术、管理方式等梯田生态机制。

(一) 指导梯田生产的自然物候历

哈尼族对宇宙天体的认识虽然是混沌的，但是一个完整的系统，他们把宇宙空间分为 3 层，即天上、人间、地下阴间。每一层都如同地球上的人类居住着不同的精灵，并彼此相互联系着。天神送年月日和神树定历法是哈尼族历法的基本起源说。但在实际的生产生活中，哈尼族对自然界的季相更迭极为敏感，因此，其传统历法"十月历"以人间的感性认识为出发点，在其使用过程中注入了以自然物候为基础的历法依据，形成适合于当地梯田耕耘的农事历。

1. 以树为本的历法说

哈尼族历法起源的神话传说很多，但具有生态文化意义的主要有两种：[①]

一是天神送年月日。哈尼族民间有这样的传说，在很古的时候，哈尼人不会分年月日，他们的日子非常难熬。听说在遥远的"许余"地方有人会分年月日，于是有一个聪明的哈尼人便到"许余"地方去要年月日，这里有千千万万的年、月、日。一个叫"拉约克玛"的神给了年份，一个叫"同锐阿若"的神给了月份，并且还给了轮和日。哈尼人从此有了干净纯洁的年、月、日和轮。从这以后，哈尼人也能从日算到轮，从轮算到月，从月算到年，也过年过节了。

二是神树定历法。传说，从前有一个名叫简收的姑娘，拄着一根拐棍出远门，当她来到一口泉水边时，觉得口渴难忍，于是就把拐棍插在泉水眼边，自己低下头去喝水。等她喝饱了水，准备继续上路的时候，去拔水边的拐棍，但拐棍却已生了根，拖前拉后都拔不起来了。不久，这根拐棍长成了一棵遮天的大树。简收姑娘顺着这一棵树上了天，离开人世成了神仙，世间却变得一片黑暗，分不出昼夜，看不出季节，上山劳动都得点火把，地边的果树不会开花结果，地里的庄稼不会成熟。于是人们请来了许多动物，对这棵神奇的大树进行调查，才知道这是一棵遮天的大树王。于是便邀约汉族、彝族、傣族等许多兄弟民族，经过千辛万苦，合力砍倒了大树王，世间才又恢复了光明，大地变得一派生机勃勃。此时，上了天的

---

① 史军超主编：《哈尼族文化大观》，云南民族出版社 1999 年版，第 295—296 页。

简收姑娘告诉人们：从此以后，可以根据大树王来定年、月、日和轮。大树有 12 丫树枝，一年便定为 12 个月；大树有 30 条根，一月便定为 30 天；大树有 360 片叶子，一年便定为 360 天。后来，人们将大树砍成 12 截，一轮日子就定为 12 天。

2. 哈尼族指导生产的物候历

哈尼族历法注重每个月的节令变化。根据什么树开花了、哪种蝉叫了、哪种鸟啼了来确定该做什么农活，没有形成严密科学的节气概念，一般也不去采用农历的 24 节气。因而实际生活中，哈尼族对每个季节的更替特别重视自然界动植物的变化。

哈尼族民间还流传着许多反映农事节令的叙事长诗，实际上就是哈尼族指导农事活动的历法。如《虎珀拉珀补》（翻年月歌）、《斯奴捡奴》（草木萌发）等，都是内容丰富的节令歌。这些长诗根据大地草木的枯荣、鸟啼蝉鸣的变化详细地叙述了一年之间的节令变化，指明应该安排什么农事活动，提醒人们不要误了农时。这对于生产、生活有着重要的指导意义，因而民间把这些节令歌称为"哈尼通书"。

根据《哈尼族四季生产调》或《翻年月歌》来看，哈尼族农事历的基本内容和功能略似农历。其基本内容是：以自然物候变化的轮回周期纪年，以月亮圆缺轮回周期纪月，以 12 生肖命名年、月、日。其推算方法是以农历十月为岁首，哈尼族将十月命名为虎月，故其月序是虎、兔、龙、蛇、马、羊、猴、鸡、狗、猪、鼠、牛；日序又是以鼠为首，即鼠、牛、虎、兔、龙、蛇、马、羊、猴、鸡、狗、猪，13 日称为一轮。一年分 12 个月，每月 30 日，一年 360 日，剩下的 5 日为过年节期。根据自然物候的变化，一年分为三段，即"窝巴腊"（旱季：相当于农历二、三、四、五月）、"惹巴腊"（雨季：相当于农历六、七、八、九月）、"从巴热"（冷季：相当于农历十、十一、十二、一月）。也有的哈尼族将一年分为四段，即"窝巴腊"（旱季：相当于农历二、三、四月）、"惹巴腊"（雨季：相当于农历五、六、七月）、"主巴腊"（热季：相当于农历八、九、十月）、"从巴热"（冷季：相当于农历冬、腊、一月）。

由于哈尼族的农事历是以自然物候变化为基础，因而梯田农耕活动的程序安排对植物季相的变化和动物候鸟的出没特别敏感。月历的更替都有相应的动植物做标志，山上火红的野缨桃花盛开，意味着农历十月年已到，也标志着冬季的来临，梯田农耕安排是做好翻犁谷茬、翻新田埂子，一犁一耙的农耕程序在十月年前后必须就绪。十月过了就是冬月，冬月的标志是自然气候转冷，哈尼族认为冬月中有一日昼夜长短相等的日子，哈尼语称"托子"，① 意为"节"，哈尼族认为这是太阳和月亮相好的日子，也是推算一年节气的开端，从这一日起过45日后是"雷神酒醒"的日子，也就是立春日，天上会响起第一声春雷。

冬月过去又到了腊月，腊月的标志是举行"觉扎扎"仪式，并做汤圆祭祀祖先和火神。腊月过去翻新年，哈尼族认为正月报春的是两对天神鸟：第一对春鸟是"本苦阿玛"鸟（俗称阳雀，杜鹃鸟的种类）；第二对春鸟是布谷鸟。与此同时，河谷的桃花开了，村边的梨花也开了，"托子"后的第一声春雷响起，这一切催促人们进入春耕备耕的农耕程序。

（二）梯田耕作制度

哈尼族梯田一年一熟制，即种一季稻谷，秋收后到翌年栽插前闲置。栽秧全用人工手插，插秧1—2株，株距无规则。传统品种农历二月撒秧苗，四月移栽，九月上旬至十月上旬收割。因秧苗的分蘖受土壤、肥力、温度等自然条件的影响，上半山、中山和河谷3个不同海拔地区的种植密度并不一致，但稀植是哈尼族梯田栽插的共同特征。海拔800米以下的河谷地区土质肥沃，株距约30厘米，每丛分蘖80—90棵；海拔800—1500米的中半山地区株距约25厘米，每丛分蘖20—60棵不等；海拔1500米以上高山区株距15—20厘米，土质相对肥沃的田每丛分蘖40—60棵，土质一般的田每丛分蘖20—30棵。水稻的发育期平均为120日。

秧田一般较为固定，为了便于管理，红河县和元阳县新街镇、牛角寨等地哈尼族把秧田留在村子周边，秧苗移栽后在秧田里不栽秧了。元阳县东部地区和金平县北部地区的哈尼族把秧田留在每一片梯田的头几丘或中间几丘，每年割完谷子立即铲除埂子壁上的杂草、打好埂子，犁翻谷茬，然后从山上割来绿肥放入田中，以人工脚踩绿肥，让其浸泡在水中，任其慢慢腐烂，变成有机质肥料。

哈尼族很注重选种，秋收时节，就以块选或棵选的方式选取梯田中稻谷长势良好、颗粒饱满的谷穗留做种子。选种一般在稻穗九成熟时为好，

---

① "托子"：相当于阳历的冬至日，而阳历的冬至日是夜长昼短。故哈尼族对冬至日昼夜长短相等的认识有误。

过熟或过生都会造成出苗率低。谷种带回家中晒干后单独存放在密封好的竹筒或仓柜里，以防鼠害、虫害。元阳县新街镇箐口村等一带梯田地处暖温带梯田，在正月中下旬就要泡谷种，在水中浸泡谷种 3 日后捞起来在透气的箩筐中捂 3 日即可撒秧，50 多天后可移栽。而该县东部小新街乡者台村每年农历二月第一轮属蛇日恰好是"昂玛突"祭祀神林活动，故当日早晨必须到秧田里撒秧。因此，浸泡谷种必须在节日前 6 日进行。谷种一般需在水中浸泡 3 昼夜，然后淘干水分，放入周围垫隔有豆蔻叶的篾箩里捂谷种。每天早晚喷洒一次清水，然后置于 30℃ 左右的地方，至谷种露出白芽即可撒秧。故哈尼族有"说过三遍成旧语，见过三面是熟人；谷种捂三夜就露出白点，谷种捂三天就冒出新芽"的谚语。

　　秧苗田管理包括犁田、铲埂子壁、刮埂子脚、耙田、割绿肥、踩绿肥、围秧田、泡种、撒种、拔秧等工序。撒秧前一天必须整理好秧田。整理秧田的工序是，先犁后耙，然后将田水撒干，田中稀泥土要用特制刮板刮碎刮平，用锄沿着埂子脚挖出一条小沟，田丘大的田要在中间开沟做墒，以便整理秧田时稀泥板结过程中的水流入沟内。

　　哈尼族育秧采用湿润育秧法：谷种撒进秧田后，成种子半露，秧田曝晒 3 日，然后灌入浅水养 3 日，后又撒干水晒秧田 3 日。而后白日晒秧田，晚上灌水养之，以免鼠害、倒春寒等。这样反复进行管理秧田水，直至秧苗长出三叶后，水灌至淹过秧苗一半即可，直至 40—50 天后拔秧移栽时不撒水。

图 3—1　施用秧田的绿肥草
Grass Maured in Seedling Field

图 3—2 秧苗苗壮成长
Rice Seedlings in Healthy and Strong Growth

（三）梯田农耕程序

三犁三耙是哈尼族传统梯田耕作的基本工序，但现在大部分梯田三犁二耙的居多，原因是农村部分劳动力外出打工，有的农耕工序就简化了。根据不同海拔地区稻谷收割前后的时间，进行一犁一耙的耕作工序，一般来讲在农历九月中下旬至十月中下旬，收割完谷子便立即犁翻谷茬田，哈尼语称"相旱补"，意为犁翻头道田。犁谷茬田之后的工序是垒筑田埂子，以犁翻过的田中泥土用锄抬到埂子上夯实，谓之打埂子。根据田丘的大小，埂子坝宽 15—100 厘米不等。与此同时，以夺铲或锄头铲除埂壁上的杂草入田中（这一道工序有的地区为防止稻田鼠害或谷子开始转黄时保持良好的通风口，在未收割稻谷之前已完成），使田埂焕然一新，将田水灌满，粗耙一遍，使得谷茬、杂草不露出水面任其在田中浸泡近半年时间，让其自然腐烂，增强土壤肥力。至此，一犁一耙的耕作工序基本完成。故有哈尼族谚语："男人犁田若过十月末，向下犁不死野慈姑，向上犁不死野荸荠。"大部分地区打好埂子，田水淹过谷茬和杂草，因此，耙田的工序一般舍掉了。有的地区的哈尼族利用近半年梯田闲置时间在田中养鱼，成为梯田的副产品。

农历二月在"昂玛突"节之后，梯田进行第二遍犁田和第二遍耙田，顺序还是先犁田后耙平，目的是疏松土壤，同时修补埂子漏水的地方，保持田中一定蓄水量，使梯田呈现波光粼粼的景观。

根据不同海拔地区，农历二月"昂玛突"节前后的重要耕作程序是整理秧苗田和撒谷种等工序。现在有的地区哈尼族由于劳力不足或外出打工，梯田耕作制度发生明显的变迁，只进行二犁一耙或二耙，甚至有的在栽秧前夕将三犁二耙或三耙的所有工序一次性完成。

三犁二耙或三耙的耕作工序是在农历三月下旬至四月栽秧时节。这一遍是犁耙工序和栽种工序同时进行。顺序仍然是先犁后耙，目的是松土平土后好栽秧。高山地区梯田一般耙过以后为防止泥土板结，须在当日内栽进秧苗，原则是耙好一丘田接着就栽秧一丘田。男子除了负责犁耙工序外，抽调部分劳力去拔秧苗、运输秧苗，女子主要负责栽秧工序。因此，哈尼族谚语有"女子不犁田，男子不栽秧"之说。

农历五月"莫昂纳"或"仰昂纳"节之后，梯田进入夏季管理的中耕程序。一般来看，秧苗移栽 10 日左右就开始返青，2 轮（25 日）之后进行田中头一遍薅除草，秧苗打苞时进行第二遍薅除杂草，此时，稻谷秧与稗草相似，不容易区别，并与稻谷争水肥，故重点拔除稗草。其他，如野慈姑、细叶草等水生植物的根系也发达。因此第二次薅除杂草确实费力。农历六月"矻扎扎"是盛夏的标志，此时下半山区梯田稻秧开始抽穗、扬花，进行砍除田埂草。农历七月，举行驱鬼避邪仪式，护佑人畜避瘟疫，不让田中的稻谷受虫害；与此同时，修整田间运输稻谷的道路。

农历八月，田野里一片金黄，千里飘香。哈尼族过完"尝新谷节"之后，进入了紧张的收割程序。一般来讲，农历八月中旬至九月下旬为梯田收割期（由于现在栽种杂交稻，故收割期提前）。收割时女子负责割谷秆，男子负责脱粒。脱粒方法是拿起一把直径约 20 厘米的连谷稻秆，使其谷穗在谷船两端枕木上撞击脱粒。谷草摊开晒在田埂上，待干后收拢在田边地角再运回家中存放备用，做屋顶更新修缮材料或冬季寒冷日子作为牛饲料。谷粒搬运男女同时进行，装入麻袋内，男子可负载 50—70 千克，女子可负载 40—50 千克。河谷一带梯田与村寨相距 2—3 小时不等的爬坡山路，故运载谷粒相当费劲，并按习惯当日脱粒的谷子必须背回家。

图3—3　垒筑埂子
Diking

图3—4　犁翻谷茬入土
Plowing

　　上述是哈尼族长期以来对梯田传统品种的耕作程序，现在有的梯田在海拔1300米以上地区栽种杂交稻新品种，由此改变节令时间和耕作程序。

图3—5　耙平泥土后栽秧
Harrowing

图3—6　栽秧
Transplanting Seedlings

图3—7　收割
Reaping

（四）梯田管理

秧苗栽下之后，梯田要灌满一定的水量，直到谷子收割前夕。因此，田水管理成为梯田管理的重要环节，三天两头必须查看梯田，一方面查看田水是否干了，另一方面查看是否有田水过多而秧苗被淹或田埂坍塌的现象。秧苗栽下10日左右就开始返青，到30日左右进行头一遍薅草，秧苗打苞时进行第二遍薅除草。待谷穗开始转黄，护秋便成为梯田管理的首要任务，每日都要有人到田间查看是否有倒伏的谷秆，谷秆倒了就扶起来，将数丛谷秆捆绑在一起，形成三角鼎力就不容易再倒伏。稻谷抽穗扬花时必须以弯刀砍除田埂上或田边地角的杂草，保持良好的通风，以便谷穗授粉和光合作用。

图3—8　谷秆捆绑在一起就不会倒伏了
Bundling Grain-stalks

图 3—9　割除埂壁上的杂草
Weeding

（五）梯田生态施肥方式：水冲肥

　　哈尼族灌溉梯田的水源来自村寨上方的森林溪水，沟渠水自上而下经村寨流入田间。梯田上丘与下丘之间均有出入水口，自上而下，上满下流，终年不息，可谓一种流水生态种植业。哀牢山区道路崎岖，运送梯田肥料较为困难。哈尼人根据山区坎坷不平的复杂地形，因地制宜，创造出特殊的施肥方式，谓之流水冲肥，即利用自上而下的沟渠水把肥料冲进田中。哈尼族平时把各种农家肥料积存于村边宅旁的肥塘中，经年累月，沤得乌黑发亮，成为高效农家肥。每到栽插季节，也就是在栽秧前 10 日左右，便开放流经村寨的沟渠水，把乌黑的肥水沿沟冲入田中。随即梯田进行犁耙平土栽秧。有的地区谷子收割后，把谷茬田犁翻，肥水冲入田中养田。这种流水冲肥法至 20 世纪 80 年代初期实行家庭联产承包责任制后很少进行。其原因是距离远的梯田在途中失肥大，肥水很难流到目的地。但即使是各家各户进行的流水冲肥，有的哈尼族村寨至今流行。2004 年 10 月 21 日，时值秋收时节，笔者来到元阳县箐口民俗村做田野调查，下午 2 时左右，正好看到该村的农户张志光家，把自家平时存贮的禽畜粪便池挖开池堤，引入村内流经的沟水冲刷，笔者沿着沟水来到田间，乌黑的沟水沿着小冲沟从寨子脚流向 2 千米处约有 100 平方米的一丘大田里，沿途进他人家沟水口以泥土截流后，肥水就直往目的地流。主人家的这丘大田刚翻犁谷茬、翻新田埂，把原有的田水放出去，放入从村寨而下的乌黑肥水后养田。无论是梯田刚收割完稻谷翻犁谷茬放入农家肥养田或者在栽插之际放入农家肥水养田都是增强梯田土壤肥力的做法，都反映了哈尼族梯田生态的持续发展，应该加以发扬光大。

哈尼族的梯田人为施肥少，自然施肥仍然存生。过去有人认为，哈尼族梯田不施肥，栽卫生田，并以此说明哈尼梯田存在粗放经营等缺陷。其实这是对哈尼梯田农耕机制缺乏深刻认识的说法。每年收割完稻谷，把田埂壁上的杂草铲入田中，打好田埂后，再把谷茬犁翻与杂草入土翻盖，放水养田近半年。如此让杂草和谷茬在田中腐烂后自然成为有机肥。此外，哈尼族平时将牛马羊放山野牧，畜粪堆积于山中，加上疏松的腐质土，每年六七月雨季时大雨倾盆泼下，将山上的畜粪和腐质土以及村内的肥料沿沟水冲入梯田，从而达到自然施肥的目的。

案例：自然生态施肥，巧夺天工

元阳县者台村地处海拔 1500 米的半山腰，该村的梯田分布在 1000—1500 米之间。20 世纪 70 年代实行生产队时，村民们在栽插前夕习惯往梯田里流水冲肥，即利用村内地势从高到低流经的沟水冲洗村内道路边的禽畜粪和集体粪池塘，乌黑的沟水沿村寨道路往寨脚的梯田流去。这种流水施肥的方法适合于寨子脚下附近的梯田，河谷地区的梯田由于沟线长而很难流到肥水。但河谷梯田的土壤肥力比寨子附近梯田的肥力强。1981 年实行家庭联产承包责任制后，除雨天冲洗的肥水流入梯田外，人为的流水冲肥方法在者台村消失。原因是包产到户后，房前屋后的粪池归各户所有，流水冲肥不易操作。

者台村民由于农家畜粪有限，现在不再往梯田里运输农家肥。但是，无论过去或现在都习惯在秧田里运送有机绿肥养田。其做法是，各家各户的责任田都有几丘秧田，较为固定，每年刚收割稻谷就立即把田埂打好，铲除埂壁上的杂草入田中，再把谷茬犁翻，将杂草和谷茬入土翻盖，再从山上割来马虎草、白及草、秧青树叶、蒿枝草、紫茎泽兰（当地人称"解放草"）等放入田中，在田中摊开后以人工脚踩绿肥浸泡在水中，任其慢慢腐烂，变成有机质肥料。在元阳县新街镇、胜村乡和红河县的一些哈尼族村寨不习惯在秧田里栽稻谷。他们认为会影响第二年秧苗的成长。但者台村民认为只要及时施入绿肥养田，就不影响次年秧苗的成长。因此，他们年年在秧田里栽稻谷。

　　者台村梯田虽然人为地不施肥，但自然施肥仍然存在。每年收割完稻谷，稻秆晒干后收拢在田边地角的空地上，然后逐一运回家中备用，一是寒冷的冬天喂牛；二是修缮屋顶之用。整个冬季，男子的主要任务就是把田埂壁的杂草铲除入田，打好田埂子，再把谷茬犁翻与杂草入土翻盖放水养田近半年。如此将来杂草和谷茬在田中腐烂后自然成为有机肥。平时雨水在村内冲洗后肥水也沿沟冲流入田，也成为自然的施肥。

　　者台村民不习惯人为地施用大粪。全村共有 1021 人，每人每天平均排出 0.5 千克粪便，一天共排出 510.5 千克，一年共排出 186.3325 吨。如果全部排入梯田，平均每亩梯田合 367.7 千克。但目前村内只有 3 座 8 平方米的厕所定期排放入沟水外，大部分村民在村边寨脚的冲沟旮旯排放，少部分被禽畜利用，多数仍然排入沟水流入梯田。由于沟水自然净化后，人们看不见粪便排入梯田，但分布在寨子脚的梯田或多或少得到人畜粪便的自然施肥。这是哈尼族梯田生态文化特有的现象。因此，无论过去或现在，那种认为哈尼族梯田不施肥，栽卫生田，并以此说明梯田存在粗放经营等缺陷的说法，都是对哈尼族梯田生态文化缺乏深刻了解之见！

图 3—10　房前屋后积肥
Collecting Manure

图 3—11　水冲肥
Water Flushing Manure

（六）梯田稻谷品种与生物多样性

1. 传统品种

哈尼族在长期梯田农耕生产中，培育了上千种本地稻谷品种，仅在红河哈尼族彝族自治州内哈尼族居住区，就有适合于不同地域和气候带种植的早、中、晚三季水稻品种达 1059 种，其中种植面积达 1000 亩以上的有 251 种。[①] 1956—1982 年，元阳县曾先后进行 4 次籽种普查，其县域内有 196 个品种，其中籼稻有 171 种，粳稻 25 种；另有陆稻 47 余种。[②] 这些稻谷品种均适宜于当地垂直气候带，即在不同海拔气候带的梯田使用不同的稻谷品种。但是，它们均具备一个共同的特征，即稻秆高在 1—2 米。这些品种中有不少除米质优良外，也算中产，其中籼稻红脚谷亩产 350—600 千克，海拔 1800 米左右耐寒的冷水谷也亩产 300—350 千克。哈尼族培植高棵品种与其生产生活有直接的联系：一是哈尼族昔日的传统住房都是土木结构的稻草顶，为了保证屋内冬暖夏凉的功能，每 3—5 年更换一次稻草顶，盖一座蘑菇房顶约需 0.2 吨稻草，这就需要大量的长秆稻草。

---

① 闵庆文：《大地之歌——哈尼族梯田的世界影响》，云南美术出版社 2010 年版，第 68 页。

② 元阳县志编纂委员会编：《元阳县志》，贵州民族出版社 1990 年版，第 119 页。

二是耕牛是梯田农业得力的生产助手，冬季青草饲料枯死，耕牛入厩全靠稻草过冬，也需要大量的稻草。因此，哈尼族在收割时就把稻草在田间晒干后运回家中备用，高棵稻谷正是满足了这些生产生活的需要。现选择元阳县梯田的部分传统品种及其特征列表如3—5，从中可见哈尼梯田稻谷品种与生物多样性的关系。

表3—5　　　　　　　　元阳县梯田稻谷传统品种名录①

项目 产地	品种名称		类型		分布地区（米）	主要特征	生育期（日）	亩产（千克）
	汉语	哈尼语	籼粳	粘糯				
元阳	冷水谷	Holdoldol-havceil	籼	粘	1400—1800	抗寒	179	350
元阳	蚂蚱谷	Miavbolceil	籼	粘	1200—1500	适应性强、抗性好	170	300—350
元阳	麻线谷	Ceilkavq	籼	粘	1000—1400	茎秆细、易倒伏、节瘟重	182	400
元阳	早谷	Ceilcovq	籼	粘	470—1925	抗病、抗倒、耐肥、早熟	120—177	300—350
元阳	长尾大老粳	Laoqgeq-ceilma	籼	粘	1000—1400	感颈瘟、不抗倒	180	460
元阳	小老粳	Laoqgeq-ceilssaq	籼	粘	900—1500	适应性强、抗病、抗倒	190	400—450
元阳	早熟黄谷	Ceilcovq-ceilsiil	籼	粘	1500—1800	早熟、抗寒、适应性强	178	375
元阳	小黄谷	Ceilsiilsi-ilssaq	籼	粘	1500—1800	耐瘦、倒伏、易脱粒	179—180	200—300
元阳	大黄谷	Ceilsiilsiil-ma	籼	粘	1000—1400	适应性强、产量稳定	185	350—400
元阳	雷响谷	Ceilmiav	籼	粘	1200—1600	感光强、耐迟栽	177	400
元阳	小麻线谷	Ceilkavqka-vqssaq	籼	粘	1000—1400	抗倒、感节瘟病	176	450

① 根据《红河州农牧业志·农作物水稻品种名录表》（内部版）选录。

续表

项目 产地	品种名称		类型		分布地区 （米）	主要特征	生育期 （日）	亩产 （千克）
	汉语	哈尼语	籼粳	粘糯				
元阳	麻车车然	Malceil-ceilssaq	籼	粘	1500—1800	抗寒、易脱粒、适应性强	179	350
元阳	乌嘴车呢	Ceilnav-ceilnil	籼	粘	1000—1500	抗病、耐肥、易倒伏	179	400
元阳	大黑谷	Ceilnav	籼	粘	1500—1600	抗倒、耐寒	185	375
元阳	黑壳大老粳	Ceilnavlao-qgeq	籼	粘	1200—1600	适应性强、抗病	183	400
元阳	绿叶谷	Pavniulceil	籼	粘	1550—1700	重感节瘟、耐寒	184	400
元阳	皮条谷	Ssoqdoqceil	籼	粘	1400—1800	抗寒、抗病、难脱粒、米好	174—180	250—350
元阳	老少谷	Ceilsov	籼	粘	700—1400	抗性中等、易倒伏	196	375
元阳	乌嘴香糯	Ceilnavho-qniaoq	籼	糯	800—1200	感光、耐肥、易脱粒	182	300—375
元阳	高山糯谷	Holdolho-qniaoq	籼	糯	1500	耐寒、耐肥、抗倒、分蘖少	180	300—375
元阳	黄壳糯	Ceilsiilho-qniaoq	籼	糯	1000—1300	迟熟、易脱粒、适应性强	180—200	350—400
元阳	白糯	Wupiulho-qniaoq	籼	糯	1500 以下	分蘖强、耐肥	190	300—350
元阳	丫多糯	Nialdolho-qniaoq	籼	糯	1000—1400	抗病、抗倒、感光、易脱粒	195	400
元阳	红壳冷水糯	Holdolniao-qnil	粳	糯	1700	抗倒、较耐寒、易脱粒	182	250—350
元阳	长毛糯	Meiqcevho-qniaoq	粳	糯	750—2000	耐肥、耐寒、适应性强	180—205	200—250
元阳	皮条糯	Ssoqdoqho-qniaoq	粳	糯	1600—1800	抗寒、抗病	179—188	300

续表

项目 产地	品种名称		类型		分布地区 （米）	主要特征	生育期 （日）	亩产 （千克）
	汉语	哈尼语	籼梗	粘糯				
元阳	小黄糯谷	Hoqniao-qniaoqsiil	梗	糯	1220—1700	耐阳、抗病、分蘖弱、易倒	186—200	250—300
元阳	红糯谷	Hoqniao-qniaoqnil	梗	糯	1100—1700	耐肥、耐寒、抗倒	180	200—350

2. 传统品种的丧失

20 世纪 80 年代初期实行家庭联产承包责任制后，分配上实行"完成国家的，上交集体的，剩下都是自己的"的办法，彻底改变了干多干少一个样、干好干坏一个样的平均主义思想，农民的生产积极性空前高涨，精耕细作自己的责任田。耕作制度的变化主要表现在稻谷品种的选用上。20 世纪 80 年代中期起梯田引进外地品种，到了 90 年代末期，杂交稻凭借其产量高的优势，得到较大面积的推广，经过实践，海拔在 1300 米以下的梯田都适宜种杂交稻。杂交稻在籽种、育秧、栽插、管理等方面让长期以来习惯种植传统品种的哈尼人无所适从。籽种不能自己培育，开始时，政府将籽种无偿送给农民，化肥也以优惠价供给。育秧也要求薄膜覆盖，管理不好容易受春寒袭击，延误栽插节令。到了 90 年代中期，籽种钱政府只补贴一半，后来完全由村民自己出钱购买。由于杂交稻要大量密植才能增产，而传统品种栽插的特征是稀植，故每亩只要 3 千克的籽种，而杂交稻每亩要 4 千克的籽种。每千克杂交稻籽种合人民币 40 元，如果某一农户有 5 亩田，仅籽种钱合 800 元，加上化肥、农药、薄膜等钱就是1500 多元。大部分农户年人均收入还不足 1000 元，他们是难以承受这笔籽种化肥钱的。

哈尼族经营了千余年梯田后曾经培育出了上百个传统稻谷品种，在种植以杂交稻为代表的新品种的背景下，20 多年来的时间里传统品种不断消失，而且传统品种丧失的速度还在加快。为了提高传统品种的产量，长期以来村民异地改良传统品种，即将其他地方的传统品种拿到当地种植，这既没有改变传统品种的耕作制度，又能适当增长，一定程度上也保护了传统品种。但这样的民间改良品种在哈尼族梯田里没有大量地推广，致使哈尼族梯田文化核心区元阳县，从 20 世纪 80 年代初的 200 多个传统品种，至今整个县域内还种植的传统品种约 60—80 种，丧失了 2/3 传统品种。现有种植的传统品种主要分布在海拔 1300 米以上的上半山区，海拔 1300 米以下的下半山区的哈尼梯田几乎被杂交稻占领，从一定意义上讲，杂交稻成为哈尼梯田稻种生物多样性的"杀手"。在传统品种中，有不少是米质好、产量也较高的良种，但当地农业部门从来不去改良传统优质品种，而是一味引进外来杂交稻等新品种，致使许多优质传统品种消失。这对维护梯田稻谷生物基因和生物多样性是一大损失，也是世界农业的一大损失！

　　2005 年 7 月，联合国绿色和平组织在梯田核心期元阳县召开了以"寻找大米之路"为主题的国际会议，会上提供了传统稻谷品种 87 个，其中元阳县梯田传统品种 38 个，占 43.7%；会上有的西方学者提出了杂交稻抗病力弱，米质口感不好，转基因对人体可能会产生矮化作用的质疑。时至 2010 年，笔者调查了海拔 1300 米以上的哈尼梯田难以适应杂交稻的部分传统品种分布地区，现将田野调查点的一些传统稻谷品种辑录列表如 3—6：

表 3—6　　　　元阳县新街镇箐口村梯田种植传统稻谷品种名录

品种名称		类型		分布地区（米）	主要特征	生育期（日）	亩产（千克）
汉语	哈尼语	籼粳	粘糯				
箐口谷	Eelpuvceil	籼	粘	1500—1800	高山谷与泡竹谷人工辅助杂交而成，耐瘦、倒伏、耐迟栽	179—180	200—300
冷水谷	Holdoldolhavceil	籼	粘	1400—1800	抗寒、耐迟栽	179	350
薄竹谷/月亮谷	Alpeilceil	籼	粘	1200—1500	适应性强、抗性好	170	300—350
早谷	Ceilcovq	籼	粘	470—1925	抗病、抗倒、耐肥、早熟	120—177	300—350

品种名称		类型		分布地区	主要特征	生育期	亩产
汉语	哈尼语	籼粳	粘糯	（米）		（日）	（千克）
红脚老粳	Laoqgeqhhu-nil	籼	粘	1400—1600	感颈瘟、不抗倒	180	460
白脚老粳	Laoqgeqhh-upyul	籼	粘	900—1500	适应性强、抗病、抗倒	190	400—450
观音谷/高山谷	Ceillaolceil-gaoq	籼	粘	1500—1800	倒伏、抗寒、适应性强	178	300—350
花谷	Ceilpuvq	籼	粘	1800—2000	耐瘦、耐寒、倒伏、易脱粒	179—180	200—300
瓦蔗谷	Hhavqzeivceil	籼	粘	1500—1800	抗寒、易脱粒、适应性强	179	300—350
麻车或漫车	Malceil	籼	粘	1500—1800	抗寒、易脱粒、适应性强	179	300—350
蚂蚱谷	Miavbolceil	籼	粘	1200—1500	适应性强、抗性好	170	300—350
丫多糯	Nialdolho-qniaoq	籼	糯	1000—1400	抗病、抗倒、感光、易脱粒	195	350—400
红壳冷水糯	Ceilnilho-qniaoq	粳	糯	1700	抗倒、较耐寒、易脱粒	182	250—350
高山糯谷	Holdolho-qniaoq	籼	糯	1500	耐寒、耐肥、抗倒、分蘖少	180	300—375
紫糯	Hoqniao-qniaoqnav	籼	糯	1500 以下	分蘖强、耐肥	190	300—350
红糯谷	Hoqniao-qniaoqnil	粳	糯	1100—1700	耐肥、耐寒、抗倒	180	200—350
长毛糯	Hoqniaoqmiq-zuv	粳	糯	750—2000	耐肥、耐寒、适应性强	180—205	200—250

箐口村现在种植的品种中，除了上述列表的传统品种外，还有一些引进新品种，即杂交稻、大粒香、楚粳 12 号、楚粳 17 号、合系 41 号、建

水谷等。

表3—7　　　　元阳县新街镇全福庄梯田种植传统稻谷品种名录

品种名称		类型		分布地区	主要特征	生育期	亩产
汉语	哈尼语	籼粳	粘糯	（米）		（日）	（千克）
刺竹谷	Alcuqceil	籼	粘	1600—1800	抗寒	179	350
蚂蚱谷	Miavbolceil	籼	粘	1200—1500	适应性强、抗性好	170	300—350
早谷	Ceilcovq	籼	粘	470—1925	抗病、抗倒、耐肥、早熟	120—177	300—350
红脚大老粳	Laoqgeqhhu-nilnilma	籼	粘	1000—1400	感颈瘟、不抗倒	180	460
红脚小老粳	Laoqgeqhhu-nilnilssaq	籼	粘	900—1500	适应性强、抗病、抗倒	190	400—450
瓦蔗谷	Hhavqzeivceil	籼	粘	1500—1800	抗寒、易脱粒、适应性强	179	350
高山谷/观音谷	Ceilgaoq	籼	粘	1600—1800	感光强、耐迟栽	177	300
锣锅谷	Laoqgoceil	籼	粘	1600—1900	抗倒、耐寒	185	300
黄草岭谷	Deiqsilceil	籼	粘	1600—1900	适应性强、抗病	183	300
高山糯/冷水糯	Holdolho-qniaoq	籼	糯	1500	耐寒、耐肥、抗倒、分蘖少	180	300—375
黄壳糯	Hoqniao-qniaoqsil	籼	糯	1000—1300	迟熟、易脱粒、适应性强	180—200	350—400
白糯	Wupiulho-qniaoq	籼	糯	1500以下	分蘖强、耐肥	190	300—350

表3—8　　　　元阳县小新街乡梯田种植传统稻谷品种名录

品种名称		类型		分布地区	主要特征	生育期	亩产
汉语	哈尼语	籼粳	粘糯	（米）		（日）	（千克）
麻线谷	Ceilkavq	籼	粘	1000—1400	茎秆细、易倒伏、节瘟重	182	400

续表

品种名称		类型		分布地区	主要特征	生育期	亩产
汉语	哈尼语	籼粳	粘糯	（米）		（日）	（千克）
早谷	Ceilcovq	籼	粘	470—1925	抗病、抗倒、耐肥、早熟	120—177	300—350
恢谷	Ceilpeel	籼	粘	1000—1400	适应性强、产量稳定	185	350—400
雷响谷	Ceilmiav	籼	粘	1200—1600	感光强、耐迟栽	177	400
皮条谷	Ssoqdoqceil	籼	粘	1400—1800	抗寒、抗病、难脱粒、米好	174—180	250—350
长毛糯	Meiqcevho-qniaoq	粳	糯	750—2000	耐肥、耐寒、适应性强	180—205	200—250
黄壳糯	Ceilsiilho-qniaoq	籼	糯	1000—1300	迟熟、易脱粒、适应性强	180—200	350—400
小黄糯谷	Hoqniao-qniaoqsiil	粳	糯	1220—1700	耐阳、抗病、分蘖弱、易倒	186—200	250—300
红糯谷	Hoqniao-qniaoqnil	粳	糯	1100—1700	耐肥、耐寒、抗倒	180	200—350

表3—9　　元阳县上新城乡下新城村哈尼族种植传统水稻品种名录

水稻品种名称		分布海拔（米）	种子来源	亩产（千克）	米市价（元/千克）	主要特征和文化意义
汉语	哈尼语					
杂交糯稻	Cavqjaolho-qniaoq	1390	自留/交换	350—450	7—8	株高50厘米左右，杂交稻与当地糯稻混种而成的新型糯稻，用于嫁娶婚丧、节日庆典的祭品和副食。
黄壳稻	Ceilgevq	1394	自留/交换	300—350	7—8	株高87厘米，种植历史悠久，主要用于家庭主食，米质口感好，但产量低，种植户少。

续表

水稻品种名称		分布海拔（米）	种子来源	亩产（千克）	米市价（元/千克）	主要特征和文化意义
汉语	哈尼语					
香糯稻	Xaguqho-qniaoq	1413	自留/交换	200—300	15—20	株高160厘米，种植历史悠久，米质香而口感好，制饵块的最好原料；但产量低，易倒伏，种植少；用于嫁娶婚丧、节日庆典的祭品和副食。
麻线谷	Ceilkavq	1475	自留/交换	300—350	7—8	由于2011年4个传统品种都长势不好，该户主为了保留品种，今年将仅有的种子混种在一丘田里，结果长势不错，成熟的先后顺序是麻线谷—老粳—黄壳—小白谷；农户根据成熟先后采集籽种。这些传统品种的共同特征是株高1—1.5米，耐迟栽，秧苗可养到6个月移栽也不影响收成，普遍米质口感好，但产量都一般，易倒伏。该户又为了留种，香谷糯与新品种838混种。
黄壳谷	Ceilkeevq	1475	自留/交换	300—350	7—8	
老粳	Laoqgeq	1475	自留/交换	300—350	7—8	
小白谷	Hhupyul pyupssaq	1475	自留/交换	300—350	7—8	
大老粳稻	Lao-qgeqgeqma	1265	自留/交换	350—400	7—8	株高123厘米，种植历史悠久，米红色，米饭油质性强，口感好，日常最好的主食；但易倒伏，产量低，种植户极少，属于濒危品种。
黄壳糯稻	Ceilgevqho-qniaoq	1265	自留/交换	300—350	9—10	株高140厘米，种植历史悠久，米质香而糯性强，口感好，制糯米粑粑的最好原料；但产量低，种植户少；用于嫁娶婚丧、节日庆典的祭品和副食。
紫糯稻	Hoqniao-qniaoqnav	1258	自留/交换	200—250	10—12	株高118—131厘米，种植历史悠久，米质紫黑，营养价值高，民间认为食用紫米对骨折愈合具有很好的疗效。但产量很低，种植户少；也用于嫁娶婚丧、节日庆典的祭品和副食。

注：此表为国家环保部生物多样性保护子项目"红河地区遗传资源及相关传统知识研究"调查的部分内容，黄绍文、赵富伟等于2012年9月21—23日实地调查。

3. 杂交稻与传统品种比较

传统品种是哈尼人经若干世纪经营后培育出来的，它适应于不同海拔地带的梯田，有适应性强、产量稳定、抗病、抗倒、耐肥、耐寒、分蘖强等特点。传统品种具有公共性，农民可以自己留种，无须到市场上购买，农民可以自由交换，比起杂交稻大大降低了种子的成本，在选种和交换方面更多地体现了农民的自由权利。哈尼人积累了种植传统品种的经验，容易管理，秧苗耐迟栽，有较大耐性，不会受倒春寒的影响。传统品种稻秆长，做建筑材料和牛饲料好，也可秸秆还田，增加绿肥。传统品种只施绿肥，不施化肥，不易得病虫害，不施农药和除草剂。由于哈尼梯田品种多样，它在一定程度上能够抑制病虫害的扩大和蔓延，即使遭遇病虫害，多个品种有能与之抗衡的能力。因此，哈尼梯田传统稻种从来不用农药杀虫剂。这一切大大降低了农民经营梯田的成本。传统品种多样化，基因也多样化，米质优良，口感好，是名副其实的绿色食品，每千克的稻米价格都在 8 元以上，而杂交稻米的价格每千克在 3 元左右波动，且长时间不易保存。传统品种唯一的不足只是产量底，一般亩产 250—350 千克。

由于矮秆高产的杂交稻迅速推广到全球各地，成为稻作文化区的主流作物，且呈势不可当的态势。但由于哈尼梯田分布的海拔差异性和稻种价格及管理等问题，杂交稻并没有独霸哈尼梯田，而且在很大程度上被经验丰富的传统品种所抵制。

第一，自然条件的限制，哈尼梯田分布在海拔 300—2500 米之间，杂交稻只适宜海拔 1300 米以下地区。由于哈尼梯田灌溉的水源来自高山区的泉水溪流，海拔 1300 米以上的梯田水温相对低，杂交稻无法适应这样的水温，这部分梯田占哈尼梯田 1/3 还多，加之哈尼梯田分布的地势差异，光照条件不如平坝地区。这些条件影响了杂交稻的推广。第二，杂交稻籽种比较昂贵，农民无法自行培育，哈尼族地区的农民普遍比较贫穷，无法支付每年昂贵的籽种钱，虽然杂交稻品种的籽种每公斤 20 元，但也超出了当地人可以承受的范围。加上杂交稻需要大量的化肥、农药、除草剂、薄膜等现代化学产品来支撑，而当地人的经济实力又无法购买这些现代科技产品，并且一旦用上了这些化学产品，梯田本身自我循环的肥力和土壤结构遭到破坏，就更依赖于这些化学产品。土壤对化肥的依赖就像人吸毒有瘾一样，大大增加农民经营梯田成本的同时，也破坏了土壤的酸碱结构。因此，当地的农民曾经算过一笔账，杂交稻比传统品种增产的那部分折成钱后还抵消不了购买籽种和化肥的钱。第三，杂交稻需要现代科技的投入，管理上增加农民技术的难度。哈尼族梯田的农耕生态机制是若干个世纪形成的，杂交稻容易受倒春寒、病虫害等自然灾害的袭击，育秧管理不好会影响栽插节令，从而导致减产。由于杂交稻品种结构单一，病虫害的抑制力差。如2007年6月元阳等地的哈尼梯田发生大面积的稻飞虱虫害，农业科技部门指导喷洒农药，而梯田里不仅有黄鳝、泥鳅等自然水产品，还有人工生态养鱼和生态养鸭、养鸡的广阔场地，喷洒农药会对这些水产品产生影响，元阳梯田核心区新街镇的农民认为水产品减少后得不偿失，所以抵制农药。第四，杂交稻米口感差，价格低，容易发霉，不易长时间保存。稻秆短，还田效力差，做喂牛饲料也不好，不宜做建筑材料。这些都不适应哈尼人的生产生活。杂交稻最大的优势就是产量高，比传统品种增加近一倍。

众所周知，病虫害是农业生产的重大灾害。为了控制病虫危害，当今的现代农业不得不普遍大量使用化学农药。尽管哈尼族梯田一年四季保水养田，然而，即使是水稻生长期间正值哀牢山区雨季，湿度大，温度适中，自古以来哈尼梯田里的病虫害仍然很少。据有关资料记载，水稻白叶枯病是1957年由广东引进"南特号"和由浙江引进"浙场9号"时从外地传入的。先在红河北岸坝区的开远、蒙自、建水、石屏4县发生，而后随着稻种的推广而传遍红河州内。危害水稻、玉米的重要害虫黏虫，1953年才首次大发生，1958年和1960年又发生了两次，只是从1963年起，才变成常发性害虫，每年都有不同程度的发生。稻叶蝉、稻纵卷叶螟等原来有零星发生，[①] 但是在20世纪80年代后大量推广杂交稻的二三十年已成为梯田的灾害，最典型的是2007年6月大面积发生的稻飞虱灾害。由此看来哈尼梯田的病虫害跟引入新品种有很大的关系。

时至今天，许多哈尼族的农民，从未使用过农药，家里更没有施用农药的喷雾器。虽然在历史上，水稻稻瘟病就是危害梯田水稻生产的重要病害（哈尼人称其为翘脖子病），但一般说来，水稻病虫害并不构成威胁梯田水稻生产的大敌。按照传统，哈尼人也不刻意消灭病虫害。因此，与其

---

① 李期博主编：《红河哈尼族彝族自治州哈尼族辞典》，云南民族出版社2006年版，第241—244页。

他农业相比，哈尼族的梯田免除了消灭病虫害的艰巨任务。

我们之所以说哈尼族梯田水稻生产是自然主义的，不仅在于他们在水稻生产过程中一般不施用化肥，不使用化学农药，而且在于他们认为，土壤是有生命的，人与土壤应该是一种友好的伙伴关系。哈尼有经常换种的习俗。一个品种种 2—3 年以后，就要与他人进行换种，最多不能超过 4年。换种既可以与其他的村寨换，也可以在本村本寨换。不仅不同的品种之间换种，不同人家种的同一个品种也应该换。当问他们为什么要这么换的时候，他们说，土壤跟人一样，是有"胃口"的。正如人总是吃同一种菜影响胃口一样，土壤总是种同一个品种也影响它的胃口。长期种同一个品种，长势不如先前那么好，产量不如以前那么高，就是土壤胃口不好的表现。①

案例：改良传统水稻品种

"红米谷"是当地农民根据米质的颜色为红色而取的名称，属新品种与传统品种杂交培育出来的新型品种，哈尼语称 ceildeivceilnil，意为矮秆红谷。杂交的母本为 IR28，副本为传统品种泡竹谷（alpeilceil）。20 世纪90 年代中期，由元阳县科学技术委员会培育而成。最先在元阳县小新街乡大拉卡村试种。其谷粒脱壳后米呈红色，故称红米谷。该品种适宜于海拔 1000—1500 米的中半山区，具有传统品种生长周期长、适应性强的特征，又比传统品种有所增产，其纤维质含量是普通大米的 3—4 倍，富含钙、磷、铁等多种微量元素，米色红润、米质松软回甜、口感滑爽，米价比杂交稻高出十几倍，农民可以自由留种交换，管理方便，深受当地农民的青睐，因而在周边的村寨自由推广开来。由于该品种具有开发绿色食品的价值，市场前景广阔，于是元阳县小新街乡成立元阳县龙泰粮业有限公司，注册商标为"云梯红米谷"，进行商品性开发，2009 年种植面积达1000 亩，平均亩产量 350 千克。"云梯红米谷"精致包装米最高价格达每千克 20 元，并远销首都北京。

---

① 严火其、李琦：《自然主义的哈尼稻作及其可持续发展》，载白克仰、黄绍文主编《第六届国际哈尼/阿卡文化学术讨论会论文集》，云南人民出版社 2010 年版，第 302 页。

图 3—12　红米谷　Red Rice

四　哈尼族梯田灌溉系统中的生态文化

水是哈尼族梯田生态文化的生命"血源",水资源的利用和管理始终贯穿于哈尼族梯田整个生态系统中,并形成了一套有序的管理机制。

(一)　传统灌溉系统——生态沟渠

梯田灌溉系统是梯田生态文化的"血脉"。由于哀牢山区地质构造岩体支离破碎,地形、地势复杂。水利建设方面,哈尼族自古以来就修筑沟渠,引高山溪流汇集而成的河流水系灌溉梯田。因此,哈尼族修筑了大量的沟渠引水灌溉,而灌溉的梯田面积又不均等,于是哈尼族形成了一整套从修筑灌溉系统到合理分配水资源的社会规范。

从自然水系的分布状况来看,红河流域哈尼族聚居的红河、元阳、绿春、金平 4 县内的主要干支河流有 43 条,流域面积 11 万平方千米,年均流量在 30—50 立方米/秒。这些河流中,枯水季流量最大的红河水流量是 15.5 立方米/秒,而其支流流量最小的也在 0.5 立方米/秒。

在 20 世纪 50 年代初期以前,修筑大中型水渠系统往往是当地土司出钱或村寨联合出资、合资,有的甚至是个人出资而修建。在水沟权属问题上,是当地土司派百姓开挖的,沟权属土司所有;百姓集资投劳开挖的,沟权属村民所有;田间小沟由受益者自己开挖,沟权属私人所有。据

《元阳县志》载，清乾隆五十二年（1787 年），元阳县境内的老克、糯咱、绞缅三寨合议，决定在壁甫河源头（今纸厂村）开挖水沟。三寨出银 160 两，米 48 石（每石约 150 千克），盐 80 千克，投工近 1000 个，结果沟未修通。嘉庆十一年（1806 年），三寨再议修沟，并决定每"口"水（"口"是当地以木刻凹口的大小为放水的计量单位）出稻谷 75 千克，银 180 两，米 20 石，盐 50 千克重修。经两年多的努力，终于将长 15 千米，流量为 0.3 立方米/秒的糯咱沟修通。此为境内由群众集资投劳开挖的第一条水沟。[①]

从开沟的技术来看，哈尼族在开凿沟渠时利用地势高低发明了特殊的"流水开沟法"，即先观察选定引水源，再勘察水沟要通过的地形，以目测引水沟经过的大致路线，开沟时从源头至沟尾逐步修筑沟基，并在施工中边开沟边放水，沟基修到哪里水位流到哪里，沟基深度以小水流自然流过为宜。水沟剖面呈上宽下窄的梯形，根据流量大小，沟坝宽 50—200 厘米不等，以便能承受水压力。所选的地形条件是，尽量减低水沟的坡度，一般在 30 度以下，防止大量泥沙夹带冲到田里，并能适应沟基两侧沟坝承受的压力范围。在开沟过程中还会常常遇到石头拦路的情况，对于石材酥松的岩石，就用铁钎一点一点地凿开，直到凿出一条足够水源流过的通道。如果开沟过程中遇到坚硬的大石头，以木材烧红石头，然后泼凉水在其上，使其改变物理性质后发生石头炸裂，再用铁钎慢慢凿开通道。哈尼族的水沟沟基三面内侧均为土方，由于长期被水浸泡后，某些地段的土质会松软并出现渗水，为了防止沟坝坍塌，就在这些地段的沟坝外侧钉上竹木桩，木桩之间用长条竹篾固定，再用混有草根的黏土反复夯实来阻止渗漏，草根生根发芽，稳固土基，有的在容易塌翻的地段打进柳树条桩和栽进竹子后，来年草木发芽，有效地控制水土流失，稳固了沟基。

截止到 1949 年，红河、元阳、绿春、金平 4 县境内共修建水沟 12350条，灌溉梯田面积 30 余万亩。20 世纪下半叶，国家实行统一规划，各级政府组织实施建设，加之现代化工具的大量运用，使水沟建设的规模和质量跃上新台阶。据各县志书记载，至 1985 年，上述 4 县共修建扩建水沟24745 条，灌溉梯田面积约 100 万亩，其中，流量在 0.3 立方米/秒以上的骨干沟渠 125 条。又据 2004 年统计，红河县的大小水沟共 3022 条，其

---

① 元阳县志编纂委员会编：《元阳县志》，贵州民族出版社 1990 年版，第 150—151 页。

中，建设成三面被现代水泥光滑抿糊的有 34 条，流量在 0.3 立方米/秒的有 20 条，最长的水沟有 22 千米。元阳县大小水沟 4653 条，其中，建设成三面被水泥抿糊光滑的有 12.13 千米，流量在 0.3 立方米/秒的有 45 条，最长的水沟有 25 千米。绿春县大小水沟 7000 多条，其中，建设成三面被水泥光滑抿糊的有 21 条，流量在 0.3 立方米/秒的有 13 条，最长的水沟有 65 千米（黄连山水沟）。

图 3—13　纵横交错的水沟
Crossing Ditches

案例：者台村水资源利用与生态文化

　　元阳县小新街乡者台村农田引水主要靠梭山河（芒铁河上游分支）及辖区内的大小溪流箐沟。者台大沟引自海拔 1900 米处"猴子岩"脚的梭山河上源，由西南向东北流入村寨供人们生活生产用水后流向梯田，全长 7 千米，流量为 0.3 立方米/秒，灌溉梯田面积 1000 亩。20 世纪 70 年代初期利用其沟水修建了一座装机容量为 26 千瓦的小型电站，供村民照明使用，到 80 年代末期，由于管理、机件质量、技术服务等原因停止运作后一直未修复。90 年代村民靠点煤油灯照明，2000 年，县内 10 千伏的高压输电线只架到乡政府驻地，各村委会要求自己集资架线，2003 年者台村委会将集体联合林场木材出售 10 万元，各自然村每户村民集资 80 元，共集资 18 万元，将高压输电线从乡政府驻地架到各自然村。从此解决了村内的照明和电器用电问题。自古以来村民利用沟水修建水碓、水磨等传统动力加工，目前，利用者台大沟水源修建的水碓房尚有 5 座，其中两座属于外村，村民做脱离谷壳用。流经村寨沟水平时洗菜、洗衣，也供禽畜多饮水用，然后流向梯田，一年四季，流水不断。

这里值得一提的是，据《小新街区志》（内部资料油印本）记载：者台大沟于 1690 年开挖。这与有关史料记载时间基本吻合。据《元阳文史资料·第一辑》"纳更土司巡检"一节载：康熙十二年（1673 年），纳更土司龙天正病故无子，以胞弟长子龙得云顶袭伯职，1687 年，得云身故，其长子在田本应承袭父职，但因年幼而奉文以其叔龙得海抚孤代办 10 年。1697 年，龙得海代办 10 年期满卸任，于是与其侄龙在田协议分家。其地界西起纳更梭山河、北至大喇卡河、东至逢春岭河的所有梯田、村寨是得海代办 10 年期间率民开垦出来，今应划归得海管理。于是龙得海携带司署分界文约率六子来到红河南岸的半山区大喇卡居住，并着手分家：长子龙在源分居小喇卡，管辖三丘田等十寨；次子龙在汶分居石岩寨，管辖火山等十寨；三子龙在渊分居大喇卡，管辖哈尼寨等十寨；四子龙在朝分居克甲，管辖老乌寨等十寨；五子龙在延分居者台，管辖扒偰等九寨；六子龙在渭分居稿吾卡，管辖蛮板等九寨。① 所有这些村寨均在今元阳小新街乡境内。

据村中老人介绍，当时修筑者台大沟的是董氏（汉族，为当时富裕人家，但董氏家族人口增长缓慢，原有的人口负增长，至今只有 2 户）出铁锤、铁撬杆等工具，由建寨初期的 10 来户人修建，以土石为坝，顺着山势从高至低蜿蜒而下。

2009—2010 年冬春季节，中国西南地区持续高温，出现了百年不遇的大旱，许多河流水位大大降低，甚至断流，中小水库变成干涸的库底。大旱导致西南五省区市许多地方小春作物大面积绝收，经济损失超几百亿元，对当地人而言，更加深了贫困程度。这样的背景下，笔者怀着焦虑不安的心情，于 2010 年 4 月 12 日回到家乡考察者台大沟。让人喜出望外的是，笔者来到水源头，一两千米之外就听到了哗啦哗啦的流水声，走近源头一看，清澈见底的流水撞到河道中央的石头上，激起白花花的水花，溅在人的身上是那样的清爽，由于水源均为来自原始森林中的泉流溪水，水

① 元阳县政协文史委编：《元阳文史资料·第一辑》（内部资料），第 32—33 页。

质不必净化就可直接饮用。由于沟坝均为土石方结构，故沿途渗水特别严重，流到沟尾的水流只有沟头的一半，但根据目测水流量还是不低于 0.2 立方米/秒，因为这样的水流量才能带动水碾、水磨。百年不遇的大旱之年，这样的水流应该是价值千金的水资源，但这里的哈尼人仍然是富饶的贫穷！

由于直到现在沟基为土石结构，沿途渗水严重，水源流失较大，笔者曾多次向元阳县有关部门做了反映，建设成"三面光"① 沟渠，可大大提高资源利用率，但一直未能立项。相反，笔者的调查发现，在一些水源缺乏的地方又修建了"三面光"沟渠，枯水季成干涸的水沟。

笔者沿沟头至沟尾考察时，水沟两侧大部分地段都长满森林、灌木、草丛，即使外露的两侧地段也多为旱地。因此，沿沟坝行走困难，许多地段只好绕道而行。者台大沟是哈尼族传统灌溉系统的实证案例，也是哈尼族梯田文化生态的历史见证之一。一条具有 300 多年历史的生态土沟，今天仍然担负着哈尼梯田的持续发展！

图 3—14　2010 年 3 月者台大沟源头水流
Origin of Zhetai Brook in Mar. 2010

---

① "三面光"：指沟基内侧的梯形壁面用水泥抿糊光滑后就不易渗水，能充分利用水资源。

　　村民日常饮用山泉水，村内原有 8 口水井，水源利用地下露出的泉水，但由于村落环境的变迁，水质逐渐变坏，甚至达不到人们饮用的水质要求。因此，2004 年由政府投资 9.8 万元，村民集资 1.6 万元，从海拔 2000 米的森林中引山泉水入村寨的 18 口水井中，其中新建了 10 口井，其余 8 口井在原地翻新，每口水井的容量为 3 立方米。饮水管道全长 5280 米，其中，管道直径 75 毫米的长 1800 米、直径 50 毫米的长 1320 米、直径 40 毫米的长 480 米、直径 25 毫米的长 1680 米。这次饮水工程的修建，解决了村民长期饮用生活水的问题。

（二）传统灌溉管理方式——木刻分水

　　管好用好水沟及其设施，充分发挥应有的效益，是哈尼族梯田农业实现可持续发展的关键问题。明清至民国时期，哈尼族的水沟无统一管理机构，土司为一方之主，其势力范围的土地及其水沟皆属土司所有。但在管理层面上实行因地制宜，凡几村共同受益的大沟渠，每村固定 2—3 人专门管理，按受益面积的多少收取水利谷，或分给管理人员一份公田耕种，以作报酬。水沟的维修，若工程不大，一般由管理人员自负；较大的工程维修，由受益村出钱出力共同修理。发生水利纠纷，则由当地的土司、里长、招坝和村寨头人出面调处。如 20 世纪 50 年代初期前，元阳境内主要大沟为地主、富农把持，随田出租，收取租谷，由佃户管理。纳更土司辖区由土司直接管理"官沟"，并实行木刻分水，收取沟谷，每刻口水收取沟谷 2.5 斗（37.5 千克），年收沟谷 20 石（约 3000 千克）。公用水沟由村民推选沟长负责管理，以木刻分水，用水户按木刻交纳维护水沟谷，整修沟渠时，也由受益户按木刻投劳。沟长每年召开一次群众会，祭沟会餐，商讨管沟事宜，改选沟长，修订管理制度。[①]

　　中华人民共和国成立初期，水沟管理仍沿袭了老规矩，按木刻合理分水。但是，1958—1980 年生产合作化、人民公社化期间，因土地集中经营，水沟统一由生产队安排人员管理，称"赶沟人"，大沟 5—10 人，中沟 3—5 人，小沟 1—2 人。赶沟人的报酬随着生产队的分配制度变化而变化，除了 1962—1964 年实行传统的分配制，由赶沟人的受益户共同承担报酬外，评工分参加生产队分配是这一时期的分配制。1981

---

① 元阳县志编纂委员会编：《元阳县志》，贵州民族出版社 1990 年版，第 160 页。

年实行家庭联产承包责任制后，恢复了传统的水沟管理办法，即由群众推选有经验的赶沟人，其管理人员根据沟渠的大小安排 1—5 人不等，其报酬问题，按木刻分水口的大小计算稻谷，秋收后由村长追收，兑现给赶沟人，部分小沟由受益户轮流管理。由此建立了行之有效的管理机制。

图 3—15　木刻分水
Field Water Distribution by Wood Baffle

据李国发、宋恩常于 1959 年 1 月在金平县马鹿塘村寨哈尼族的水沟管理调查来看，受益户以木刻分水的标准分成大口与小口，大口水直径约 10 厘米，小口或半口水直径约 5 厘米。大口出谷 5 斗（约 75 千克），小口出谷 2.5 斗（约 37.5 千克），一丝水口出谷约 15 千克。[①]

1988 年，笔者在元阳县黄草岭乡哈更村也做了哈尼族水沟管理调查。该村 367 户，1596 人，经营 1008 亩梯田，分布在海拔 700—1500 米之间。

---

① 《民族问题五种丛书》云南省编委会编：《哈尼族社会历史调查》，云南民族出版社 2009 年版，第 47—48 页。

主要水沟有 6 条，管理人员 6 人。管理人员由村民选举，称其为"沟头"。沟头任期 1 年，可以连任。沟的受益户每年在栽插之际聚众祭沟会餐，清理木刻口，商讨管沟事宜，改选沟头，完善管理制度，违者受罚。一般来讲，木刻凹口宽窄与所灌溉的梯田面积有关，凹口宽 60 厘米刻口所流经的水灌溉面积为 52.5 亩，收取 150 千克谷子作为沟头报酬。凹口宽 30 厘米刻口所流经的水灌溉面积 26.25 亩，收取 75 千克谷子作为沟头报酬。在制定木刻口的大小时，没有固定模式，各地大小不一，但都很注重木刻凹口的宽窄，一般不注重凹口的深浅。[①]

　　木刻分水是哈尼族在长期的梯田农耕活动中形成的一种不成文的水规和制度。其形式为：根据一条沟渠所能灌溉的梯田面积，经过村与村、户与户的有关田主集体协商，规定每份梯田应得水量的多少，在大家一致认同的前提下，按沟头、沟腰、沟尾流经顺序，在梯田与水沟结合部设置一根横木，并在其上刻定各份梯田应得的水量，让沟水通过木刻凹口自然流进梯田里。因枯枝落叶堵塞横木刻口不追究责任，若人为堵塞、刻口加大、移动横木而导致彼多此少的，则视为违约予以罚款。如上述哈更村于 1997 年 5 月时值秧苗抽穗，该村有一位村民偷偷地任意加大刻口而被罚 75 千克谷子交给沟户集体聚餐使用。历史上属于户与户之间的违约由村民集合议处；属于村与村之间的违约则由片区的头人集合议处。这是哈尼族村与村、户与户之间为了确保合理用水，避免因用水而可能引起的纷争，达到保耕保种目的的一种世代相传的水规，为维护哈尼族梯田持续发展发挥了良好的作用。[②]

　　哈尼族引高山水源灌溉梯田，引水渠都建立在坡度 20 度以上的半山腰，雨天冲刷坡面时地表径流难免携带泥沙冲入梯田。因此，每一片梯田引水沟水源入口的接合部都设有 3—5 平方米的一个池塘，称泥沙塘，一般设在每一片梯田上方前缘，作为沟水携带的泥沙沉积之用，中耕管理中，定期和不定期地清除沉积的泥沙，以免流入梯田后破坏田中的土壤结构。

　　[①] 黄绍文：《诺玛阿美到哀牢山——哈尼族文化地理研究》，云南人民出版社 2007 年版，第 157 页。

　　[②] 同上书，第 158 页。

图 3—16　梯田水源入口处的积沙池

Pool for Sinking down Sands at the Entrance of the Terrace Water Source

从各个时期的运行机制来看，哈尼族从古至今，梯田灌溉系统的水资源管理最有效的方法就是木刻分水，哈尼语称"欧斗斗"（eeltevqtevq）。这是哈尼族长期耕作梯田经验的总结，是梯田生态水利系统的重要标志，显示了其在梯田可持续发展中的生命力。

案例：元阳县麻栗寨传统水资源管理制度①

	赶沟人	沟头	村民
职责	1. 全年负责巡视水沟，确保水源畅通。有阻塞和轻微崩塌的地方，若只需1—2个工的由赶沟人自己修复；若需3个以上工便通知沟头。干季时带着午饭全天巡视水沟，甚至晚上也要值班。雨季时只要一天早晚两次巡视水沟。 2. 监督是否有人偷水，若发现后及时通知沟头。	1. 沟头是赶沟人的协调人，是联系赶沟人和村民的纽带。由赶沟人通知沟头何处的水沟何时需要村民出工修复，再由沟头专门负责通知和召集村民一起修复水沟。通知不到是沟头的责任，两次通知不出工的农户要受罚款。 2. 对赶沟人通知的偷水的农户和其他水利纠纷要进行处理和调解。 3. 每年11月、12月和次年1月要召集和组织村民集体清理和加固所有的水沟。	1. 接到沟头的通知要按时出工修复水沟。 2. 每年11月、12月和次年1月要参加集体清理和加固所有的水沟。 3. 年底全体村民聚餐，评议赶沟人和沟头的工作情况，改选赶沟人和沟头，讨论下一年的水规制度。
任职资格	1. 家中劳力充足的人，可以全心全意负责水沟的管护工作。 2. 责任心强的人。 3. 村民所信任的人。 4. 推荐或自荐，并由全体村民认可通过。	1. 村社中威望高的人。 2. 处理问题公正无私，有协调和调解纠纷能力的人。 3. 由所有灌溉农户开会选举。	
报酬	一年为5担谷子（约375千克）。	每人每年为1.5石谷子（约112.5千克）。	

---

① 钱洁：《云南省红河州元阳哈尼族传统水资源利用和管理——云南省胜村乡麻栗寨的定点研究》，载《中国西南生物资源管理的社会文化研究》，云南科技出版社2001年版，第241页。

续表

	赶沟人	沟头	村民
奖惩	不实行奖励。若失职，在年底收谷子后全体村民开会决定减少报酬，同时还会考虑改选。	不实行奖励。若失职或处理问题不公正，在年底收谷子后全体村民开会决定减少报酬，同时还会考虑改选。	1. 不按时缴纳沟头和赶沟人的报酬，群众会到其中催要，或取消其用水资格。 2. 如果被发现偷水的，罚款4—5元。罚款将用于年底全体村民的聚餐。

五　哈尼族梯田稻禽鱼共生系统与生物多样性

节约型生产是资源可持续利用和环保型生产的首选目标。哈尼族梯田传统稻禽鱼共生系统和混作业的复合型经营模式是土地资源节约型生产方式的典型代表，具有多重食物链的能量循环及其抗御病虫害的生态功能，它代表着山地农耕生态文化的最高表现形式，显示了人工湿地系统的生态价值和生物多样性。

（一）梯田稻禽共生与食物链能量循环

在天然生态系统中，植物（生产者）通过光合作用制造有机物，储存来自太阳光的能量，不仅养活了植物本身，还为食草动物（消费者）提供了食物，食草动物又为食肉动物提供食物，这就构成了简单的食物链。食物链上的每一环都有能量的损失和转换。哈尼族梯田生态系统的食物链和能量循环，充分展示在以田棚为中心的梯田生产活动中。

人们在梯田劳作过程中，需要避雨、避风和休息的地方，于是产生了田棚。田棚为土木结构，稻草屋顶。它的布局相对简单，占地面积十来个平方米，建立在田边地角的空地上。田棚一般还是分三层，底层做畜厩，与中间层相距约1.4米；中间层作为人活动的场所，与顶层相距约1.6米；顶层覆盖双斜面的茅草顶，用作堆放粮食、稻草、犁、耙等生活生产用具。

底层作为牛、马、鸭、鸡等禽畜厩。梯田一年四季均要灌满水养田，收割谷子时脱落于田里的谷粒，放鸡、鸭觅食。夏秋两季，蚂蚱等昆虫生物较多，是天然的鸡、鸭饲料。春、夏、秋三季中的田埂、田边地角青草嫩而旺盛，又有足够的牛、马饲料，每年10月至次年3月均可在梯田里放牧，即早放田里觅食草，晚归厩。这样的好处，一是使用牛犁田耙田和用马驮运粮食归仓方便；二是将畜粪积存，等栽秧时节又将畜粪还田，增加梯田土壤肥力。春季气候温和，有利于家禽生长，哈尼族喜欢把成年的鸡、鸭及其小鸡、小鸭都带到田间放养，一来梯田有足够的生态饲料，二来梯田劳作的同时管理方便。形成小鸡、小鸭与稻谷同时生长的模式，而且长得快而肥，成年的鸡、鸭除了冬季气候寒冷而产蛋量少外，其余时间均产生态蛋。耕牛是梯田农耕的得力助手，栽插完毕，就将牛关进田棚底层饲养，割田埂青草喂之，一直关养到稻谷收割完。因此，田棚关养禽畜，形成一种良性的食物链的能量循环圈，构成哈尼族梯田特有的良性循环复合农业人工生态系统。如图3—17所示：①

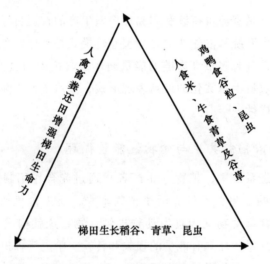

图3—17　梯田食物链能量循环图
Food Chain Energy Cycle Diagram

　　在哈尼族梯田稻禽共生系统中，梯田养鸭是一项重要内容，它不仅展示了梯田生态经济模式，而且贯穿于哈尼族自古以来的生产生活习俗中。小孩

　　① 黄绍文：《诺玛阿美到哀牢山——哈尼族文化地理研究》，云南民族出版社2007年版，第305—308页。

放鸭是哈尼族的一项重要的生产生活习俗，也是哈尼人的人生经历。在哈尼族社会里，人从小到大的成长过程中，都要经历这样一个既玩又劳作的成长阶段。小孩一般在七八岁的时候，就要从事一些在田野里放牛、放鸭的劳动。《哈尼族礼仪习俗歌》对小孩放鸭和鸭子吃虫的场面做了生动的描述：

> 手上拿着赶小鸭的竹棍，
> 扛着赶大鸭的刺竹竿，
> 把鸭放在山坳的水田里。
> 采来鸡干散草，
> 学垛木栏牛厩，
> 采来火把枝，
> 学盖小房子。
> 但是房子小得伸不进头，
> 两人只顾在那里贪玩，
> 不知小鸭去哪边，
> 不知大鸭子游到哪里，
> 不让小鸭子出田水口，
> 水口已拦着绿叶枝，
> 不让大鸭出田水口，
> 水口已插着树枝梢，
> 小鸭丢失难寻足迹，
> 只好查看大田水清浊去寻找。
> 女孩心像蟑螂翅膀样薄，
> 女孩的心如纸薄，
> 右手捏着鼻涕找鸭子，
> 左手抹着眼泪找鸭子，
> 小鸭蹲在埂壁上晒太阳，
> 大鸭歇在田埂壁上啄食虫，
> 在这里找到了小鸭子。①

---

① 云南省少数民族古籍整理出版规划办公室编：《哈尼族礼仪习俗歌》，云南民族出版社1999年版，第90—95页。

　　《哈尼族古歌》在描述人间第一对结婚的小伙佐则和姑娘罗白青梅竹马的故事时，也是反映了他们从小在一起放鸭的人生旅程：

图3—18　放养的鸡觅食田中昆虫生物
Chicken Foraging Around the Field

图 3—19　放养的鸭子觅食田中浮游生物
Ducks Foraging Plankton

到了放鸭子的六七岁，
背着鸭笼一处放，
罗白拿着吆鸭的蒿枝，
佐则拿着赶鸭的竹竿，
人家的田坝里去放鸭，
人家的水沟里去放鸭，
……
六七岁在田坝放鸭玩的伴，
十来岁在山上放牛玩的伴。①

　　人是梯田生态系统食物链中顶级既食草又食肉的复杂动物，也是梯田生态系统的宏观调控者。田棚既是梯田生产活动能量循环的标志，又是梯田的守护者及其劳作过程中吃午饭、避风雨和休息的主要场所。其中，中间层是人类活动中心，靠里屋墙壁搭一张简易的床，床边又设一

---

①　西双版纳傣族自治州民族事务委员会编：《哈尼族古歌》，云南民族出版社 1990 年版，第 388 页。

个火塘，做生火煮饭、煮菜之用。梯田里有许多可食动植物，如鳝鱼、泥鳅、螺蛳、虾虫、蚂蚱等动物以及车前草、慈姑、蕨菜、鱼腥草、水芹、薄荷等植物。人们在田野里一边劳作，一边将食物就地取之，就地烹饪，绿色生态食品十分爽口，在享受生态食物品味的同时消除了疲劳。因此，哈尼族把田棚当作梯田里的"家"，这个家仍然一年四季烟火不断，特别在栽插和收割季节更是如此。在哈尼族《四季生产调》中这样唱道：

> 四月（农历）是哈尼最忙的年月，
> 是哈尼学土狗滚泥塘的月，
> 10 岁的小孩住进了田棚，
> 60 岁的老人也住进了田棚，
> 秧田的秧苗早已长齐田埂，
> 本田的肥土已耙过三遍，
> 秧姑娘已准备出嫁，
> 田小伙早已在田边等候，
> 哈尼的汉子像跳舞一样犁田，
> 哈尼的汉子像玩耍一样耙田，
> 哈尼的媳妇像蜻蜓点水一样插秧。①

这几句歌词把以田棚为中心的梯田描绘成一幅忙忙碌碌的图景，真可谓人在画中忙。

有的梯田在河谷一带，离家较远，当天收割脱粒的稻谷无法当天运回家中，因此，只好暂时存放在田棚里，特别是遇上阴雨而需抢收时更是如此。有时利用河谷地带充足的光热，在篾垫上把谷子晒干后，再运回家中。

田棚，无论过去、现在和将来都会伴随梯田而存在，成为哈尼梯田特有的生态经济现象。

---

① 西双版纳傣族自治州民族事务委员会编：《哈尼族古歌》，云南民族出版社 1990 年版，第 341—343 页。

图 3—20　哈尼族的田棚
Stable of the Hani People

（二）梯田混作业

哈尼族的梯田农业毕竟是一种山地农业，人多地少的矛盾很突出。由于海拔、气候差异等原因，大部分梯田只适宜种植产量偏低的高原高海拔的传统品种，一般每亩产量为 200—250 千克，而稻米价格也只在 3—4元/千克。于是哈尼族就发明了各种梯田混作方式，提高梯田生产率，除了上述稻谷品种的多样化外，其中较为典型的旱地农业与水田农业的混作和"稻鱼共生系统"的经营模式。

哈尼族在土地利用时，即使适合开田的地方，不是把每一寸土地都开垦成水田。为了避免地质灾害，一般来说 60 度以上的坡地虽然开成梯地，但只种旱地作物，而不种水稻，以套种玉米和瓜豆蔬菜为主。靠近箐沟边的坡地也不开成水田，保留野生植物生长的灌木丛。而田间水源不是很好的空地是种植辣椒、茄子、西红柿、姜等蔬菜地，边缘区套中玉米、高粱、芝麻等高秆作物。这样既提高了土地利用率，植物的根系又稳固水土流失。

按哈尼族的粮食归类，黄豆归为蔬菜类。哈尼族饮食习惯中，豆豉是主要调味品，蘸水是哈尼人饮食佐餐的调料，食盐、辣椒、豆豉 3 种原料的蘸水每餐必上桌，缺一不可。豆豉的主料就是黄豆，也是各种豆制品的主料，哈尼族除在黄豆中摄取重要蛋白质外，还赋予其诸多文化意义。哈尼族梯田地形坡度大，田埂厚实，田埂坝宽 20—100 厘米。为了有效利用土地，在水田里插进秧苗的同时，哈尼族常常在宽厚的田埂坝上播种黄豆、小绿豆、老鼠豆，称为埂豆。黄豆的根系具有固氮的作用，由于梯田埂坝土壤源自田中的肥土，每年更新一次时，又把田埂上杂草生长的土壤铲入田中，并一年四季都灌满水浸泡，由此田泥不仅得到了植物腐烂变成的有机质，而且也得到了田埂黄豆根系固氮的肥料，田埂的土壤湿润而肥沃，通风性能好，种植的豆类作物颗粒饱满，产量高于一般山地。因此，稻谷和黄豆在哈尼族梯田生产中是一种良性互补的混作农业模式。

　　海拔在 1200 米以下的河谷田坝也是适宜种植棉花的场所，因此，宽厚的田埂就成了哈尼族首选的棉地。21 世纪初期，随着"退耕还林"政策的落实，元阳县者台村等地的哈尼族在高山区宜林的许多荒山、荒地实行退耕还林，而他们又喜欢种植水冬瓜树（桤木），因此，在栽秧时节将田埂壁用稀泥抿糊，并撒下水冬瓜树籽，到秋季收割谷粒时，树苗已可移栽。

　　水冬瓜树哈尼语称"哈尼"，这是哈尼族以族称命名的唯一植物名称。由于该树种水土保持功能优良，含水分多而当地汉语也称"水冬瓜树"。哈尼族对水冬瓜树十分钟爱，人们喜欢将其种植在田边地角、荒山荒地等地方，成为哈尼族人工林中数量最多的树种。

　　哈尼梯田是建筑在坡面上的梯地农业，坡度小则20度，大则70度，由此坡面造出来的梯田面积是埂多田少，有人初步测算，哈尼梯田的田埂连接起来可绕地球一周。方寸之地种禾苗是哈尼人充分利用土地资源的原则，因此，田间地角的大石头上也搬上泥土种植韭菜、茄子、辣椒等蔬菜。

图 3—21　哈尼族喜欢在田埂上种豆
Growing Beans on the Ridge of the Field

图3—22　哈尼族喜欢种植水冬瓜树
Growing Water Wax Gourd Tree

图3—23　哈尼族喜欢在田间空地种蔬菜
Growing Vegetables on the Field Space

（三）稻鱼共生系统

稻鱼共生系统是哈尼族梯田混作农业的一大特征。哈尼族自古以来就有利用四季灌满了水的梯田养鱼的习惯，这在山地农耕民族中是极为罕见的混作业方式。稻鱼共生系统使得梯田生态系统更加完善和丰富。哈尼族梯田养鱼有两种方式：

一是本田养鱼。梯田秧苗插入十来天田水逐渐变清后，将小花鳅、江鳅、鲫鱼、鲤鱼的鱼苗放养在田中，使稻鱼共同生长，到秋天稻鱼同时收获。这种方法一般选择相对大一点的田丘，在每年秋后垒筑田埂时，其田埂垒筑要结实，田中央挖出一米见方"深塘"，塘中央不插秧，以便鱼游动。哈尼梯田是引高山森林的水源灌溉，上下田丘之间有出入水口，是流水作业，故放养鱼苗前要把田丘出水口用竹篱笆拦好，以免鱼苗出口到其他田中，收获时不集中。哈尼族培育种鱼是在村寨周边水源充足的地方挖鱼塘，以便管理，从江河中捞取鱼苗放养在塘中产卵孵化，待小鱼长到手指大小后才从鱼塘移至田中放养。

二是秧田养鱼。哈尼族的秧田大部分在村寨周边，为了不让田泥板结，维持土壤有机肥，一年四季均灌满水养田，秧苗移栽后不再在其中插秧，故每年5月至次年2月为闲置养田，哈尼人利用这段闲置时间放入鱼苗养鱼。由于秧田在村寨附近，管理和捕捞均方便。

哈尼族梯田养鱼从来不喂添加剂饲料，常流田水带来浮游小生物和田中生长的微生物群以及稻谷抽穗花粉就是天然鱼饲料。由于梯田稻谷抽穗时产生大量的花粉，也成为鱼儿们的主食，故称"谷花鱼"。秋季谷子收割后，堵塞上丘田的入水口，撒干有鱼放养的田水后捕捞大鱼，小鱼留在田中央的凹塘中，恢复出入水口流水继续放养。由于梯田养鱼容易，管理方便，很受哈尼族的青睐。

哈尼族的稻鱼共生系统，就是把秧苗插完，田水逐步变清后，田中放入鱼苗，到秋季与稻谷一起收获。有的在秧田里把秧苗移栽完后放鱼苗养。池塘或田中养的鱼主要是鲤鱼、鲫壳鱼、江鳅等。有的村寨集体开挖鱼塘，收获时以户平均分配，多数属于自由开挖，所养之鱼属于开挖人所有。无论是开塘养鱼或稻田养鱼，每年只捕捞一次。鲫壳鱼每尾最大也只有0.5千克，而鲤鱼每尾最大的3千克左右，一般为1千克居多。哈尼族养鱼不习惯喂化学饲料，鱼在水中自然觅食微生物，虽然个儿不大，成长得也很慢，但其肉质特别鲜嫩，是真正意义上的生态鱼，拿到集市上每千克可卖30—40元，有的家庭稻田养鱼是主要的经济来源之一，成为梯田的主要副产品。

哈尼族的稻田养鱼具有悠久的历史，并贯穿于社会生活的人生礼仪之中。《哈尼族古歌》之"嫁姑娘讨媳妇"中唱道：

最上头的三丘田，
要留下来做秧田，
秧田分给你，
家中的大田没有秧栽；
中间的三丘田，
是留下来养鱼的田，
养鱼的田分给你，
客人来了拿不出鱼招待；
最下边的三丘田，
是吃新米时背新米的田，
吃新米的田分给你，
活夕扎的时候没有新米来孝敬爹妈。①

　　这段由哥哥对即将出嫁的妹妹讲的对话中，反映了哈尼族的稻田养鱼具有普遍性。在农历二月份祭祀寨神的时候，哈尼族还有喝贺生酒的习俗，即生了儿子的家庭，婴儿的爸爸一大早就要起床去打猎，用打来的猎物孝敬村寨祭师——咪谷。若是生了女儿的家庭，则要由妈妈早起去到稻田里抓鱼，用抓来的鱼孝敬村寨祭师——咪谷。因此，在《哈尼族古歌》中唱道：

生得小囡的媳妇，
头上罩着捞鱼的鱼撮，
腰上挂着装鱼的鱼篓，
早早地走到水尾的田坝。
哈尼宽大的田坝，
浮萍底下躲着成群的花鱼，
水草底下藏着肥胖的泥鳅，
石头缝里爬着有刺的鲶鱼，

---

① 西双版纳傣族自治州民族事务委员会编：《哈尼族古歌》，云南民族出版社1990年版，第393页。

沙底上面弹着欢乐的小虾。

这碗满满的鱼虾，

是我能干的女人在田坝里捞回来的，

不是从积水塘里抓来的。[①]

这种从梯田里抓鱼来孝敬咪谷的习俗，再一次证明了哈尼族稻田养鱼的普遍性。

案例：哈尼族梯田养鱼

2010 年 7 月仲夏之季，笔者来到元阳县梯田核心区新街镇作了哈尼族梯田养鱼的田野调查，发现海拔在 1400 米以上的高寒山区的梯田稻作区，哈尼人只栽种本地老品种（红米），仅用农家肥或村寨的散肥，靠雨水冲流到水田里，大部分农户不用化肥，只有 10% 左右的农户少量施用普钙做底肥（水田 35 千克/亩）。海拔 1400 米以下的杂交水稻稻区，主要栽种杂交稻。大多数农户都施用化肥，20% 的农户用普钙做底肥（水田 100—150 千克/亩），多数农户用尿素做追肥（30—35 千克/亩）。

哈尼族直到今天不喜欢施用化肥与梯田稻鱼鸭共生系统有关。据笔者调查，2007 年 5 月，元阳县新街镇等地发生稻飞虱虫害。由于大多数民众没有使用农药的习惯，家里也没有喷药设备，为控制稻飞虱，政府采取免费向农民提供农药和喷雾器等特殊措施，并派出大量的农技人员督促和指导农民用药。但这样的防治行为仍遭到了一些哈尼族群众的强烈反抗。例如，新街镇土戈寨村委会箐口村就有 8 户人家，坚决不让在自己养鱼的稻田里喷洒农药，联合起来轮流守在田间，不让农技人员和村里的干部为他们施药。他们不让施药并非是经济上的原因，而是担心农药会伤害稻田里的鱼，而稻田里的鱼则是他们的一项可观的经济收入。

2010 年新街镇稻田养鱼规范示范样板涉及 6 个自然村 327 户 493.6 亩，投放鱼苗 7404 千克，每亩投放鱼苗 15 千克。据调查，元阳县新街镇全福庄村、黄草岭、普高老寨、大鱼塘等村寨大多数人家都出售鱼苗，收入也都

---

① 西双版纳傣族自治州民族事务委员会编：《哈尼族古歌》，云南民族出版社 1990 年版，第 320—323 页。

很可观。鲫鱼、小白鱼鱼苗可卖20多元/千克。本地成年鱼种中的黑鱼、鲫鱼市场价达40元/千克，而本地品种的江鳅价竟达50元/千克，而且市场货源紧缺，供不应求。有的农户仅梯田养鱼一项的收入就有3000多元，对于人均收入还不足1000元的山区农户来说，这是一笔可观的家庭经济来源。

图3—24　出售鱼苗
Selling Fry

图3—25　哈尼族喜欢在水漂植物下养鱼
Breeding Fish Beneath the Hydroplaning Plants

（四）梯田稻禽鱼共生系统的生态平衡

世界上水田稻作区的许多民族都为水稻病虫害而发愁，也投入了不少高科技的处理技术。[①] 而耕耘了 1300 多年的哈尼族梯田几乎没有发生过大面积的水稻病虫害，究其原因，哈尼族在哀牢山区海拔 300—2500 米梯田分布的不同海拔地带培育了上千个稻谷品种，多样性的稻谷品种的套种和梯田的生物多样性对水稻病虫害具有抑制功能。而今，生物多样性能有效控制水稻病虫的结论已得到国际学术界公认。[②] 哈尼族梯田稻禽鱼共生系统的复合型经营模式，不仅起到了防虫、抗病的作用，而且具有抗"环境污染综合征"和抗"人类造作症"等生态功能，显示了梯田系统良好的生态平衡功能和可持续发展的生命力。

众所周知，水稻的虫害很多，其中啃食稻秆、稻叶的虫害占很大的比例。典型害虫有稻飞虱、稻叶蝉、稻纵卷叶螟、蚂蚱（蝗虫）等。但在稻禽鱼共生的梯田中，鸡、鸭和鱼等动物在移动过程中都不可避免地要撞击稻秆，害虫在稻秆上的黏附力不强，加上这些害虫也有避害的本能，受到撞击震动后，在逃难中纷纷落入田里，这些害虫自然成为鸡鸭鱼的饵料。加上哈尼人在夏秋季节有人工捉食蚂蚱的习惯，这就减轻了梯田虫害的压力。当然，大多数农学家在认同上述各种事实的同时，又顾虑鸡鸭鱼不可能把所有的害虫都杀光。但是，从生态系统平衡的原则来看，彻底消灭所有的害虫是完全没有必要的，甚至是有害无益的。因此，哈尼族与其他地方的人害怕害虫发生、要彻底消灭害虫的观念不同，认为在正常的情况下，"害虫"生活在它们本来应该生活的地方。他们并不危害哈尼的梯

---

① 稻瘟病是世界性的水稻主要病害，长期以来主要采取选育推广抗病良种、施用化学农药、化学肥料和保健栽培管理调控等措施进行常规防治，不仅增加了水稻生产的成本，而且污染和破坏农田生态系统。

② 为了探索控制稻瘟病危害的新途径，以云南农业大学朱有勇为首的科学研究组根据多年研究稻瘟病的技术积累和国内外研究动态，提出了利用生物多样性持续控制稻瘟病的设想。该课题经过 3 年多的努力，应用现代分子指纹技术、抗性基因指纹分析技术和寄主与病菌平行进化原理、病害生态学原理，对 200 多个水稻品种进行了抗性基因指纹分析，对 1000 多个稻瘟病菌株进行了分子指纹分析，从而形成了生物多样性持续控制稻瘟病害理论，这一理论和技术在学术上的重大创新得到了国际公认，英国世界权威科学《自然》杂志 2000 年 8 月 17 日发表了朱有勇、陈海如等科学家所撰写的学术论文《遗传多样性与水稻病害防治》。该课题组的有些资料取自哈尼族梯田稻谷品种的多样性。

田。有时，哈尼人在田间发现了几只"害虫"，他们并不会想到要消灭它们，或真的动手捏死它们。在他们看来，这很正常，正如人间有调皮的小孩一样，是虫里面的一些调皮的家伙偶尔离开了它们本来应在的地方，来到了哈尼的大田，它自己就会离去的。如果在有的时候"害虫"不愿自己离去，并对哈尼的某块稻田造成了比较严重的危害，这时候的哈尼人也不主张消灭害虫，而是请求神灵来帮助解决。哈尼人通过莫批的法事向保护神诉说虫害来到人间所在大田里，请求神让虫重新回到它们本来应该生活的地方去。[①]

实践证明，鸡、鸭、鱼可以捕食田里面的杂草和害虫，还能刺激水稻生长，稻子不容易倒伏。鸭子在水中跑来跑去，又能提高田间通风透光能力，降低田间温度，让病菌不易生长。同时，鸭子的粪便又是良好的肥料。梯田稻禽鱼共生系统与混作业的经营模式具有抑制水稻病虫害的作用也是不争的事实。哈尼族的梯田稻作文化已有千余年的历史，从来没有发生过大面积的稻瘟病，直到20世纪60年代起引入外地稻种后局部偶尔有小面积发生，但没有发生过由于稻瘟病减产而闹饥荒的年代，这不得不归功于哈尼梯田生态系统具有抑制水稻病虫害的维持系统稳定的生态功能。

当然，梯田稻禽鱼共生系统抗御水稻病害能力也受到一些农学家们的怀疑，他们认为鱼和鸭不可能直接吞食微生物，稻禽鱼共生系统不可能发挥抗病害的功效。这种质疑从线性思维的角度看无懈可击。但从系统思维的角度和物质存在的相对论来看就反映出致命的弱点，这是典型的"现代科学论"指导下的人类中心主义思想。从梯田生态系统来看，水稻在稻田中不是孤立的存在，围绕着水稻的生物，存在着由多个食物链组成的庞大系统。人与鸡鸭鱼一样只能看得见害虫并在一定程度内可以杀灭害虫，但人与鱼禽还有所不同。人一旦离开稻田，其影响就会消失得无影无踪。鱼禽则不同，它们要长期在稻田中觅食排泄，和水稻一样在其周边会形成三个生态系统，各自都养活着各不相同的微生物群落。众所周知，任何一种微生物都会分泌本物种特有的抗生素，其结果只能是加入围绕鱼和鸭形成的两个系统，围绕水稻形成多种系统中的微生物，其蔓延都会受到制约。因而，能危害水稻的微生物，虽说不会灭绝，但也不会泛

① 严火其、李琦：《自然主义的哈尼稻作及其可持续发展》，载白克仰、黄绍文主编《第六届国际哈尼/阿卡文化学术讨论会论文集》，云南人民出版社2010年版，第296页。

滥成灾。①

　　水稻作为一种人工培植的植物，有一个适应自然环境的过程，除了容易染上病虫害外，还会患上功能性和气质性的病变。如水稻根部深度缺氧而导致的烂根，有机物降解不完全而导致的表象缺肥，通风不良而导致的植株萎缩，透光不良而导致的叶面枯黄等。水稻的这些病变从环境学的角度合称为"环境污染综合征"。此类患上"环境污染综合征"的水稻，现代集约农学专家习惯于"头痛医头，脚痛医脚"，换言之，缺肥就施化肥，通风不良就解决通风差的问题，光照不足就砍伐周围林木解决光照问题，一切靠人力横加干预，这是典型的线性思维对策。从系统思维的角度着眼，对付水稻的"环境污染综合征"，应该从生态系统内部自身的层次来解决。也就是说，要在单一的水稻群落中，插入尽可能多的生态结构的次级层次，靠共生的其他生物共同作用，实现水稻的透风透光，加速土壤中腐殖质的降解，增加稻田水土中的氧化含量等。鱼禽在梯田水中移动，打破水体的平静，驱动田水的流动，有助于提高稻田中水土的氧化过程，同时还刺激了微生物的生长，从而加速了腐殖质的降解。② 哈尼族有这样一个故事，传说一个不愿在婆家的媳妇，为了尽早解脱自己不喜欢的男人，在婆家田里薅除杂草的时候，为了制造事件，把禾苗根部做了松动，致使禾苗枯萎。事与愿违，过了十多天去田野里一看，禾苗反而长得更旺。从此，哈尼人都要在田里薅秧，清除杂草，以便禾苗根部松土，促进禾苗的生长。这就是不愿在婆家媳妇"拔苗助长"的故事，实质是人们在双手拔出禾苗根部及周边杂草的过程中疏松了田中的土壤，加速了水体物质能量的循环流动，有效地改善了水稻的生长环境。

　　人不仅是水稻的培植者，而且是水稻生态系统中的参与者，扮演着宏观调控的能动角色。任何形式的传统农耕人都是扮演着其间的能动力，只有在现代化的集约农业中，人与农耕现场隔绝开来，其间的联系聚焦于索取产品，这就不免要造成人类对身外之物的农耕现场及其土地资源的粗暴干预。在这样的背景下，农作物还会染上另一类前所未闻的疾病——"人类造作症"。目前农学界对此类农作物的"人类造作症"的提法不一，

---

　　① 崔海洋：《人与稻田——贵州黎平黄岗侗族传统生计研究》，云南人民出版社 2009 年版，第 183 页。

　　② 同上书，第 184 页。

大致而言也是"头痛医头，脚痛医脚"，分别把它们称为"化肥残留"、"农药污染"、"生长刺激素滥用"等。[1] 水稻的"人类造作症"在传统农业生产中当然极少发生，即使发生了也不会带有普遍性。以哈尼梯田为例，水田里不仅有鱼有鸭，而且还有自然生产的螺蛳、泥鳅、黄鳝、虾巴虫等数十种水生动物。在稻禽鱼共生系统中，梯田为鱼、鸭提供食物，鱼、鸭则帮助水稻疏松田泥，抑制杂草生长，鱼粪和鸭粪还是水稻良好的有机肥料。并且鱼、鸭还会吃下一些虫卵和病菌孢子，吃下一些水稻害虫。丰富的生物多样性使这里的水稻病虫害，从来就不怎么严重。20 世纪 90 年代起，大量推广新品种，在使用化肥、农药、除草剂的条件下，稻田已不再适合大量养鱼养鸭，梯田中的其他植物和动物种类和数量也逐渐减少了。这就使这一地区的病虫害有越来越严重的趋势。2007 年 6—7月元阳等地哈尼梯田发生大面积水稻病虫害就是推广新品种后发生的典型案例。

综上所述，哈尼族梯田传统的稻禽鱼共生系统和混作业的复合经营模式，不仅体现了土地集约型的生态经济模式，而且证实了梯田复合型经营模式生态系统特有的抗病虫害功能，充分显示了梯田生物多样性对控制稻瘟病的理论实践。当代人类在寻求摆脱人地矛盾、环境污染、食品农药危害等生态危机的应对之策时，总是要到现代文化体系中去寻求，似乎舍此别无他途。笔者通过对哈尼族传统生态知识的系统研究，从文化相对论的立场揭示人与自然良性互动的多种可能性和途径，其中，哈尼族传统梯田稻禽鱼共生与混作业的复合型经营模式就是经典的案例，可以为我们反思倡导现代化农业背景提供一面镜子、一种参照系，进而为我们实施可持续的低碳发展战略提供有益的借鉴。

六　哈尼族梯田湿地功能与经济社会价值

（一）湿地——地球之肾[2]

湿地、森林和海洋为地球上的三大生态系统类型。湿地是地球上一种

---

[1]　崔海洋：《人与稻田——贵州黎平黄岗侗族传统生计研究》，云南人民出版社 2009 年版，第 185 页。

[2]　刘青松主编：《湿地与湿地保护》，中国环境出版社 2003 年版，第 1—19 页。

重要的生态系统，水文条件是湿地形成的决定性因子，具有季节或常年蓄水的特点，是喜湿动植物的栖息地，是自然界生物多样性最丰富的生态景观，也是人类最重要的生存环境之一。在远古时代，人类始祖就是从湿地里爬出来走向陆地后演化成人的。湿地在蓄洪防旱、调节气候、控制土壤侵蚀、降解环境污染等方面起着十分重要的作用，因此被形象地称为"地球之肾"。湿地的生态结构较为独特，拥有丰富的野生动植物资源，是众多野生动物，特别是珍稀水禽的重要栖息地，因此，湿地又被称作物种基因库和水禽的恬静乐园。从人文历史方面来讲，世界各地的古代文明中心无不是从湿地中孕育的结果。但是，自 20 世纪随着工业文明的发展，由于湿地具有高度的生产力，能为人类提供粮食、肉类、能源工业原材料、旅游等经济资源，在人类便于开发的地方遭到了过度开发，致使人类家园——地球出现了全球性环境污染、生态失衡、资源短缺、环境恶化、气候变暖等多重灾难。

为了保护"地球之肾"的湿地，1971 年 2 月 2 日，来自 18 个国家的代表在伊朗里海边的小镇拉姆萨尔签署了一份极其重要的国际性公约——《湿地公约》，这是第一份也是到目前为止唯一针对一种特定的生态系统而设立的全球性公约。同时，18 个国家的代表成立了"《湿地公约》组织"，由此拉开了人类自觉地、全球范围内有组织地保护湿地生态保护运动的序幕。《湿地公约》的问世及《湿地公约》组织的成立是一个影响到地球生态环境和人类前途命运的伟大创举，标志着人类文明进入了一个崭新的生态文明阶段，它一反过去"人类中心主义论"的思维定式，开始反思人类自身的价值取向和思维行为，重新架构一种全新的、与自然相融的、尊重自然的保护机制，从根本上寻求保护人类自身的理念和行为模式。实践证明，《湿地公约》及其组织对保护地球湿地生态系统发挥了巨大的作用。

湿地，按《湿地公约》的定义为："不论其为天然或人工、长久或暂时性的沼泽地、泥炭地或水域地带、静止或流动、淡水、半咸水、咸水体，包括低潮时水深不超过 6 米的水域。"[1] 从形成的动因和方式，湿地划分为天然和人工两大类。天然湿地有沼泽、泥炭地、盐沼、红树林、湖泊、河流及其他水深 6 米以下的滨海水域，人工湿地有水稻田、水生蔬菜

---

[1] 转引自刘青松主编《湿地与湿地保护》，中国环境出版社 2003 年版，第 12 页。

种植地、鱼池、虾池、盐田、盐碱地、水库、运河等。

目前，全世界约有湿地 5.14 亿公顷，面积最多的是加拿大，有 1.27 亿公顷湿地；其次是美国 1.11 亿公顷；第三是俄罗斯；中国居第四位，其湿地面积为 65.94 万平方千米（不包括江河和池塘）。[①] 列入"国际重要湿地名录"个数最多的前 5 个国家是：英国 169 个；澳大利亚 63 个；瑞典 51 个；意大利 46 个；爱尔兰 45 个。列入面积最大的前 5 个国家是：加拿大 130.5 万公顷；俄罗斯 103.2 万公顷；澳大利亚 72.9 万公顷；博茨瓦纳 68.6 万公顷；秘鲁 67.6 万公顷。[②] 这些数据反映了不同国家对待湿地的不同保护程度。中国虽是拥有湿地大国，但在其保护湿地方面远远落后于英、加、瑞、意、美等国，甚至连博茨瓦纳和秘鲁这样的国家也不如。

中国在历史上曾经是世界湿地大国，但是最近半个世纪以来湿地面积大幅度减少，受经济利益的驱使，这一趋势仍有增无减。于是，"中国：湿地在呻吟"、"拯救湿地就是拯救地球、拯救中国"的呼声日益高涨，牺牲湿地谋取经济利益的活动日益受到指责和限制，这是可持续发展的现代生态文明的要求。在这样的背景下，哈尼族梯田所代表的湿地生态系统的重要性就凸显出来了。

（二）梯田湿地的生态功能

梯田是哈尼族创作的最具代表性的生态文化景观，梯田的分布区域与哈尼族的居住区域合二为一，哈尼族聚居或散居的地区，都有梯田散布其间。在滇南哀牢山区的元阳、红河、绿春、金平、墨江、元江、江城等县哈尼族聚居区是梯田分布最为集中的地区，面积约有 140 多万亩，其中，最有代表性的是元阳梯田，总面积有 30 万亩，分布在海拔 280—1800 米，坡度在 15—60 度之间的哈尼梯田布满河谷山梁，有不少高达数千级的"田山"，从河谷一直延伸到山顶，像一架银彩带的天梯伸向天边。哈尼族梯田作为一种人工湿地，具有良好的生态功能。

1. 调节蓄水量和调节气候

哈尼族梯田是在高原山地上创造出来的梯级湿地，并建构在一个十分复杂的自然地理环境中。滇南红河（元江）流域、藤条江流域、李仙江

---

① 刘青松主编：《湿地与湿地保护》，中国环境出版社 2003 年版，第 17 页。

② 同上书，第 5 页。

（把边江）流域的深切，地势起伏沉降剧烈，哀牢山各群峰山顶与山脚河谷地带，海拔高差均在 2000 米左右，呈群峰凌空、缓坡山梁绵延的地形地貌特征，形成"一山分四季，十里不同天"的立体气候带，全年旱季和雨季分明，雨热同季，这十分有利于水稻的栽插和生长。哈尼族在这样的地理背景中，"在高海拔的上半山靠近森林水源之处挖筑了无数条大沟，这条条大沟如千万条银链把大山拦腰一捆，将溪泉瀑布龙潭流出的山水拦截，然后在大沟下方挖出层层梯田。大沟之水又通过无数分渠小沟进入梯田，满足了水稻生长的需要。这样，奇迹就出现了，在原先干旱荒芜的山坡上，哈尼族创造出了由成千上万块大大小小层层叠叠的梯田构成的立体化水域湿地"。① 在蛮荒高原上建成的一座座"田山"，经过哈尼族千余年的辛勤耕耘，田丘低凹的土壤结构变成了泥炭成分多的水稻土，加之梯田一年四季都灌满了水分，由此哈尼族梯田变成了含有大量持水性良好的泥炭土，植物及质地黏重的不透水层使其具有了巨大的蓄积水分的能力。因此，层层叠叠的田丘就变成数千万个梯级蓄水池，使干枯的山坡变成了具有蓄水功能的湿地。

"三江"② 流域的植被也呈立体垂直分布，从山顶至河谷山脚分别为山顶苔藓矮曲林、山地常绿阔叶苔藓林、落叶绿阔叶林、稀树草坡以及季节雨林等植被。历史上，由于大山大河阻隔，人烟稀少。因此，莽莽苍苍的原始森林，林海碧波、山野青翠、古木参天。如此良好的生态环境，使三江流域涵养了丰富的水土，为哈尼族梯田湿地提供了良好的生态功能，在这些茫茫森林里，四季云遮雾罩，降雨量充沛。由于哈尼族梯田有常年流动水面，水分蒸发的气流又在森林上空绵绵降雨，终年不绝，汇成山间无数水潭和溪流，形成了天然的绿色水库，森林存储的地表径流又被条条水沟拦截后引入梯田，周而复始，森林与梯田之间形成良好的循环生态链，这无疑对气候起着重要的调节作用。因此，哀牢山区红河南岸素有"山有多高，水有多高"的美称。

2009 年冬季至 2010 年的春季，中国西南百年不遇的大旱灾背景下，许多大中型水库干涸，河水断流，人畜饮水受到严重威胁，庄稼无法下

① 史军超：《中国湿地经典——红河哈尼梯田》，《云南民族大学学报》（哲学社会科学版）2004 年第 5 期。

② "三江"：指云南省内的元江（红河）、藤条江、把边江（李仙江）。

种，而哈尼梯田水面却波光粼粼，沟水潺潺流淌，大旱之年从栽种到收成未受多大的损失，这一切不得不归功于维持稳定系统的梯田蓄水生态功能。

图3—26　2010年的大旱之年哈尼梯田仍然波光粼粼
Glittering Terrace Field in the Severe Drought

2. 独特的物质循环和能量流动，使湿地功能优化

上文所述，哈尼族梯田湿地生态系统中具有多重食物链，物质和能量通过绿色植物的光合作用进入植物体内，然后沿食物链从绿色植物转移到蚂蚱等昆虫类的食草动物，再进入水禽、两栖、哺乳类的食肉动物，最后，部分有机物被微生物分解进入再循环，部分积累起来，而能量由于各营养级的呼吸作用及最后的分解作用，大部分转化为热能散失。由于梯田湿地生态系统特殊的光、热、水等条件，其初级生产力高，能量积累快。这就是哈尼梯田使湿地功能优化，其属性为良性人工湿地的原因。

中国人工湿地稻田大部分区域是长江中下游平原，其稻田是通过毁坏或改变天然湿地的方式而成的，这就必然影响或衰减了湿地的基本功能，造成生态的恶化，这一地区近十几年来频繁发生洪灾和旱灾，原因就在于此。另一个毁坏或改变天然湿地为耕地而导致生态恶化的例子是三江平原。三江平原是中国赫赫有名的"北大仓"，自1958年10万官兵来此屯垦，接着"文化大革命"中大批知青又来此拓垦，随着粮食的大量生产，生态也日趋恶劣了。[①]

红河哈尼梯田是在荒芜无湿地的山体上建造湿地，它与长江中下游平原的稻田和三江平原的耕地相比，是全息性、系统化地在哀牢山区引入湿地功能，而后二者则是使湿地功能退化、衰减乃至最后消失。[②]

3．保持水土，净化污水

由于哈尼族梯田建造在哀牢山区的高山峡谷之间，山高坡陡，地势起伏大，又地处暖湿气流的迎风坡，夏季常有暴雨发生，高山区土质疏松，成为该地区山体崩塌、滑坡、泥石流等地质灾害的诱因。但是，哈尼族以无数代的生命年华，利用一把短柄锄头，一身铮铮铁骨，开山造田，把哀牢山区的无数座群山变成了梯田，形成立体化的湿地分布格局，谱写了一曲恢宏的人工生态乐章。目前，哈尼族梯田湿地面积达140多万亩，这在客观上缓解了这一区域的水土流失，抑制了地质灾害的威胁，大大地优化了哈尼族生存区域的自然环境，并形成哀牢山区的一大地理奇观。

哈尼族梯田湿地植物生态系统的多样性，加之森林溪水流动灌溉，对污水具有净化功能。从久远的过去一直到现在，哈尼族梯田中都普遍自然生长着一种可以做绿肥的浮游植物——满江红（俗称浮萍）。哈尼族对浮萍有相当丰富的传统知识。他们认为，此植物可净化水源，因为浮萍在泉眼出口的活水中呈绿色，在缺乏水源流动的死水中又呈红色；由此认为绿色的浮萍对水稻生长有好处，红色的浮萍是产生锈水的诱因，对水稻生产没有好处。在哈尼族地区，哈尼族还有用浮萍做喂猪饲料的习惯。不过，他们认为，绿色的浮萍猪爱吃，红色的浮萍猪不爱吃。浮萍的这些特点，就是与梯田水源有关。源源不断的流水带来了源源不断的"肥料"，使浮萍生长良好，并表现出绿色。当缺乏活水供应，水中养分较少的时候，浮萍就呈现红色。呈绿色的浮萍鲜嫩，富含养分，猪爱吃；红色的浮萍自身比较瘦弱，养分含量少，猪不爱吃。这是哈尼族梯田系统具有良好生态净化功能的一个例证。与水稻伴生的许多植物都可以凭借自然的力量改善水

---

① 史军超：《中国湿地经典——红河哈尼梯田》，《云南民族大学学报》（哲学社会科学版）2004 年第 5 期。

② 同上。

稻的生长环境。

4. 珍稀动植物的良好栖息地

哈尼族把梯田构建成立体分布的大型生态园，不仅有效地缓解了哀牢山区的水土流失，而且孕育了该地区的生物多样性，使其成为珍稀动植物的良好栖息地。从物种培植来看，梯田最主要的生产功能是种植水稻，哈尼族经过若干世纪的农耕实践后，根据不同海拔地带的土壤气候，培育出上千种不同的水稻品种，极大地丰富了水稻基因，使其成为全球水稻基因库种的良好栖息地。其他野生植物有上百种，其中，可食性的植物有鱼腥草、火草花、野慈姑、野薄荷、薄荷、马蹄叶、车前草、水芹、苦马菜、甜蕨菜、竹笋等野生植物。在梯田箐沟边生长着国家一级保护植物活化石——桫椤；其他还有董棕、野茶树、藤竹、红椿、番龙眼等二三级保护植物以及数十种珍稀植物。在梯田生态系统中也有上百种动物资源，其中保护性的动物有懒猴、破脸狗（花脸狗）、穿山甲、猫头鹰、水獭、黑蟒、野猫、野兔、蛤蚧、田鸡、麻雀、野鸽、野鸭、斑鸠、鹌鹑、老鹰、燕子、小鹭鸶等数十种野生畜禽类。其次，梯田中还有鳝鱼、泥鳅、花鳅、小鲫鱼、田螺、螃蟹、小虾巴虫、大虾巴虫、蚂蚱、青蛙、石蚌、土狗、水蜈蚣、蜻蜓等数十种野生水栖动物。

（三）梯田湿地的社会经济价值

1. 哈尼族梯田湿地的旅游价值

哀牢山区素有"山有多高，水有多高"的自然生态美称，这成为哈尼族梯田农业的可靠保障。哈尼族利用这一有利的自然优势，在海拔400—2000米的山腰上，利用每一寸土地，每一个角落，开垦出大小不一的层层梯田。沿着蜿蜒的山势铺排展开，伸展数十里，层层叠叠数千级，似道道天梯由山脚直逼山顶，规模之宏大，气势之凌霄，被誉为"元阳梯田甲天下"。随着秋冬季节的变化，哈尼梯田展现出迥然相异的自然景观。秋天，放眼望去，一座座金山翻卷着黄色的稻浪，千里飘香，形成哀牢山区的一大奇景；冬春时节，沿南面的红河峡谷逆流而上的云雾，充塞了山山岭岭，平时纵横交错的沟壑，已完全化为洁白平坦的云海，汹涌滚动，奔腾不息，远处的高山，山尖刺破云海，巍然耸立，一座座遥相凝望；照在云海平面上的霞光，反射出五彩缤纷的光环，一派云蒸霞蔚；隐没在云海中的梯田与村落时隐时现，扑朔迷离，犹如人间仙境，此时，天公造物的神奇和哈尼族智慧的杰作，浑然融为一体，交相辉映。时至中午云海散尽，还原出波光粼粼的层层梯田。

随着乡村生态旅游业的发展，哈尼族梯田旅游的前景日益凸显出来，以梯田核心区元阳县为例，昔日被称为"江外瘴疠横行"的元阳县，2008 年接待国内外游客 58 万人次，实现旅游综合收入 39590.91 万元，占当年财政总收入的 1/3 以上；2009 年全县共接待游客 63.85 万人次，实现旅游综合总收入 47461.89 万元，比上年增长 19.88%。① 体现了梯田生态旅游的可持续性。作为一个长期以来靠国家扶持的欠发达县域，这是一个奇迹，也是梯田湿地旅游价值的体现。

2. 哈尼族梯田湿地的科学考察价值

哈尼族梯田湿地由于采用了良性生态农业生产方式，生物多样性十分丰富，因而具有良好的科学考察价值。

作为国家 973 计划项目首席科学家，云南农业大学朱有勇教授主持了国家重大基础研究项目（973 项目）"农业生物多样性控制病虫害和保护种质资源的原理方法"，"其中的一个重要内容就是研究元阳梯田传统农业中的可持续要素"。课题组从 2006 年起对元阳梯田进行了较全面的研究，"从元阳梯田形成的地质结构到土壤条件，从梯田的水资源到水系分布，从栽培方法到品种的结构等，都进行了系统深入的研究"。令课题组最感兴趣的一个问题是"哈尼人民世世代代连续种植的水稻地方品种问题"。根据哈尼人民的口头传说，现在元阳梯田种植的水稻红米品种已经连续种植了上千年。而课题组开展的实物调查工作也证实，元阳梯田长期大面积种植同一个水稻品种至少已有 100 年的历史。"这一情况在世界上同类梯田中实属罕见。……元阳梯田红米品种成为研究农业作物品种可持续利用最为宝贵的材料。"为什么元阳红米连续种植数百年不被淘汰？课题组利用分子生物学的方法进行研究后发现，"该品种内部有丰富的基因多样性，多样性指数是现代改良品种的 3 倍。这种基因多样性使得该品种有良好的适应性，无论是气候变化，还是其他自然因素变化，它都能发挥出良好的适应缓冲作用，能长期保持产量稳定和阻止病虫害的爆发流行。另外，该品种需肥量不大，适应了元阳梯田不使用化肥农药的传统农耕习惯，如果对其施用化学氮肥反倒很容易感染稻瘟病的特性。元阳梯田天然

---

① 　红河州地方志办：《2010 年红河州年鉴》，云南人民出版社 2010 年版，第 83 页。

形成了无公害大米的生产环境和栽培条件，是理想的有机米生产基地和传统农耕文明的自然保护基地。另一方面，元阳红米也满足了哈尼人的饮食习惯要求，稻草作为主要饲料喂牛，稻桩回田作为次年水稻生产的主要肥料，形成了良好的稻作可持续循环系统。"鉴于此，朱有勇教授指出："元阳梯田是广大科技工作者研究可持续农业不可替代的研究基地。我们对元阳梯田传统农业瑰宝的研究，仅仅是冰山一角，还有太多的科学问题需要深入研究，还有太多的可持续要素需要发掘，为人类造福。"[①]

综上所述，在全球气候变暖、自然灾害频频发生的今天，"哈尼族梯田给我们展示了一个良性人工湿地的经典性范例，它以人与自然高度融合，维护自然、优化自然为指归，创造了哀牢山区亘古未有的人工湿地梯田，这一创造丰富和发展了中国的湿地生态系统"。[②] 它除了具有蓄积水量、调节气候、物质循环、能量流动、净化污水、珍稀动物栖息地等良好的生态功能外，还具有为人类直接提供食物的经济价值以及旅游观光、科学考察等社会价值。

为了有效保护和合理利用人类千年农耕文明，国家林业局在考察了红河哈尼族梯田湿地公园项目的湿地资源、旅游资源、湿地公园建设与管理之后，于2007年11月15日正式批准云南红河哈尼族梯田为国家湿地公园。这是云南省第一个国家湿地公园，极大地提升了哈尼族梯田的生态价值和科学价值。

2002年，联合国粮农组织开始推动全球重要农业文化遗产保护工作，目的是建立全球重要农业文化遗产及其有关的景观、生物多样性、知识和文化保护体系，使其在世界范围内得到认可和保护，并成为可持续管理的基础。计划在世界范围内陆续选择100—150个不同类型的农业文化遗产地作为保护试点。中国规划力争有10个不同类型的农业文化遗产地能列入名录。红河州人民政府不失时机，于2009年1月启动了哈尼族梯田申报联合国粮农组织全球重要农业文化遗产工作，经过多方努力，顺利地实现了哈尼族梯田入选联合国粮农组织"全球重要农业文化遗产"的预期

① 朱有勇：《元阳梯田红米稻作文化—— 一项亟待研究和保护的农业科学文化遗产》，《学术探索》2009年第3期。

② 史军超：《中国湿地经典——红河哈尼梯田》，《云南民族大学学报》（哲学社会科学版）2004年第5期。

目标。2010 年 6 月 14 日，红河州政府在北京接受了联合国粮农组织全球重要农业文化遗产保护试点的授牌。"哈尼族稻作梯田系统"是中国继浙江"青田稻鱼共生系统"之后的第二批被列入保护试点的地方，同时被列入的还有江西"万年稻作文化系统"。[1] 2010 年 11 月 11—15 日，"首届哈尼族梯田大会"在滇南红河哈尼族彝族自治州首府蒙自召开，与会期间，来自联合国教科文组织、粮农组织、国际湿地公约组织以及美国环境总署等 16 个国家和国际组织的中外专家学者共 100 多人到哈尼族梯田核心区元阳县实地考察，纷纷对凝结了人类无数辛勤劳动和创造智慧、充分展示人与自然高度融合理念、维护生物多样性的梯田生态系统赞叹不已！哈尼族梯田还被列入近期内中国政府申报世界遗产的 3 个预备项目之一。这些成为哈尼族梯田湿地的生态功能和经济社会价值得到世界公认的例证。

图 3—27　首届哈尼族梯田大会场景
Scene of the First Terraced Landscapes Conference

---

① 《话说红河·哈尼族梯田》，云南人民出版社 2010 年版，第 234—237 页。

第四章

哈尼族饮食生态文化

民以食为天，饮食作为人类生存最重要的物质基础，伴随着人类走过了漫长的历史进程，是人类文明的重要表现形式，有力地推动了人类社会的进步。一个民族的饮食来源与其生存的自然地理环境有密切的联系。俗话说："一方水土养一方人。"在滇南亚热带的哀牢山、无量山和南糯山是哈尼族饮食来源的自然环境，从古至今，哈尼族的主食结构从陆稻发展到水稻，源于自然生态的副食绿色品种是构成哈尼族生态饮食的主要内容。哈尼族的饮食生态文化主要表现在菜肴的原料培育、选料、配料、调味及制作方式等方面。

一 哈尼族采集与狩猎活动中蕴含的生态文化

自然采集是人类古老的生产活动方式，采集的对象主要是来自大自然的植物食料，如鲜果、干果、植物块根、茎叶花卉和各种食用菌类。哈尼族的采集和狩猎起源于何时无法稽考，但从哈尼族民间流传的采集和狩猎的许多传说故事来看有悠久的历史，而且采集和狩猎活动的生产方式，从古至今在哈尼族地区普遍流传。

（一）采集与狩猎传说故事中的生态文化

采集是人类早期的生计方式。从迁徙史诗和传说故事中大体可以窥见哈尼族先民早期采集和狩猎生产生活的痕迹。哈尼族先民的迁徙史诗《哈尼阿培聪坡坡》对哈尼族先民早期的生活是这样描述的：

在虎尼虎那时代的祖先，

他们看见猴子摘果吃就学着摘来吃，

看见竹鼠啃笋也拿来尝一尝，

学着穿山甲的满身鳞甲也把树叶串起做遮衣，

天上的炸雷劈在大树上烧起了大火，

先祖把火种捧回山洞保存起来。①

这里给我们展示了这样的一些信息：一是先民最初以采集野果、竹笋为生；二是学会了用火，提高了人类在自然界中的生存能力。一方面人们以火照明、取暖、御野兽侵袭；另一方面学会用火烧食物，将生食改熟食，缩短消化过程，增加营养成分，促进人体和大脑的发展。《猴子敲石生火》也可得到同样的信息：传说有一天人和猴子在深山密林里找野果充饥时，突然起了暴风雨，猴子把人群领到石洞里避雨，它却蹲在石洞口无意中敲击石头时，被溅起的火花点燃了枯叶，霎时洞外森林烧起一片火海，猴子吓得不知路在何方，人们也从未见过火，呆呆地躲在山洞里，大火烧了几天几夜后熄灭了。人们由于几天没吃野果，饿得头昏眼花，无力地走出山洞，只见地上横躺着被烧焦了的动物，有人撕下一只烧黄了的麂子大腿，闭上眼睛，狠心咬了一口，嚼着不觉得恶心，反而越嚼越香。从此，人们才懂得用火烧食物而其味香的感触，于是就把火种保存起来。②

狩猎是哈尼族历史上重要的物质生产活动方式，这些生产活动的内容人们通过民间传说故事再现出来。《野兔智斗豹子》讲的是：兔子不小心踩中了猎人设下的网套，它设法说服豹子给它解套，然后让豹子自己也中了猎人设下圈套的故事。又如《猎神》讲的是人与神的纠纷：远古时，人还不会种田，只能以打猎为生。但野生动物是猎神豢养的，人们打猎就是侵犯了猎神的利益。猎神就要设法保护动物不让其落入人的手中，而人又设法去捕捉动物。于是人与猎神之间产生矛盾，到天神烟沙那里评理。烟沙判断说：人们可以打猎，但猎神也不能白白喂养野

---

① 云南省少数民族古籍整理出版规划办公室编：《哈尼阿培聪坡坡》，云南民族出版社1986年版，第9页。

② 红河县民族事务委员会编：《红河县民族民间故事》，云南民族出版社1990年版，第121页。

生动物。以后人类要去捕捉野物之前，必须杀一只白公鸡祭献猎神。①从此，哈尼族在上山打猎之前，在村边特定的地点杀一只白公鸡祭祀猎神的习俗流传至今。

（二）采集习俗中的生态文化

特殊的地理环境，给哈尼族采集提供了良好的自然条件。一般集中在春夏秋三季，春天是采集的最佳季节。春采山花尖芽，夏采蘑菇竹笋，秋采果实块根，周而复始，代代相传，从早期人们的果腹充饥演变成当今的美味佳肴，其中蕴含着丰富的生态文化内涵。

哈尼族社会性别分工特别明显，采集是女子从事的一项生产活动之一。她们从十一二岁起背着一个小背篓，带着一把镰刀到深山老林里采集各类蕨菜和鲜果。因此，哈尼族将女婴的别称取名为"含丹丹露"（蕨菜芽）或"阿明明露"（竹笋），以此象征社会性别。采集的工具主要是木棒、砍刀、弯刀、镰刀等。采集形式以个体或三五成群结队去采集，除了季节性强的采集对象外，没有固定时间和地点，随到随采。一年四季上山砍柴或下田劳作，见到可食性的野生植物任何人都可以采摘。但是一些未成熟的果实、蘑菇等之类，如果是你第一个发现而不到采摘时间的话，只要作个已有主人的标记，后来者就不会去取了，这是哈尼族"不取非我之物"的传统美德。

哈尼族常见的采集品种有：一是木本类，主要是杜鹃花、攀枝花、野荷花、芭蕉花、树头菜、野茶果、臭菜、香椿、土锅菜、鸡脚菜、甜菜、枸杞、椎粟籽、麻栗籽、松籽、移依果、野梅、橄榄、木姜子、番龙眼、野核桃、野犁、野芭蕉、各类竹笋以及寄生植物树花（地依类）。二是草本类，主要是蕨菜、苦刺花、菊花、车前草、鱼腥草、野荞叶、刺黄泡、野草莓、野百合、野葡萄、红参、水芹、三叶菜、细叶菜、野慈姑、苦马菜、野薄荷、野山药、蒲公英、金钱草、灯芯草、松萝茶等。三是药材类，主要是苏木、桂皮、葛根、黄连、枇杷叶、板蓝根、芦子根、砂仁、何首乌、草乌、龙胆草、姜黄、野三七、青叶胆、天南星、重楼、野当归、香樟、豆蔻等。四是野生食用菌，主要是木耳、香菌、蘑菇、牛肝

①　云南省民间文学集成办公室编：《哈尼族神话传说集成》，中国民间文艺出版社1990年版，第202—205页。

菌、干巴菌、羊奶菌、青头菌、白参、松茸等。

　　一般来讲，哈尼族采集的上述各类野生植物品种，可食性的野菜留部分自食外，有的加工成干菜，有的背到集市上去出售，再从集市购回自己所需的货物。有的野菜可卖好价钱，如黑木耳、牛肝菌、香菌等野生菌类每市斤可卖 20—50 元。

图 4—1　采集野果出售

Wild Fruit Gathered forSale

图 4—2　采集野菜出售

Wild Vegetables Picked for Sale

　　哈尼族采集野生植物除做副食品的补充或少量入药外，对某些植物赋予了特殊的文化内涵。比如茶，哈尼族有"无茶不祭"之俗，野生茶叶煮出来的茶水是各种祭祀活动中必有的祭品之一，因此，自古以来野生茶成为生活的必需品，是采集活动中要培育和保护的主要植物，也是哈尼族地区有百年、数百年的野生茶树种，成为世界茶树的发源地的原因。据调查，云南省南部、西南部是迄今被世界公认的野生茶、古茶树分布最为密集的地区，而这一地区恰好是哈尼族分布集中的区域，其中，最为典型的是在云南西双版纳州勐海县南糯山半坡寨发现的人工培育型的古茶树王、勐海县巴达乡野生型古茶树王和普洱市澜沧县富东乡邦崴过渡型古茶树王，这三株古茶树王的树龄分别为800年、1700年、1000年。据"云南省茶组植物种表"中所列的"五种茶系"，哈尼茶（编号15）是其中之一，中国茶中惟一以一个民族——哈尼族命名的茶种名。[①]如今闻名中外的"普洱茶"系列，也是惟一以哈尼族居住地的地理标志命名的茶系。

　　1986—1992年，由湖南农业大学、云南农业大学、云南茶叶进出口公司联合组成的"云南茶树种质资源及起源、进化和分类研究组"对红河州境内的古茶树资源进行了调查，在红河南岸的红河、元阳、绿春、金平等县发现了较为原始的茶树种类。[②]

　　笔者的家乡元阳县小新街乡者台村有一棵10多米高的乔木野茶树，根部直径2米多，树幅8—10米，树龄估计500年以上，从建寨之日起，村民就用采集的茶叶作为各种祭祀活动的祭品。20世纪50年代"大炼钢铁"时期，在村落周边许多古木参天的风景林都毁于一旦，惟独这棵野茶树和村脚祭山神地点的大榕树（根部直径约3米，俗称万年青），由于宗教禁忌而保护了下来。但由于环境的变迁，20世纪90年代中期，这棵野茶自然枯死了，至今残留有6米多高的树干。为了便于村民祭祀采茶，2000年该村的一村民又从原始森林中带回了一株野茶种植在村中央，该株茶树现有5米多高，根部树干直径20厘米多。

---

　　①　史军超：《哈尼族的茶道·神道·人道》，载《中国哈尼学·第一辑》，云南民族出版社2000年版，第187页。

　　②　陈兴琰：《茶树原产地——云南》，云南人民出版社1994年版，第93—105页。

　　七里香花生长在海拔 1400—2000 米之间的箐沟中，早春二月盛开白花。哈尼族采回其花煨煮，以黄色汁液烹制黄糯米饭，以此祭寨神、祖先神及报春的布谷鸟。柴花或树花是生长在麻栗树、水冬瓜树等乔木树干上的一种寄生胡须状植物，介于地衣和藻类之间。哈尼族在秋季采回家晒干，食用前先煨煮，除去黄色汤汁，用清水漂洗干净后用油炒或凉拌。此道菜与肥状的魔芋是哈尼族传统婚礼上必备的菜谱，以此隐晦女性生殖器，寓示早日多子多福。

图 4—3　染糯饭用的七里香花
Common Jasmin Orange Used for Sticky-rice Making

　　历史上，哈尼族家庭严禁生育双胞胎，一旦违禁或"犯忌"有可能面临被寨人驱除到寨外的危险。因此，哈尼族姑娘忌食连在一起的双果，忌食双黄蛋，也忌讳采集被动物啃剩的食物。

　　哈尼族对生物入侵种也进行综合利用，所以哈尼族地区从来没有发生过生物入侵种的自然灾害。

　　紫茎泽兰，哈尼族俗称"解放草"，是由于 20 世纪 50 年代以来在哈尼族地区广泛分布而得的俗名。红河、元阳、绿春、金平等地哈尼族看来紫茎泽兰一身都是宝，每年对其采集 3 次：一是春末夏初紫茎泽兰的茎叶长得茂盛，人们割来茎叶放于辣椒地上任其腐烂做绿肥；二是秋季秧苗田中谷子收割后立即犁翻谷茬，人们又割来茎叶放入田中任其田水浸泡腐烂做绿肥，增加土壤有机肥，紫茎泽兰浸泡的水质呈黑色，且辛辣，对梯田中的土壤还具有杀毒功效；三是秋冬季节庄稼收割入仓后人们习惯准备来年的柴火能源，此时紫茎泽兰的秆已长大，人们用镰刀连根拔除后修去枝叶背回家中做生活能源，由此解决人们生活中柴火能源问题，既保护了森林资源，又控制了紫茎泽兰入侵其他物种的困境。此外，哈尼族还用紫茎泽兰入药，其根系煮沸后服用治腹泻，用新鲜嫩茎叶捣烂敷于伤口止血。

图4—4　紫茎泽兰和牛粪用作柴火能源
CroftonWeed and Cow Dung Used as Fuel

哈尼族习惯把水葫芦养殖在村边的水田中，繁殖旺盛后捞起来运回家中砍碎放入大铁锅中煮熟喂猪。在鱼池中养殖的水葫芦须根中会有鱼产卵，然后将其拿到田中养殖鱼苗。在哈尼族看来，在田中的许多植物具有净化水质的功能，其中的水葫芦和水漂（满江红）就具有净化水质的作用。综合利用后，这些植物都没有对哈尼梯田产生危害。

图4—5　田中种植水葫芦做猪饲料
Water Hyacinth Raised for Pannage

（三）狩猎习俗中的生态文化

狩猎是哈尼族生产生活的一项重要内容。历史上，哈尼族狩猎既是抗击野兽、保护人畜庄稼丰收及其生态平衡的重要手段，又是补充蛋白质、脂肪的重要食物来源。据《绿春县志·大事记》记载，民国元年（1912年），今绿春县半坡乡、大黑山乡、骑马坝乡等一带地区虎患猖獗，一年左右时间，被老虎咬死咬伤的有 200 多人，这一带民众出资邀请江城县半坡寨的打虎能手刀应明前来灭虎，先后打死老虎 11 只。民国三十五年（1946 年），今半坡乡东沙村和土堆村一带出现一只大老虎，先后咬死咬伤 50 多人，后被居哈村民黄阿里等人打死。[①] 《元阳县志·大事记》记载，1953 年 7 月，元阳县境内不少地区发生兽灾，咬死农民 3 人，咬死咬伤耕牛 99 头，猪 96 头，山羊 87 只，其他鸡、狗等家畜家禽无数。于是，元阳县政府成立了打兽指挥部，发动群众猎获野猪、豹子、熊等野兽 331 只，有 9 人被评为打兽模范，83 人获奖。[②] 《金平苗族瑶族傣族自治县志》记载，为护粮保收，确保人畜安全，金平县组织打猎队狩捕禽兽，仅 1957 年全县猎获各种野兽达 17400 余头（只），捕捉各种"害鸟" 15800 余只；1957—1990 年，仅商业部门收购的各种动物皮有 165789 张。[③]

上述记载，一方面说明了哈尼族地区曾发生过兽灾；另一面反映出狩猎生活是哈尼族历史发展的必然。据笔者调查，20 世纪 80 年代以前，从哈尼族狩猎活动来看，他们常见的狩猎对象是：兽类有老熊、野猪、岩羊、野鹿、麂子、豺狼、野猫、野兔、穿山甲、破脸狗（花面狸）、水獭、松鼠、竹鼠、豪猪（刺猪）等；鸟类有野鸡、原鸡、箐鸡、竹鸡、秧鸡、鹧鸪、鹌鹑、老鹰、斑鸠、松雀、鱼雀、画眉以及各类山雀等。此外，哈尼族地区还有多种昆虫，其中，蜂蛹、竹蛹、蝉蛹、蚂蚱（蝗虫）等也是定期猎捕的对象。

哈尼族狩猎有集体上山围猎（撵山）和个体上山狩猎两种方式。狩猎者多为青壮年男子，时间多在梯田栽插完至收割前的 6—8 月和秋收完

---

① 《绿春县志》，云南人民出版社 1992 年版，第 14 页。
② 《元阳县志》，贵州民族出版社 1990 年版，第 15 页。
③ 《金平苗族瑶族傣族自治县志》，生活·读书·新知三联书店 1994 年版，第 90 页。

后的整个冬季，即 10 月下旬至春节前的农闲阶段。狩猎工具早期使用石板、木棒、树枝杈、绳等，中期使用吊杆、扣子、篾箕、网套、陷阱、弓箭、弩箭、牛角号、猎狗等，后期使用的工具增加了刀、斧、锄、铲、铁夹、钢叉、山尖叉、火药枪、半自动步枪等。一般来说，猎捕大型野兽类以集体围猎的形式出现，猎捕小型兽类或鸟类以个体或无组织的小群体形式出现。猎枪和猎狗是哈尼族狩猎的得力工具和助手。这里使用不同工具的猎捕方法略举一二。陷阱是哈尼族早期捕捉大型野兽的常用方法，人们掌握了猎物习性的活动规律后，就在其可能出没的地方挖一个深凹坑，坑内支起箭头朝上的毒箭，然后在坑口空中搭上轻软的篾条或枝叶，并盖上杂草做掩饰。当猎物途经时会落进坑里，被暗竹签刺伤，猎物即使不死也无法逃脱。上山集体围猎时，以此法将猎物赶进暗塘内。对于野鹿、麂子、岩羊等凶性不强的野兽，猎人熟悉它们的活动规律后，常守在猎物经常出没的要道上隐蔽起来，用树叶或短笛吹出猎物的叫声，诱惑它们自动来撞上枪口。一旦发现猎物活动时集体上山围捕，称之为撵山。于是，把猎物赶到设置巨型棕网套的地点将其捕捉，或者根据猎物脚印跟踪追捕，将猎物撵得精疲力竭直到捕获为止。对于中型野兽，如野猫、花面狸、穿山甲、野兔、大松鼠等，猎人掌握了它们经常途经的地方后，以隐藏方式设置铁夹，当它们踩进铁夹口时，锯齿形的铁夹自动夹住四肢使其无法脱身。这种方法有时会伤及不知情的过路人。

对于鸟类的捕捉也有不同的猎具和方法，中期使用最频繁的是射弩和弹弓瞄准鸟类射击，后期以猎枪射击。对一些山雀的捕捉，多使用弹弓射击。弹弓以竹片制作，宽 4 厘米，长 80—100 厘米，从中间向两端稍削细，然后由藤篾做弓绳，弓绳中点编一小型篾箕，石子放在其中弹出击中目标。对老鹰等大型鸟类的捕捉，猎人白天观察它们晚上栖息的地方，夜晚以"守株待兔"方式守候在树脚，以猎枪击中目标。扑箕、粘条、扣子均能猎获鸟类。粘条是竹条上涂抹一种黏性较强的植物浆汁，在鸟类可能停息的树枝上支起数条粘条，一旦鸟类碰着此粘条即会粘住无法逃身，埋伏的猎人就立刻来取之。扣子是在一条长 1 米的竹条上固定无数活圈套，将竹条的两端固定在鸟类穿过或停栖的树枝上，可套住鸟类的脖子或脚而猎获。

此外，哈尼族捕捉野蜂也是一项有趣的活动。在哀牢山区的各种野蜂喜欢在密林中的树枝上、地下土穴中、岩洞中筑巢。其中，七里蜂、大黑蜂喜欢在树枝上筑巢，土黄色的蜂窝形如铜鼓悬挂在树枝上。黄腰蜂和土夹子蜂却喜欢筑巢在土洞中，形如庞大的蚂蚁窝。岩蜂喜欢在岩洞里筑巢，与家蜂相似。每年夏末中秋时野蜂觅食频繁，男子们在野外草坪上或田边地角闲聊时，一旦发现野蜂来觅食，便捕捉蚂蚱、田鸡等剖开，夹在竹条上做诱饵，将诱饵悄悄地移近野蜂附近，野蜂嗅到腥味后扑向诱饵啃食，人们趁此将夹有诱饵的竹条固定，野蜂啃下一块食物飞向高空，人们观察飞去的方向，并在几个不同地点做观察哨。不久原叼食回窝的那只蜂仍然回到原处来啃肉食，人们把早已准备好的轻巧白色羽毛或棉球以长头发丝拴在蜂腰上，野蜂啃下食物再次飞向高空，人们相互传呼：飞过去了！看好方向！观察哨一道接一道，直到找到蜂窝才罢休。

猎人找到蜂窝，凭经验判断蜂巢内的蜂蛹是否饱满，若饱满，待夜晚蜂入巢时以火攻之，参与者平均分享蜂蛹。若巢中蜂蛹尚小，在蜂巢悬挂的树或巢边做一个已有主人的标识，按哈尼族"非我之物不取"的传统美德，决不会背人去猎取。有的甚至将蜂窝连树枝条取回放在房前屋后的树枝上养着，等蜂窝长大后再取食。蜂蛹一般长 1—2 厘米，乳白色，蚕蛹状，含有极高的蛋白质，是营养价值很高的滋补品，获得的猎物拿到集市上出售，也可卖个好价钱。当然，哈尼族在屋檐下饲养的家蜂不食蜂蛹，只是十月年前定期取食蜂蜜。

图 4—6　屋檐下养野蜂
Humble Bees Kept Under the Roof

（四）狩猎祭祀与禁忌

集体形式的狩猎，一般以村为单位行动，猎捕大型野兽，有时联合几个村寨行动。前述《猎神》的传说，根据天神的旨意，哈尼族要在上山狩猎之前，在村边大树脚的特定地点杀一只白公鸡祭献猎神，然后以鸡骨占卜择吉凶。并从村民中推选出一位40岁以上的男子为"窝松"，意为猎主，主持全村狩猎祭祀和行动事宜。窝松不仅要对狩猎活动有兴趣，而且还要懂得狩猎活动的古规古理。任职后，若狩猎活动顺利就一直担任，否则改选。

图4—7　祭献猎神
Sacrificing the Hunting God

狩猎途中，忌讳成年女性插嘴或与她们相遇；家有经期女性或孕妇的男子不能参与狩猎活动；父母刚过世的人家、家中曾被野兽咬伤的人也不能参与集体狩猎；准备出山时忌讳磨刀和说不吉利的话；参加狩猎活动的人途中不能随便打小鸟，以免因小失大。知道规矩的哈尼族妇女，看到撵山的队伍，老远就隐藏起来，以免惹是生非。有时，被追赶得筋疲力尽的麂子恰好遇上不懂规矩的女子，被她们吆了一下或碰了一下，其女就得用一只鸡去叫"猎魂"。传说一只被猎人追赶无处藏身的麂子，被野外劳作的一位妇女用衣襟掩盖起来，猎人赶到现场不见猎物就悻然离去，猎物躲过劫难，离开恩人几步后又回过头来，将睡在一旁的婴儿叼走，放在猎物认为安全的地方，待妇女边哭边喊去追赶麂子时，她才离开几步，就在婴儿睡的地方突然发生滑坡，幸好最后母子俩得救了。这就是狩猎活动中忌讳妇女的原因。

哈尼族上山狩猎，很难说定归期。有时出去三五个小时，就会带着猎物凯旋。有时一追数天也一无所获，但绝不能空手而归。捕获到大的猎物，人们会聚到适中的地点铺开枝叶，将猎物剥皮，按狩猎参与人数均分。先割下一条腿，赐给第一枪击中猎物或捕获该野兽的猎手，以示奖励，有的以头做奖品。如果是被猎狗捕获，这一份奖品也就属于猎狗的主人。有的将猎肉平均多分一份，这一份和头、皮共同奖给猎物捕获者。若不参加狩猎的人无意中遇到正在分配猎物，即使是素不相识的陌生人，按哈尼族"上山狩猎，见者有份"的传统狩猎规矩，也增加一份分给过路的人。哈尼族原始平均分配原则在今天的节日庆典时平均分配祭祀牺牲随处可见。有的地区哈尼族一旦捕获猎物回归时，一路上吹响牛角号，接近村寨，时不时鸣几响火药枪，以向寨内的人报喜。然后在出发前祭祀猎神的地点进行有关祭祀程序后，再动手剥皮，分配猎物。

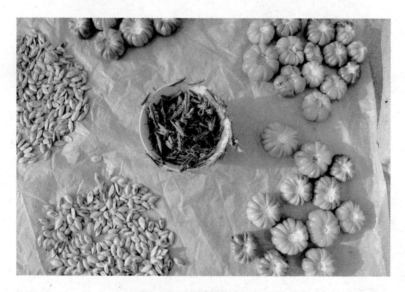

图 4—8   捕捉蚂蚱出售

Grasshoppers Caught forSale

（五）捕捞习俗中的生态文化

哈尼族捕捞的早期形式是直接用手抓摸。随着狩猎工具的改进，弓箭、矛、叉、钩也成为猎取水产品的主要工具。在河中捕鱼的常用方法大致有两种：一是将河水改道，河床水位下降后用手去捉大鱼，小鱼留下；二是以渔网、箩筐、撮箕、鱼钩等工具捕捉。哈尼族在河中捕鱼和梯田捕鱼的时间不同。一般来讲，每年农历二月至四月的枯水季节，是河中捕鱼的最佳时节。传统的河中捕捞方法有二：一是三五成群的男子，在新旧河床之间互相截水改道方便的地方，把现流的河水截入旧的河道上，待原河道河水退位后就直接用手抓摸或在小塘中以鱼网、撮箕捕捞，然后各人所捕捉的鱼收拢后又按参与人数平均分配。二是以剑麻绳或葛根藤编织的渔网去捕捞。哈尼族使用的渔网不大，网口周边固定在圆形的篾藤上，网口直径为100—120厘米，呈圆锥形的网状，网口至锥底部的经纬网越来越密，作业时将两手握住圆篾藤在水中捕捞。每当枯水季节的晴天日，男子们不约而同地带着渔网，腰挎鱼笼，从河的上游捕捞到河的下游。这种捕捞方法捕获的鱼归个人，不再做平均分配。根据各人的情况，捕获的鱼有1—3千克不等。哈尼族无论以何种方式捕鱼都将小鱼和母鱼留下繁殖鱼苗。

哈尼族在河中捕捉到的水生动物常见的有江鳅、小花鳅、贴板鱼（平鳅）、鲤鱼、黄鱼、鲫鱼、青鱼、大虾、石蚌等。

哈尼族地区由于有大面积的梯田分布，梯田成为哈尼族捕捞的重要环境。田中自然生长着泥鳅、黄鳝、江鳅、小花鳅、鲫壳鱼、鲤鱼、小虾子、小虾巴虫、大虾巴虫、螺蛳、小牛蛙、螃蟹等。哈尼族梯田捕捞的季节一般在整个冬季至春季栽插前的这一段时间，捕捞工具主要有撮箕、鳝鱼夹、箭梳等，最简单最常见的方法是直接用手去捕捉，并形成一些有趣的捕捞方法和习俗。

泥鳅在梯田闲置期间白天出来觅食或晒太阳，人到田埂上一踩就钻进稀泥里，人们直接用手去抓摸。黄鳝白天在泥土洞里休息，人们顺着洞口抠进去捉住，到了晚上，鳝鱼还钻出洞外觅食，人们点着火把在田埂上直接用手去捉或用鳝鱼夹和箭梳子去夹住。

哈尼梯田中夜晚捉泥鳅和黄鳝是一项有趣味的生产活动。阳春三月，梯田水暖变清，每当夜幕降临，觅食了一天的泥鳅和出来觅食的鳝鱼，静静地躺在平滑的田泥上停憩，午夜之后才慢悠悠地钻入泥土洞中。哈尼族少男少女吃过晚饭后，腰间系着一个装鱼的备用竹筒，右手拿着一把竹片制作的锯齿形夹子，左手持着明亮的火把，三五成群，男女各自为队，时而唱起优美的"阿茨"（情歌），欢快地奔向田野捉泥鳅和黄鳝，这时明月当空，火光点点，在田间形成一幅繁忙而神奇的灯会景观，这是哈尼族夜晚捕捉泥鳅的场景。人们走在田埂上，瞄准猎物，张口竹夹子悄悄地靠近目标后眼疾手快，迅速夹住，以免其惊醒后溜脱。哈尼族姑娘们的这种捕捉方法如同进行一场比赛，不停地弯腰下夹子，夹起一条条泥鳅和黄鳝放入腰间竹筒里，待竹筒盛满后，姑娘们又成群结队举着火把回家。把带回来的鲜泥鳅和黄鳝制成干巴，既可备日后待客用，又是制作泥鳅或黄鳝煮豆豉等哈尼风味菜谱的主要原料。根据哈尼姑娘夜间捉泥鳅这一有趣的田间劳作场景，被文艺工作者编成充满生活情趣的舞蹈《捉泥鳅》，并搬上舞台演出，受到哈尼族群众的欢迎。

哈尼族除了夜间照火把捉泥鳅外，还有夜间照火把拾螺蛳的习惯。阳春三月，梯田水清见底，螺蛳也喜欢夜间觅食，在平滑的田泥上划出一道道弯弯曲曲螺蛳滑动的印痕。每当晚饭后，青年男女也是三五成群，各自为队，一手举着火把，腰间系挂小篾箩或竹筒下田拾螺蛳。螺蛳带回家中后，在木盆或木桶中以清水泡上两三天，其间要不断更换清水，让其吐净腹中田泥，然后可制作豆豉煮螺蛳或酸笋丝煮螺蛳等哈尼风味菜肴。

哈尼族姑姑还擅长于捕捞虾巴虫。元阳县者台村等地哈尼族称虾巴虫为"架欧"，故某户人家一旦有了新生女婴儿，向他人介绍时寓意地说，我们家增添了一个"架欧玛"，意为我们家又有了一名捕捞虾巴虫能手。10—15 岁的哈尼族小姑娘，腰系一个小葫芦，头上戴一顶撮箕，在梯田闲置期间，每当晴空万里的日子都喜欢下田捕捞虾巴虫。虾巴虫油炸后味道特香，是一道下酒的好菜，油炸捣细后也可做苤菜凉拌。哈尼小姑娘捕捞虾巴虫时也可获得一些副产品，如小花鳅、泥鳅、螺蛳、蚂蚱等。

上述各类捕获的鱼类和螺蛳，一部分做美食菜肴自销，另一部分拿到集市上出售可卖好价钱，然后从集市上购回家里需要的日用品。哈尼族除螺蛳鲜食外，喜欢将泥鳅、鳝鱼等制作成干巴。

哈尼族对鱼、泥鳅等水生动物捕捞不仅仅作为美食滋补，而且赋予了特别的文化内涵。红河县乐育乡尼美、坝美、然仁等村的哈尼族婚礼酒宴中，新娘进食的餐桌上必须有一碗泥鳅，新郎进食的餐桌上必须有一碗鱼。这里的鱼和泥鳅表示生殖器，鱼象征女性，泥鳅象征男性。人们期望的是彼此吃了该吃的东西就早生贵子、早享福。

综上所述，野生动植物品种，既是哈尼族早期的全部食品，也是相当长的历史时期内构成哈尼族副食品的重要补充成分。经过成百上千年的不断观察和实践，哈尼族逐渐掌握了其生存区域植物生长周期和可食性植物的根、茎、叶、花、果及各种食用菌。如果说过去采集是为了人们果腹充饥，那么今天采集和狩猎的物品已成为人们餐桌上的佳肴。

哈尼族采集和狩猎活动中蕴含着独特的生态文化。从狩猎传说来看，哈尼族把野生动物视为天神饲养，猎取它们必须通过祭祀，取得猎神的允许，反映了哈尼族与自然和谐相处的生态伦理。偶尔发生野兽伤人，也尽量通过祭祀猎神和解，很少用暴力手段捕杀，原则上哈尼族不把豹子、虎、熊、野猪等大型猛兽作为猎捕的对象，他们认为这些动物是天神下派的哈尼族各地山神的化身，每年不惜动用牺牲定期祭祀。一望无际的北方草原发生过无数蝗虫灾害，但滇南哀牢山区 100 多万亩绿油油的哈尼族梯田从来没有发生蝗虫灾，因为哈尼族自古以来习惯捕食蚂蚱（蝗虫），并做餐桌的美食。在全球发生外来入侵植物紫茎泽兰、水葫芦等植物灾害时，哈尼族将紫茎泽兰连根挖出来把嫩茎叶还田增加有机肥，并起到杀虫的效果，再把紫茎泽兰秆做生活能源烧柴，以减轻森林树木的压力；把水葫芦做猪饲料，故哈尼族地区从未发生入侵植物灾害。时至今日，哈尼族对自然从不强取掠夺，而是通过各种合理的利用方式和不同的祭祀活动，寻求与自然和谐相处。哈尼族以梯田稻作为核心的生态文化之所以持续千余年的文明，是因为哈尼族文化从肇始之初就形成"天人合一"的生态文化理念和一整套人与自然和谐相处的生态文化。

二　哈尼族禽畜饲养中蕴含的生态文化

禽畜驯化是狩猎活动的一次质的飞跃。大约 1 万年前，人类文明进步的一个重要标志就是开始了对野生动植物的驯化。世界上一些地区的部落在处理捕猎获得的野生动物的方式上开始有了新的变化，他们不是立即宰杀剩余的这些动物以供眼前食用，而是把狩猎剩余的动物或幼子喂养起来，驯化它们，并让它们繁殖，由此丰富和保存了生物种类。从古至今，哈尼族家庭把禽畜饲养作为物质生产生活的必备条件，他们养殖的不仅是传统遗传的禽畜品种，而且用生态饲料喂养，一定程度上保持了原生态的物种基因和生物多样性，有的畜种成为独具特色的朝廷"贡品"，这体现了哈尼族传统禽畜饲养中蕴含的生态文化。

（一）哈尼族禽畜驯化传说与饲养历史

哈尼族的创世神话和迁徙史诗中有许多哈尼祖先驯化禽畜的信息。《动植物的家谱》[①] 中讲述，天神俄玛传下神种，到第 16 代梅烟恰时，许多东西都生出来了。梅烟恰又生了 4 种生物的祖先，第一种是人，第二种是会跑的动物，第三种是会爬的动物，第四种是会飞的动物。天神给人的祖先取名为"德摩诗匹"，德摩诗匹生了遮姒和遮奴两个姑娘，遮姒生了 6 种野物，遮奴生了 6 种家畜。野物中最先出生的是老鼠，所以人们以它为 12 种生肖动物的老大，计算一轮的日序以鼠日为起始，其他 11 种动物出生的排序是：牛、虎、兔、龙、蛇、马、羊、猴、鸡、狗、猪。它们下地的日子就是牛日、虎日、兔日、龙日、蛇日、马日、羊日、猴日、鸡日、狗日、猪日。但是家畜、野兽生活在一起习性不和谐。遮姒和遮奴姐妹俩一起上山放牧，玩着玩着老虎转过来咬水牛，遮姒就把老虎撵进深山，从此老虎与水牛分开；她俩放豹子和花狗，豹子又来撕花狗，又把豹子撵进箐沟，让花狗守家；放老鹰和小鸡，玩着玩着老鹰抓小鸡，并把鸡冠抓出血来，从此不会变白，就把老鹰撵到白云里去……遮奴到处吃亏，姐妹俩分家，各管各的动物，但遮姒的动物深山老林到处放，并随时与遮奴的动物作对。因此，遮奴的家畜只能放在房前屋后。

《人鬼分家》[②] 里也讲述道，传说人和鬼是一对亲兄弟，人为兄，鬼为弟。兄弟俩为分家吵个不停，并告到天神莫咪那里，天神派母扎和咪扎

---

① 云南省民间文学集成办公室编：《哈尼族神话传说集成》，中国民间文艺出版社 1990 年版，第 132 页。

② 同上书，第 317 页。

二神来帮助人鬼分家。人分得黄牛、马、羊、猪、狗、鸡、鸭；鬼除了分得野鸡、箐鸡、鹧鸪、鹌鹑、马鹿、麂子、老虎、豹子外，还来抢占鹅、鸽子和水牛，这样人鬼不相让，双方抓住鹅、鸽子和水牛互相拉扯，人虽然抢回了鹅、鸽子和水牛，但鸽子脚被拉脱了一层皮变为红色，水牛脖子皮被拉得松弛后留下一道道的皱褶，鹅脖子也被拉长了。

上述神话说明哈尼族有悠久的禽畜饲养史。根据民族学研究成果，中国经济文化类型之一的畜牧经济文化类型分布在东起大兴安岭西麓，西到准噶尔盆地西缘，南到边境一带的广大地区内，基本上构成了一个从东北到西南的半月形畜牧带。这一地带包括青藏高原东部、东南部、内蒙古高原、黄土高原以及云贵高原。哈尼族文化源流属青藏高原沿"民族走廊"南下的古氐羌族群。在长期不断的南迁过程中，仍然以"随畜迁徙"的游牧文化为主。至唐代中期，在哀牢、蒙乐两山之间，已出现银生、开南、拓南、威远等古城邑，当地以和泥及朴人为主的"杂蛮耕牧"之区，居民从事农、牧业及采茶叶，饲养猪、羊、骡、驴、兔等家畜和鹅、鸭等家禽。这里为南诏银生府行政区域，因居民以和泥占多数，故其地又"总名和泥"。①

经过长期不懈的驯化，哈尼族培养出适应当地地理环境的优良畜种，其中以马和猪为特色。南宋时（1127—1279 年），哀牢山和泥曾路经六诏山贩马及其他土产至广西邕州。据宋代周去非《岭外代答》卷五"经略司买马"条说："绍兴三年，置提举买马司于邑。……产马之国曰：大理、自杞、特磨、罗殿、毗那、罗孔、谢蕃、腾蕃等，每冬以马叩边。买马司先遣招马官，赍锦缯赐之。马将入境西，提举出境招之。"这里提及的"罗孔蛮"就是哀牢山的和泥"落恐蛮"。在该书"马纲"又说："蛮马入境，自泗城州至横山寨而止，马之来也，涉地数千里，瘠甚。蛮缚其四足，拽仆之；啖盐二斤许，纵之旬日，自肥矣。"② 这里不仅述及哈尼族历史上的产马之地，而且述及哈尼族饲养马和防治马疾病的生态疗法。

哈尼族饲养的猪种，曾以"窝泥猪"或"阿泥花猪"之专名载入历史文献，并成为朝贡的土特产品。清乾隆《开化府志》卷四"物产"条

---

① 《哈尼族简史》编写组：《哈尼族简史》，云南人民出版社 1986 年版，第 26 页。
② 同上书，第 49 页。

内有"阿泥花猪"。胡本《南诏野史》说：窝泥"善养猪，其猪小，耳短身长，不过三十斤，肉肥脂，名窝泥猪"。道光《威远厅志》卷三"风俗"条说，窝泥"土产花猪，家多畜养之"。[①]

（二）家禽家畜的生态饲养方法

哈尼族家庭传统饲养的家畜有猪、水牛、黄牛、马、骡、山羊、狗、猫、兔等；家禽有鸡、鸭、鹅和鸽子等。

猪，是哈尼族传统饲养的主要家畜，养猪既是主要的家庭经济收入之一，又是哈尼族摄取脂肪、蛋白质的主要来源。上述的"窝泥猪"或"阿泥花猪"，又称"小耳朵猪"、"油葫芦猪"，是20世纪80年代前哈尼族家庭普遍养殖的猪种，其主要特征是适应性强、耐粗饲料、性成熟早、肫肥力强、皮薄膘厚、肉细香嫩。其体形有大、中、小，历史上"窝泥猪不过三十斤"，但由于猪种的进化和古今重量单位的不同，哈尼族养殖的传统成年公猪体重在60—88千克，利用年限3—5年；成年母猪体重60—124千克，利用年限3—5年，个别达10年左右。[②] 公猪50天左右可与母猪交配，母猪6个月左右发情，怀孕期110—118天，每胎产仔5—10头，一般两年产3胎。20世纪70年代后，从外地引进荣昌、约克、长白、内江等种公猪与本地小耳朵母猪交配，对传统饲养的猪种进行改良，[③] 直到90年代哈尼族家庭饲养的传统小耳朵猪逐渐被进化了的杂交猪种替代。

哈尼族习惯放养猪，放养的范围在村内的房前屋后和庄稼收割后的村边田地，性野的母猪还得给它脖子上戴木架锁。每日喂食两餐，上午9—10时，一般在人们早饭后喂第一次，然后让它自由活动，觅食野生植物。下午5—6时，在人们做晚饭前喂第二次，喂饱后猪自然归厩。由于猪自由活动量大，能量消耗也大，所以长得慢而结实。哈尼族习惯猪饲料熟喂，常把山上或田地里采摘回来的草本猪饲料用刀剁细，放入大铁锅内煮熟，待水煮沸适当加入玉米面、米糠搅拌，即可喂食，不喂化学饲料催肥，早餐热喂，晚餐凉喂。哈尼族认为，猪放养有利于消化，容易长肥，熟喂缩短消化过程，容易吸收营养。哈尼族传统饲养的肥猪，大部分是做

①　《哈尼族简史》编写组：《哈尼族简史》，云南人民出版社1986年版，第43页。

②　绿春县志编纂委员会编：《绿春县志》，云南人民出版社1992年版，第223页。

③　红河县志编纂委员会编：《红河县志》，云南人民出版社1991年版，第162页。

过年节时宰杀后腌制烟熏腊肉自食，其味香。母猪产仔出售做家庭经济的补充，多数家庭养猪未形成商品化。

图4—9　传统猪种
Hogs

哈尼族家庭饲养的牛有水牛和黄牛两种。水牛做役力，黄牛多为闲牛，主要做祭祀牺牲。水牛属沼泽地型水牛，角基粗大，角顶细尖，颈较细，背平直，胸宽腹圆，蹄大坚硬；牛体小，但灵活结实，耐粗饲，有较强适应性和持久性，适宜山区放牧和使役。公牛6岁左右可使役，母牛一般3年产2胎，无专用配种公牛，公母混合放养，野交乱配。黄牛属亚热带山地黄牛，体形小，耐热耐旱，体质结实，善于野外采食。黄牛也是无专用配种公牛，公母混合放养。

水牛是哈尼族梯田农耕的得力助手，被誉为"喂食的拖拉机"。哈尼族对水牛寄予特殊的感情，在春节、莫昂纳（仰昂纳）等节日活动时予以特殊祭献，表达人们对水牛的敬意。哈尼族习惯"放野牛"，田里秧苗栽插完后，把牛群赶到上半山，四五天去察看一次，到次年春天才把牛群赶回家。元阳县者台村一带哈尼族，秧栽完后把牛归厩关养起来，到秋季庄稼收割完自然放牧。关养期间人们割来青草喂养，一来避免牛去糟蹋庄稼，二来便于恢复役力。冬季特别寒冷的日子也是厩养，以秋季收割的稻草喂之，有条件的家庭还每天加喂三四个盐水浸泡过的草果，以便增强体内热量来驱寒。红河县有的哈尼族与河谷地区的傣族结为"牛亲家"，其做法是：以河坝某家傣族为一方，山区的某家哈尼族为另一方，两家凑钱同买一头母牛，或一方原先有牛，愿出卖一半给另一方，牛为两家共同管理使用，冬季下半山河谷气候温暖，把牛赶到河谷的傣家放养避寒；夏季上半山气候凉爽，青草旺盛，把牛赶上山由哈尼族家庭放养。其间繁殖的幼畜双方共同分成。这样做使耕牛的役力时间错开，也让耕牛能充分得到休息，以便恢复体力。

图4—10　野外放养牛
Pasturing Cattles

哈尼族地区因交通不便，田地较远，饲养骡马主要做家庭运输和民间运输。骡和马的饲养管理比其他家畜复杂。因此，哈尼族并非家家户户都饲养骡马。平时白天在山上放牧，晚归厩。做役力运输时，割青草、铡稻草在夜间喂之，同时适当加喂玉米、稻谷、黄豆等精饲料，以此增强体力。

哈尼族部分家庭饲养山羊，其体型小，毛色纯黑，年产2胎，1胎产1仔。白天在山上放牧，晚上归厩，不喂任何人工饲料。饲养山羊，主要用作丧礼牺牲，至今也未形成商品化。

狗、猫、兔也是哈尼族饲养的家畜。家庭养狗，一来用于守家，二来可驯化成猎狗，是狩猎的重要助手。传说远古时，哈尼族的稻种最先由狗叼回来，故有每当过新米节的时候，米饭必须先喂狗的习俗。饲养猫和兔的家庭相对少一些，养猫的目的，是让它去抓老鼠，达到生态平衡，平时喂泥鳅、鱼等腥味食物。养兔作为观赏，采摘青草喂之。

　　哈尼族家庭养鸡，属本地传统"土鸡"，其体型小，成年鸡也只有1—3千克，但其肉质细嫩，味香可口。鸡为放养，夜间归厩，早晚喂玉米、稻谷，青饲料自然觅食，由于田间蚂蚱等昆虫和散落的稻谷多，有的家庭习惯在田间盖棚养鸡养鸭。养鸭属麻鸭品种，习惯以母鸡孵化小鸭。每户家庭养鸭5—20只不等，白天放在梯田里自然觅食，晚上关笼背回家归厩，辅喂玉米、稻谷。鹅和鸽子少数家庭饲养，白天自然觅食，晚归厩，辅喂稻谷，做家庭观赏用。

图4—11　传统本地鸡
Homebred Chickens

（三）饲养家禽家畜的生态文化

　　家畜和家禽为哈尼族提供了可靠的蛋白质、脂肪等人体必需的营养成分，这是饲养禽畜的物质功能。但是，哈尼族饲养家禽家畜不仅仅是为了实现禽畜的物质功能，更重要的是实现社会文化的功能。其社会文化功能归纳起来主要有3种：财富与货币观念、互赠礼物、祭祀牺牲。

1. 财富与货币观念

　　哈尼语"赠"（zeiq）一词有"牲畜"、"财富"、"金钱"等不同的汉语意义。故哈尼语称家畜家禽为"赠然"（zeiqssaq），而"赠玛"一词又有"本钱"、"母畜"的含义。从词的起源分析，这些词汇又与哈尼族原初的文化起源于畜牧经济文化类型有直接的联系。哈尼族把"赠"一词作为一切财富的指称，其原初的指代不包含货币的意义，而是特指牛羊牲畜。因为"随畜而迁，无常处"的古代游牧家庭生活，除了看得见、摸得着的牛羊外，并无什么有价值的财产，况且牛羊还可以作为荒年的充饥，又是人们摄取营养的可靠保障。故以此作为财富的标识，这是其一。其二，随着社会的发展，充当一般等价物的货币产生，由此拥有货币数额的多少，成为衡量拥有财富多寡的标准。但是，从哈尼族历史社会形态来看，人们在商品贸易中能充当货币等价物的仍然是以牛羊为主的家畜，认为有了牛羊，也就拥有了货币。因此，货币与家畜的内涵等同起来，这是哈尼族长期社会文化的心理积淀。其三，哈尼族南迁到滇南哀牢山区之后，虽然畜牧经济生活不是哈尼族的主要生计方式，但是，梯田农耕活动中的牛仍然是梯田生产不可缺少的动力，在以家庭为单位的社会生产活动中，是否拥有牛，生产效益是不同的。因此，时至今日，牛的价值是其他财产无法替代的。

2. 互赠礼物

哈尼族既然以家畜家禽作为财富或货币，人们的互赠活动以此为礼物是自然的了，他们认为也是最体面的礼物。清道光《续修蒙自县志》说：哈尼"其嫁女，则牵牛以聘"。所谓互赠就是哈尼族的某个家庭，举行诞生命名礼、婚礼、丧礼等人生礼仪时，该家庭的亲属一般都携带猪、鸡、牛、羊、糯米或大米等物品做礼物，参加所举行的各种仪式活动。其中丧礼活动中尤为突出，奔丧的亲朋好友中，以牛羊为礼物是最为体面的赠礼，最低也要带一只鸡。亲朋好友即使送上一两千元的货币，也不如送一头价值为千元的牛做礼物体面。当该家庭的亲戚举行类似的礼仪时，这户家庭也要携带类似的礼品去参加他们的礼仪活动，这当是回赠礼。虽然哈尼族社会没有明确规定赠予对方的礼品一定要让对方回赠，但是，他们认为每个家庭迟早都会发生类似活动仪式，团结互助是哈尼族社会的礼仪，亲属之间的这种赠礼应当是一种真诚帮助或祝贺。因此，对方一旦发生类似仪礼时回赠是理所当然而不求回报的礼节。由此可以看出，经由丧礼中的赠礼和相互帮忙，亲属和村民之间强化了相互的责任和情感，社会由此得到了整合和巩固。个案研究表明，哈尼族的丧礼客观上经济耗费很大，但它却是在特定条件下产生的，是具有一定合理性的特殊经济运行方式。特别是以牛羊为代表的礼物的流动，既相互分担了经济压力，同时又处理了剩余产品，是一种具有合理性的食物借贷、储存和再分配的制度。这种方式事实上降低了某个家庭面临经济危机的风险。直到今天还在延续的这种交换，也许便是对以往当地群体应对生存危机、共同分担风险的惯性表达。在此意义上，它不仅是一种长期的无息信贷制度，还是一种社会保险制度。我们从中看到了社会关系所具有的经济功能，特别是其中多种社会力量的积累。从这个角度来看，丧礼中的物质交换也许是"收支平衡"的，但更重要的是，其中的社会关系却是不断"增值"的。① 这是其他赠礼无法达到的社会效益。

3. 祭祀牺牲

哈尼族家庭饲养禽畜，除了上述的功利目的外，将其作为各种祭祀活动的牺牲，也是哈尼族获取动物性肉食的理由。没有祭祀活动，哈尼族平时极少宰杀饲养的家畜家禽作为人们必要的营养补充。祭奠死者以牛羊等禽畜做牺牲为荣的价值观是哈尼族社会的普遍理念，也是哈尼族历史文化的积淀。清康熙《嶍峨县志》载：哈尼"人死无棺，……祭用牛羊"。清雍正《景东府志》也载：哈尼"……丧葬木为棺，祭用牛，贫则用猪"。这些记载都说明了哈尼族以牛羊做祭祀牺牲的历史渊源。

据笔者调查，元阳县新街镇箐口村一年中的公祭礼仪活动有祭寨神、祭山神、祭磨秋、驱鬼避邪、祭火神等活动。其中，祭磨秋的主牺牲是一头水牛，其余公祭活动的主牺牲至少也是一头大肥猪，其他牺牲，如鸡少则2只，多则10余只。每次公祭活动的牺牲费用户均摊派，少时5元，多时50多元钱。在祭寨神、祭磨秋活动中，除公祭牺牲以外，每户家庭还必须杀一只鸡祭祖，箐口村178户就是178只鸡做牺牲祭祖，即使家庭未饲养也必须到市场上购买，加上其他以家庭为单位的节日活动，如端阳节、尝新节等以鸡为祭祀牺牲，一年中该村至少要宰杀1000多只鸡。并且这些祭祀活动年年如此，周而复始。

哈尼族丧礼仪式烦琐，规模较大，使用的禽畜牺牲最多。主要的牺牲是水牛、黄牛、山羊、猪、鸡等。每一次丧礼的牺牲少则一头牛、多则3

---

① 郑宇：《哈尼族丧礼的经济消耗个案研究——以元阳县箐口村为例》，载白克仰、黄绍文主编《第六届国际哈尼/阿卡文化学术讨论会论文集》，云南人民出版社2010年版，第104页。

头牛以上。1990 年春笔者在元阳县攀枝花乡硐铺村调查时统计，李氏"莫批"去世的丧礼牺牲多达 17 头牛。从总体上讲，哈尼族的任何一家丧礼中，死者的姑娘、孙女、外孙女必须以大小一头猪上祭，其他亲戚朋友至少以一只鸡上祭。因此，鸡是丧礼活动中数量最多的一种牺牲。但是，所有牺牲仅仅以肝、胸肉做祭品，名为死者的牺牲，实际上是活人享用。

图 4—12　祭祀野外自然神灵

Sacrificing the Natural Gods

图 4—13　丧礼牺牲

Cattle Sacrifice on Funeral

三 哈尼族生活用水及其管理中的生态文化

水是人类赖以生存和生产的重要物质基础，是人类重要的自然资源之一。哈尼族对生产性水资源的利用在本书第三章"哈尼族梯田农耕生态文化"中已述及，本节主要阐述哈尼族对生活用水的选择及其管理方面的生态文化。

（一）饮水源选择

滇南亚热带哀牢山区，在湿热的气候条件下，分布着茂密的森林，形成"山有多高，水有多高"，到处是泉水叮咚响的自然生态，孕育着丰富的水资源。但并非所有的水资源都可以饮用，在湿热森林下汇集的溪流水塘，由于沉积了大量的各种树叶腐殖质便会成为有"有毒气体"的"禁水"，人类绝不能饮用。哈尼族以神话的方式把自然界中水的类型成分解释为三股水：一股是甜水，即出自地面的山泉水；一股是咸水，即海水；一股是淡水，即江河水。

哈尼族对生活饮水的选择经验以古歌的方式流传下来，《哈尼族古歌·安寨定居》中讲，选好了寨址、神林后再寻找人们生活饮水用的水源：

> 又瞧寨子的山坡上，
> 有没有姑娘眼睛一样明亮的龙潭水，
> 滑亮的石头底下，
> 是压着泉眼的地方。
> 有了人吃的好水，
> 生得出好儿好女，
> 有了牲畜吃的好水，
> 放得出好牛好马，
> 有了庄稼吃的好水，
> 种得出好庄稼，
> 十个男人合心了，

十个女人爱着了。①

哈尼族史诗《十二奴局》也讲：

房子盖好了，
找个好好的水井，
雨季才会淌水的龙潭不能要，
田地里滴下来的尾水不能要，
会冒浑水的龙潭②不能要，
遍地浸出来的水不能要，
只要清清的龙潭水，
龙潭水是龙吐出来的，
龙吐出来的清泉水，
甘甜清凉最养人的心，
吃龙潭水长大的儿子，
个个勤劳勇敢有本事，
吃龙潭水长大的姑娘，
个个生得像花一样俏。
转来转去地找，
挑来挑去地看，
找遍了每一条冲冲，
踩遍了每一道山梁，
在寨边的洼地里，
找到了一眼清澈的龙潭。③

这些是哈尼族古歌中寻找和选择生活饮水源标准的描述。哈尼族认为，出自地面的清泉水是"龙"吐出来，这种水质不同凡响：甘甜清凉、

① 西双版纳傣族自治州民族事务委员会编：《哈尼族古歌》，云南民族出版社 1992 年版，第 134 页。
② 哈尼族认为，会冒浑水、起气泡的龙潭水是有毒的水，不宜饮用。
③ 赵官禄等搜集整理：《十二奴局》，云南人民出版社 1989 年版，第 94—95 页。

清澈见底，常年不枯竭。因此，对生活饮水源的选择与寨神林的选择是哈尼族安寨定居的首要条件，没有出自地面的清泉水，再好的地形也不能作为安寨定居的地方。

（二）生活饮用水管理

哈尼族的生活饮水源一旦被选定，便以信仰的形式加以保护。《十二奴局·安寨定居》中讲，选中了"龙潭"后：

> 挖去旁边的泥土，
> 抬来硬硬的石板，
> 把四周砌起来，
> 把龙潭围在中间，
> 水井修好了，
> 杀一只红公鸡祭献天地，
> 求天神地神好好保护龙潭，
> 一年四季都冒着清清的泉水。①

一年一度的十月年、昂玛突、矻扎扎三大节日是哈尼族的主要节日，也是各种仪式繁多的节日，其中的第一仪式就是"老合索"（lolhovqsol），即清洗水井，清除井壁上青苔和井底沉淀物，清扫井前杂物，认真察看水源是否受污染，然后主持祭祀的咪谷以 1 只公鸡和 1 只母鸡做祭献水神的牺牲，就地宰杀煮熟后祭献，祈求清澈见底的水源永不枯竭。背"圣水"是哈尼族三大节日的主要仪式，主持祭祀的咪谷把清洗水井的仪式完毕，由他先取"圣水"后，人们就会纷纷以竹筒取"圣水"，背回家中烹制各种祭品，祭祀祖宗。哈尼族认为，用"圣水"才能洗去肮脏的灵魂和一切不干净的东西，因此，哈尼族认为，祖先喝了"圣水"会保佑人畜安康，五谷丰收；人们喝了"圣水"，身体会健康，心灵会净化。

---

① 赵官禄等搜集整理：《十二奴局》，云南人民出版社 1989 年版，第 95 页。

图 4—14　从水井里背回"圣水"祭神
Fetching Back the Holy Water for Sacrificing

　　元阳县全福庄等村寨每年昂玛突、矻扎扎节清洗水井仪式时以竹篾编制一个大螃蟹，挂在井口前祭献，哈尼族认为水井清澈见底、水源永不枯竭是水神螃蟹保护的结果。每年村社祭祀活动时烹制祭神供品的饮用水必须是出自建寨时选定的水源。因此，安寨定居时选择的这口龙潭就是一寨人神共饮的泉水。

　　哈尼族以宗教仪式保护水井，其实质是告诫人们日常饮用汲水的地点是宗教圣地，任何人、任何时候、任何方式都不得污染水源，否则将受到全寨人的惩罚，轻则罚金买鸡鸭清洗水井，重则不让其家庭永久饮用其水源，由此客观上保证了日常饮用水的清洁。

　　在哈尼人的心目中，水井是神圣的，是生命之源，是村寨心脏之象征。因此，对爱护水井的教育从婴儿抓起。元阳县小新街乡者台村等地的哈尼族，当婴儿满一轮（13 日）举行的出门礼（见天礼）就是将婴儿背到水井以一个熟鸡蛋、一点糯饭祭献水神，然后将熟蛋剥开以蛋黄擦婴儿的前额和脚底，最后主持祭祀的人从井中打一瓢水带回去，以示婴儿得到生命之源，健康成长。珍爱水源如生命的潜意识教育从婴儿始，因此，对水井保护是全体村民的大事。平时父母教育不懂事的子女不能往水井扔东西，更不能扔脏物，否则会遭天神雷劈，不能砸烂渡水槽，否则嘴唇会缺口。这样的教育使即使不懂事的小孩也不敢轻易去冒犯水井，从而最大限度地保护了水源的清洁。

　　哈尼族对水井的建设也讲究生态环境，建盖新水井时，井壁四周用青石板相隔，井顶底层用青石板覆盖，然后在其上盖土，保持井壁的湿润度，土质上种植刺槐，以防猪鸡上去拱土，同时在井缘边栽竹，以防止水井周边水土流失。井壁的正前方开口，以便取水，一般备有公用取水的大竹筒水瓢，井水蓄满后顺水槽往外淌，也可用桶接水。为了充分利用流淌出来的清水，在井口前设一池塘，人们可以在池中洗菜，从洗菜池流出来的水流进另一池，作为人们洗衣洗脚用。通过人们利用后的生活用水又沿着排水沟流入梯田。

　　哈尼族村寨大多地处森林边缘，但并非到处都有清泉流淌。但是，哈尼族认为出自龙潭、清泉的水源人们才能饮用，于是将高山森林中的泉水引入村寨，长距离的水源挖沟引水，接近村落边又以竹槽渡水引入村内建好的水井中，以防水质受污染。

　　架设竹槽引水是哈尼族村寨建设的一项重要内容。20 世纪下半叶的后 30 年里，哈尼族地区的环境变化特别大，由于村落周边的森林明显减少，建寨以来就饮用的清泉开始变浑，甚至达不到饮用标准。于是远距离引高山森林的溪水流入寨中，是哈尼族生活水源建设的重要工程。

图 4—15　源自地下的泉水
Spring Water from the Beneath

图 4—16　水井边种植各种树木
Growing Trees along Wells

四　哈尼族的饮料与生态文化

哈尼族居住区域是世界上茶叶的原产地，至今已发现最古老的野生型和人工栽培型茶树均在哈尼族地区，是世界上著名的茶叶产区之一。唐人樊绰所撰《蛮书》记载："茶出银生界诸山，散生无采造法，蒙舍蛮以椒、姜、桂和烹而饮之。"宋人李石所撰写的《续博物志》记载："茶出银生诸山。采无时。杂椒姜烹而饮之。"[①] 清朝人祁韵士撰《西陲竹枝词》和雪鱼撰《鸿泥杂志》等古籍也有相似的记载，古时银生为今景东县，唐南诏时期为和泥部落，此种饮茶方法至今仍为哈尼族所具有，这足以说明哈尼族先民是茶叶的栽培和饮用的创始者之一。

哈尼族的生态饮料主要有茶及野生"松落茶"、"番条"。从哈尼族生存环境的生态结构来分析，"松落茶"、"番条"等野生植物也是哈尼族最原始的野生饮料之一。[②]

"松落茶"，多年生草本植物。生长于海拔 1500—2000 米左右的高山松林地带。每年秋季采集，晾干备用。饮用时可以直接沸水冲泡，也可以用茶壶煨煮。它具有清香、利尿、接骨的药用功效。藤条江流域的哈尼族

①　转引自《哈尼族文化大观》，云南民族出版社 1999 年版，第 105 页。

②　白克仰主编：《红河哈尼族文化史》，云南民族出版社 2006 年版，第 203—206 页。

至今还普遍饮用。"番条"，一丛生木本植物。喜生于海拔 1000—2000 米左右的高山上。每年秋季采集，置于屋檐下晾干备用。每年农历二三月间，人们常用铜壶煮水喝。煮水前要将"番条"拿到火塘边烘烤一下，投入烧开的壶水中，再煮几分钟即可倒出来饮用。具有解渴醒脑清热的功效。

哈尼族地区人工栽培茶出现后，上述两种野生饮料在哈尼族重要的饮食场所逐步被人工栽培茶所替代，但有的地区哈尼族日常生活中仍然在饮用。从地理位置上看，哈尼族地区的人工栽培茶以驰名中外的"普洱茶"主产区的普洱、思茅等为核心向其周边辐射，向东至墨江、红河、元阳、绿春、金平等哈尼族聚居县，向南至澜沧、勐海等哈尼族聚居县，几百年前就已盛产大树茶叶，形成大弧形的哈尼族茶叶产区。目前许多地方还可以看到 100 多年树龄的老茶树。这些老茶树仍在每年吐新芽，惠泽今人。除了"普洱茶"的主产区外，绿春、元阳、红河等县的哈尼族地区，茶叶是主要经济作物之一。哈尼族创造了许多知名的茶叶品牌。如绿春的"玛玉茶"、"绿和茶"，元阳的"云雾茶"、"磨锅茶"，红河的"星阁云辉"等，畅销省内外，甚至出口国外。

长期生活于大山中的哈尼族，种茶、采茶、制茶、喝茶是他们生产生活的基本内容之一。采茶时，严格按"一尖一叶"采下来的茶叶，加工出来就是最上等的哈尼茶；如果采的是一尖两叶、三叶的茶，可以加工成哈尼族竹筒茶，这种茶叶大多是自家饮用。

哈尼族茶叶加工方法较为简单，以农户个体为单位自行加工，其方法是把当天采回来的茶叶，用干净的铁锅以微火清炒，然后放在簸箕中用手工搓揉，搓揉的时间越长越好，搓好之后，再次倒入锅里，用微火再次翻炒，炒至清香味的时候拿出来，散开于干净的簸箔上晾干即成。制作竹筒茶，事先要备好一头留底的新鲜竹筒，将竹筒清洗干净，把杀青后搓揉好的茶叶塞进竹筒里，并用木杵紧压，装满竹筒后，放于火塘边慢慢烘烤，边烤边转动竹筒，使筒内的茶叶受热均匀。把竹筒烤干以后，就可以把它置于阴凉处。需要用茶时把竹筒砍开，取出茶叶即可。

哈尼族饮茶方式主要有 3 种：煮茶、煨茶和泡茶。泡茶比较大众化，把干茶叶放入杯或碗中，用沸水冲泡即可饮用。煮茶是在人多场合下适用，用铜壶烧沸水，把干茶叶放入壶中稍煮即可饮用。相对而言，煨茶比较讲究，也叫煨酽茶，老年人特别喜欢喝。其泡制方法是，用土陶罐，放入半罐干茶叶，放在火塘边烘烤，边烤边翻滚茶罐，待罐内的茶散发出清香味后，把茶罐移开火塘边，往罐中加入沸水后又放在火塘边用微火煨煮后倒出来可饮用，喝完后茶继续留在罐中，可数次加水煨煮。其特点是带清香而甘苦，汁液色黄而浓，解渴、助消化，劳作中饮用可消除疲倦。清阮福《普洱茶记》载："普洱茶名遍天下，味最酽，京师尤重之。"[①] 清赵学敏《本草纲目拾遗》载："普洱茶膏黑如漆，醒酒第一。绿色更佳，消食化痰，清胃生津，功力尤大也。"清吴大勋《滇南闻见录》中也说："其茶能消食理气，去积滞，散风寒，最为有效之物。"[②] 这些古人的话均道出了哈尼族饮茶习俗及其煨酽茶、普洱茶的特点和保健功能。

土锅茶，也是哈尼族喜爱的饮茶方式，其以精制的绿茶为原料。做法是把土锅清洗干净，在锅内加入清泉水，把土锅移到火塘边或山脚架上烧沸水，然后在锅内加入适当的精制茶，煨煮四五分钟即可倒入杯中饮用。其茶水色金黄，味清香。

青竹茶是哈尼族在野外劳作中喜欢制作的茶。其做法是砍来一节竹筒，一端留节，另一端开口，筒内清洗干净，采集鲜茶叶装入筒内，把竹筒放在火塘边烘烤，边烘边翻动竹筒，待筒内的茶叶发出清香味，加入清泉水，把竹筒移至火堆上煮十来分钟即可饮用。其茶水色绿，味带青竹香，回味无穷。

图 4—17　哈尼族制作的 "红茶饼"
Cake-shaped Black Tea Made by the Hani People

① 转引自《哈尼族文化大观》，云南民族出版社 1999 年版，第 103 页。
② 同上书，第 109 页。

哈尼族不仅喜欢饮酒，也善于酿制各种酒类。主要有焖锅酒、小锅酒、苦辣白酒和甜白酒，也成为哈尼族的生态饮料之一。

焖锅酒是哈尼族的特色饮料。焖锅酒，是哈尼族传统的清酒，具有清香、醇厚、口感好等特点。酿造焖锅酒的关键是酒曲。自制酒曲的主要原料为大米、花椒和多种草药。做酒曲的关键又是要使它发酵良好。酿造焖锅酒的主要原料是稻谷、苞谷、荞子和高粱，也可将几种粮食原料合在一起发酵。方法是把原料用麻袋或在谷船内浸泡 10 余小时后放入大铁锅内煮烂，淘干水分放凉后，按一定的比例撒酒药，并充分搅拌均匀。然后装入大篾箩内发酵，并置于温度 30℃ 左右的地方，过数日酒饭开始发酵，发出阵阵酒香时，再把原料装入大陶罐里，罐口用草木灰泥密封不透气，让其继续发酵。一般情况下，20 天左右就可以烤酒了。民间有发酵时间越长酒越香的说法。烤制焖锅酒，民间用小甑子烤制。把发酵好的原料装入木甑中，每次只能装半甑，甑子内原料头上置一个装酒的钵头。钵头大小根据甑内原料多少和出酒量而定。然后把甑子支在锅灶上，甑子头上支一盆铜质冷却器，内装冷水。灶窝里加旺火蒸酒，甑内蒸汽上升后，遇铜质冷却就滴入甑中的钵头里，随着时间的延长，酒越积越多。因接酒器置于甑子内部，看不见摸不着，故得名焖锅酒。蒸酒的过程中，要及时更换冷却器中的凉水，水温一直要保持凉水状态。一般情况下，换 3—5 次水后，焖锅酒就烤好了。蒸多少时间为宜，这要根据火力和原料的多少凭经验而定。这也是酿制焖锅酒的关键，时间蒸长了，甑中的钵头酒装满溢出外，更重要的是酒精度会降低，蒸的时间短了，可能甑中的钵头酒未装满，且酒精度会很高，一般会在 60 度以上。

除焖锅酒外，哈尼族烤制小锅酒。焖锅酒与小锅酒的区别在于接酒的方式不同。烤制小锅酒的甑子，从下往上 3/4 的位置开出一个小洞，接酒槽从这个洞口伸出来。这种烤酒方法的优点是，出酒情况看得见，并可边品尝边烤酒，酒精度的高低便于掌握。弱点是酒香味不如焖锅酒。

甜白酒，也是哈尼族最早的饮料之一，逢年过节，祭献祖先，祭祀神灵，婚丧活动都离不开甜白酒。现在许多哈尼族地区，每家都有一对老祖先传下来的甜白酒罐，哈尼语称"知祖布然"。长期置于家中供奉祖先神位下方篾笼中，逢年过节时以此酿制甜白酒。若家中遇有高龄老人去世

图 4—18　哈尼族烤制"焖锅酒"
Making Special Local Wine

时，这个酒罐也要抬出来，置于为死者举行丧礼的祭桌旁。其意为向死者和历代祖先敬献甜白酒。由此说明，哈尼族对甜白酒的重视和久远的历史。

五　哈尼族烹饪特色与生物多样性

哈尼族的饮食主要有煮、蒸、炒、烀、烧、烤、炖、炸、焙等烹制方式。煮、蒸、炒、烀是常见的日常菜谱烹制方法；烧、烤常见于野外饮食的烹制。节日仪式饮食的制作除煮、蒸、炒、拌生外，炖、炸、焙方法也用上。哈尼族在特色菜谱的烹饪中，其主料、辅料和调料的调和与搭配以绿色植物用料品种多为特色，因此，哈尼族在生产中需要特别培植和保护绿色植物。这就体现了哈尼族饮食烹饪特色与生物多样性的关系。

（一）主食结构与烹饪特色

哈尼族从古至今从事梯田稻作农耕，由此形成以稻谷加工而成的大米饭为主食结构的饮食特征。西双版纳、澜沧等地的哈尼族历史上主要种植陆稻，辅以荞子、玉米、黄豆、高粱为副食。中华人民共和国成立后，在人民政府的帮助下，哈尼族水田稻作有了发展，逐步从旱地刀耕火种的农耕向水田稻作农耕转型，由此从陆稻加工成的主食结构向水稻加工成的主食结构转型。红河流域哈尼族梯田种植的水稻以黏性籼稻和黏性粳稻为主，节日喜食糯性籼稻。其中，普遍日常食用的品种有冷水谷、麻线谷、黄壳谷、早谷、大老粳、小老粳、小花谷、大红脚谷、小红脚谷、白糯、长毛糯、香糯等。除糯米外，这些谷种的米质均呈红色，故其烹制出来的饭称红米饭。此外，以玉米、荞子、小麦、高粱、毫米等做辅助杂粮。下文列举几种红米烹制的特色食品。

生蒸饭：是逢年过节、嫁娶婚事、丧葬等活动时的主食。其特点是饭粒稍硬，香味可口，不失其营养，食后耐饿。其烹制方法是，将大米淘洗浸泡4小时后，把水淘干，盛入木甑里生蒸1小时左右，至米饭7成熟后倒入大木盆里，将饭团搅开，洒上适当的凉开水反复搅拌，待水分被米饭吸干后，再将米饭重新盛入木甑里蒸熟即可食用。烹制的关键是生蒸后洒水要适中，洒水过多，饭粒太软，达不到生蒸效果，洒水过少，饭粒则硬得无法食用。

图4—19 生蒸饭 Steamed Rice

染黄饭：一般在农历二月和三月过"昂玛突"节、开秧门时烹制。此时，春耕伊始，黄花盛开。黄花是生长在哀牢山区海拔1400—2000米地带的一种小灌木，俗称"七里香花"。将其花放入铁锅中煨煮，待煨煮所得的黄色汁液冷却，将淘洗过的糯米盛入黄色液汁中搅拌浸泡数小时让其染透黄色，再把染透黄色的糯米淘干水分盛入木甑里蒸熟即可食。此时烹制染黄糯米饭的原因，一方面必须以黄糯米饭、肉、染色蛋等作为祭品祭献寨神、地神以及报春的布谷鸟。另一方面此烹制的糯饭比普通糯米饭的味道香醇，口感滑润，也是招待客人的好食品。

图4—20　七里香花染色的糯饭
Sticky Rice Colored with Common Jasmin Orange

鸡肉稀饭：其味鲜美，富营养。原料主要是普通大米加少许糯米、鸡肉汤、食盐。其制作是，杀一只鸡，切毛剖腹，去内脏后洗净，以整体鸡放入锅中加清水煮，同时放250克大米，肉饭同时煮熟。待熟的鸡肉捞出后，锅内剩下的米粥，撒进适当的食盐即可食用。

竹筒饭：其制作方法是，先将米淘洗浸泡1小时，砍来一节一端留底，另一端开口的竹筒，用清水洗净筒内，盛入浸泡好的米至筒内壁2/3，灌入水至过米3—4厘米，用芭蕉叶或无毒叶子紧塞住筒口，筒口朝天放在火堆上翻滚烧，先用强火烧，待筒内水烧干后，用微火翻烤30分钟，然后把烧焦的竹筒口朝天在清水里浸泡一下，用刀剥去竹筒壳，留下的米饭即可食，其特点是味香软可口。

土锅饭：用土锅烹制的米饭。其饭粒软、味香、富营养，比一般铁、铝锅烹制的米饭可口。按哈尼族传统是老人才能享有的米饭。土锅是用一种黏糯性红土或紫黑土烧制而成的古老炊具，有大有小，越烧硬度越强，元阳、红河等县内有烧制。但由于铁、铝锅的问世，用量逐渐减少。土锅饭的烹制是将淘洗后的米盛入锅内，加清水至过米 3 厘米，再将土锅加盖放在三脚架上烧煮，待水烧干，以炭火烧 30 分钟即可食。

上述哈尼族的主食大米的烹制特色略举一二。哈尼族的主食风味烹制有其美好的传说，其中蕴含着深刻的生态食疗哲理。比如鸡肉稀饭的来历是这样讲的：

传说在很早以前，哈尼族阿卡支系的一个寨子里，有一个年轻的寡妇，她为了养育一对儿女，起早贪黑，忙里忙外，节衣缩食，把儿女养大成人，自己却患上了一身疾病。有一次她病倒了，几天不吃不喝，急得两个儿女不知所措，天天给她杀鸡煮肉也没胃口，米粒不下肚。眼看老人家的病越来越重，兄妹俩商量着把最后一只母鸡宰杀后，处理好内脏洗净，把鸡肉整体放进锅里，并将淘洗的米也放进去，再加入清水和鲜姜片煮出稀饭来，端到老人面前一闻到独特的清香味，老人睁开眼，一口气吃下了半小碗。兄妹俩看到阿妈喜欢吃肉稀饭，就想办法天天煮肉稀饭给阿妈吃，半月过后老人的病好了。从此，人们知道肉稀饭的疗效，久而久之成为哈尼族喜欢的一道饮食了。[①]

（二）生态菜肴与制作方法

哈尼族一般实行一日 3 餐制，早晚 2 餐在家中食用，中午以特制竹筒或竹篾饭盒带到田间食用。一日 3 餐不可缺少的调料是食盐、豆豉、辣椒，任何蔬菜素煮烹调，都以这 3 种为原料做一碗蘸水，并缺一不可，也是日常的调料配制。因此，哈尼族无论日常，还是节日摆饭，必须将盛有食盐、豆豉、辣椒的木制盐碟先上桌。这 3 种配料也是象征人丁、六畜、五谷的兴旺发达。哈尼族俗话说："宁可三天不吃油，豆豉顿顿不能少。""不吃豆豉不会唱山歌，不吃辣椒歌声不响亮。"这些俗语道出了哈尼族的饮食习俗与特征。

1. 典型菜肴与制作方法

豆豉的食用方法有多种，一般先将制作好的小豆豉团在火塘热灰里捂熟，再将其捣碎与菜一起炒或煮，捣碎的豆豉、辣椒面、食盐搅拌食用或做蘸水，是日常调味法。

---

① 门图：《西双版纳哈尼村寨文化》，中国文学出版社 2002 年版，第 108 页。

　　豆豉：哈尼族最有特色的调料豆制品，其色黄黑，生嗅难闻，烘熟味香，开胃。主要原料是黄豆。其制作方法是，将黄豆浸泡数小时后煮熟，并将其装入隔有干叶子的笤筐里包盖严实让其发酵。一旦在豆子表面生出霉菌有臭味就将其从笤筐中倒入大木盆里，将豆子剁绒为豆泥。按一定比例的鸡肝散花、花椒叶和豆秆灰一起加水煮沸并滤去杂质，用滤水均匀地搅拌在豆泥中，然后将其捏成小豆团或小豆饼，用火烟熏干透后即可储备食用。其中的配料鸡肝散花、花椒叶和豆秆灰起到消炎疗效。

图 4—21　哈尼豆豉
Fermented Soya Beans

　　蘸水：哈尼族的特色风味，虽然各种蘸水的配料不同，但主要的区别在绿色植物的调配上。以鸡肉蘸水为例，主要原料是食盐、辣椒、生姜、蒜苗、苤菜、香蓼、芫荽、薄荷、草果、麻椒、熟蛋黄、鸡内脏、鸡汤等。其制作方法是将绿色原料洗净切碎放入大碗中，加适当的食盐、味精、辣椒面、草果面、麻椒面，切碎鸡内脏与上述原料搅拌，冲入热鸡汤，再放进熟蛋黄搅烂即可成。其以绿色植物配料多为特色，有的配料多达二三十种，味清香麻辣，百食不腻，大开胃口。是哈尼族过年过节杀鸡宰鸭时必做的一道特色菜，将鸡块放入其中蘸食。

图 4—22　哈尼蘸水
Flavored Seasonings

拌生菜：主要原料是瘦肉、萝卜、青菜、苤菜、蒜、鱼腥草、水芹等。其制作方法是，先将绿色蔬菜洗净并切碎，稍稍揉出水分放在碗盆里，再将剁细的瘦肉放入油锅里炒香、加少许肉汤后全部趁热倒进已切碎的蔬菜上，加适当食盐、辣椒、味精一起搅拌均匀即可食用。其味道鲜美、清凉、解腻。

叶子包烧泥鳅：原料必须是鲜泥鳅。其制作方法是，将泥鳅洗净，撒上食盐、烤香后舂细的豆豉、辣椒面搅拌均匀，把泥鳅用鲜芭蕉叶、青菜叶包扎好，叶子包多层，再把包好的泥鳅在火炭灰里捂 10—20 分钟，待外层的叶子烧焦时，内包的泥鳅即可食用。其味鲜美香辣。其做法常见于田野劳作时。

竹筒煮肉：原料必须是鲜瘦肉。其制作方法是，先砍好一节竹筒，一边留竹节，另一边开口，用清水洗净筒内，把肉片放入筒中，加清水，筒口朝天用无毒叶塞住，放到火堆上烧煮。待筒内水煮沸取开叶塞，加适当猪油、食盐后，继续煮数分钟即可食用。此操作常见于野外，但其味比铁、铝锅烹制的味道鲜美。

牛肉汤锅：其制作方法是，将宰杀好剥皮的牛肉洗净砍成 250 克一块的数块，适当加入洗净的牛排、牛骨、牛油、牛血及其五脏一起混合煮，煮至肉熟，取出肉块切成小片，再做一个配有薄荷、麻椒、辣椒、食盐、味精、肉汤的蘸水，将肉片放进蘸水里蘸吃。

　　白旺：传统生食饮俗，也称头刀菜。主要原料是猪、牛、羊、鸡、鸭等鲜血，另加新鲜蔬菜，如萝卜丝、卷心菜、苤菜、青菜、蒜、鱼腥草、车前草等可生食的绿色蔬菜。其制作方法是，以一底部撒有少许盐的盆盛接杀猪时刚溢出的猪血，兑适当的清水在血盆中，用一双筷子按顺时针方向飞速搅动，待起泡沫后，放一些烧熟的瘦肉丝和炒香捣碎的花生米，再把已切碎的蔬菜放入血盆中搅拌，然后加适当的食盐、味精、草果面、辣椒面认真搅和均匀后压平，待凝固结成块状，用尖刀划成若干小块即可食。其色鲜红带绿、味鲜香辣，性解腻。是哈尼族杀猪等家畜家禽时必做的一道生菜。

图 4—23　白旺（牲血拌生菜）

Baiwang Flavored Dish Made with Animal Blood and Fresh Vegetables

　　牛苦肠凉拌：其制作方法是，宰杀牛时，将小肠中俗称粉肠的分泌物以棕叶衣皮滤去渣物，将过滤所得的汁液盛入碗中，滴入牛苦胆，放食盐、辣椒与切碎的青菜、萝卜丝搅拌，其味苦凉。是哈尼族在举行丧礼时必做的一道菜。

哈尼族还有许多豆豉和酸笋调料的菜。如豆豉煮泥鳅、豆豉煮螺蛳、豆豉炒茄子、豆豉煮南瓜叶、豆豉煮芋菜、豆豉煮青椒、牛肉煮酸笋、鳝鱼煮酸笋、螺蛳煮酸笋、鸡肉煮酸笋、鱼煮酸笋等风味。

表4—1　　　　　　　　哈尼族蘸水与生物多样性一览表

名称	主料	配料
日常蔬菜蘸水	食盐、豆豉、辣椒	蔬菜汤、味精
鸡肉蘸水	活土鸡	食盐、鲜辣椒、苤菜、香椿、生姜、蒜苗、香蓼、刺芫荽、鲜麻椒、草果面、熟蛋黄、鸡内脏、熟鸡血、鸡汤
猪肉蘸水	鲜猪肉	食盐、鲜辣椒、苤菜、香椿、生姜、蒜苗、香蓼、薄荷、草果面、骨头汤、熟猪血
狗肉蘸水	鲜狗肉	食盐、鲜辣椒、香蓼、薄荷、鲜麻椒、大薄荷、香姜叶、狗肉汤
羊肉蘸水	鲜羊肉	食盐、鲜辣椒、香蓼、薄荷、鲜麻椒、大薄荷、地椒、羊肉汤
牛肉蘸水	鲜牛肉	食盐、鲜辣椒、香蓼、薄荷、鲜麻椒、牛肉汤、地椒
白旺（生血菜）或头刀菜	鸡、猪、牛、羊血均可	草果面、食盐、炒香花生米、炒香瘦肉泥、鲜辣椒、苤菜、青菜、蒜苗、卷心菜、鱼腥菜、车前草、鲜萝卜丝

2. 食笋文化

哈尼族自古以来生活在产竹区域内，有悠久的食笋历史。目前，食笋品种较多，但主要采集的品种有龙竹甜笋、龙竹苦笋、苦竹笋、薄竹笋、刺竹笋、滑竹笋、金竹笋、箭竹笋等，除龙竹笋和金竹笋属人工栽培外，其余均为野生。

哈尼族对竹笋的加工大致可分为两大类：一类是加工成笋干，其中又分干巴笋、干笋片和干笋丝；一类是酸笋加工，根据不同种类的竹笋又加工成不同的酸笋。干巴笋以金竹笋和滑竹笋为佳，将采集到的鲜笋剥去笋壳后，一棵竹笋撕成几瓣在阳光下晒干存放。干笋片、干笋丝以龙竹甜笋、毛竹苦笋为好，将竹笋剥去笋壳，一棵竹笋切成两手指宽的笋片或切成筷子头大小的笋丝置于阳光下晒干存放。酸笋用龙竹、苦竹的鲜笋剥壳后，切成丝或拳头大小的块状，放入罐内注入清水腌制。

哈尼族竹笋的烹饪技术有炒、煨（煮）、焯、蒸、烧、炸等多种方法，不同品种的竹笋采取不同的烹饪技术。干笋在清水中浸泡 8 小时左右，洗去黄色液汁，以韭菜、油、食盐、辣椒、豆豉做配料炒食，这是大众化的烹饪技术。以下介绍一些哈尼族风味的竹笋菜谱：①

干笋煮干豆：干笋浸泡洁净后与老鼠豆、绿豆、红芸豆等豆类一起放入土锅内，用微火慢慢煮，待豆类炸裂加适当油、盐即可食用。

干笋煮猪脚腊肉：干笋浸泡洗净，猪脚腊肉的表皮面以火焰熏成焦黄后刮洗干净，一起放入土锅内，用火慢慢地煨煮，待肉煮烂即可食用，味甜。

焯薄竹笋：以新鲜采集到的薄竹笋去壳后，将一棵笋子劈成三四节，用清水洗净，放入锅内加清水煮熟。再做一碗配有盐、辣椒、豆豉、味精、笋汤的蘸水，将笋子蘸吃。味凉、爽口、开胃。

烧刺竹笋：以新鲜采集回来的刺竹笋不去笋叶，用热火塘灰煨熟，然后剥去笋壳，放入盐臼内，配以盐、辣椒、豆豉，捣细即可食用。

箭竹笋羹：采集新鲜箭竹笋去壳，放入锅内加清水煮至半熟，取出来晾干水分后，整齐地放在簸箕里，用干净的干巴芭蕉叶盖好，再加盖麻袋，置于温热的火塘边捂上 3—5 天，以笋子表层出现白菌为宜。取出来放入碗中，加食盐、薄荷、辣椒、姜等配料，置于甑上蒸至糊状即可食用。

牛肉煮酸笋：新鲜牛肉清洗后，砍成 500 克左右的块状放入锅内煮至九成熟，取出肉块切成片，肉片与酸笋丝以 3∶1 的比例混合入锅内再煮。直至牛肉煮熟为止。再做一碗配有花椒、薄荷、香柳、盐、辣椒、味精、牛肉汤的蘸水，用肉片蘸食。其味鲜美开胃。

鸡肉煮酸笋：鸡宰杀后拔去鸡毛，处理好内脏洗净，将整只鸡放入锅内加清水煮至半熟，再加入适当的酸笋丝，直至鸡体煮烂。然后做一碗配有香柳、芫荽、生姜、蒜苗、花椒、食盐、辣椒、味精、鸡汤的蘸水，将

---

① 黄绍文：《诺玛阿美到哀牢山——哈尼族文化地理研究》，云南民族出版社 2007 年版，第 332—334 页。

鸡切成小块蘸吃。其味鲜甜、酸辣可口。

鳝鱼煮酸笋：将新鲜鳝鱼内脏处理后，切成几节，鳝鱼与酸笋丝以3∶1的比例混入锅内加清水煮至半熟，再加入适当的花椒、薄荷、辣椒、猪油、食盐煮熟即可食用。

螺蛳煮酸笋：从田里捡回来的螺蛳用清水养2—3日，并每日换水一次，让其吐尽腹内脏物。然后将田螺割去尾部洗净，放入锅中干炒，并不断搅动，待螺盖自然脱落，加清水煮，同时放入适量的酸笋丝、辣椒、花椒、猪油、盐煮沸20分钟，最后放薄荷即可食用。其味酸甜、麻辣、开胃。

鱼煮酸笋：将各种鱼类（鲤鱼为佳）去内脏放入锅内加清水煮沸，然后放猪油，以表层漂起一层油为宜，再加适当的酸笋丝，同时加适量的盐、辣椒、花椒煮沸10分钟，最后加薄荷和少许味精即可食用。其味鲜甜、麻辣、开胃。

竹筒鱼汤：指用竹筒烹制出来的鱼汤。原料有花鳅、猪油、食盐、辣椒、豆豉和酸笋丝。其制作方法是，以一节一端留底、另一端开口的鲜竹筒，灌入适量的清水，筒口朝天放在火堆上烧煮。水煮沸后，将河里捕获的鲜鱼放入竹筒烧煮，然后再放猪油、食盐、辣椒、豆豉和酸笋等作料煮沸5分钟即可食用。其味鲜甜、酸辣可口。

哈尼族地区食笋习俗至今广为流传，我们也可从中窥见哈尼族饮食文化的多样性。食笋文化丰富了哈尼族的饮食生态文化。

（三）进食禁忌

哈尼族的进食禁忌更多的是对女子禁律。表现在她们终身不得参与"昂玛突"等村寨神林的祭祀活动，不能到神林里分享供品，平时也严禁入神林。女子未出嫁之前忌食双黄蛋、双果实等，吃这些认为日后会产双胞胎（哈尼族认为不吉利）。女子怀孕时不吃姜，否则会产6指。女子生男婴坐月子不吃猪油，否则对婴儿生殖器不好。女子在夫家进餐时，不得与公公、叔伯、兄长等人同桌共食，即便在妊娠期间也不例外。此外，天边出现彩虹时不能去汲水，更不能喝水；全族人忌食猫肉以及野生动物老虎、豹子、大象、穿山甲、猴子、喜鹊、布谷鸟、白鹇鸟、杜鹃鸟、燕子、乌鸦、点水雀、蛇类等；属狗的人忌吃狗肉，属牛的人忌吃牛肉，这与动物图腾有关。

　　哈尼族女子在进餐时，她们不得与兄弟和男性父辈同桌而坐，只能端碗站在一旁，随时观察餐桌上饭菜的进食情况，如果饭菜少了，立刻丢下自己的碗筷去添饭添菜。即使是那些已有儿孙的家庭主妇，如果家中有男性客人进食时，严禁上楼取物，必须另择时间，若当时非取不可，也只能指使儿孙等人上楼。

　　综上所述，哀牢山和无量山是哈尼族饮食来源的自然环境，水稻和陆稻是哈尼族的主食结构。上述哈尼族的各式菜肴，有日常食用，也有节日庆典食用。但各种菜肴，均讲究原料的调和与搭配：主料与辅料搭配、主料与调料搭配、辣与麻搭配、香与甜搭配、熟与生搭配等。用料品种多样化、绿色植物多样化是哈尼族饮食生态文化的特色。竹笋可以为多种主料中的一种，也可能是惟一的一种主料，而与之相搭配的辅料和调料则是多种多样。

第五章

哈尼族营造村落环境中的生态文化

哈尼族从迁徙生活到定居生活都注重其生存环境的认识和营造。在早期的社会生产活动中，做出了各种生境的选择，他们尤为注重自己生存环境的选择和构建，对自然生境选择的基本模式就是村寨后山要有茂密的原始森林，寨子两侧要有斜插的山脉延伸，要有常年不断的菁沟溪水流淌。他们将溪水泉流以开挖水渠引至寨中或寨脚便于利用。村寨下方延伸的缓坡地带，开垦出来的层层梯田连接着村寨。这就是哈尼族土地利用经典的生态景观组合，即森林—水渠—村落—梯田四位一体的有序布局，在空间上形成缺一不可的生态复合体。

一　哈尼族迁徙与生态环境的认知

人类群体在其形成和发展过程中由于种种因素影响，常常会发生规模不等的空间迁移，并在其空间迁移过程中，对环境认知程度不断加深，逐步积累了许多生态知识。这些生态知识对该民族的文明演进产生了深刻的影响。

（一）哈尼族迁徙中的文化传播方式与路线

1. 哈尼族文化传播方式——文化扩散

文化扩散的类型有两种：扩展扩散和迁移扩散。所谓扩展扩散是指某种文化现象通过某一地的居民为中介在空间上从一个地方传播到另一个地方，其文化所占据空间越来越大。其特点是某种文化现象从原分布地区逐步向外扩大，使其覆盖面积越来越大，并且其地理空间是连续的。① 哈尼族文化扩展扩散表现在：自秦汉时期，其文化在以西昌为中心的"都广之野"形成之后，按理应向其四周扩散。但由于其西有雅砻江峡谷阻隔，北面又是其源流方向，因此，向东、南方扩散。至唐代，在金沙江两岸形成 5 个和泥文化核心区，即今四川凉山州境内金阳县形成和泥阔部落；云南元谋县北境姜驿形成和泥绛部落；滇东北东川、会泽、巧家等县形成和泥阈畔部落；昭通、鲁甸、大关等县形成和泥乌蒙部落；镇雄、彝良、威信和黔西北毕节、大方、赫章、威宁等县市形成和泥芒布部落。② 这 5 个和泥文化核心区的地貌单元是相同的，其空间分布是连续的。

　　所谓迁移扩散是指拥有某种文化特征的人或群体，由于某种原因到了另一地后将其原有的文化特征在新居住地传播开来。其特点：一是扩散较快；二是带去的是原本文化；三是新扩散地与文化源地空间上是不连续的。哈尼族文化扩散主要是迁移扩散类型。哈尼族文化迁移扩散时期是从魏晋南北朝至唐代。这一时期哈尼族从金沙江流域的 5 个文化核心区逐渐向南迁移，最终定居在哀牢山和无量山下段至今。迁移扩散是这一时期文化传播的主要类型。由于哈尼族文化源于青藏高原古氐羌族群，游牧文化在哈尼文化中占有重要的地位。比如，哈尼语"赠"（zeiq）一词，原意是指牛、马、羊、猪、狗、鸡、鸭等家畜家禽的总称，引申为资本或财富的意义，其中，羊在哈尼族生活中占有重要的地位，高等丧礼以羊为主要牺牲。哈尼族至今在哀牢山区有放野牛的习惯，即把牛群赶上山，早晚不归厩，3—5 天去看一次其所在的位置，直至翌年春播才把牛赶下山犁田耙田。这些都深刻地烙上了北方游牧文化的烙印。哈尼族来到云南高原后，游牧文化日渐退出，稻作农耕成为其文化的主要形态。他们在大渡河之南的"都广之野"创造的"其土青黎，其田下上"的稻作农耕文化，在迁移途经的一个又一个坝子中得到了完善和发展，但由于"平坝给哈尼带来悲伤"，因此，把平坝稻作的农耕文化移植到哀牢山区，并达到"蛮治山田，殊为精好"的水平。因此，明代科学家徐光启在其名著《农政全书》中把"梯田"列为七种田制之一，从此，哈尼梯田文化被载入

　　① 陈慧琳主编：《人文地理学》，科学出版社 2001 年版，第 102 页。
　　② 黄绍文：《诺玛阿美到哀牢山——哈尼族文化地理研究》，云南民族出版社 2007 年版，第 27 页。

史册。

哈尼族文化迁移扩散的最大特点是速度较为缓慢，时间上时断时续，人口迁移分批分期地进行，空间上由连续分布缩小为不连续分布。如唐代晚期至宋代大理国时期，在滇南哀牢山和六诏山形成了和泥7部。但至元明时期，在滇东北昭通、彝良、镇雄、威信和黔西北威宁、赫章、毕节等地仍合称"和泥芒布府"，故《元文类》说："江头江尾和泥二十四寨。"同时，在滇西楚雄、南华等也有和泥分布。至清康熙后，哈尼族主要在北纬24°41′以南的哀牢山和无量山以及在西双版纳等地形成其分布格局至今。

2. 哈尼族文化传播路线

哈尼族文化传播路线主要是指魏晋南北朝至唐代以及明清时期陆续迁徙流向过程中的传播路线，也是这一时期哈尼族的迁徙路线，根据上述的史书记载和传说，其主线有3条：[①]

（1）东线。从文化源地四川凉山州境内西昌一带起，向东至金沙江西岸的金阳县，并在此分两路传播。一路自金阳—大关—彝良—威信、镇雄（核心区）—毕节、大方、赫章、威宁一带传播。另一路自金阳—昭通—鲁甸—会泽—东川（核心区）—寻甸、马龙—陆良、师宗、罗平—泸西后，进入六诏山区的丘北、开远、砚山、西畴、文山、马关、麻栗一带传播。至清朝康熙年间，这一地区哈尼族由于受战争和人口迁入的影响，部分迁入哀牢山区，余下的人融于当地民族中。

（2）中线。自西昌向南，经德昌、米易、会理等地至云南元谋县北境的姜驿形成核心区，从此地又分出西线和南线（中线）。南线自姜驿—元谋—武定、禄劝—禄丰—安宁、易门、晋宁—玉溪—江川—通海—建水、石屏后，南渡红河在元阳、红河、绿春、金平4县形成哈尼族文化大本营区，直至越南莱州省北部山区靠中越边境一带传播。

（3）西线。自姜驿溯金沙江而上至攀枝花后，沿江往西至永胜县南境涛源一带，折向南来到宾川县洱海之滨，再往东南的祥云、弥渡—南华—楚雄—双柏后，进入无量山和哀牢山区的景东、镇沅、新平、元江、墨江、景谷、普洱、思茅、澜沧、江城以及西双版纳的景洪、勐海、勐腊

---

① 黄绍文：《诺玛阿美到哀牢山——哈尼族文化地理研究》，云南民族出版社2007年版，第43—45页。

等地，直至老挝北部丰沙里、本再、孟夸、南帕河一带和缅甸北部景栋一带以及泰国北部清迈府祖艾县和清莱府的媚赛、媚占、清孔、清盛等县传播。

图 5—1　哈尼族迁徙示意图

Sketch Map about the Hani Migration

（二）哈尼族迁徙中的环境认知

氏族和部落是在一定的地域环境条件下形成和发展的，他们对其生活环境都有一个观察、感应的认识过程。在实践中人们的决策和行为往往依赖这些认识，而不是依赖客观现实环境。因而人类族群在其迁移选择新定居点时，总是要选择外表景观与其文化产生源地环境相似的生境。但是，这种外表景观相似性，客观上存在着实质性的差异，因此对其以后的生产生活将产生深刻的影响。甚至有的民族群体在其新居住地被迫改变原来的生境感知，改变其传统的生产生活方式，以适应新的环境定居下来。

为了分析哈尼族在迁徙过程中的环境认知，我们首先粗略地分析一下哈尼族文化源地①的地理环境。哈尼族的文化源地"诺玛阿美"当在安宁河流域以西昌一带为中心的"都广之野"。其范围西起雅砻江，北起大渡河以南，东和南至金沙江。其地貌单元属于云南高原向北延伸部分，只是行政区划属于川西南高原，包括黔西北高原的毕节、大方、赫章、威宁等县，这一地域的四周被雅砻江、金沙江、大渡河切割，似乎成为相对独立的地貌单元。但其中部的高原面较完好，具有云南高原的特征，即四周被河流切割破碎，中间高原面完好，地势起伏缓和，海拔 1800—2000 米左右，北高南低，高原中部又被由北向南的安宁河切割，形成南北延伸大小不等的"坝子"或河谷盆地，其中西昌坝子是其间最大的坝子。成昆铁路、108 国道的高等级高速路经石棉、冕宁、喜德、西昌、德昌、米易、盐边、会里等县从北向南穿过。这也是哈尼族先民"和夷"自大渡河流域向南迁徙的"民族走廊"。

哈尼族在迁徙过程中形成强烈的环境认知。主要表现在其迁徙途经的元谋、武定、昆明、安宁、晋宁、江川、通海、建水及东线的昭通、鲁甸、东川、寻甸、陆良、泸西、开远以及西线的景东、镇沅、景谷、普洱、思茅直到西双版纳的景洪等地均属于云南高原上分布的大小坝子。但是，他们来到与文化源地"诺玛阿美"的坝子环境相似的云南高原上大大小小的坝子早已有原住居民，为了避免民族纷争，不得不一次又一次南迁，直到人烟稀少的哀牢山、无量山和六诏山区定居下来。哈尼族来到新

---

① 黄绍文：《诺玛阿美到哀牢山——哈尼族文化地理研究》，云南民族出版社 2007 年版，第 18—27 页。

居住地，既要传承文化源地"其田下上，其赋下中三错"的稻作农耕文化，又要适应新居住地的环境。因此，在哀牢山中创造了举世闻名的梯田文化，成为人与自然和谐发展的典型文化适应范例。

哈尼族在空间迁移过程中的环境认知，在其迁徙史诗《哈尼阿培聪坡坡》中也有大量的描述。书中对"诺玛阿美"环境是这样描述的：

> 天上响起呱呱的叫声，
> 头顶飞过一只大雁，
> 它的声音像雷鸣，
> 扇起翅膀像电闪。
> 我们尾着朝前走，
> 突然"嗖"的一声响，
> 大雁扎下地面，
> 眼前霎时金光万道，
> 好像太阳落在脚前。
> 睁大眼睛瞧瞧，
> 只见宽宽的平原。
> 一条大水汹涌澎湃，
> 湍急的水流分成两边。
> 大河像飞雁伸直的脖子，
> 平坝像天神睡在大水中间，
> 我们把这里叫做诺玛阿美，
> 认定它是哈尼新的家园。①

哈尼族来到昆明坝子，书中对其环境又是这样描述：

> 脚下是一片宽平的大坝，
> 三个缅花戚哩②也望不到边，

————————

①　云南省少数民族古籍整理出版规划办公室编：《哈尼阿培聪坡坡》，云南民族出版社1986年版，第40—41页。

②　缅花戚哩：哈尼语，汉字音译，意为视野。

满坝土地腊肉样肥，

抓把尝尝蜂蜜样甜，

野桃野梨挤满平地，

树下生着野姜野蒜，

花尾的箐鸡见人不躲，

林边草地挤满白鹇，

青青草地深齐腰杆，

马鹿野羊到处望见。

这块地方扎实好罗，

先祖叫它谷哈密查。

谷哈坝子住着蒲尼，①

他们是手脚黄黄的人，

不爱撵山打猎，

只爱开荒种田。

谷哈土地比天还大，

蒲尼人只有鸡窝星一点，

在不完的地方由你们在，

盘不完的田地由你们盘。②

由于昆明坝子的环境与西昌坝子的环境很相似，哈尼人得到原住居民蒲尼的允许住下，并决定长期居住此地，为了表示与蒲尼的友好关系，把打仗用的兵器在此埋藏起来，故称此地为"谷哈密查"。从此，哈尼人又自"诺玛阿美"之后开始定居农耕，社会经济得到了前所未有的发展。如：

寨脚开出块块大田，

一年的红米够吃三年，

山边栽起大片棉地，

---

① 蒲尼：哈尼语 pulnil，汉字音译，哈尼语对汉族的称呼。

② 云南省少数民族古籍整理出版规划办公室编：《哈尼阿培聪坡坡》，云南民族出版社1986 年版，第 114—115 页。

一年的白棉够穿三年。①

由于社会经济的发展，民族矛盾也日渐激化：

> 哈尼手杆再粗，
> 也是罗扎的帮手，
> 哈尼脚杆再硬，
> 也是罗扎的跑腿，
> 罗扎有碗大的贪心，
> 把哈尼的红米撮完，
> 罗扎有盆大的狠心，
> 把哈尼的畜厩牵空。②

残酷的统治和剥削引起哈尼的不满，最终导致战争的爆发，哈尼以战败而告终，不得不重新踏上南迁的旅途。

哈尼离开滇池之滨南迁，沿途经过的江川、通海、建水等地坝子均有了原住居民，为了不再重演"谷哈密查"的悲剧，他们都不想在坝子定居，南渡红河进入人烟稀少的哀牢山区定居。此时，面对新定居地他们被迫改变了原来的环境感知。他们如是说：

> 从前哈尼爱找平坝，
> 平坝给哈尼带来悲伤，
> 哈尼不再找坝子了，
> 要找厚厚的老林高高的山场，
> 山高林密的凹塘，
> 是哈尼亲亲的爹娘。③

---

① 云南省少数民族古籍整理出版规划办公室编：《哈尼阿培聪坡坡》，云南民族出版社1986年版，第121页。
② 同上书，第122页。
③ 同上书，第197页。

二　哈尼族寨址选择的生态文化

（一）村落的起源

在远古的原始群居时期，人类为了生存，必须建立适当的居住地以防寒暑、避风雨、防野兽和疾病。为了战胜恶劣的自然条件，人们只能就地建立起简陋的穴居、巢居。为了便于采集和狩猎，原始住地多建在森林茂密的低山区。根据已整理出版的哈尼族迁徙史诗《哈尼阿培聪坡坡》可窥见哈尼族的原始群居生活。

该书的第一章讲到，哈尼族的先祖塔婆生了汉、彝、哈尼、傣、壮等21种人类。她最爱哈尼，并让哈尼住进了山洞，学会了用火，以渔猎为生。哈尼族迁徙到"什虽湖"，在这里，诞生了原始畜牧业和农业。姑娘遮妣把小野猪抱养，姑娘遮努摘来饱满的草籽种下，取名为"玉麦、谷子和高粱"，并发明了农业节令、酿酒技术。

第三章讲哈尼先民又迁到"惹罗普楚"。"惹罗"地名，具体位置不详，"普楚"意为立寨、安寨之意。这是哈尼族古歌中最先提到的寨子名称，说明哈尼先民开始定居生活，农业生产使社会得到发展，表现在人口的增加和父权制的确立。如：

> 一家住不下分两家，
> 一寨住不下分两寨，
> 老人时时为分家操心，
> 头人天天为分寨奔忙。
> 寨里出了头人、莫批、工匠，
> 能人们把大事小事分掌。[1]

头人、莫批、工匠3种能人的传说和故事在哈尼族社会中广为流传，反映了哈尼族原始社会曾出现的政、教、工艺合一的组织形式。

---

[1]　云南省少数民族古籍整理出版规划办公室编：《哈尼阿培聪坡坡》，云南民族出版社1986年版，第31—32页。

史学界认为，公元前 3 世纪，哈尼族先民以"和夷"名称出现于大渡河流域时期。但哈尼族先民仍未脱离氏羌部落集团，并在川西南高原地区没有完全脱离"随畜迁徙，毋常处"的游牧生活。因此，哈尼族先民以"和夷"名称出现于大渡河流域后，沿南北走向的地势和河流继续南迁，在西昌一带为中心的"都广之野"定居农业进一步得到发展，而畜牧业逐渐下降，并出现了稻作农耕。从传说来看，社会经济得到发展，人口不断增多，进入部落联盟制社会，为这一时期特征。如：

> 哈尼人口实在多，
> 一处载不下分在四面，
> 四个能干的头人，
> 轮流把诺玛管，
> 最大的头人叫乌木，
> 哈尼都听从他的指点。
> 哈尼头人像树根一样出来，
> 威严地镇守自己的地盘，
> 头上的帽子像山巅高耸，
> 手握木杖象征权力无边，
> 哈尼的乌木说一句话，
> 四个头人把头点。
> 诺玛的美名传到东方，
> 传进了腊伯（汉族）高高的大城，
> 腊伯的乌木派大队马帮，
> 他们用五彩丝线交换哈尼的红米，
> 用亮亮的金银来换哈尼的白棉，
> 诺玛的美名传到南方，
> 那里坝子一片接一片，
> 出名的坝子叫孟梭，
> 好心的摆夷（傣族）住在那边，
> 摆夷头人也派来牛帮。

生意人像河里的鱼虾来往穿梭。①

这里描写的是由四个血缘亲属部落组成的部落联盟社会组织，同时也描写了"诺玛"聚落的繁荣景象。"诺玛阿美"是哈尼族村寨的发祥地，《哈尼阿培聪坡坡》是这样描绘的：

> 诺玛阿美又平又宽，
> 抬眼四望见不着边，
> 一处的山也没有这里的青，
> 一处的水也没有这里的甜，
> 鲜嫩的茅草像小树一样高，
> 彩霞般的鲜花开在中间，
> 一窝窝野猪野牛来来去去，
> 一群群竹鼠猴子吵闹游玩，
> 野鸡野鸭走来和家鸡家鸭亲热，
> 麂子马鹿走来和黄牛骡马撒欢，
> 小娃爬上树顶，
> 逮得着一窝窝喜鹊，
> 大人去到水边，
> 常常把大鱼抱还。
> 好在有诺玛阿美，
> 哈尼认做新的家园。②

根据史料推测，"诺玛阿美"是在安宁河（阿尼河）③流域的"都广之野"，时间约秦汉时期，哈尼族融于时称的"叟族"中。定居稻作农业和社会经济发展是诺玛时代的特征。但好景不长，由于诺玛社会经济的发展，哈尼活动地域的扩大，引起"腊伯"外族的觊觎，妒其财富和土地

---

① 云南省少数民族古籍整理出版规划办公室编：《哈尼阿培聪坡坡》，云南民族出版社1986年版，第47—54页。

② 同上书，第45—46页。

③ 阿尼河：明清时期以哈尼族历史名称命名的河流。

而发动战争，哈尼族战败而被迫离开了"诺玛阿美"，开始了长途迁徙活动。先后来到"色厄作娘"（洱海边）—"谷哈密查"（滇池边），得到原住民"蒲尼"（今哈尼族对汉族的称呼）的允许居住下来。"谷哈密查"哈尼语汉字记音，意为"武器埋藏的地方"。哈尼族为了表示与原住居民的友好，把尖叉兵器埋藏在此地，故名。但随着哈尼族人口的增多，经济的发展，"蒲尼"出于畏惧而发动战争，战争规模之大，哈尼族险些灭族灭种，以战败而被迫南迁，经"那妥"（通海）、"蒲尼密查"（建水）、"石七"（石屏）等地后，南渡红河，进入红河南岸哀牢山区定居。

（二）寨址选择的生态文化

村落与自然地理环境的关系十分密切。因为村落是人类在地理环境中活动的直接产物。随着村落的产生和发展，自然环境对其产生直接影响。哈尼族首先确定寨头的神林，寻找一寨可供饮用的水源，在《哈尼阿培聪坡坡》中对哈尼族村落选址的环境是这样描写的：

> 高山罩在雾里，
> 山梁像马尾披下，
> 下面是一片凹塘，
> 天神赐给我们好地方。
> 横横的山像骏马飞跑，
> 身子是凹塘的屏障，
> 躲进凹塘的哈尼，
> 从此不怕风霜。
> 上头山包像斜插的手，
> 寨头靠着交叉的山冈；
> 下面的山包像牛抵架，
> 寨脚就建在这个地方；
> 寨心安在哪里？
> 就在凹塘中央，
> 这里白鹇爱找食，
> 这里箐鸡爱游荡，
> 火神也好来歇，

水神也好来唱。①

《哈尼族古歌·安寨定居》中又讲：

哈尼先祖来安寨，
安寨要找合心的寨地，
背着晌午饭去瞧呵，
找寨地不要怕踢掉十个脚指头。
先瞧寨头的山坡上，
有没有老实密的神林，
神树像不像筷子一样直，
神树像不像牛腰一样粗，
没有茂密的神林，
寨神没有栖息的地方。
又瞧寨子的山坡上，
有没有姑娘眼睛一样的龙潭水，
滑亮的石头底下，
是压着泉眼的地方，
有了人吃的好水，
生得出好儿好女，
有了牲畜吃的好水，
放得出好牛好马，
有了庄稼吃的好水，
种得出好庄稼。
再瞧寨子的坡脚，
有没有高大的万年青树，
人活要有伴，
人伴是寨房，
寨伴是万年青树。

---

① 云南省少数民族古籍整理出版规划办公室编：《哈尼阿培聪坡坡》，云南民族出版社
1986 年版，第 25—26 页。

又瞧寨子的平地上，

有没有云彩大的树冠，

树脚是老人闲聊的地方，

没有老人的玩处，

寨子安起来也不稳。

再瞧寨子边的园子地，

有没有生长刺通花，

刺通花是园子伴，

刺通花是菜的伴；

没有刺通花树，

猪鸡进园子拱土，

薄荷香柳发不旺，

大葱大蒜长不壮。

诚心朋友来了，

没有下酒的好菜，

热心兄弟来了，

没有下饭的好菜。

又瞧寨边的平地上，

有没有三蓬芭蕉树。

芭蕉不是会栽的树，

芭蕉是地神留给小娃吃的果，

有了三蓬芭蕉树，

小娃哭时不愁哄不乖，

十个男人合心了，

十个女人爱着了。①

　　这里给我们描绘了一幅美丽的哈尼族早期的生态家园，也正是哈尼族村落选址的典型生态要素。传统地理学对村落选址的《地理正宗》这样说："一看祖山秀拔；二看龙神变化；三看成形住结；四看落头分明；五看脉归

---

① 云南省少数民族古籍整理出版规划办公室编：《哈尼族古歌》，云南民族出版社 1992 年版，第 134—135 页。

何处；六看穴内平窝；七看砂水会合；八看朝对有情；九看生死顺逆；十看阴阳缓急。"通过这十看，达到龙、穴、砂、水四美俱备。[①] 哈尼族早期村落选址虽然没有具备四美，但是，寨头要靠交叉的山冈，周围环抱斜插的山梁，中间的凹塘等这些基本要素已具备传统聚落地理的要求。这种封闭式的地理环境，不仅有利于保存祖先文化的传承，而且可以阻挡寒流和外来入侵，使环境单元内保持稳定的文化系统，这便于人们的生产和生活。

哈尼族在哀牢山区的迁徙过程中，充分认识了河谷坝子的自然气候特征。如：

> 河坝天气扎实热，
> 好像背着大大的火塘，
> 牛马猪鸡张嘴喘气，
> 大人小娃身上发痒，
> 猪羊蹄子烂了，
> 骏马牙齿掉光，
> 公鸡不会啼鸣，
> 狗也不会汪汪，
> 母牛下儿难活，
> 母马养儿死光，
> 阿妈生下的小娃，
> 只能活过三早上。
> 趁着枯水的干季，
> 渡过红河大江。[②]

最终他们来到中半山区定居。这既是哈尼族历经磨难后的无奈选择，又客观地反映了哈尼族对村落选址的生态知识。

哈尼族之所以选择海拔 1400—1800 米等高线地区平缓山梁的向阳坡地作为他们理想的居住地，从气候条件看这一地带的哀牢山区气候适中：

---

① 于希贤：《中国传统地理学》，云南教育出版社 2002 年版，第 262 页。

② 云南省少数民族古籍整理出版规划办公室编：《哈尼阿培聪坡坡》，云南民族出版社 1986 年版，第 195—196 页。

年平均温度 15℃—18℃，全年日照 1500—1700 小时，全年霜期 1.2 日，年均降水量 1500—1800 毫米，雨量充沛，气候温和。这种气候条件有利于人们的生产和生活。

哈尼族固然以靠山面水、三面环山的凹塘作为建寨首选地。但这样的地形条件在哀牢山区不可能到处存在。因此，他们首先更多的是选择朝阳而平缓的山梁或山坡及其间散布的小凹地。其次就是寻找水源。水是人类重要的物质基础，与哈尼族的生活、生产息息相关。生活饮用的泉水是村落布局的重要条件，没有出自地面的泉水，哈尼族不会在此建寨立业。找到了生活必要的水源后，又要看寨址上方是否分布着茂密的原始森林。没有水源林，寨址下方就无法垦田，并且靠近村落上方必须有一片森林作为寨神栖息的神林。靠近寨址脚也要有一片丛林，作为地神栖息的场所。两片神林必须以特定的树木作为神的标志，一年一度杀牲祭祀。

三　哈尼族建寨礼仪中蕴含的生态文化

哈尼族的建寨礼仪主要包括选择寨神树、择定寨址、测定寨心、划定寨界、立寨门 5 个方面的内容，每个仪式的最终目的就是寻求人与神灵、人与自然、人与人的和谐共处，其中蕴含丰富的生态文化。

(一) 选择寨神树

哈尼族根据村寨的布局选好寨神栖息的森林后，咪谷便到已选定的寨神林里挑选一棵适合于寨神昂玛栖息的神树。神树与树种类无关，但一般是挑选粗直的乔木为宜，并且所选的树种要会开花、会结果。不过，到底要选哪一棵树为神树全凭咪谷的直觉来判断，以打鸡骨卦占卜的形式确定。神树选定，咪谷杀鸡祭献，向神树祈求神灵的降临，祈求允许在此建寨，并能得到寨神的护佑。

(二) 择定寨址

哈尼族选择寨址的要素在《哈尼族古歌·安寨定居》中这样讲：

哈尼的寨子在哪里？

在骏马一样的高山上;
哈尼的寨子像什么?
像马尾牵在大山下方。
大山像阿妈的胸怀,
把寨子围护在凹塘。
寨头的山梁像三个手指,
一直伸到寨头上;
中间的山梁是寨子的枕头,
两边的山梁是寨子的扶手。
寨子的下面有三个山包,
三个山包是寨子的歇脚,
有了歇脚寨子才稳。
再瞧安寨的地方,
有平平的凹塘,
这是白鹇找食的去处,
这是箐鸡出没的山场;
有了这样的凹塘,
人种会像泉水一样流,
庄稼牲口会像河水一样淌。①

选好寨址地形的基本要素,而后举行择定寨址的仪式:

安寨要问天神的心,
定居要问天神的意,
拿出三颗雪白的贝壳,
有了问神的三张嘴。
三颗贝壳竖在地上,
一颗是人的面份,
一颗是庄稼的面份,

---

① 西双版纳傣族自治州民族事务委员会编:《哈尼族古歌》,云南民族出版社 1992 年版,第 133—134 页。

一颗是牲畜的面份，

立下贝壳三天早上，

哈尼的莫批就去看，

人的贝壳给倒了？

人的贝壳不倒，

子孙后代会旺盛；

庄稼的贝壳给倒了？

庄稼的贝壳不倒，

大田里的谷子背不完；

牲畜的贝壳给倒了？

牲畜的贝壳不倒，

坡上的牛羊赶不完。①

（三）测定寨心

各地哈尼族选择寨心仪式有不同的做法：一是由莫批立海贝占卜吉凶以择定寨心，即以 3 颗海贝立于所选地面上呈平面三角形，分别象征子孙、庄稼、六畜。立下海贝 3 天后若不被风吹倒，不被牛马牲口、野物撞倒，则为大吉，立贝处为寨心。二是选定寨址后，由咪谷或莫批从中心向四方抛撒"铁沙子"，然后朝地面投下一个鸡蛋，在鸡蛋破裂处立一木桩，称"普和旦"或"普玛旦"，意即共祭神林，以立木桩处为寨心。三是莫批在地下挖一小坑，用脚后跟踏平，将 9 粒谷子的尖嘴摆成 3 个三角形，埋在坑中，以土碗盖好，3 天后由莫批去揭开碗，若谷子没有少、没有散乱倒塌，则为大吉。反之，则须另选新寨址。

（四）划定寨界

划定寨界，也是划定人鬼分离的界线。一种做法是在新寨址选定后，由莫批在寨址中心拴一条狗、公母鸡各一，并挑选一位身强力壮的青年男子，由他一棒将狗打死，拖着流着鲜血的狗沿着事先圈定的寨址周围奔跑，凡是有狗血浸染之地，将成为无形的寨界。另一种做法是由 7—9 名

---

① 西双版纳傣族自治州民族事务委员会编：《哈尼族古歌》，云南民族出版社 1992 年版，第 135—136 页。

男子组成，另外加一名莫批和一名化装成的"鬼"。"鬼"装扮成奇形怪状，反穿衣服，倒披蓑衣，嘴里咬着齿朝前的锯镰，惊恐地东躲西藏，设法逃窜。逐鬼者由莫批领头，右手握弓，左手持着刺槐做成的扫帚，率领驱鬼队从上到下，再从下至上撵鬼，直至撵成方圆可容纳百户人家的地基，追撵"鬼"过程中紧跟莫批的人到了周边沿路撒粗糠，灰糠撒落之地成为人与鬼的分界线。

（五）立寨门

上述以狗血和灰糠划定的人与鬼之界，就是无形的寨界。哈尼族认为狗血浸染或灰糠圈地内能得到神灵的庇护。无形寨界之内虽然已得到神灵的保佑，但由于无形寨界四处敞开，孤魂野鬼难免混入，故在寨址的入口处必须立寨门。西双版纳一带哈尼族阿卡支系的寨门很有特色，由两根立柱和横梁构成，横梁中间固定有木雕的人像、鸟像，两端有木刀、木叉；两根木柱上又固定木刀、木枪、达溜等。这些都是已施过巫术的各式各样的驱鬼避邪物。红河流域的哈尼族，立寨门不用木柱，而借用寨子入口处的自然树木，以一条稻草编制的绳拴于寨门两侧的大树上，一头悬挂用竹片绷开的鸡皮，另一头悬挂狗皮或狗脚，中间仍然悬挂木刀、木叉、木槌，此即为"金鸡神狗把守住寨门"。无论是何种形式的寨门，它成为阻止鬼魂入村寨的关口，寨门内外，即是人与鬼魂地域的有形分界线。因此，在人居住的神圣的村寨边，大路出口处，立上一个表明人鬼界线的重要标志，使鬼一看到这个重要标志物，就立即意识到"人鬼各居一方，各处相安"的戒律。

图 5—2　西双版纳哈尼族的寨门
Village Gate in Xishuangbanna

图 5—3　红河流域哈尼族的寨门
Village Gate in Honghe District

四　哈尼族营造村落中蕴含的生态文化

哈尼族的村落大多都分布在海拔 1300—1800 米的等高线上，在滇南哀牢山区此地带为半山腰。他们选择朝阳、开阔、平缓的山梁或山坡建寨，其基本格局是，村头必须以茂密森林覆盖的山包做护寨神林，此地是每年农历正月或二月祭祀寨神的活动场所。两侧斜插的小山梁为村寨之"扶手"，在茂密的林子之间是封寨门的避邪地点。寨脚森林覆盖的小山包为寨子的"歇脚"处，此地作为每年农历三月祭祀地神的地点，建寨时在此地选择一棵高大乔木为地神栖息处的标志，每年农历三月梯田栽插之际举行祭祀活动。一条源自原始森林中的溪流水沟引自村寨一侧，安装1—2 架水碾子、水磨、水碓，同时清水供人们洗涤用，是灌溉梯田的主要水源。但是，水磨、水碓自 20 世纪 80 年代后期起日趋消失。村寨的一侧或寨脚约有一亩的平地为磨秋场，立起磨秋桩做标志，是每年农历六月举行"矻扎扎"节庆典活动的场所。村前梯田层层分布，田间崎岖小路纵横交错。村寨周围或房前屋后的菜园地边种植竹、棕榈、梨、李、五眼果、椆木等作为风景林，实为人与自然和谐的生态环境。

人类的生存和发展离不开自然环境，在其漫长的发展过程中，逐渐形成了对自然环境的适应能力。哈尼族便是这样做的，他们的祖先在从北向南迁入滇南哀牢山区的过程中，为适应沿途的云南高原坝子的自然环境，不断地完善他们的稻作文化。但是，土地肥沃且灌溉条件良好的大小平坝地区均被原住民族所占据，作为后来者的哈尼族随时随地都处于被动地位，于是他们只好向人烟稀少、森林密布的哀牢山区进住，并力图适应、改变其自然环境，最先采取"刀耕火种"的原始农业生产方式，在坡地上种植旱谷和其他旱地作物。然而，他们竭力维护平坝地区的稻作文化，为了保存肥力，保持水土，就把坡地劈成层层梯田种植水稻。成为平坝地区稻作文化移植到山区的成功典范。

哀牢山区半山地带气候温和，哈尼族选择此地带作为理想居住地。一方面哀牢山区海拔 800 米以下的河谷地带气候炎热，瘴疠横行，在昔日缺乏医疗条件的情况下，人们的生存和发展受到极大威胁。而海拔 2000 米以上的高山区则森林密布，气候冷凉。在半山地带却冬暖夏凉，气候适中，有利于人们的生产生活，既可上山狩猎采集以获取副食品，又易下山种田收粮。

哈尼族村落环境，一般都有这样一些基本的自然景观：村头森林密布，村边清沟溪水长流不断，村脚层层梯田一直延伸到山脚河谷。村寨周边种植竹、棕榈、梨、李、桃等果木树。特别是竹和棕榈，按传统习惯必须从建寨之日起栽种在寨址周边。哈尼族把村头的森林作为寨神栖息的神林，是村寨的标志，同时在其周边栽培竹林也成为村寨的标志。村寨与竹林合二为一，村寨被竹林簇拥，甚至有的村寨是以竹命名。比如，元阳县的金竹寨（哈尼语叫 almoldol，意为金竹林）、元阳县俄扎乡的哈播村（haqbol，直接取哈尼语对龙竹称呼的音）、金平县的苦笋寨（哈尼语叫alhaqdol，意为苦竹林）等许多哈尼族村寨名称，都是以竹命名的，以竹子命名村寨的情况在红河、绿春等县的哈尼族地区比比皆是，这里不一一列举，由此可知竹与哈尼族村寨生态的密切联系。

哈尼族栽培竹子的历史很悠久，在《哈尼族古歌·安寨定居》中对栽竹的地点、季节、忌讳、方法做了这样的描述：

> 选好了合心的寨地，
> 还要栽三蓬竹子，
> 三蓬竹子栽在哪里？
> 栽在寨头的土里；

栽竹要在什么时候？

栽竹要在五月来到的时候。

哈尼的儿子不到三十岁，

不能去栽寨头的竹，

不到三十儿子栽竹子，

只能带来一世的灾难，

栽下的竹子发了，

儿子养不出后代。

栽竹子要有竹子的吃食，

竹子的吃食是三棵青草，

吃食还有雪白的石，

三颗白石头要垫进竹塘。

栽下三颗青草和三颗白石，

竹子就有吃不尽的食。

栽下去的竹子，

竹尖不能指向寨房，

竹尖指向人的住处，

栽好也要拉出来。①

哈尼族至今保留着农历五月初五在村寨周边栽竹的习惯。他们认为五月初五的"端午节"，标志着哀牢山区雨水季节的开始，这一天有"栽下碓杵也能成活"的哈尼谚语。因此，家家户户喜欢这一天在村寨周围或房前屋后的菜园栽下龙竹、金竹。届时，连根带竹竿挖出一棵老竹，砍去上端部位，留下 3 米左右的竹竿，栽进备好的竹塘里，将根部土壤踩实，并让留下的竿朝向地势高的方向倾斜。第二年春季一般能长出一棵竹笋，往后逐年发展成竹蓬。

哈尼族在"诺玛阿美"营造生态家园时，村落的布局和房屋建筑都有了基本的模式，来到哀牢山区后，虽然受地理环境的影响，但村落的环境和房屋的构建中总是力图找到生态家园的模式，严格按照祖先的模式去

---

① 西双版纳傣族自治州民族事务委员会编：《哈尼族古歌》，云南民族出版社 1992 年版，第 137 页。

建筑，力求达到人与自然的和谐。

哈尼族的自然村落至今大者已达 700 多户，小则 10—20 户，其中 60—100 户之间的自然村落居多，并以大村和小村相互交错分布，村落分布点相距 1—3 千米不等。哈尼族梯田与村落协调布局反映了梯田是随着人口的增加，从村寨周边自上而下不断往山脚河谷地带扩张，垦田的顺序也是自上而下进行的。森林—水沟—村寨—梯田四位一体的有序分布和协调发展构成哈尼族村落文化的重要生态景观。这种人地的和谐布局，既有效地避免了因人多田少而可能引起的纷争，又可防止因人少田多而造成土地荒芜，使人尽其能，地尽其力，人土相依，自然和谐。

图 5—4 哈尼族传统村落景观
View of the Traditional Villages

五 哈尼族建筑类型与生态文化

滇南哀牢山区整体处于亚热带山区，但山地垂直气候明显，不同的海拔地带形成不同的地理气候。哈尼族因气候的不同而形成不同的建筑形式。元江坝子和把边江坝子气候炎热，长夏无冬，降水量少，取土方便，因而形成以土为墙的土掌房，厚实的土墙和平顶具有良好的隔热性能。生活在中半山地区降水量大，冬暖夏凉，以土为墙，屋顶形成四斜面或双斜面，斜面坡度大的茅草房或瓦房有利于排水。生活在西双版纳一带的哈尼族，由于澜沧江流域气候炎热，雨量充足，空气湿润，地表易积水，容易滋生蚊虫、毒蛇。因此，借鉴了傣族的干栏式建筑。

哈尼族在不同地区地理环境的差异性决定了村落建筑类型的差异性，也体现出不同环境的建筑生态功能。下文从建筑学和生态学的观点出发，结合地域特征、地形条件，分析哈尼族传统民居的建筑风格、房屋布局功能、房屋结构特点和空间特征等方面体现出来的建筑生态文化。从建筑类型上可以将哈尼族村落民居分为土掌房、蘑菇房、瓦房、干栏房等 4 种类型。从建筑渊源来看，土掌房和蘑菇房脱胎于氐羌族群平碉式的古建筑，瓦房是蘑菇房吸纳汉族庭院式建筑的变体，干栏房是哈尼族对百越族群建筑形式的直接吸纳。无论何种类型建筑，其结构特点都体现了对环境的适应性。

（一）土掌房建筑与生态功能

哈尼族源于古氐羌族群，秦汉时期，活动于今川西南雅砻江支流安宁河流域一带，晚至唐代，哈尼族已成独立群体脱离于古氐羌族群，并南迁至哀牢山、无量山和六诏山之间，他们辗转迁徙过程中仍保留了古氐羌人的一些文化习俗，体现民族文化特征的建筑文化就是其中之一。哈尼族进入哀牢山区后，根据其地理环境将古氐羌族群的平碉式建筑进行了改造。

平顶碉式建筑以古氐羌族群后裔藏族民居为代表，其建筑特点是平顶土墙，墙体厚，外形下大上小，一般为 2—3 层。建筑平面一般为多个方形组成的平面，较为简洁，各房以开井为中心围绕布局。在建筑风格上具有坚实稳重、结构严密、楼角整齐的特点，其生态功能就是既有利于防风避寒，又便于御敌防盗。[①]

哈尼族的土掌房主要分布在红河流域和李仙江流域海拔 1000—1400 米之间的亚热带下半山区，即墨江县的联珠、龙坝、那哈、坝溜、碧溪、孟弄、泗南江和雅邑等阿墨江流域的乡镇，元江县的咪哩、羊岔街、东峨、因远等乡镇，红河县的三村、垤玛、石头寨、阿扎河，元阳县的沙拉拖、马街、黄草岭、俄扎，绿春县的戈奎、三猛、平和、半坡、大水沟、大黑山以及江城县的嘉禾、国庆等乡镇，是生息于这里的豪尼、阿松、道

---

① 王声跃主编：《云南地理》，云南民族出版社 2002 年版，第 345 页。

尼、白宏、西摩洛、碧约、卡多、腊咪、果作、期弟、各和等不同自称和他称哈尼族的传统民居。2005 年 4 月 9 日在普洱市墨江县举行的第五届国际哈尼/阿卡文化学术研讨会期间，笔者来到联珠镇癸能大寨民俗考察时，对该村三社门牌 1 号哈尼族豪尼人陈忠家的土掌房进行了专门的调查。

癸能村坐落在海拔 1300 米的半山腰，坐东朝西，土掌房的外形一般为长方形，土木石结构，土墙土平顶，呈一片黄色。墙体厚 65 厘米，由长 30 厘米，宽 18 厘米，厚 10 厘米的土坯双层砌成。一户家庭的一幢完整的土掌房，一般包括正房和两个廊厦建筑单元，部分土掌房还有厢房和畜厩等附属建筑。1 号家庭的正房平面横宽 6.9 米，纵深 4.16 米，通高 4.7 米，分上下两层，底层与二层相距 2.1 米，就地面的底层以横向 2 棵大柱为隔开三间，按房屋坐向，南面 1 格做父母的卧室，横宽 2.2 米；北面的 1 格做已婚儿子的卧室，横宽 2.1 米；中间 1 格做堂屋，横宽 1.9 米。正房二层的楼板铺土坯，主要做堆放粮食及杂物。沿正房正面设 2 间廊厦，厦子的横长与正房相等，纵深 3 米，通常仅设地板面一层，上层封顶。紧接正房厦子的左边设灶和火塘，做烹饪场所；右边做未婚儿女的卧室。第二道厦子与第一道厦子一样长宽，顶层开一道天窗，以增加室内亮度，主要做过道、禽畜厩、堆放柴火等杂物之用。正房比厦子高出 2 米，有 4 棵大柱，其中 2 棵隐藏在墙壁内，楼层和顶层均有 4 棵纵梁，梁上每隔 15—20 厘米放一排楼檩，檩上铺木排后，四周用土坯合围，以适当比例的黏土和沙土混合均匀后，用木槌夯实而成平顶，顶层厚 10 厘米。

土掌房的墙底地基垒砌石脚，墙体用土坯砌筑，建盖一道完整的土掌房需用 2 万多个土坯。癸能村落布局街道狭窄，房屋间距小，土掌房一家连着一家，层层上升，高低错落有致，富于哈尼族梯田的层次美。

之所以说土掌房源于古氐羌族群平顶碉式建筑，是因为它们在形式和功能上有相似的特点。从外形上看，它们为长方体，土墙土平顶，墙体均厚重沉实，具有冬暖夏凉和御敌防盗的功能。但从土掌房分布的自然地理环境来看，一方面亚热带哀牢山区，特别是海拔 1400 米以下的下半山、河谷一带气候炎热，干旱少雨，主要土壤类型为燥红土、砖红壤、赤红壤，土质易黏易硬，适宜冬暖夏凉、密梁土平顶结构的土掌房。另一方面土掌房可就地取材，造价低廉，经济实惠；厚重的土顶土墙隔热避暑，防寒保暖；空间布局根据地形，高低错落，富于变化，平顶兼做晒场，平顶土质遇雨易黏合，不致漏雨，既克服了地形的限制，又满足了人们所需的生活空间。因此，哈尼族的土掌房除继承古氐羌族群文化特征外，更多的是适应了其居住的地理环境，所有的建筑材料既经济又生态，有益于人们的身心健康。

图5—5　哈尼族土掌房村落景观

View of the Tuzhangfang House Architecture

（二）蘑菇房建筑与生态功能

蘑菇房是哈尼族传统民居中最有特色的建筑类型，这是哈尼族迁移到亚热带哀牢山区后，为适应高温多雨的半山地带而将平碉式改进的生态建筑类型，即将平顶碉式建筑的土层平顶上竖立屋顶木架，并在其上铺盖四斜面的茅草顶或稻草顶。因为哀牢山区海拔1400—1900米之间主要土壤类型是红壤、黄壤、黄棕壤，其土质疏松，黏性不强，加之降雨季节长，年均降水量在1600毫米以上的半山地带，以土做平顶，雨水显然容易渗漏。

关于蘑菇房的起源，哈尼族传统古歌《安寨定居》是这样讲的：

先祖又去到惹罗山上，
瞧见大雨洗过的山坡，
生满红个绿个的蘑菇，
蘑菇盖护住了柱头，

　　　　是大雨淋不着的式样，

　　　　蘑菇盖护住了柱脚，

　　　　是大风吹不着的式样，

　　　　惹罗先祖瞧着了，

　　　　哈尼寨房的式样有了。①

　　红河流域红河、元阳、金平、建水等县境内海拔 1300—1800 米之间的哈尼族房屋建筑为土木结构。建房多就地取材，木材忌用被雷击或无梢的树，多选择枝叶繁茂而笔直的麻栗树或阔叶树。在奠基石的上面用木夹板定型的泥土筑墙或土坯砌墙。从地面一层起有 3 层，顶层上面覆盖四斜面茅草顶，村落星罗棋布地散落在半山腰间，远望其形犹如朵朵蘑菇，故称"蘑菇房"。

　　蘑菇房是哈尼、昂倮、糯比、糯美等支系的哈尼族传统民居建筑，其中以元阳县较为典型。

　　元阳县哈尼族蘑菇房，从外围的墙体看，其屋如"墙壁式构造"，实际上墙体主要起挡风寒和防御的作用，而里屋的构架还是由垂直的柱与横梁通过榫接组合成"干栏型"样式。因此，蘑菇房是在平顶碉式建筑的基础上，吸收了百越族群的干栏型，将干栏式与平碉式糅合在一起，带有"墙壁式构造"与"构架式构造"相交叉的建筑。

　　历史上，哈尼族的建筑测量系用"张臂法"（庹）和"手拃法"，一庹约 1.6 米，一拃约 16 厘米，至迟 20 世纪 80 年代仍普遍使用。元阳蘑菇房近似方体，墙体一般横宽 8 米，纵深 6 米，高 4 米，厚度 40 厘米。最上一层覆盖四斜面的茅草或稻草顶，其斜面角度约 45°，稻草或茅草层厚 30—40 厘米。房门大多开朝地势低下的田野方向。经济条件好的家庭沿正房前、左、右均建耳房，成四合院式的蘑菇房群。根据屋内布局分人居一层和人居二层两种内部风格。

　　人居一层的蘑菇房，分布在元阳县嘎娘、新城、小新街、逢春岭、大坪以及金平县的沙依坡、阿得博、大寨、马鞍底、金河镇、十里村、建水县坡头、普雄等乡镇为四斜面草顶。分布在红河、绿春县内的部分乡镇以

────────────

① 西双版纳傣族自治州民族事务委员会编：《哈尼族古歌》，云南民族出版社 1992 年版，第 139 页。

及元阳县黄草岭、俄扎和金平县的老勐、老集镇、者米等乡镇的稻草或茅草顶为双斜面。兹以小新街乡者台村蘑菇房为例，描述人居一层的内部空间布局和功能。

者台村蘑菇房人住就地面的一层，其二层和三层主要堆放稻谷、玉米以及豆类等粮食。哈尼人家秋收时节刚收割回来的谷物都较潮湿，需要在三层楼上把稻谷晒3—5日，再将谷物从楼板中间碗口大的小洞往下放至二层楼上使之进一步干燥。由于人居一层，设有火塘和炉灶，一年四季烟火不断，故楼上粮食谷物易干，最后把已干燥的谷物存入特设的谷仓里备用。二层与三层之间距离约1.5米，三层平顶上是斜面稻草或茅草覆盖，屋脊梁至三层平顶的垂直距离高3—4米，屋脊背斜面以椽子做经线，其上固定数圈竹条做纬线，然后在经纬网上铺上厚层稻草成屋顶。

人所住一层的房屋平面空间由"母房"、"子房"、"厦子"三部分组成。按房屋坐向看，母房在东，子房在西，厦子紧靠母房和子房的前沿，是进母房和子房的必经之道。"母房"里屋做成离地面高出80厘米的弯尺形木楼板面，哈尼语称"奥达"和"阿娘奥"，将火塘围在弯尺形内。"阿娘奥"紧沿后山墙壁，并在此设一张床，床头上方设有祭祖的神龛，床铺作为祖父或父亲的卧室。"奥达"也沿着后山墙壁搭一张床铺，做祖母或父亲的卧室。这里有明显的男床和女床的区别，而且同一水平线上，女床不得高于男床。哈尼人家"床边一个火塘"的风俗就源于此。"奥达"的楼板面除了搭一张床外，余下约6平方米的面积，是一家人进食、议事、家教、闲聊的主要场所。火塘离地面提高到与"奥达"和"阿娘奥"位置略低的水平线上，并以泥土浇灌成地板面，立有锅桩三脚石，现被三脚铁架代替，做烹饪之地。离火塘上空1.5米处悬挂长2米、宽1.5米的长方形篱笆，做熏干食物的晒台。"奥达"与火塘前沿留一条长约6米，宽约2米的过道，并在火塘的正前方打一饭灶。子房里面做儿媳妇的卧室，子房上方的二层做谷仓，并设有严密的门板，以防鼠害。厦子除了做过道外，一般安装一架脚碓，做脱粒谷壳等之用，也堆放犁、耙、锄等生产工具。

人居二层的蘑菇房分布在元阳县新街镇、胜村、攀枝花、黄茅岭、牛角寨、沙拉拖、马街等乡镇以及红河县和绿春县的部分地区。兹以新街镇箐口村蘑菇房为例，描述其内部空间布局和功能。

箐口村蘑菇房，将地面一层用作禽畜厩以及堆放柴火等杂物。一层与二层之间相距约 1.5 米，它们之间以石阶或木梯做上下之用。三层的 2/3 是四斜面稻草顶覆盖的土楼地板，其里屋堆放稻谷、玉米、豆类等。余下的 1/3 是石灰或水泥浇灌成平顶做晒台。晒台一般朝东或朝西，以便日光照射。

人居二层楼板面，除火塘和灶周围浇灌成泥土地板外，其余都铺成木楼板面。按照房屋坐向及其内 4 排 12 棵柱子做参照可分成三格，左面一格靠后山墙处设饭灶，饭灶前沿以竹篱笆相隔做祖母或母亲的卧室。中间一格靠后山墙设有楼梯口，并在其上方设置吊柜式谷仓，此间中心区位设火塘，火塘前横铺三块木板称"奥窝"，并在火塘前沿靠前墙搭一张床做祖父或父亲的卧室。火塘边纵铺木板面称"奥边"，是一家人进食、议事、家教、闲聊的主要场所。右面一格以竹篱笆或木板相隔，靠后墙的一半做媳妇的卧室，靠前墙的另一半是妇女们闲聊的场所。

哈尼族蘑菇房无论是人居一层还是二层，其外形似正方体或长方体，墙体厚实，设 2—3 层楼，土墙土层平顶，既利于防风避寒，又便于御敌防盗。具有平顶碉式建筑一脉相承的文化渊源。为适应滇南哀牢山区亚热带高温多雨的自然环境，平顶土层加盖厚重的稻草或茅草之后，加之屋内楼层空间距离小，形成冬暖夏凉的生态建筑特征。

图 5—6　哈尼族蘑菇房
View of the Mushroom House Architecture

图5—7 哈尼族蘑菇房群落
View of the Groups of the Mushroom Houses

图5—8 哈尼族建盖传统蘑菇房
Building Mushroom House

(三) 瓦房建筑与生态功能

哈尼族的瓦房是吸纳汉族建筑文化的产物。但它未脱离哈尼族传统建筑理念,其源头仍为传统土掌房和蘑菇房的变异。从汉民族迁入哀牢山区的时间来看,哈尼族民间地区建盖合院式瓦房的年代下限不晚于清代。尽管如此,因合院式瓦房只分布于孤岛状的个别汉族村落,没有能力对大范围的哈尼族建筑形式形成强大的辐射波，加之受哈尼族所处的自然环境、生产力水平、审美观念和民族心理等诸多因素的影响。因此，自唐代至20世纪中叶的千余年岁月里，哀牢山区的哈尼族村落，一直延续着具有古氏羌族群平顶碉式的建筑风格余韵的土掌房和蘑菇房，合院式瓦房自明代后仅移植在土司司署建筑群落中，而未被哈尼族民间广泛采用。

　　20世纪70年代后，筒瓦和板瓦被大量应用于哀牢山区的哈尼族聚落中，其中以红河流域的新平、元江、红河、墨江、镇沅、普洱等县域内最典型。刚开始时，人们只是把土掌房的土面平顶和蘑菇房草顶去掉，其顶层上重立人字形的木架屋顶，在其上铺设板瓦和筒瓦，使之成为双斜面硬山顶或歇山顶的瓦房，但房屋内部的空间布局仍然保持传统哈尼族的风格。随着经济实力的增强和族际交往的扩大，哀牢山区哈尼族村落的建筑形式变异程度进一步加深，除传统建筑的屋顶被土瓦取代外，其建筑结构的空间布局也发生了变化，其中，滇中汉族合院式一颗印的建筑形式已出现在哈尼族村落中，由此引发了哈尼族传统碉式建筑向合院式一颗印建筑发展。从总体上，在20世纪后20年时间里，合院式瓦房上升为哈尼族聚落中数量最多的一种建筑类型。[①] 从哀牢山区哈尼族村落整体建筑形式变迁而言，传统土掌房和蘑菇房向合院式瓦房、钢筋水泥平顶房、水泥瓦顶房、石棉瓦顶混合转型是一种趋势。这很大程度上破坏了哈尼族村落的传统人文景观。兹以红河县甲寅乡咪田寨瓦房为例，简要描述房屋结构和屋内空间布局。

　　咪田寨，2004年有179户，已有100年的建寨历史，由甲寅钱氏家族分寨而立村。从现在的聚落景观看，显现出蘑菇房—瓦房—钢筋水泥房三者的变迁轨迹，三者各占1/3。瓦房仍是以厚实的土坯墙，长方体，分两层，人住就地面一层。屋内4排12棵柱子，分3格，房屋按地势走向坐高朝低，按其坐向朝右的一格做父母卧室；中间一格做堂屋；左一格为厨房，内设火塘和灶。堂屋进出门前是长方形的厢房。

　　瓦房墙体横宽10—12米，纵深6米，高5米，斜面瓦顶屋脊与二层土平顶相距1.5米。堂屋横宽3.5米，纵深3.7米，高3米，靠后山墙设置供桌，供桌前摆设一张活动饭桌，是一家进食的主要场所，也是接待客

---

　　① 白玉宝：《哈尼族建筑之源与流变》，载《哈尼族文化论丛·第二辑》，云南民族出版社2002年版，第274—276页。

人的饭厅、客厅。堂屋、卧室、厨房上方的二层一般放粮食。总体上仍然具有传统蘑菇房的生态特点。

图5—9　哈尼族土坯墙瓦房

Tile-roofed House with Earthen Walls

（四）干栏式建筑与生态功能

哈尼族干栏式建筑是为适应滇西南热带、亚热带半山自然环境而采借百越系统的干栏谱系建筑形式，但其室内空间布局反映出哈尼族特有的文化特征。主要分布在澜沧江流域的澜沧、孟连、景洪、勐海、勐腊等县市内。兹对西双版纳一带的哈尼族干栏房略做分析。

居住在西双版纳州内景洪、勐海、勐腊一带的哈尼族村落建在海拔1000米以上的中半山区，三面环山，一面临河，房前屋后都栽植竹蓬和果树，环境清幽而典雅。传说西双版纳一带的哈尼族与傣族居住在99匹马也跑不过的大坝子里，两族人亲如兄弟，哈尼族上山获得的猎物，要分一半给傣家，而傣族人捕获的鱼虾，也要分一半给哈尼人。由于人口增多，两族人商量分家时，哈尼族骑着马鹿，傣族骑着马，决定马鹿所经的地方归哈尼，而马所经的地方归傣族。结果马沿着河谷坝子跑，而马鹿往山青草地里跑。因此，傣族住坝子，哈尼族移居到半山上。

干栏式楼房哈尼语称"拥戈"，其外形与傣族竹楼基本相似，但其室内布局与文化内涵不同。一般都建在坡地挖成平台的地基上，用10根柱子、6根副柱，拦腰凿洞穿榫而成，一楼一底，底层不筑围墙，四周合围竹木栅栏，多用作畜厩，同时，安装脚碓和堆放杂物，人住二层木楼板面，有4排木柱，四周仍用竹板或竹篱笆合围，有的用木板合围，冬暖夏凉。屋顶以茅草、竹片或瓦片覆盖，呈歇山式四斜面，斜面坡度30度以上，排水性能好。人住楼层一律分为两大部分，中间以木板或竹篱笆相隔，靠近前门出入方便的一间称"菠萝坡"，为男性成员的住室，兼做客厅。靠近后门的一间称"拥玛坡"，为女性成员的住室，兼做厨房。男室与女室各设有火塘，男室内的火塘平时很少用作煮饭，多用于取暖和煮茶，昔日无电时也做照明，女室的火塘除供取暖照明之外，还以此多做饮食烹饪场所。男室上方还设有一层小楼，用以堆放谷物及生产生活用品。男女室各设一道门，门前有楼梯，来客登楼，男女有别，男客应从男室的楼梯上下，女客应从女室的楼梯上下。男室门前设有一个阳台，是做纺织、轧棉、挑花等活动场所。

　　西双版纳一带的哈尼族居室除干栏房外，尚有落地式的茅草屋，哈尼语称"拥熬"，多分布在坡地上。盖房时要在坡地上挖出一台阶，下方栽上树杈，在树杈与土台山墙之间提升至离地板面1米高的木架平台，然后以竹篱笆铺在其上成楼台，在楼台上再搭屋顶架，屋顶成双斜面草顶。这种住屋较为原始，多为生活困难家庭或孤寡老人的居室，现已逐渐消失。①

图 5—10　哈尼族干栏房
Ganlanfang House Achitecture

---

① 　毛佑全等编：《哈尼山乡风情录》，四川民族出版社1993年版，第10—12页。

综上所述，无论是何种建筑类型的哈尼族民居，一般都在紧靠正房或大房前沿布局有一层一顶的耳房，其平顶是人们乘凉、做针线活、篾活的好场所。耳房里的人住在地面一层，主要作为已婚儿子媳妇或未婚儿女的卧室。无论是何种建筑类型，哈尼族建筑的整体房屋平面布局以封闭式为主，通风透明度差，这是为了保持室内的温度，窗口少，火塘无排烟管道，室内墙体及梁柱被烟熏火燎后如同涂上了一层黑油漆，梁柱不易腐蚀，从而延长了使用寿命。室内空间利用是按功能进行布局，不注重美观，注重实用性。由于受地势的影响，村落的房屋建筑错落高低无序，建筑楼层不高，以便保持室温。人住层是哈尼族家庭成员饮食、休息之所。

哈尼族建筑无论人居一层或二层，人的起居饮食场所都提高到离地面一定距离的木楼板上，而且火塘和谷仓也如此。从生态功能来看是为适应滇南哀牢山区湿润的亚热带气候而建，也是哈尼族把生态知识运用于建筑学的表现。对此，日本学者若林弘子把人居住层搭建在离地面 1—2 米高处的云南少数民族建筑称为"高床式住房"，其中的火塘和谷仓也称"高床式火塘"和"高床式谷仓"。若林弘子认为，倭族（古代西南夷之一）在太古时期是从事以水为媒介的水稻农耕。同时，他们为了保护炊事用的火不被水所灭，也有必要把保存火种的火塘装设在高床式的地板上。而高床式的建筑是稻作民族的先祖为适应水稻农耕合理设计出来的建筑式样，也是倭族的文化特征。①

屋内布局的祖父或父亲卧床，床头上方悬挂祭祖供台——神龛，是一家宗教祭祀的场所，是祖宗神灵栖息之地。祖父的床位在祖父去世后由父亲继住，父亲去世由长子继住，永不让床铺空闲。父亲在时，儿媳妇严禁踏入此地，否则，视其为对男性长辈的不敬行为，认为会受到神灵的惩罚。在家正常亡故的人，无论长幼，都必须在此床上断气。哈尼族将此处视为祖宗魂灵栖身之地，既反映了祖先崇拜在哈尼族宗教信仰中的地位和作用，也反映出哈尼族明确的男性继嗣原则。

火塘和灶除了烹饪功能外，还具有熏干晒台上的稻谷、取暖、照明等功能。同时，火塘又是房屋中心的象征，是整个血亲家庭的核心标志，是家庭温暖和光明的源泉。每当夜幕降临，在夜空下的全家老小围坐在火塘边进食和闲聊，老人悠闲地讲述着古老而神奇的故事传说，父母给儿女们

---

① ［日］鸟越宪三郎等：《倭族之源——云南》，云南人民出版社 1985 年版，第 79 页。

传授民族历史、梯田农耕经验等知识。火塘给人以温暖和乐趣。

　　火塘在哈尼族家一年四季不熄灭，人们即使外出劳作，也要把火红的碳用灰捂埋起来。火，哈尼人将其当作是祖先留给后人的一份珍贵遗产，是一种凝结着智慧与力量的永恒而神奇的礼物。他们认为火塘就是血亲家庭的中心，是温暖和光明的源泉。每当夜幕降临，全家老小围坐在火塘边，烹制饮食、进行家庭教育、商议家事或闲聊，以此调剂身心，陶冶性情，把一天的疲劳抛在外，给人以无穷的温暖和乐趣。

图5—11　哈尼族的火塘
Fireplace

图5—12　在室外烹制祭品
Cooking Sacrifice Outdoors

第六章

哈尼族制度文化中的生态文化

哈尼族在长期的社会生产生活中，为了维持社会的稳定，协调人与人之间、人与自然之间的和谐，在其生产生活、宗族及其社区内部形成了各种禁忌。由于哈尼族历史上没有与自己语言相应的文字，这些禁忌以口头规定形式存在于哈尼人的观念中，并规范着人们的行为。这种不成文的约定俗成的规定，学术上称之为"习惯法"。哈尼族的习惯法涉及范围极广，几乎覆盖了哈尼族生产生活的方方面面，特别是在生物多样性保护与资源可持续利用方面也进行了详尽的规定，这些规定融入哈尼人的思想观念当中，并贯彻于哈尼人的行为实践当中，为保护生物多样性及相关传统知识起到了极为重要的积极作用，充分体现了哈尼族制度文化中的生态内涵。

一 哈尼族习惯法对生物多样性的保护

（一）习惯法的整合

历史上，哈尼族的早期社会由"最、批、技"三种人物统治。"最"，即官，是氏族部落的首领；"批"，即莫批，是从事哈尼族社会祭祀活动的祭师；"技"，即铁匠、木匠、石匠等具有技术的人。哈尼族社会父权制建立后，形成部落首领和原始宗教祭师合二为一的"鬼主"统治制度。随着鬼主经济、军事实力的增大。鬼主从祭师中分离出来，最终演变为元明清的封建领主——土司。哈尼族由于历史上没有自己的语言文字符号系统，因此，哈尼族历史社会无成文的制度文化系统，以约定俗成的习惯法维持其社会，并以口碑和物象的形式流传。但到了晚清，个别地区借助汉民族文字保存和传播本民族的习惯法，进而整合了历代口碑传颂形式与碑文刻字的保存方式。如普洱市江城县江边乡一碗水村西侧有一块用汉文石碑刻于嘉庆十六年（1811 年）立的"牛宗碑"，碑文内容有"八禁"：一禁窃牛盗马；一禁蓄贼纵贼；一禁半路御人；一禁棚火闯室；一禁黑夜入家；一禁白昼劫抢；一禁盗人五谷；一禁匿人什物。另一块牛宗碑立于该县洛洒乡洛洒寨，据说已有 150 多年历史，其碑刻着 5 种"禀罚不辜"的犯罪及其法定刑：一治偷牛盗马者丢江；一治挖壁洞者挖眼目；一治非控打铁者送官；一治有药有鬼放火烧；一治偷鸡摸鸭宰指头。①

上述内容涉及侵害财产权利、人身权利、公共安全、违反官府规定等。但是，哈尼族的习惯法大多融入禁忌内容中。禁忌是哈尼族社会生活中的一种行为规范，是习惯法的渊源，其内容涉及生产生活、家庭和村落祭祀、婚姻家庭、村落组织、公共秩序等方面。具有规范本族群众的行为、保护神的权益、维护伦理道德和保持习俗的作用。因此，禁忌行为在哈尼族地区延续至今。以禁忌为主要内容的习惯法在哈尼族地区与现行法律法规具有异曲同工的效果。

（二）保护生物多样性的生产生活禁忌

哈尼族是一个山地农耕民族，他们日出而作，日落而息。哈尼族的禁忌内容十分繁杂，它涉及社会生产生活、语言、宗教等方面，规范着人们的思想行为。面对丰富的自然资源，哈尼族并非无节制地索取，而是以禁忌的方式，借助神灵的力量来约束人们的欲望和行为。这里仅列举在生产生活方面对保护哈尼族地区生物多样性产生积极影响、对人们合理利用资源的行为规范有着重要意义的禁忌内容及其惩罚制度。

1. 生产禁忌

哈尼族十月年、昂玛突等重要的节日庆典期间停止生产活动，严禁将青枝绿叶带回家中。

听见第一声春雷要停止生产一天，听见第一声布谷鸟啼鸣要蒸熟糯米饭祭献。

寨子里出现虎豹或野兽袭击家畜，全寨人停止生产一天。

寨子里发生烧房子或母鸡学公鸡叫，全寨人停止生产一天。

---

① 张晓辉、卢保和：《论哈尼族的习惯法及其文化价值》，载《首届哈尼族文化国际学术讨论会论文集》，云南民族出版社 1996 年版，第 414—415 页。

打谷时，有蛇掉在谷船中认为不祥，应将其谷粒一起倒入流水中冲走。

追撵猎物的过程中，猎物进入村寨时要停止打猎。严禁捕猎哺乳期的猎物。上山打猎、下河摸鱼忌讳碰到蛇。家有孕妇忌讳上山狩猎。不打喜鹊和报春鸟，不捕屋檐下做窝的鸟和蜂子。不吃乌鸦、燕子、点水雀。

上山采集不采双连果和被野物啃食过的果实。

上山砍柴忌讳砍小树、老树，忌讳砍去树尖。属龙或属羊日不能背柴回家。

寨子里出现非正常死亡事件的那天不干活。

2. 生活禁忌

孕妇及其丈夫在怀孕期间忌攀树摘果，认为被有孕夫妇采摘过的果树以后结果会生蛆。孕妇临产前忌去拿别人家的姜巴，忌吃生姜，认为偷吃了生姜会生多指的孩子。忌男人进入产房。产妇满月前忌到别人家走动。忌出嫁的女儿回娘家生孩子。

冷饭和孩子吃剩的饭，不能拿去喂狗。忌在灶上煮狗肉，哈尼族有句俗话说"狗肉不上灶"，所以哈尼人家煮狗肉时一般是另生一堆火。"新米节"的新米必须先祭祖而后喂狗，然后全家人才开始享用。

忌伤害燕子，认为若捣毁燕窝或伤害燕子就会生秃头病。

哈尼山寨出殡时不许横穿神林；也不允许别的寨子的人骑着马横穿本寨，所以爱骑马的人在走进哈尼山寨时要下马走路。

忌去神林中砍树、打柴、解大小便，忌女子入神林，否则神灵会怪罪全寨人。

（三）违禁裁判方法与惩罚制度

在哈尼族民间的传统民事纠纷，一般通过宗族内部或村寨"长老"调解，并合理解决纠纷。但是，刑事案件一旦矛盾激化，不可调和时，双方均可求助习惯法。

1. 违禁裁判方法

哈尼族习惯法对保护生物多样性的条款中，一旦违禁，当事人证据不足的疑难纠纷的裁判方法可用以下几种判决方式：[①]

---

① 白克仰主编：《红河哈尼族文化史》，云南人民出版社 2006 年版，第 472—474 页。

赌咒：赌咒由莫批主持，双方当事人当着群众，向神灵或祖先赌咒发誓，申辩各自判断的理由，对神灵或祖先做出严肃而神圣的发誓。他们相信一旦誓言中的判断或辩解与事实不符，就会受到神灵的惩罚，因此，赌咒方法的运用极为普遍，时至今日，在一些哈尼族地区仍使用此方法解决纠纷。

沸水、沸油中捞物：莫批念咒语并将其物置入沸腾的涨水或涨油中，双方当事人从沸水或沸油中赤手将莫批投入的物品捞起，依据手臂是否烫伤和伤势轻重程度进行裁决。伤者或重伤者为败诉人。

"牛扎"与"昂扎"：牛扎就是宰牛，昂扎就是宰猪，用于处理偷盗纠纷和涉及几个村寨的重大纠纷。举行牛扎或昂扎的方式断案，双方当事人需按案件的轻重，准备不同数量的牛或猪，宰杀后供全寨人员享用，而牛或猪的头、脚须掩埋于地下，掩埋时要念咒语，以借助神灵的力量增加裁判的效力。

触摸模拟衣冠尸首：将模拟的暴亡者的衣冠尸首置于地面，莫批念咒，双方当事人触摸模拟的尸首并赌咒发誓，不敢摸者为败诉，以此判断黑白。据说20世纪80年代，红河县垤玛乡杨八寨村民的耕牛被盗，推行"摸尸"赌咒，贼人生怕报应，面对恶术，心态失常，神色惊变，承认了3头被盗的耕牛并送回了失主。"文化大革命"时期，红河县垤玛乡的20余头耕牛被盗，后来例行此法，那些盗牛犯做贼心虚，表现出了惊慌失措、临阵退却的反常心态。而后，他们一一招认了盗牛的罪状。

2. 惩罚制度

哈尼族的传统裁判虽然带有迷信、不科学的人为成分，但当事人受到相应的惩罚后，具有杀鸡儆猴的作用，对维护哈尼族社会秩序有着现实的法律意义。哈尼族习惯法的惩罚制度名目繁多，对保护生物多样性具有积极作用的惩罚制度归纳起来有以下几种：

经济制裁：罚款是最常见的经济制裁，即强迫违法者无条件地向公众或受害人支付一定的货币，如果无货币，可用其他等值的财物家畜和家禽充抵。罚款的适用范围很广泛，刑事、民事均可处以罚款，如污染水井、盗伐水源林、破坏公共设施、盗伐寨神林等案件均可处以罚款。罚款金额多寡视其情节轻重和悔过态度等具体情况由群众决定。罚款所得一般用于村社的集体活动。如果受害人属个体，众人强迫违法者无条件向受害人赔偿经济损失。

宗教制裁：适用于冒犯神灵的人。比如，擅自入寨神林禁地，盗伐林木或攀折林中草木枝叶，即令其以鸡鸭狗等牺牲进行"洗寨"仪式，以示赎罪洗刷罪恶，以免触怒的寨神降祸于村落。"洗寨"仪式的所有费用由违禁者承担。招寨魂，主要惩罚那些未婚先孕、同胞乱伦的违反者。比较特殊的是用于其他村寨的人无故死于寨子里或其他村寨的人不经同意抬着暴死的尸体经过寨子或穿过寨神林事件，必须举行寨神招魂仪式，所有费用由违禁者承担。

罚工：即强迫违禁者无条件地向村社提供无偿劳动。罚工范围很广泛，小至偷一包青包谷，大至故意打人、污染水源、盗伐神林、未婚先孕等案件。这种处罚方式可以同其他处罚方式并用。罚工多为村社修桥、修井、补栽树木等。

二　哈尼族村规民约对生物多样性的保护

20 世纪 80 年代后，哈尼族习惯法的许多内容被写入乡规民约、村规民约中，从此，以文字形式固定下来，在维护哈尼族地区社会经济的发展中，有时起着法律无可替代的作用。因此，随着社会经济的发展、文化的变迁，哈尼族习惯法已发生了变化。其最大的变化是由口头规定转变为文本形式，现在，许多哈尼族村寨都制定了文本形式的村规民约。

（一）村规民约与生物资源管理的内容

现以云南省元阳县新街镇箐口村、大鱼塘村、全福庄，[①] 红河县乐育乡坝美村、俄厄村和绿春县大兴镇俄别新寨[②] 6 个哈尼族村寨村规民约文本为例，来分析哈尼族村规民约对保护与可持续利用生物多样性及相关传统知识的影响。

这 6 个哈尼族村寨的村规民约由村委会或村民小组制定，经村民大会一致通过确定。制定时间最早的是俄厄村（1990 年制定），最晚的为大鱼

---

① 杨京彪：《哈尼族传统文化与管理方式对森林生物多样性的影响与评价》，硕士学位论文，中央民族大学，2010 年，第 55—57 页。

② 黄绍文执行主编：《红河哈尼族文化调查》（内部版），2006 年，第 233—238 页。

塘村（2009 年 5 月 17 日制定实施）。这 6 个村寨的村规民约都涉及生物资源的管理，现将其相关条款内容摘录如下，以便分析村规民约对生物多样性的保护作用。

1. 《箐口民俗村村规民约》

......

第八条　自觉维护水利设施，严禁砍伐国家、集体或个人的林木，不准在村附近挖沙取石，防止洪水泛滥、出现洪灾泥石流等现象。

......

第十三条　严格管理家畜，村内不得养狗，防止伤害游客，猪实行厩内饲养，严禁放出，防止鸡鸭损坏庄稼和育苗，不让牛去损坏庄稼和育苗。

......

第二十一条　农户不得私自乱开垦集体土地，已经开发开荒的，应无偿退还。

......

第二十三条　护林防火，保护国家森林资源。村内家庭用火药严加防范，不得有误，自觉维护消防设施，不私自动用消防栓、消防水，时刻保持警惕。

......

2. 《元阳县新街镇土锅寨村委会大鱼塘村民制定法》（2009 年 5 月 17 日制定）

......

第一条　本村民偷鱼、鸡、猪、狗、竹子、树、菜、玉米、豆等，抓着一人次罚款 200—4000 元，又争吵者加罚 200 元。

第二条　本村民偷牛者，抓着一人次罚款 10000—15000 元，又争吵者加罚 5000 元。

第三条　外村人偷鱼、鸡、猪、狗、牛、竹子、树、菜、玉米等，抓着一人次罚款 10000—20000 元，又争吵者加罚 5000 元。

......

3.《全福庄村委会关于加强保护村有森林资源管理实施办法的通知》（2007 年 7 月 1 日制定）

......

第一条　全福庄辖区的集体林和水厂林地均属全福庄集体所有，任何单位或个人不得侵犯，林权由全福庄四个自然村合伙管理，认真做好依法保护和培育工作。

......

第三条　森林管理员班子和一般护林员要实行聘用制，由村委会负责认可，护林员的主要职责是巡护林区，禁止破坏森林资源的行为，对造成森林资源破坏的护林员有权当场制止和报经林管会视情节轻重处罚，全面实行封山育林机制。

第四条　禁止在林区内放牧，经护林员查实后，牛不分大小，每头每次罚款 5 元，经教育顽抗不改者应加倍处理。

......

第六条　采伐树木必须经过村委会和老年协会办理有关审批手续，不准任何单位或个人乱砍滥伐，若遇老人去世，同意审批 2 棵抬扛，免收管理费。

第七条　若发现乱砍滥伐，根据所盗树木以出土 20 公分高度为量测，已盗树木的圆周长每公分罚款 0.5 元，被盗树木不分大小，按尺寸推算处理。

第八条　盗伐柴火者，砍伐手指一样大小的树苗时每背罚款 20—30 元，并责令要按照所砍株数的 10 倍补种赔偿损失，其余修枝、干柴、解放草等，视情节轻重每背罚款 5—10 元。

第九条　除上述集体林区外，本村委会还有很大的一部分自留山、联产承包山、责任山和退耕还林面积，不许任意砍伐，要认真管理好，若发现滥伐要按上述所规定的制度推算处理，若出现屡教不改者实行严加惩罚。

......

第十一条　全福庄所属的集体林区内，除了所划定给农户管理的自留山、责任山和退耕还林外，严禁非法占用林地，若发现没审批手续私自占用者应该及时收归集体使用，还要严禁破坏树林随意埋坟现象发生。

第十二条 为了生态平衡，认真护理竹林，农户为了生活用品的需要时，必须经过林管会同意适当可以解决。若发现没有办理审批手续乱砍滥伐的每棵竹子罚金1元。若发现盗食竹笋的每棵同样罚1元。

……

4. 《红河县乐育乡窝伙垤村委会倮厄村民小组村规民约规定》（1990年制定）

……

1. 破坏树木，土地的相关处罚条例

（1）在水源区砍1背湿柴罚15元；围地边乱砍发现一次罚5元；公路上下偷砍一棵行条罚200元，晚上偷砍加倍；偷砍老树、杉树罚300元；椽子每棵5元，偷砍叉叉每棵5元。

（2）偷砍私人种植的树木，除赔偿损失外罚200—300元。

（3）在水源林区乱放牛，每头罚5元，羊2元，小牛减半。

（4）毁林开荒者，每分地罚20元（每亩地200元），并责令退耕还林。

2. 牛马牲口糟蹋庄稼处罚条例

（1）本村大牲畜水牛、黄牛、马等糟蹋庄稼每头罚30元，猪、羊每头罚15元，小的减半处理。外村牲畜，牛、马每头罚50元，猪、羊每头罚20元。上述条款除罚款外还要赔偿损失。

……

3. 社会治安惩罚条例

（1）偷包谷、四季豆、黄豆、薯类等作物，赔偿损失外，发现一次罚款50元。

（2）在承包地、自留地种植树，偷砍一棵罚30元外还要赔偿损失。其中杉树老树等珍贵树种每棵罚100元。

……

（6）在集体封山区偷卖木料者每棵罚300—600元，柴火每背30元。

（7）乱砍刺竹每棵2角，竹子、竹笋每棵100元。

（8）在自留地、承包地内挖鱼腥草每人每次罚 10 元，乱放鸭、鸡、鹅每只罚 1 元，小儿减半。在池塘里偷鱼者罚 50 元，并赔偿损失。

9. 在集体人畜饮水皮管线上擅自抽水、割断、偷者发现一次罚 100 元以上，并赔偿损失。

……

5.《红河县乐育乡尼美村委会坝美村村规民约》（2003 年 6 月 22 日制定）

……

第一章　保护属于坝美管辖范围内的集体财产

第一条　未经村委会批准，擅自砍伐一棵树（不分大小），罚 100 元，砍伐一背柴，罚 100 元，砍一棵果木树罚 150 元；野外引发火灾，除补栽小树外，每亩罚款 30 元，超过 100 亩的，移交林业机关。

第二条　未经主人同意，砍一棵金竹罚 5 元，采集一棵刺竹笋罚 5 元。

第三条　擅自占用一口水源罚 1000 元，破坏一次水管罚 300 元，并修复原样。

……

第五条　破坏龙树河周边大树，民族风俗活动地方，破坏一次罚 1000 元。

第六条　占用磨秋场地的，占用一个平方罚 300 元。破坏一次罚 300 元。

第七条　往塘子里丢进死牛烂马死猪死羊者，发现一次罚所丢进牲畜的同等价，丢进一只死老鼠罚 50 元。丢进农药和鼠药的罚 1000 元。

……

第二章　保护个人财产

……

第十二条　未经主人许可，不得擅自进入自留地拿菜和作料，一旦发现罚款 5 元（除公用外）。

第十三条　侵占和破坏他人的经济林木生产设备资料的，按破坏经济价的 10 倍罚款。

……

第十七条　庄稼被人和牛、马、羊糟蹋的，按其价的 2 倍赔还以外，情节严重的，村民委员会还要罚 150—2000 元。

第十八条　不得在田边地角放牧，劝告不听者罚 100 元。

第十九条　对牲畜、家禽不正当伤害的按其价值的 1—3 倍赔还。

第二十条　渔业被毒伤或偷盗的要 1—3 倍赔还。

……

6.《绿春县大兴镇岔弄办事处俄别新寨村村规民约》（1991 年 7 月 6 日制定）

……

第五条　故意争夺土地者罚款 99 元。

第六条　牲畜吃毁庄稼应罚其主人 40—70 元。

第七条　盗伐森林者罚款 150—200 元。

第八条　生产用火烧山者，应罚 30 元。

……

（二）村规民约对生物多样性的保护作用

笔者通过长期的田野调查研究，并结合上述 6 村哈尼族村规民约中相关内容的分析，哈尼族村规民约内容对生物多样性的保护作用及生态文化内涵可以归纳为以下几个方面：

1. 哈尼族的村规民约注重自然环境和生物资源的保护

在上述 6 部哈尼族的村规民约中，对自然环境和生物资源的保护条款内容均占据了大量的篇幅，这说明哈尼族对自然环境和生物资源保护的高度重视。森林—沟渠—村寨—梯田四位一体的有序布局是哈尼族地区生物多样性丰富、生态功能完善、生态平衡显著的自然与人文有机结合的生态文化景观。作为一个人工生态系统，人为的管理与自然调节是同等重要的，特别对作为水源涵养地的高海拔山区森林保护，对维系整个梯田生态系统起着至关重要的作用。正是由于高山区原始森林的完整保留，才形成了哈尼族地区"山有多高，水有多高"的独特自然生态环境。因此，哈尼族对于森林的保护极其严格，哈尼族不仅通过确定神山神林、定期举行各种宗教活动等自然宗教仪式的精神层面对森林进行保护，而且还制定了许多严格的村规民约对其进行保护。哈尼族各村寨的村规民约中，明令禁止破坏森林、毁林开荒、乱砍滥伐、过度放牧等，并且制定了详细的惩处措施。

在生物资源的利用和保护方面也做了详细的规定。如《俣厄村村规民约》对刺竹、金子、竹笋、鱼腥草、老树、杉树、橡子树等物种进行了特殊规定；坝美村村规民约对果木树、金竹、刺竹笋等物种进行了特殊规定；全福庄村规民约对竹林保护进行了特殊规定；大鱼塘村村规民约对鱼、鸡、猪、狗、竹子、树、菜、玉米、豆等的偷盗行为进行了专门规定。田野调查的其他资料也表明，哈尼族所有村寨的村规民约都针对牲畜、家禽对庄稼的毁坏进行了专门的规定。这些规定不仅以文本形式存在，而且深深根植于哈尼族的观念意识中，时时刻刻规范着其行为活动，为保护和可持续利用生物资源起到了积极作用。

2. 哈尼族村规民约以经济处罚为主，且处罚力度大

哈尼族村规民约中的惩罚方式几乎全部为罚款，即采取经济惩罚手段。对于经济尚不发达、人民生活尚不富裕的哈尼族来说，经济惩罚能对大多数哈尼族家庭形成足够的威慑，迫使其不敢违反规定。而且哈尼族村规民约的处罚力度远远超出其违规获益的成本。如坝美村村规民约规定："擅自砍伐一棵树（不分大小），罚100元，砍一背柴，罚100元，砍一棵果木树罚150元"，"破坏龙树河周边大树，民族风俗活动地方，破坏一次罚1000元。"俣厄村村规民约规定："在水源区砍1背湿柴罚15元；围地边乱砍发现一次罚5元；公路上下偷砍一棵行条罚200元……偷砍老树、杉树罚300元，橡子每棵5元，偷砍叉叉每棵5元"，"乱砍刺竹每棵2角，竹子、竹笋每棵100元。"俣别新寨村规民约规定："牲畜吃毁庄稼应罚其主人40—70元"，"盗伐森林者罚款150—200元。"大鱼塘村村规民约规定："本村民偷鱼、鸡、猪、狗、竹子、树、菜、玉米、豆类等，抓着一人次罚款200—4000元，又争吵者加罚200元。"全福庄村规民约规定："盗伐柴火者，砍伐手指一样大小的树苗时每背罚款20—30元，并责令要按照所砍株数10倍补种赔偿损失，其余修枝、干柴等，视情节轻重每背罚款5—10元。"箐口村村规民约规定："对违反本村村规民约的，情节一般的处50—200元人民币的罚款，情节严重的处200—1000元人民币的罚款，情节特别严重的，将送司法机关处理。"所有这些罚款数额无一不体现经济处罚的力度。

将上述六个村寨村规民约中规定的处罚金额与当地农民经济收入进行比较，可以明显发现处罚力度很大。全福庄对盗伐者处以 10 倍赔偿，箐口村对违反村规民约的最高经济处罚为 1000 元，相当于一个村民一年的纯收入，而大鱼塘村的最高经济处罚为 4000 元，是一个家庭农户全年的纯收入。由于所有这些村规民约规定的最高处罚金额很高，因违反村规民约而带来的高额罚金对于收入偏低的哈尼族来说无疑是一个沉重的负担，因此，哈尼族村规民约在哈尼人思想意识中产生一种无形的压力，并渗透到哈尼族日常生活的方方面面，对维护哈尼族社区的和谐稳定、规范哈尼人的日常行为活动起着重要作用。

3. 哈尼族村规民约执行保障的社会文化土壤

哈尼族村规民约的执行依靠的是传统伦理道德的约束与社会舆论的压力，其借助的力量来自哈尼族对家族和村寨的认同感和归属感。上述六村的村规民约中都是只规定了处罚金额，而没有对其采取何种方式执行的规定。这是因为在哈尼人的理念中已经形成了一个个无形的禁规（习惯法），如果自己被认定违反了村规民约，必须是无条件地接受处罚。一旦有人被认定违反了村规民约，假如其抗拒不接受处罚，那么其接下来将遭受更为严重的处罚。这种处罚并非强制性的财产或人身权利的剥夺，而是其在哈尼族社会活动的参与权被剥夺，并且遭受村寨和宗族其他成员的指责、唾弃、歧视等精神的折磨。

在哈尼族社会里，个人或个体家庭力量相对于村寨的集体力量是微不足道的，哈尼族社区内部的任何一个成员想要生存下去，都需要借助社区集体力量的帮助。比如，嫁娶丧葬、起房盖屋、修筑沟渠等对哈尼族来说是十分重要的事务，如果仅依靠个人或个体家庭的力量是无法完成的，在哈尼族村寨，当一户人家要建造房屋时，几乎全村每个家庭都会来帮忙。另外，优良的稻种对于保证梯田产量至关重要，为了防止品种老化使得哈尼族社区一直存在着交换稻种的传统，一般情况下，一个家庭种植一个稻种 3—5 年便会同亲戚、朋友、邻居等交换稻种，尽管有时交换的是同一个品种。若单个家庭脱离了社区，单靠自己的梯田进行稻种的选种育种不仅耗费大量人力物力，而且难度极大。

个体成员或个体家庭在宗族祭祀、宗教活动以及嫁娶丧葬方面更是显得势单力薄、力不从心。如果一个人因为违反村规民约而被宗族和村寨摒弃，那么他及其家庭将不得参与宗族和村寨的任何集体性祭祀和宗教活动，当其家庭发生婚丧嫁娶等人生大事时也将很少有人参与，而最为严重的则是被开除宗籍、村籍，不准入葬祖坟。这样一来，此人及其家庭将失去参与村寨一切集体活动的权利，其宗族对村寨的归属感、认同感将完全丧失，不仅在日常生产生活中面临诸多不便，而且在精神层面遭受沉重的打击。因此，强大的社会舆论和哈尼族的人生观保障了村规民约实际的法律效力和实质的强制性。

4. 哈尼族村规民约与现行法律的差异互补性

哈尼族的村规民约经历一个由口述性、零散性向文本化、制度化的演进过程。由于哈尼族没有传统文字，哈尼族传统的村规民约都是采用口头方式制定和传承的。但哈尼族有丰富的口传文化，这种文化为哈尼族习惯法采用口述传承提供了良好的社会文化土壤。但到了 20 世纪 90 年代，大多数哈尼族村寨开始将村规民约文本化，即以书面形式将村规民约记录下来并公之于众。

哈尼族村规民约与现行法律体系的最大差异除了在表述方式上口述化、零散化向文本化、制度化过渡之外，在执行方式上也存在差异性。现行法律体系依靠的是国家暴力机关执行，而哈尼族村规民约的执行依靠的则是传统伦理和社区舆论，也就是说，一个是硬件的制度的体现，一个是软件文化实力的表达。现行法律体系只能是对最基本的社会道德行为的规范，而法律规定以外的许多事情虽然在情理之中，但却难以用明确的法律文字来界定。哈尼族习惯法体现的是更高层次社会道德行为规范的约束，相对于现行法律体系而言，哈尼族习惯法调解的范围更宽广、更深入。因此，对维持哈尼族社区的和谐、促进哈尼社会的发展有更为深远的意义。

此外，现行法律体系与习惯法在哈尼族社区的普及度、接受度和实效性等方面存在显著的差异。以当地森林资源的保护为例，《森林法》早已于 1984 年颁布实施，云南省也于 2002 年颁布实施了《云南省森林条例》，但由于社会文化与经济等方面的原因，此类法规条例在哈尼族社区普及率很低，许多村民对其条例内容知之甚少，法律意识十分淡薄。由于我国法律体制尚不完善，法律执行力度差异性大，因而现行法律体系在哈尼族社区并未起到决定性的作用，实效性偏低。相反，哈尼族习惯法是由村民大会制定，辖域很小，十分容易贯彻到每一位村民的观念意识中，普及性很高。加之，社会文化的宗教认同和强大的社会舆论对违规者产生强大的社会压力迫使其不得不接受惩罚。因此，在哈尼族社区，传统习惯法的实效性很强，鲜有违反现行法律而拒绝接受惩罚的案例。

5. 哈尼族村规民约缺乏对"生物剽窃"的认识

从上述六村哈尼族村寨的村规民约中可以发现，其对偷盗行为的处罚力度是甚严的，哈尼族自古以来对偷盗行为深恶痛绝，竭力制止。但由于人们科学知识的欠缺，哈尼族对日益猖獗的"生物剽窃"现象并不知情，且毫无戒备之意。笔者在元阳县新街镇一带的田野调查中了解到，20世纪90年代中期，曾有一位法国学者到元阳县以学术研究为借口搜集哈尼族传统稻种，在不到一个月的时间里便搜集到近百种稻种。由于哈尼人热情好客、慷慨大方的性格使得外来人员轻而易举地获得了珍贵的哈尼族传统稻种。尽管哈尼族十分重视优良稻种的选育和交换，但是他们从来不会把优良稻种看作私有之物，而是乐于同他人或其他社区共享。正是这种交换稻种的传统，哈尼族才能够培育出数百种适应不同气候、土壤的优良稻种。

由于哈尼族对优良稻种所蕴含的遗传资源的价值缺乏科学的认识，加之对"生物剽窃"现象毫不知情，使得哈尼族传统稻种流失现象十分严重。"生物剽窃"现象从本质上讲也属于一种偷盗行为，只是其形式较为隐蔽，而且是近些年随着生物技术等高新技术的发展而产生的，因此，哈尼族对此十分陌生，并没有"生物剽窃"的概念。如果哈尼族真正认识到传统稻种是一种丰富的、有价值的遗传资源，以及"生物剽窃"对自身利益的损害，依据哈尼族对待一般偷盗行为的惩罚态度，那么其将严格对待"生物剽窃"现象，并且会制定严格的管理措施。这种自我保护的意识和机制对于抑制"生物剽窃"现象的猖獗将起到重要作用。[1]

综上所述，哈尼族的习惯法和村规民约在哈尼族社区保护和可持续利用生物多样性及相关传统知识方面起到了关键性的作用，同时也面临着社会经济发展与文化变迁带来的严峻挑战。哈尼族习惯法和村规民约并非是一成不变的，而是随着社会的发展而演进，以适应不同的社会环境，表明其具有自我调适的功能。哈尼族习惯法和村规民约为解决国际广泛关注的生物资源及其相关传统知识获取与惠益分享难题提供了一条潜在的途径，即自身管理机制的确定与自我管理能力的提高。同时，哈尼族习惯法和村

---

① 杨京彪：《哈尼族传统文化与管理方式对森林生物多样性的影响与评价》，硕士学位论文，中央民族大学，2010年，第62页。

规民约与现行法律体系在形式、内容、效用等方面存在着极强的互补性。当前，在社会主义法制建设加速推进与重视文化多样性保护的背景下，地方政府指导修订完善哈尼族习惯法，表明哈尼族习惯法在地区管理和社会发展中发挥着重要作用。对哈尼族习惯法进行深入的研究，挖掘其精华，付诸实践，对于完善我国的法制建设、促进哈尼族地区的经济发展、新农村建设及其生物多样性相关传统知识的保护与可持续利用具有深远的现实意义。

三　哈尼族人生礼仪中的生态文化

人以不同的身份、不同的角色进入社会，都是通过人生中的各种礼仪实现的。礼仪是一种社会角色的象征，一种社会认同的标志，也是一种预期的人生目标。在人生历程中，每个人最重要的礼仪就是诞辰礼、婚礼和丧礼，俗称人生三部曲。哈尼族的自然宇宙三层说，是形成顺应自然人生观的思想基础，遵循春种、夏锄、秋收、冬藏的梯田农耕程序是顺应自然的具体表现。围绕梯田农耕生产举行的人生礼仪中，蕴含着丰富的生态文化内涵。

（一）生育与取名习俗中的生态文化

哈尼族的生育观具有浓厚的宗教色彩，妇女怀孕被认为是天神所赐。因此，循规蹈矩就是妇女应遵循的原则，否则天神会对她惩罚。哈尼族妇女惧怕生育双胞胎和多指、缺嘴、秃耳等畸形婴儿。旧时发生这样的情况时，轻则不得不弃婴，重则其家庭有被开除村寨的居住权的危险。因此，为了避免这样的情况发生，哈尼族女子平时忌吃双黄蛋、双连果以及被野物吃过的野果，并随时遵守妇人之道，在其妊娠期间不能参加丧礼，还要举行一些为孕妇祝福的招魂仪式，其目的就是让婴儿发育正常、健康生产。

哈尼族的一生是劳作的一生，艰辛的一生。由于生活艰苦，即使是怀孕期的妇女，除了过年节宰杀猪鸡时有一点肉食营养补给外，平时都以蔬菜蘸水下饭为普遍的餐桌饮食，因此，妇女生吃大米，甚至吃一种具有钙质的红泥土来补充体内营养钙质。旧时由于生产劳动的需要，哈尼族妇女坐月子期短，有的只是十多天，但是认为用一种金针草熬药液洗澡后即可参加轻体力劳动。产后的饮食也重要，产妇忌食酸、冷、腥味和香油煎炸的香脆食品以及牛、鸭、鹅、公鸡肉和姜等，多以米饭、清炖母鸡、瘦猪肉和蒸鸡蛋为主食。如果产妇缺少乳汁，就用生木瓜煮猪脚吃，可以增加产妇乳汁。

哈尼族的命名礼一般在产后的第3天或第5天，有的到第13天才举行。无论几天后取名都要在家中置办宴席，招待前来贺生的亲朋好友。无论取什么名，首先遵循的是父子连名或父女连名。父子连名是哈尼族遵循血缘关系的一种社会生态制度，以顶真形式从祖先排列，二音节，以便记忆。如，相则（祖父）——则热（父）——热省（儿）——省沙（孙）……哈尼族男名一般取具有"发展"、"增添"、"富足"、"兴旺"等含义音节，女名一般取具有"带领"、"萌芽"、"俊俏"、"勤劳"等含义音节。

婴儿的命名是哈尼族生育礼俗中的重要环节，其中一项就是模拟成人的劳动仪式。婴儿若是男性，要请一个同宗家庭和睦、父母健在的健壮男童，提上一包糯米饭，扛起一把小锄头，穿着劳动旧衣，扮成大人去劳动的模样。该男童在众人的祝福声中走出家门，婴儿由母亲或婆婆抱着尾随其后，在自家的院子里，大人用木棍在地上划出一个小方块表示"田"，男童在走进"田"块中象征性地挖地三锄，表示男婴长大以后勤劳勇敢，是梯田农耕能手。婴儿若为女性，则由一健康女孩，带着一包糯米饭，穿上蓑衣，背着小背篓，手持一把小镰刀或小砍刀，在屋外表演砍柴的动作，有的小女孩头顶一个小撮箕，在院子的"田"里捉鱼，表示女婴长大后勤脚快手，既能从事梯田劳动，又能勤俭持家。

哈尼族的命名习俗中具有生态文化内涵的是，如果孩子到了一两岁还体弱多病，经常哭闹，就要行搭桥取名和立碑取名的仪式，也称请干爹仪式。搭桥取名一般在村寨出入的道路小水沟边举行，选择吉日，小孩的父亲一大早从家里提着一只鸡、锅、碗来到道路水沟边，用木头或石板搭一座小桥，以便人们通过，同时将鸡宰杀在此等候，这天早上在此通过的第一个人无论男女老少，不分民族邀其回家做客，并要给小孩取一个名。为了纪念，小孩的父亲要在桥边栽上一棵小树或竹子，孩子长大后会不定期来此祭献。在元阳县新街镇等地，孩子如果体弱多病，家长就在通往村寨的十字路口立一块指路碑，并在其旁边修建休息台，同时栽上一棵常绿能结果速生乔木，以便人们休息乘凉。这两种做法实质是积功德的意思。再有一种是"栽树求子"，其做法是结婚多年不育的夫妻，在上山或下田的村寨路口修建休息台，同时栽上一棵常绿能结果的速生乔木，如多依树，象征"生命树"。由此而得子的子孙每年定期来此杀牲祭献"生命树"，并在其周边补栽树苗，最后发展成私有林。

图6—1　哈尼族的"生命树"
the Life Tree

图6—2　哈尼族的"生命树"在道路两侧发展成林
Life Trees Flourishing to Forest

（二）婚恋习俗中的生态文化

一夫一妻制是哈尼族基本婚姻制度，旧时也有一夫多妻，但主要是正妻不能生育的情况下才娶次妻。哈尼族的传统婚姻有严格的通婚制：一是异族不婚；二是同宗同姓不婚；三是姑表兄妹不婚；四是姨表兄妹不婚。

哈尼族青年男女虽然社交自由，但严禁未婚生育，否则，轻则以传统宗教仪式惩罚他们清洗寨子，重则将其驱除出村寨。情投意合的青年男女，便互赠定情物，将实情告诉父母，一定要履行求婚的礼仪。哈尼族联姻中，注重属相之间相生相克的道理。他们认为，男女双方的生日属相如牛和虎、龙和羊、狗和虎等不能相配。他们认为违反禁忌结合在一起，轻则夫妻不和睦，儿女不双全；重则危及夫妻性命或者无后。

哈尼族新婚夫妇在婚礼期间不同房，他们认为婚礼期间男女双方心理和生理都劳累过度，此时同房不利于生育。具有生态文化意义的是婚后第二天，要去男方家田地里一起劳动，新娘象征性地砍柴，到新郎家私有林中砍柴时，补栽水冬瓜、喜树、五眼果等速生乔木树种，以便来日方便解决生活能源。

哈尼族的婚宴席中的主桌设在新郎或新娘家的堂屋内，这里入席的都是新郎或新娘家辈分大的女性，男性不得入座。主宴席中有一碗泥鳅和鱼混煮的主菜，泥鳅象征阳性，鱼象征阴性，两种动物混为一锅，祝愿新婚夫妇早生贵子，儿孙满堂。

（三）丧葬习俗中的生态文化

丧礼是人生旅途的最后终结。哈尼族普遍存在"轻生重死"的观念，平日活着时省吃俭用，不畏清贫，死时却把丧礼办得隆重些，并举行一系列复杂而烦琐的礼仪。

从古至今，哈尼族各支系中，形成多种丧葬方式。主要有火葬、土葬、水葬、树葬等①。其中火葬和土葬，主要是成年死者的葬式。现今哈尼族盛行木棺土葬方式，但仍然有少量的其他丧葬方式。

---

① 《哈尼族文化大观》，云南民族出版社 2002 年版，第 227—228 页。

火葬。这是古代哈尼族普遍实行的一种葬式。据清乾隆《开化府志·卷九》载："窝泥丧无棺，吊者击锣鼓摇铃，头插鸡尾跳舞，名曰洗鬼，忽饮忽泣三日，采松为架，焚而葬其骨。祭用牛羊，挥扇环歌，拊掌踏足，以钲鼓芦笙为乐。"清代中叶后逐步演变为木棺土葬。在当代生活中，火葬已不是主要的丧葬方式，但在某些特殊场合，许多支系仍在实行火葬。如哈尼族碧约人非常忌讳非正常死亡，如果是在野外冷死、饿死、摔死、被野兽咬死、被枪打死、被水溺死、被火烧死、吊死等，遇到这种情况，就采取火葬的方式。哈尼族卡多人也将未满周岁死亡的人视为短命，用篾笆裹尸焚烧。有的正常死亡的人，埋葬之后，村寨里接连出现许多异常现象的时候，也要把尸体挖出来，重新进行火葬。有的人死亡的日子不好，认为不吉利的时候，也要把棺材从坟地中挖出来，摆在露天下半年甚至更长的时间，再把棺木打开，看尸体是否已腐烂，如不烂就要将尸体抬出来进行火葬。火葬方式由于不再入土和不使用棺木，具有保护土地和保护森林的作用。

土葬。木棺土葬是当代哈尼族最普遍实行的葬式。哈尼族对死亡有一种特殊的表达方式，人死不说死了，而是说"回去了"。他们认为人生在土地上，死了，是要回归土地的，如同回归自然，灵魂将生活在"达沃"（即阴间）的地方。"达沃"就是在地下，实行土葬，坟墓就是进入"达沃"的通道。土葬方式蕴含许多生态文化，认为坟址及周围的地理环境，对死者后人的福祉有着直接的影响，因而，坟的后山要有森林茂密的靠山，左右两边要有山脉水流环抱，才会人丁繁盛、六畜兴旺；正面要开阔，后人才会前程似锦。坟墓的门向不能正对尖山、岔河、悬崖、村寨等，否则对家人不利，对其他村寨也不好。红河流域的哈尼族土葬大多数要留坟堆，立石为碑，现代有些地方还有立碑刻字的习俗。

水葬。这一葬式，对成年死者是绝对不用的。有些地方偶尔对夭亡的婴儿使用这一种葬式。一般用草席包裹之后置于河中小瀑布下石洞中，外边有流水相隔，目的在于使其与众人永远分开，让河水将其冲到天涯海角，希望以后不再发生此类事情。

树葬。这种葬式也只用于夭亡的婴儿。一般用布、草席包裹之后，送到村寨外边较远的地方，找一棵大树，把它挂在树枝上。哈尼族认为，这种婴儿的死亡，就如同树上的嫩果，未成熟就掉落下来，应让他像烂果子一样臭在树上。

在哈尼族的丧葬习俗中，具有典型生态文化意义的就是公共墓地，也叫坟山。坟山是选择寨址的要素之一，在建寨之日起就要确定下来。因为坟山是祖先灵魂的栖息地，因此，哈尼族对它的选择是非常慎重和讲究的。笔者在西双版纳州勐海县格朗和乡做田野调查时发现，那里的哈尼族对坟山的选择有这样几个要素：一是要在寨子的西面或西北面。哈尼族认为，只有活人才有资格最早享受太阳光，而死人是没有资格的，所以，这个坟山只能建在寨子的西部。二是要有森林。哈尼族认为，整天让太阳光照射在坟墓上，是生者对死者一种不尊重的行为。所以，在选择坟山时，除了注意好位置外，还要看看这座山上有无树林，如果有松树当然更好。在西双版纳的哈尼族阿卡人看来，松树是一种圣洁、高雅的树，在松树脚下埋人，认为是生者对死者的尊敬。因此，即使坟山有其他树木，也要人工栽培一些松树，如果是光山，或者山上石头过多，不宜栽树的话，即使位置适当，也不宜做坟山。三是要注重村寨与坟山的距离。哈尼族认为，寨子与坟山间距离太远，一方面，是对死者具有空间上的疏远，缺乏起码的怀念之情；另一方面，则不利于送葬。距离太近，也不好，就容易想起或看到墓地，寨子里的人，特别是小孩会感到恐怖害怕。一般要相隔1000—2000米为宜，并有一条小箐沟相隔，这条小沟是活人与死人的分界河。送葬的队伍，在埋好人回来途中，送葬回来的人务必在这条小沟河里洗净手脚，方可进寨回家。

哈尼族祖先崇拜的生态意义在于坟山的选择与管理。坟山要有森林密布，西双版纳等地的哈尼族阿卡人，平时忌讳到坟山，更不能到坟山砍伐和狩猎。哈尼族认为坟山上的动植物都是祖先神灵的化身，生活在阳间的人不能去干扰它们，否则得不到它们的保佑。红河流域的哈尼族有不定期上坟的习惯，但在坟墓前不烧纸钱，更不生火，只是从家中煮好祭品后带到坟前祭献即可，因此，哈尼族的坟山从来不会有火灾发生。总之，哈尼族平时很少进入坟山，惧怕不怀好意的鬼魂来作祟。由于没有人为的干预，客观上有效地保护了坟山森林的生物多样性。

哈尼族按照三层宇宙观，阴间是人间的翻版，人间有什么，阴间就有什么，因此，哈尼族除送给死者锅碗瓢盆及农具外，无论葬在坟山的公墓

图6—3　哈尼族坟山森林

Forest Where the Dead are Buried

地或其他地方，离坟堆三四米远的上方特意选一棵树，作为死者的"神树林"，树脚立一块石头，每到上坟的日子，先在树脚杀鸡祭献。如果埋葬在没有树木的地方，也要特意栽培一些树木。

图6—4　哈尼族坟墓后山"神树林"

the Holy Forest at the Back of the Graves

图6—5　哈尼族在坟山祭祖神
Sacrificing the Ancestor Spirits at the Graveyard

　　哈尼族的生死观，也是一种生态平衡观，他们认为世界万物皆有生死，人死是符合孕育、生长到消亡的自然发展过程，因此，人死不可回避，也不足为奇，但要举行一定的宗教指路仪式才能到达祖先生活的地方，最终回到人生的归宿。哈尼族《丧葬的起源》①中反映了这种生死观：

> 远古的时候，
> 哈尼族猎手腊检腊若，
> 在上高山打猎时，
> 把猴子错看成鹿子，
> 扳起弩机一箭射出去，
> 走近一看才知是不该射的猴子大哥，
> 看着猴子像人样，
> 不忍心丢在老林里，
> 猴子脸上有七层皱皮，
> 想到了哈尼老人脸上的艰辛皱纹，

　　①　西双版纳傣族自治州民族事务委员会编：《哈尼族古歌》，云南民族出版社1990年版，第420—424页。

看见猴子手上的皱皮，
想起哈尼父母辛酸的一生。
哈尼三千三万个先祖，
由于吃下天神烟沙永生不死的好药，
给了大地上有了永生不死的人种。
哈尼不死的老人，
不吃不喝不动也活着，
天晴时要抬出去晒太阳，
天阴时又要背回家；
天热了要扇风乘凉，
天冷了要烤火取暖，
三万三千个老人，
累弯了儿孙的腰，
把儿孙的手也抬痛了，
人堆像木柴堆一样堆起来，
天晴也没有人抬出去，
天阴也无人抬回来，
茅草穿破皮肉，
头上生满了青苔。
心疼死去的猴子，
可怜不死的老人，
打猎错杀猴子抬回家来，
哈尼的猎人腊检腊若，
葬埋猴子开创了人死的葬礼。
人老不死的古规，
不改也要得改了，
人死发丧的古礼，
没有也得开创，
老人死了，
人们不要伤心难过；
老人死去了，
后代来传承送葬的礼仪，

是不忘父母的养育之恩。

天上太阳也有死的一回,

太阳死时地上就黑起来,①

月亮也给它死一回,

月亮死时地上也黑起来,②

人老了到死的时候,

就是天神收回人的寿命,

不让他活在世上受苦,

从此世人有了寿期……

四　哈尼族节日庆典中的生态文化

哈尼族的节日既是自然有灵的各种祭祀节日,又是梯田农耕祭祀节日。节日活动的中心内容都以祈求大自然中各种神灵的施舍,以求得人、粮、畜的健康、增殖和发展为目的。突出了节日活动的主旨是寻求人与自然和谐相处,从而增添了节日庆典中的生态文化内涵。如典型的农耕祭祀节日"昂玛突"、"康俄泼"、"莫昂纳"、"等罗合"、"矻扎扎"等,这些节日都是在过了十月年后根据不同时令的农耕程序举行,节日的活动以植物的祭礼为中心内容。因此,哈尼族的节日庆典中蕴含着深刻的生态文化内涵,是哈尼族制度生态文化的重要组成部分。

(一)十月年

哈尼族的岁首节日哈尼语称其为"扎特特(zalteilteil)"、"嘎通通(galtaoltaol)"、"车腊合什扎(ceillahoqsiivqzaq)"、"嘎汤帕(galtaolpal)"等,各地哈尼族对其称谓有所不同,但按哈尼族的历法,以农历十月为岁首,故将汉语译为"十月年"。红河南岸的哈尼族一般在每年农历十月第一轮属龙日始,至属猴日止,历时5天。节日最大的特征是家家户户均必须做汤圆、春糯米粑粑。有条件的杀猪过年。有的从市场上购买节期所需

---

① 太阳黑:指日食。

② 月亮黑:指月食。

的猪肉、鸡、鱼等。节期不从事任何生产，特别不许把山上的青枝绿叶带回家中，也就是说，节期不许上山采集植物和狩猎，不许砍伐树木。

绿春县大兴镇一带的哈尼族以农历十月第一轮属兔日为除夕日，当天上午各村寨打扫卫生，洗刷餐具。下午各家各户春糯米粑粑，以制成小圆饼的3块粑粑供祭祖先之后，人们方可食用。当晚各户春好汤圆面。次日属龙日为大年初一，听见公鸡叫头遍，妇女们先到水井里以竹筒背新水回家，并以新水烹制汤圆，男主人忙着杀一只母鸡，待鸡肉煮熟，汤圆、鸡肉各分盛2碗，放在供桌的左右两端各一碗，意即左边祭本家祖先，右边祭外家祖先。祭毕，全家围桌吃汤圆，以示新的一年全家和睦团圆。

当天便杀猪，有的地方全村杀一头猪用于祭祖，即便各自家中杀猪，也要杀村寨共用的这头肥猪。下午在家宴开始前，用饭、酒、茶、猪肉各2碗祭祖，然后又从其中各拣出一点，盛上半碗饭，泡上汤，拿到门外，倒于芭蕉叶上，打发不得上供桌的非正常死亡的亡灵。以祭祖的酒茶倒于灶边，祭祖所用的肉按年龄大小顺序家人分别吃一点，以示得到祖先的护佑。每一次祭祖，全家大小朝向供祖台跪拜。

初二（属蛇日）是已嫁姑娘回娘家拜年。她们背着用鲜芭蕉叶包好的糯米粑粑、酒、猪肉等礼品，分别赠送与娘家同宗的兄弟，每到一家在供桌前跪拜叩首。然后娘家请姑娘们吃饭，饭后有的当天回婆家，有的第二天才回去，并回赠礼品。

哈尼族认为，十月年是开"年门"的节日，人生的"年门"开了，万物苏醒的"年门"开了，人气、福气的"年门"开了。因此，过十月年期间，家家户户把一年来收获的果实，做成各种美味的佳肴，摆成街心宴席，其意义在于由于条件所限不可能请所有的寨人到家里过年而弥补的家宴形式，同时，也请生活在山里的各种报春鸟类等动物回来过年，分享人间的丰收果实。其实质是寨人互相祝福过年外，也反映出人与自然和谐相处的一种愿望。关于十月年的来历有这样一个传说，折射出深刻的伦理教育及生态文化内涵。

　　相传在哈尼族的一个山寨里，有一个寡妇领着一个儿子过日子。母亲把儿子视为掌上明珠，百般宠爱儿子，宁肯自己不吃也不让儿子挨饿一餐。

　　春华秋实，日子一天天过去了，孩子长成了小伙子。但不管栽种还是收割，儿子上山劳动，母亲除了做家务外，都要早一顿、晚一顿为儿子爬山送饭。可儿子心肠不好，饭送去早了，他张口大骂；送迟了，动手便打。一天早上，他犁完地坐下来等饭吃，看见在不远的草丛里，一只鸟飞来飞去，正在给刚出蛋壳的小儿喂食。他看着那些小鸟全身光秃秃的，张着又大又红的嘴巴接食的情景，受到了深深的触动。心想，母亲不也是这样哺育我长大的吗？他心里有说不出的内疚，下决心痛改前非，好好孝敬母亲。这时，正好母亲提着饭篮来到不远的地方了，他急忙站起身迎上前去。母亲以为是送迟了饭，儿子又要追过来动手，放下饭篮，转身就跑。"妈妈，你不要跑，等一等，我对你说。"母亲听见儿子的喊声并没有止步，她边跑边想：自己二十来年守寡，养了这么个黑心肝。现在上了年纪，还挨打受骂，苦命啊。老人越伤心，跑得越快，不知不觉已经跑到大河边来了。前面没有路，后面儿子马上就要追上来了，老人心一横，纵身跳下河里……

等儿子赶到河边，母亲早被大水冲走了。儿子连忙跳下河去，哭喊着拼命打捞、寻找，最后，只捞起了一筒木头。他认定这就是母亲的遗体，便扛回家来，在门前砌了个土台，供在上面，天天哭诉奠祭。他的行为得到了全寨人的谅解，大家把他母亲死的那一天——农历二月第一个属牛日，定为祭母的日子，全寨子都来奠祭。慢慢地祭母活动在哀牢山区的卡多寨传开了，不过各村寨是指定一棵树作为母亲的化身。

这个故事广泛流传在哀牢山的新平县、墨江县的哈尼族卡多人中。在不同的哈尼族居住地区，这个故事有不同的版本在流传，但主题大同小异。在红河县、绿春县、元江县等地流传的故事中说：当儿子下决心痛改前非的时候，母亲又送饭来了，儿子见了忙迎上前。担惊受怕的母亲误以为儿子又要借口送迟饭来打她，掉头便跑。她见儿子在后面紧追不放，一气之下，便一头撞在路旁的一棵松树上死了。儿子含泪安葬了母亲。从此，没有孝敬母亲的儿子感到非常内疚，他把那棵母亲撞过的松树作为母亲的化身，每当逢年过节，他就亲自祭献松树，以表对母亲的忏悔、怀念和孝敬。他的行为得到了全寨人的谅解，每到逢年过节，全寨都要去祭献那棵松树。后来，那棵松树老死了，人们把山上的松枝拿回来祭献。随后，这一习俗慢慢地在整个哀牢山区的哈尼族山寨传开了。①

---

① 云南省民间文学集成办公室编：《哈尼族神话传说集成》，中国民间文艺出版社1990年版，第393—395页。

　　在哈尼族生活的地方，都流传着这个令人动情的伦理道德故事。因为传说蕴含了深刻的教喻哲理，世代的哈尼族把这个故事作为教育后代的启蒙"教科书"。在田间地脚，家庭寨头，火塘边上，都能听到哈尼老人婉转的讲述。甚至在调节父母与子女之间的家庭纠纷时，调节者也要讲述这个故事，借此教育哈尼族年青一代要尊老敬老。因此，祭祀祖先神灵是十月年活动的主要内容。

　　十月年祭祀活动以家庭为单位举行，以祭祀祖先神灵为内容。一般由男性长者主持，有的地方也有由女性长者主持。主要供品为猪肉、鸡肉、糯米粑粑、汤圆、茶水、酒，每次摆放供品的顺序是筷子、茶水、酒、肉类、饭或糯食。每种供品先由主持祭祀者象征性地品尝，然后家人逐一品尝，其意义在于得到祖先神灵的护佑。有的地方，在大年初一以汤圆祭祖完毕后，在人们未食之前，取少许汤圆喂牛，对耕牛一年来与人同甘共苦的梯田农耕表示慰劳。从历法意义讲，十月年是岁首节日，也是冬季的标识。从活动内容看，是一个丰盛的庆典，因为活动时间正好是大地五谷已归仓，所进行的祭祀内容映射出对大地的感恩，也正是哈尼族的人地思想。

图 6—6　制作糯米粑粑
Making Erquai

图6—7　祭祖
Sacrificing Ancestors

（二）昂玛突

昂玛突（hhaqmatul）：也称"普玛突"、"昂玛奥"、"昂玛拖"，均为汉字音译哈尼语。"昂玛"是为了保护村寨的安宁与妖魔斗争而牺牲的母亲及其子兄弟俩。"突"为祭之意，故此节汉语译为"祭寨神"，是哈尼族以村社为单位，以树木象征神灵的祭礼为中心内容的一年一度典型的生态文化节日。

节日的来历有这样的故事：传说古代有个大妖魔，年年要求人间送两名年轻的女子让其吃掉，有一位母亲为了不让其女被妖魔吃掉，轮到她家送女儿时便对她的两个儿子说：你们俩男扮女装去见妖魔，等它酒醉时趁其不备将它杀死，为民除害。后人为了纪念他们而定期杀牲祭献英灵，他们舍己救人的献身精神就成为村寨精神力量及生命之源，也是村寨五谷、六畜之源。另一故事又说，哈尼山寨有一位寡妇儿子阿奎整天游手好闲，有一天上山练射箭，突然很远的天边飞来一只老鹰，阿奎瞄准老鹰，随着"嚓"的一声，老鹰落地了，跑过去一看，老鹰还叼着一条小蛇，阿奎就把小蛇带回家中喂养起来。一天小蛇突然说话了，原来阿奎救的是龙王之女，她邀请阿奎到龙宫，龙王赐给他一件能预测灾难的宝物带回人间。有一天，阿奎透过宝物看见洪水灾难来临，动员寨人立刻逃难，但谁也不相信平时游手好闲的阿奎，他只好把宝物拿出来给寨人看，人们从中看到了洪水灾难的到来而及时逃命，从而救了寨人的生命，但是，由于阿奎透露了宝物的秘密却变成了一块石头，乡亲们为了纪念救命恩人，在石头旁种了树，称为神树，并定期祭献。

　　从田野调查的资料来看,此节活动的时间与建寨之日选定神林、神树的日期有关,因此,各村寨举行的日期各异,但一般是在农历正月或二月。这里以元阳县小新街乡者台村哈尼族 2003 年 3 月 6—13 日"昂玛奥"和元阳县新街镇箐口村哈尼族 2006 年 3 月 2—9 日"昂玛突"节活动做具体描述。

1. 元阳县小新街乡者台村哈尼族"昂玛奥"

　　封锁寨门:这是者台村哈尼族昂玛奥节的前奏,目的是以防驱出的妖魔入寨。者台村封寨门是 3 月 6 日,即农历二月第一轮属虎日,中午 2 时许,主持仪式的祭师及助手共 4 人抱着一只红公鸡、一只公鸭前往封寨门处,此处是进寨的东面。按传统祭祀牺牲尚需要一只狗,但由于狗的价格贵,为减轻村民的负担,以一小丛狗毛代替。村民每户出一男性成年人,每人顺手携带一两根干柴前往,并帮助祭师整理鸡和鸭,鸡皮连头脚剥下,连同特制的木刀、木槌、木枪经过莫批施巫术,以一条结实的稻草绳做"铜链",将寨内的妖魔、邪气驱出寨外后横挂固定在路口两端的树干上,一头挂鸡皮,以示护寨金鸡;草绳上吊着的木刀、木叉、木槌、狗脚爪,以示护寨兵器。村寨东、西、北三面都要挂"铜链"。

　　祭祀水井:哈尼族认为,人们饮用的清泉永不枯竭,是龙潭或泉眼中的螃蟹和石蚌起保护作用,视其为水神,于是祭之。3 月 9 日是属蛇日,上午 8 时许,大小咪谷 2 人,另加 2 个助手带着 1 只公鸡和 1 只母鸡到特定的水井边宰杀烹制祭品,供品有 3 碗茶水、3 碗酒、3 碗鸡内脏、1 只整体熟鸡、1 包染黄的糯米饭加 1 个染红的熟鸡蛋。祭品摆放的顺序是:首先倒茶,用茶壶在每一只碗里倒 3 小滴,除第 3 只碗外,倒好前 2 只碗后又在壶里倒回 3 小滴;第二,以同样的方式倒酒;第三,在整体鸡的头、脚、腹部、尾部各撕一点放进碗里,每一只碗里放 3 次。这样把供品摆好后第一轮祭拜开始:先 3 作揖,后 3 叩拜。第二、三轮以上述方式重放茶、酒、肉后,还是先 3 作揖,后 3 叩拜。最后在茶、酒、肉、糯饭、染红的鸡蛋剥开,茶、酒各倒 3 小滴,肉、饭、蛋各取 3 小点放在井边的一片芭蕉叶上,以示祭祀完,参祭人就在井边进餐。离开时以刺槐将井口封拦,以示俗人暂且不能饮用该井水,待咪谷以竹筒背水前往神林后方可撤刺。

　　祭祀神林:9 日,即属蛇日中午 12 时许,祭师和助手赶着已准备好的一头肥猪，背着大铁锅前往神林。村民每户出席一男性成年人，祭祀期间女性严禁入林，男性也严禁穿鞋、穿红、白衣裤入林。大家齐动手杀猪、分割猪肉煮熟，猪头肉、猪肝、猪肚皮肉等切细盛入特定的土碗，用3碗茶水、3碗姜汤、3碗酒、3碗肉、1只整体熟鸡、1包染黄的糯米饭一起摆上篾桌，然后抬到神林树脚分3次祭献，每次祭献先拜3次，后叩首3次。祭毕，祭师将供品分给参加祭祀活动的众人食，以示在场的人受昂玛神林护佑，然后所有参祭人在神林中共食祭祀牺牲烹制的肉食品，此食物不能带回家中食用。

属蛇日清早，各家各户要祭祖。祭品是1碗茶水、1碗酒、1碗猪肉、1碗染黄的糯米饭。祭祖是家庭男性长者主持，祭毕，家庭成员朝向祖先神龛叩首3次后，大家可以食用染黄的糯米饭。

10日，即属马日，另杀1头肥猪，以同样的方式祭祀小神林中的昂玛，参祭人也是就地共食祭品，不带回家中。

11日，即属羊日，全体村民忌日，不事生产，不做针线活。青年男女可以上山玩耍。12日，即属猴日，在咪谷家院子里举行"之桌桌"，意为邀请村内的男性老人、歌手相聚设宴，席间歌手吟唱哈尼族迁徙、安寨定居、节日来历等内容。而年内出生男婴儿的父母也准备一桌酒宴前来庆贺，让村中长老来品尝酒菜，连续3年，目的是男婴儿在昂玛神的庇护下平安长大。有的地方"之桌桌"是全寨性举行，即每户做1桌10个以上的菜谱，分作2组摆2天，如元阳哈播村等地。13日节日结束，村民可以到田里劳作。

2. 元阳县新街镇箐口村哈尼族"昂玛突"

叫寨魂仪式是箐口村一年一度祭寨神活动的前奏。2006年3月2日（农历二月初二，属虎日）举行。牺牲是1头中架猪、1头小猪、公鸡和母鸡各1只。中午1时40分，1位莫批、6位大小咪谷、2位昂徒（咪谷助手）、4位老人、5位一般村民、2位八九岁的小姑娘，从大咪谷家中赶着牺牲、带着炊具及祭品前往村西面的神林，到了神林每人采一小朵花戴在头上。主要祭品4小碗煎鸡蛋、4小碗糯米饭（各加1个熟鸡蛋）、1大碗酸面、1大碗炒黄豆、1大碗炸糯米虾片。莫批用上述祭品各取1小碗摆在篾桌上，另加1袋谷子、1袋米、1米土布、1只银镯。叫魂队伍最前的是1位小咪谷，其后是手持一枝臭油果枝叶的2位小姑娘，再就是敲鼓和敲铓的小咪谷，莫批抬着篾桌在末尾，他们从神林直穿村寨来到寨脚面对梯田叫魂。他们面对田野共同喊三声"哦——嗬嗬"后，莫批以"哈巴"吟唱的方式进行第一次叫魂，内容大体是："介绍吉日，为何要叫寨魂，您在哪里都要回来……"，大约唱10分钟就共同喊3声"哦——嗬嗬"，共唱了40多分钟后，他们按来时的顺序原路返回神林里，莫批边走边说"回来了，回来了"，此为第一次叫魂结束。供品一一更换后，叫魂队伍又来到村西北面路口叫魂，队伍穿过寨心时引来一群八九岁的男女小孩尾随，到叫魂地点后每人拿1枝臭油果枝叶，共同喊3声"哦——嗬嗬"，增强场面感染力。大约叫了30分钟又从原路返回神林，此为第二次叫魂完。再更换供品后以同样的方式来到村南面路口叫20多分钟，再回到神林，此为第三次叫魂完。寨魂叫回神林里，煮熟祭祀牺牲，以1碗茶、1碗糯米饭加一个熟鸡蛋、4碗酒、4碗肉、4碗饭、4双筷摆在篾桌上祭寨魂，莫批、咪谷及其他参祭人面对供桌3作揖、3叩拜，连续3次后算作祭祀完毕。

2006年3月6日（农历二月初七，属马日）下午箐口村举行封寨门仪式。

下午5时许大咪谷和5位小咪谷从大咪谷家中带着牺牲出发，前往西北面和东面的进村路口。村寨西北面进村路口为主要"寨门"，封寨门仪式由大咪谷和1位小咪谷主持，主要牺牲是1只红公鸡。村寨东面路口为前往田间的主要进出口的"寨门"，由4位小咪谷主持仪式，主要牺牲是1只白公鸡。与此同时还要进行祭地神仪式，牺牲是1只公鸡和1只母鸡。"寨门"以通道口两侧的2棵自然生长的树木做门框，在其中1棵大树脚临时搭建1个祭台（用树枝叶搭建），做封寨门祭台。在大树边一侧设置上下两台的石板祭台，做祭献地神的祭台。祭祀分2组同时进行，首先在不同的祭台上各自摆1碗菜、1碗姜汤、1碗酒、1碗清水，将各自的祭祀牺牲宰杀，把鸡血接进清水碗中。白公鸡连头带脚把鸡皮剥下，以3片胸肉、3片胃、3片肝，以胃、肝、肉各一片的先后顺序为一组，共3组，用一条竹签串在一起，插于鸡嘴。3片肉象征人丁、五谷、六畜。肉片自然腐烂，其间不减少为吉利。连头带脚鸡皮以篾条固定在门框侧面的一棵大树上，同时，把悬挂有木槌、木刀、木枪用稻草绳横拉固定在两棵大树上做"门楣"。"寨门"安装好后，祭祀牺牲鸡肉已煮熟，用剩下的鸡胃、肝、胸肉和鸡腿做供品。封寨门祭台上摆放的供品是：1碗糯米饭加1个熟鸡蛋、1碗茶、1碗姜汤、3碗酒、4碗饭、4双筷。在祭献地神上祭台供品是：1 碗姜汤、1 碗糯米饭加 1 个熟鸡蛋、4 碗酒、4 碗肉、4 碗饭、4 双筷；下祭台供品是：1 碗姜汤、1 碗酒、2 碗肉、2 碗饭。上述肉碗中均放少许切碎的蒜苗或蒜泥。

摆好供品，主持人以一字排，先双手合为捧水状上下摆动作揖 3 次，再下跪磕 3 次头，然后把祭台上的所有供品碗中少取 3 小点置于祭台一角，把祭碗收拾好，以示祭祀完毕，主持祭祀的人就地膳用供品牺牲。上述熟鸡蛋剥开蛋壳看卦，若蛋两端没有明显的凹陷，预示着来年梯田谷子会丰收，反之，谷子会秕壳。

在东北面道路口封寨门仪式与上述相同，届时仍然将红公鸡连头带脚剥下鸡片固定在"门框"一侧的大树上，同时也横拉有悬挂木刀、木槌的稻草编绳为"铜链"。

3 月 7 日（农历二月初八，属羊日），箐口村举行祭祀寨神林活动。

祭水井仪式：箐口村有 8 口日常饮用水井，祭每口水井各需牺牲 1 只公鸡和 1 只母鸡。大水井，即建寨时确定祭寨神用的那一口井，位于寨子脚，由大咪谷和 1 位小咪谷（副）主持。在祭献磨秋场旁边祭石虎的祭祀组为 3 人，牺牲是 1 只红公鸡，其他水井 2 人 1 组，可由其他小咪谷和村中老人邀约主持。

早上 8 时许，祭祀组各就各位，他们来到水井旁边把周边杂草处理干净，把井旁大树脚的石板祭台扫干净。第一次摆放的供品是：3 碗茶水、1 碗糯米饭加 1 个熟鸡蛋、1 碗清水，把一公一母的鸡按先公后母的顺序宰杀，鸡血接进清水碗中。摘下 9 根鸡翅毛，以 3 根为 1 组插于祭台上，然后在一旁生火烧水处理鸡毛和内脏，并把整体鸡煮熟。待鸡肉煮熟，把鸡内脏、胸肉切细，鸡头、鸡脚、鸡腿砍下，与蒜泥搅拌好分装进 4 只碗中。然后摆放第二次供品，从里到外分别是：1 碗茶水、1 碗糯米饭加 1 个熟鸡蛋、4 碗饭、4 碗鸡肉、4 碗酒，在碗上摆放 4 双筷。供品均由大咪谷摆放，摆好后大小咪谷 2 人面朝祭台，先双手合为捧水状上下作揖摆动 3 次，再下跪磕头 3 次后，在每一碗供品中各取 3 小点放在祭台一角的叶子上，其顺序是：（1）拿起姜汤碗倒出 3 小滴；（2）把熟鸡蛋剥开掐 3 小点放于叶子上，再掐 3 小点糯米饭；（3）把 4 碗酒分别各倒出 3 小滴；（4）把 4 碗肉分别用筷夹出 3 小块；（5）把 4 碗饭分别以筷拨出 3 小点。最后主持祭祀人就地享用供品。

祭石虎：箐口村守护村寨的石虎置于寨脚的磨秋场旁，虎头面朝梯田。主持祭祀的 3 人处理石虎旁边的杂草，把祭台扫干净，在旁边生火宰杀牺牲，把处理好内脏的鸡整体煮熟，内脏切碎，其摆放的供品：1 碗清水、1 碗姜汤、1 碗酒、4 碗肉另加 1 碗整熟鸡、4 碗饭、4 双筷。摆好供品后，主持祭祀者 3 人一字排面朝祭台，先将双手合为捧水状上下作揖摆动 3 次，再下跪磕头 3 次，然后按上述取祭水井供品方式各取 3 点于祭台一角的叶子上，以示祭祀毕。主持者就地享用供品。

祭村社神树林：12 日中午 11 时左右，每户陆续送 2 块糯米粑粑，由主持祭祀的咪谷背到神林中，一块祭神树，另一块又由咪谷们背回来后拿回自己家中祭祖，并与神林中宰杀后户均分配的猪肉一起煮成稀饭供家中成员共食，以示得到寨神的护佑。

12 时咪谷祭祀组从大咪谷家出发，出发前在大咪谷家院子里，由大咪谷妻子以篾桌抬一碗酒给 6 位大小咪谷象征性地喝一口，然后由大咪谷带队前往神林走去。出发时，大咪谷右手抱着一只大红公鸡（神的象征），左手抱着一床草席，打黑布包头，穿长袍，面容严肃，走在第二位的是大咪谷的主要助手小咪谷李富生，他主要背着在家准备好的祭品和祭祀炊具锅碗之类；走在第三位的是小咪谷李正亮，他背着 6 个藤篾凳；走在第四位的是小咪谷李克卜身背糯粑；走在第五位的是小咪谷李拥萨身背糯米粑，胸前挂一面鼓，沿途要敲击；走在第六位的小咪谷张春卜以竹筒身背 2 筒清水，手提一扇铓锣，沿途边走边敲击。他们一行 6 人从大咪谷家直穿村寨中心道路往西面的神林走去。沿途敲击锣鼓，一是向寨人告示咪谷组织到神林中祭祀；二是沿途不吉利的东西必须避开。咪谷组 2 位助手赶一头肥猪尾随其后。

神林中的祭祀地点是在一棵野橙梨树脚，安置石板祭台，分上下两台。到了目的地，他们把各自携带的东西放下，各负其责。由于到了神林的围栏后，除了他们 6 人外，任何人不准入内，笔者只好在围栏外 10 米远的地方观察他们的活动。红公鸡以一条 3 米长的棕绳系脚，绳的另一头系在神树脚。大咪谷打扫祭台，并将杂草清除，把他带来的草席也铺在神树脚。祭台上方摆放 3 个藤篾空位凳，表示神位。

牺牲除了 1 头肥猪外，另外还有一公一母的 2 只鸡。据介绍，祭祀牺牲肥猪的价格为 853 元，费用户均分担。除了大咪谷和主要助手小咪谷清理摆放供品外，其余人在旁边生火准备宰猪、宰鸡，烹煮供品。

第一次摆放的供品是：上台有 4 碗茶水、1 碗清水；下台有 2 碗茶水。宰杀鸡时将鸡血接进清水碗中。而猪血要一个大盆盛接，猪杀死后泼水在其身上，再以稻草烧，然后再把毛刮干净。

下午 3 时，牺牲祭品已煮熟，开始第二次祭献，上台供品有 4 碗茶水、4 碗酒、4 碗肉（鸡肉、肝脏和猪肝切碎与蒜泥搅拌）、4 碗饭、4 双筷；下台供品有：2 碗茶、2 碗酒、2 碗肉、2 碗饭、2 双筷。摆放好供品，大咪谷在左，他的右边是 5 位小咪谷排成一字形面朝祭台，先将双手合拢作揖上下摆动 3 次，再下跪磕 3 次头，这样要连续 3 轮后，大咪谷在祭台上的供品中各取 3 小点置于祭台一角的叶子上以示祭祀毕。

3 时 30 分，咪谷们祭祀完后就地享用供品。但是，大咪谷不能食用猪、鸡等见血的营养品（可以吃蛋），一直忌讳到下一轮的属鸡日完。此时拴在树脚的大公鸡第一遍啼鸣了 6 声。4 时 15 分，咪谷们用餐完毕，开始收拾他们的炊具和祭祀用具，红公鸡又第二遍啼鸣，每隔 3 分钟左右鸣 1 次。约 4 时 22 分，他们将东西收拾好，示意早已等候在神林围栏外的 2 位"昂徒"把猪肉背到大咪谷家院子里户均分配。此时专门负责敲击铓锣的张春卜敲了三下铓锣，以示咪谷祭祀组要离开神林。

咪谷组离开时，从神林中的祭祀地点到走出神林围栏时，背肉的 2 位昂徒走在前，大咪谷走在最后，手拿一枝树叶，边走边说"回去了"、"回去了"，表示祭祀者的灵魂不能留在神林里。所有的人跨出神林围栏后，大咪谷仍然走在前面，沿途边走边敲击锣鼓，大家时不时齐声叫出"嗦、嗦、嗦"的声音，意为吉利了，表示向寨人宣告祭祀完，可以到大咪谷家来分肉和领取自家送去的糯米粑粑。他们约 4 时 36 分到大咪谷家中，大约走了 15 分钟。

分配猪肉：留给大咪谷的是右前腿、8 条排骨，而脖子、猪头、肺 8 日拿到小神林里煮熟祭献后户均分配到农户餐桌上。给 2 位"昂徒"每人 1 公斤肉作为他们的跑腿费。两只猪后腿留给年内生儿子的人家，生姑娘的给一块约 2 两的肉。其余剩下的猪肉砍下后户均分配，拿回家中祭祖，分到各户的这点猪肉，无论多少都不能吃完，留一点挂在火塘上方，到来年有新的祭祀猪肉接替。

晚饭前各家各户以分回的猪肉祭祖。该村张氏祭祖的供品是：1 碗姜汤、1 碗酒、4 碗从神林中带回来的粑粑和分回来的猪肉煮成的稀饭。

晚 8 时许，自去年"昂玛突"之后至今年"昂玛突"前出生的婴儿父母准备一桌菜拿到大咪谷家向大咪谷祭献，称"之桌桌"，菜谱中必有煎鸡蛋、炒黄豆、豆芽、酸菜，敬献给咪谷们主要是烟、酒、糖果。

祭小神林仪式：3 月 8 日（农历二月初九，属猴日），箐口村举行祭小神林仪式。

小神林的祭祀活动与大神林不同的是除了妇女外，男子们可参加祭祀活动。并且每户要准备一桌菜拿到神林中吃，以示与神共餐。

中午 1 时 30 分，小咪谷张春卜到寨心通道边走边敲铓锣，向寨人表示各户准备好菜谱。2 时 30 分咪谷们以前一天出发的顺序来到小神林，大咪谷少拿了一架弓，尾随他们的是每户村民抬着一桌菜。除了不再背糯米粑粑之外，其他道具与前一天相同。但今天不再杀生，以前一天留下的鸡肉、猪肉做供品。

石板祭台安置在一棵大五眼果树树脚。到祭祀地点，大咪谷仍然清理石板祭台，把杂草和枯叶清扫干净，在上台祭台前铺开草席，席子上再放 4 个藤篾凳。第一次摆放的供品，上台有 1 碗糯米饭加 1 个熟鸡蛋、4 碗茶；下台放 2 碗茶。上下台每只碗底垫有哈尼语叫"byuqyuq"的 3 片叶子。他们在一旁生火烹煮祭品，祭神的肉主要以猪心、肝、肚皮肉、头肉。第二次摆放的供品，上台有 1 碗茶、1 碗姜汤、4 碗酒、4 碗肉、4 碗饭、4 双筷、1 碗糯米饭加 1 个熟鸡蛋；下台有 2 碗茶、2 碗姜汤、2 碗酒、2 碗肉、2 碗饭、2 双筷。约 3 时 40 分供品一一摆好后，大咪谷在左，一行 6 人一字排，面朝祭台先将双手合拢上下摆动 3 次，再下跪磕 3 个头，连续 3 轮后，大咪谷在供品碗中各取 3 小点置于祭台旁的叶子上以示祭祀毕。鸣鞭炮后可就地食供品。与此同时，各户抬来的菜也就地食用。大家吃了 30 分钟后，户均分配已煮熟切片的猪脖子肉和猪肺拿回家中都要给家人品尝，以示受寨神的保护。小女孩以特制的小篾箩放入 3 个染成红、蓝、紫色的鸡蛋，悬挂胸前参加。

哈尼族一年一度的昂玛突节活动，从其历法意义在于春季开始，冬季彻底过去。从梯田农耕方面意味着春播、春耕季节的开始。因此，者台村民属蛇日早饭后，必须到秧田里撒谷芽秧苗，并用染黄的糯米和染红的鸡蛋祭献秧田。玉米、黄豆等也必须在节日前后春播完。

图 6—8 拦邪门

Gate Blocking off the Evils

图 6—9 守护寨门的"神鸡"

Holy Rooster for Village Gate Guard

图 6—10　招寨魂求安

Summoning Village Spirits for Peace

图 6—11　"咪谷"摆放供品

Migu Arranging and Placing Offerings

图 6—12　"咪谷"主持祭寨神

Migu Hosting Rite toSacrifice Village Gods

图 6—13 村民纷纷争食祭品：以示神赐福
Villagers Eating Offerings to Pray Blessing

图 6—14 村民们在神林中与神共餐
Sharing Offerings with the Holy Spirits

（三）莫昂纳

莫昂纳（miaoqhhaqnaq）：也称"仰昂纳"，均为汉字音译哈尼语，"莫"是活计之意，"昂"是力量、力气之意，"纳"是停、息之意，故此节意为息活计。过了这个节，这一年就不再播种了，故得名。一般在农历四月举行，具体日期与栽插结束的早晚有关，故各地选择的日期也不一样。这里以绿春县大兴镇阿落坡头村举行的莫昂纳为例。阿落坡头村是以该村咪谷家开秧门后，以 12 属相计日满 2 轮，即 25 天之后作为举行莫昂纳的吉日。易言之，咪谷家在农历三月第一轮属马日举行开秧门的话，农历四月第一轮属马日即为举行莫昂纳的日期，其间刚好有 2 轮 25 天。

1997 年 5 月 16 日（农历四月第一轮属马日）该村举行莫昂纳。全村杀一头肥猪户均分配做主要祭品，上午首先在咪谷家祭献，供品有 3 碗茶水、3 碗酒、3 碗米饭、3 碗糯粑粑团、3 碗熟猪肉（瘦肉、肝、粉肠）、1 碗盐碟供在神龛上祭祖。祭祖毕，又将供品搬至畜厩门口对牛进行感恩祭献，并各取少量供品喂牛。最后在屋外悬挂犁、耙的地方对其祭献。对这些与梯田农耕密切关系的牲畜和农具，一年来与人同甘共苦以表示慰劳，意为此日起它们都休息半年。最后以鸣响爆竹向寨人宣告咪谷家的祭祀完毕，各家各户也依照咪谷家的祭祀方式进行家庭祭祀。

下午，进行祭水源仪式。是各自家庭进行，地点在自家承包的责任田入水口处。主要牺牲是公鸡和母鸡各 1 只。在田边地角起火、支起锅灶，把鸡宰杀处理干净。以树枝叶在水源入口处搭一祭台。第一次祭献的供品有 1 碗茶水、1 碗酒、1 碗米并其上置 1 个鸡蛋、1 碗盐、9 颗小白石子。石子象征来年的谷粒像石子一样饱满实心。第二次祭献的供品有 1 碗茶水、1 碗酒、1 碗食盐、1 碗熟鸡肉及内脏、1 个熟鸡蛋，各取少许祭品置于叶子上，以示祭祀完毕。

元阳县箐口村等哈尼族的莫昂纳节就是农历五月初五的端午节，节日前他们从山上采回 2 种植物：一是生长于下半山箐沟边的禾本科"粽子叶"；二是栽培在村边园子里专染糯米饭用的"合尼合纳"植物，其叶子煮出来的紫色液汁将白色糯米染成紫色后以粽子叶包扎煮熟即可食用。到了五月初五节日的早上，家家户户以 3 碗茶、3 碗酒、3 碗鸡肉、3 碗紫糯饭祭祖，然后将供品抬到犁耙前祭献，最后取少许供品去喂牛，表示对耕牛春播的慰劳。从此，人与牛可休耕一段时间。这一天一大早，人们扛着锄头忙碌起来，男女老少来到田边地角、房前屋后的菜园子周边、村边私有林等地方栽下竹子、桤木、五眼果、芭蕉等速生树种，成了哈尼族的植树节。

图 6—15 "莫昂纳节"祭农耕工具
Sacrificing Farming Tools on Moangna Festival

图 6—16 供品喂耕牛
Offerings for Farming Cattle

哈尼族对此节的生态意义有两方面的认识：一是哀牢山区雨季的开始；二是此节之后在梯田里栽秧也不会饱满了。事实上农历四月末，来自南方海洋暖湿气流的东南季风和西南季风来到了哀牢山区形成绵绵雾雨。因此，哈尼族这将一天作为植树节，有"碓杵栽下去也能成活"的谚语，说明了哈尼族对其生存环境的整体认识。莫昂纳节日活动，其历法意义方面标志着季节由春季转入夏季。梯田农耕程序则标志着栽插季令的结束，开始进入夏季梯田的管理，诸如薅秧除草、管理田水等。

（四）矻扎扎

矻扎扎（kuqzaqzaq）：又叫"耶库扎"、"惹苦扎"，均为汉字音译哈尼语，一般在农历六月举行，故汉语译为"六月节"。此节的举行一般与栽插结束的早晚有关，故各地哈尼族选择的日期各异。这里以元阳县新街镇箐口村哈尼族于 2004 年 7 月 6—8 日举行的六月节做具体描述。

箐口村六月节是 7 月 6 日，即农历五月第二轮属狗日始，至农历六月第一轮属狗日早晨砍断秋千绳、抬下磨秋宣告节日结束，历时 13 日。但节期的主要活动是 3 天，即 7 月 6—8 日。

7 月 6 日（农历五月十九，属狗日），早上每户割回 3 把用于翻新秋房用的山茅草，每把约 5 千克。

早上还要派人去砍磨秋梁，主要是一位木匠和两位咪谷助手负责，村民协助。秋梁长约 6 米，黄心树为好。

图 6—17　村民更新磨秋房
Renewing Moqiufang House

　　按传统翻新秋房的柱子还要 10 棵树，但为了不砍伐树木，现在以永久的水泥柱替代。更新秋房时按村子的总户数分成若干组轮换，每一组负责翻盖一年。木匠的职责是安装磨秋，另外几位助手更换秋千柱，需要 4 棵龙竹，每一棵长 20 余米，不能把头部砍去，否则天神不会下到人间。

　　更新好秋房后，下午 6 时许，由大小咪谷 6 人祭秋房，牺牲是 1 只红公鸡和 1 只黄母鸡。祭好秋房后就地共食祭品。与此同时各家各户杀 1 只鸡祭献野外非正常死亡的亡灵，在门外烧煮并就地进食。

　　7 月 7 日（农历五月二十，属猪日），活动内容是：早上以 1 只公鸡和 1 只母鸡带到自家责任田水源口宰杀，以鸡血和几根鸡毛祭献田神和水神后带回家中处理干净煮熟后再祭祖。

　　每家每户一大早要采摘 3 小把铁线草（每把 9 根嫩尖），穿插于晒台与三层楼进出口门头的屋檐上。随即将 1 升谷子供在火塘上方悬挂的神龛上。嫩草和谷子均做天神的马饲料，因为天神要下到人间过节。早上祭祖的供品是：大神龛上是 1 碗清水、1 碗姜汤、1 碗酒、4 碗鸡肉、4 碗饭。在大神龛上祭好后拿到小神龛：1 碗水、1 碗酒、1 碗姜汤、1 碗鸡内脏、1 碗饭。

　　供上了马饲料后要立即杀鸡祭祖（实际上是祭天神）。中午 12 时后，在秋场杀牛，牛肉户均分配，不过秤，以特制篾箩盛装牛肉后背回家中。

图 6—18　村民在秋场杀牛祭天神
Killing Cattle for Gods

　　7 月 8 日（农历五月二十一，属鼠日）活动内容：早上各家各户仍然要杀鸡祭祖，但由于经济条件有限，一般不再杀鸡，以前一天留下的鸡肉来祭，供品同上。中午 1 时许，敲击 2 下锣，表示各户准备好的菜肴要抬到秋场祭献磨秋。约下午 2 时多，第二次敲锣时，咪谷即将出发来到秋场，各户以篾桌抬着菜肴尾随。咪谷的供品是：1 碗姜汤、1 碗蒜汤、4 碗酒、4 碗牛肉、1 碗煎鸡蛋、4 碗饭、1 碗炒熟的黄豆，把供品摆在篾桌上抬到磨秋桩脚下；大咪谷扶着磨秋一端转 9 圈，每转 3 圈停下来，以蜂蜜花叶打击 3 下秋梁，最后一次转完又打击 3 下完后，咪谷们对着秋桩磕 3 个头。然后又去荡秋千，来回象征性地荡 9 次，每 3 回停下以蜂蜜花枝叶打击秋千脚踏板 3 下，以示祭秋完毕，各户就地进餐，吃不完的菜要把篾桌翻过来抬回去。

　　咪谷扶着磨秋从顺时针方向转 3 圈，表示邀请天神威嘴、石匹来过年；咪谷坐在秋千上面朝田野荡 3 次，是祝愿梯田的谷穗粒粒饱满；咪谷坐在秋千上面朝寨子荡 3 次，是祝愿寨中的子孙像林中的竹笋一样密，六畜像石头一样多。咪谷祭秋毕，众人纷纷来骑磨秋、荡秋千，一直延续到下一轮属狗日咪谷抬下磨秋的那天早上最后一次杀鸡祭祖算节日结束。

图 6—19　祭磨秋　Sacrificing Moqiu

　　红河县乐育乡坝美村哈尼族六月节活动与上述有所不同。现将 2004

年5月3—11日坝美村举行的六月节活动简述如下。

　　5月4日（农历三月十六日，属羊日），村民吃过午饭后，每户家庭派出一名男性成人到距村寨4千米远的森林中去砍磨秋梁。众人中有1—2人是木匠，秋梁的树种是云南松，其特点是笔直。他们来到森林中，凭直觉选择2棵高大的松树，其中的一棵腰直径有35厘米，从树脚砍倒后，从树脚一端起开始测量秋梁大概的长度，木匠张开双臂量了5庹（1庹约1.6米），砍去树上端将秋梁拖到路边削去树皮，以梁腰为中心削成两端大小一样，然后村民们以数人同时肩扛的形式运回到秋场。约下午4时多，当秋梁运到村口时各家各户听见运秋梁回来的吆喝声就要宰杀一只鸡，将鸡毛、内脏处理干净煮熟祭祖。实际上当秋梁运回村寨就意味着天神威嘴、石匹也迎进村寨家中过节，因此，各家各户要杀鸡祭献天神。

图6—20　村民运送秋梁
Carrying Wood Beams

　　村民把秋梁运回村寨之后，节日活动暂告一段落。5月5、6、7、8日没有具体活动内容，村民做一些节期准备工作，诸如寨内打扫卫生、准备各类菜谱等。到了5月9日，即属鼠日，节日的具体活动内容开始了。

　　第一，清洗水井，哈尼语称"俣合说"。主持祭祀的人称"普师"（咪谷），共3人，其中有1人是莫批，其余2人是助手，相当于咪谷。早上7时左右，"普师"带着公鸡和母鸡各一只来到特定的水井，这个水井在寨神林的旁边。祭祀分2次进行，第一次是以活鸡祭献，在井旁以树枝叶临时搭建一个祭台，台边立几棵留有枝叶的竹子，台上摆1碗麻椒水、

1 碗酒、3 碗米、1 碗盐碟，然后把鸡宰杀，盛接血的碗也摆上来，"普师"以水冲洗井口前的脏物。与此同时，在井边生火，把鸡毛、鸡内脏处理干净以整体鸡煮熟，处理鸡胃时，内层不能撕破，否则认为梯田里的稻秧会受虫害。3 碗米也就地煮熟后开始第二次祭献：把祭台上的 3 碗米变成 2 碗饭、鸡血碗换成一碗整体鸡，其他酒、麻椒水、盐碟不变。主持祭祀的莫批及助手面朝井口的祭台磕头 3 次后以示祭祀毕。然后众人就纷纷来取新水。按传统清洗水井仪式，要在天尚未明之前完毕，故村民来取新水时都要点着火把照明，而且照明火把用的松明必须要 9 片，现在即便天亮了也要按规矩每人点着火把来取水。祭祀牺牲主持者就地食完，不带回家。

图 6—21 村民点着火把汲新水
Fetching Spring Water With Fire Lit

除上述仪式外，9 日上午各家各户都要在大门外宰杀一只鸡祭献非正常死亡的人，以 1 碗麻椒水、1 碗酒、1 碗饭、1 碗整体熟鸡摆在篾桌上，主持者以一只空碗各取少许供品泼在门外以示祭祀毕，家人就地围桌共食牺牲。

　　第二，架磨秋、秋千。9日下午2时以后进行。主要由2个木匠安装，众人帮忙。立磨秋桩往地上挖洞1米深，立桩仪式的牺牲是1只母鸭，在洞底放鸭子脚爪、3颗小白石子，然后秋桩立起来稳固，秋桩高出地平面约2米，顶端与秋梁接合部稍细。秋梁腰粗，两端稍小，约长9米。安装磨秋的同时，每户派出一名成年男子，在秋场上杀牛、户均分割牛肉，骨头、内脏、盛接的血也要平均分配，并以牛皮包大木鼓。坝美村六月节杀的牛是一头黄公牛。莫批在一旁生火，宰杀鸭子处理干净煮熟后，整体放进碗里供在秋桩脚，另加1碗麻椒水、1碗酒，主持者莫批磕头后以示祭祀完毕，莫批和几位老人就地食供品。祭祀完后大家可以随意骑磨秋了。

　　5月9日下午各家各户准备好3棵松树尖、3棵芷菜、3棵乌山草、3棵黄豆苗一起装进一只竹筒里做天神的马料挂在门头上。据传六月节期间天神莫咪委派威嘴、石匹2神骑马到人间过节，并且威嘴骑的是白马、石匹骑的是花马。

　　5月10日属牛日早上，已出嫁的姑娘回娘家过节，她们带着2小条牛肉、2块糯米粑粑、1小杯酒祭祖，以示与娘家的血缘关系。早晚饭请亲朋好友吃饭，酒足饭饱又到秋场上骑磨秋、荡千秋。

图6—22　村民骑磨秋比赛
Moqiu Playing Game

　　5 月 11 日属虎日，节日达到高潮。周围村寨的人也可进村进行骑磨秋比赛。主要仪式有：一是早上在自家祭祖，主要供品是 1 碗麻椒水、3 碗酒、3 碗牛肉或鸡肉、3 碗饭、1 碗盐碟；二是下午 3 时前以早上同样的供品再次祭祖；三是下午 3 时以后，各家各户送威嘴、石匹 2 神到田间守护庄稼。与此同时，村民男女老少相聚到磨秋场观看骑磨秋，青年男女在一旁尽情地跳舞，在一旁观看的中年男女也情不自禁地加入年轻人的行列，与他们比舞姿高低。晚饭后回娘家过节的姑娘都要回家，因此，下午 4 时后陆续吃晚饭，娘家一般送几块糯米粑粑做回礼。

　　关于"矻扎扎"节立磨秋、架千秋的来历有多种说法，其中一种讲，相传远古时候，哈尼人在开沟引水、烧山垦田时，得罪了生活在山上和地上的野物，它们到天神那里告哈尼人，蚯蚓、蚂蚁抗议说，山上开沟挖田的哈尼人，挖断了它们的脖子；老熊、狐狸等野物们说哈尼人毁坏了它们的窝。神殿里判事的是个聋子神官，见野物们短肢缺臂，不问青红皂白，一是给哈尼人判了每年六月杀人头来供祭野物的亡灵；二是允许野物们到田里糟蹋哈尼人的庄稼。于是，每年六月祭祀大典时，哈尼人为失去亲人而痛哭。哭声惊动了天神莫咪，他得知聋子神官的错判给哈尼人民带来灾难，便由莫咪改了原判：告诉野物们说，哈尼人杀了你们千万个，你们一年只杀他们一个，不解你们的恨，每年六月我把哈尼男女老少吊在半空中，活活吊死，野物们高兴而去。天神莫咪又专派威嘴和石匹到人间向哈尼人传达天神的旨意，即每年六月时，高高地立起磨秋和架起秋千来荡，一面骑磨秋和荡秋千，一面大声叫喊，叫得箐沟、老林里的动物都能听见，杀人头供祭改杀牛头供祭。九山的野物们来到哈尼村寨，看见哈尼的男女老少一个个吊到了半空中（荡秋千），一个个被拴在半空中的木头上（骑磨秋），就认为哈尼人受到了天神的惩罚，人人喊出痛苦的声音（骑磨秋时人们喊出的"哦嗬嗬"声），野物们个个高兴，千百个野物笑哈哈回到山上，从此不再来糟蹋哈尼人庄稼，也不去天上告状。因此，哈尼族每年六月选择吉日杀牛祭秋的习俗沿袭至今。

　　六月节活动，从其历法意义在于节日标志着盛夏。此时，梯田里的秧苗开始抽穗、扬花。其节日活动的目的，除沿袭古规外，就是预祝田野稻谷丰收。从农耕程序看则进入中耕和秋收前的准备阶段，即上山砍谷、砍田埂杂草、扩宽和平整田间小路，以便秋收运粮。

图 6—23　村民送天神去守护庄稼
Escorting Gods to Guard Crops

（五）灭虫节日

每年七月半后，哈尼梯田里的稻穗弯腰开始转黄，也是蚂蚱（蝗虫）等繁殖较多的时期。为了确保梯田丰收，哈尼族采取人工捕捉方式，驱除和避免虫灾。一般在六月节过后的第一个属鸡或属猴日举行捉蚂蚱活动（哈尼族认为鸡和猴都是昆虫的天敌）。捕捉蚂蚱的这一天，村寨里的男女老少都到田里捉蚂蚱，以家庭为单位，分头捕捉。捉得数只蚂蚱后，将其撕成五份：头做一堆、腿做一堆、身子做一堆、屁股做一堆、翅膀做一堆，将其依次以剖开的竹片夹起来插在田埂和田间排水沟旁，以此来恐吓梯田里的各种虫害。人们离开田野时还要不停地大声叫喊："蚂蚱 3 天内不捉你了，三个月内你不准去吃稻穗！"（三个月后梯田稻穗已成熟收割了）然后捕捉到的大量蚂蚱带回家中少量与糯米一起踩粑粑吃外，大部分炒香后当菜肴被人们吃掉了。这一农耕活久而久之就成了"捉蚂蚱节"。收割前后哈尼族普遍喜欢到田间捉蚂蚱当餐桌上的佳肴，除了自销外，拿到市场上还可卖好价钱，1 千克蚂蚱卖 30—40 元，并且目前市场供不应求。

西双版纳州勐海县的哈尼族在农历九月上旬属龙和属蛇日举行灭庄稼

害虫节,哈尼语称"攀板天阿培"(意为捉蚂蚱)。节日的第一天早上,村民们不论男女带着灭蝗虫、绿蚂蚱、土蚕、红蚂蚁、蚱蜢等害虫的工具来到各自家中田地里,并从地头到地角寻找其害虫,在发现受灾面积大的地方烧毁,用各种不同形式毁灭。到了下午回家时,把捉得的害虫用葵花叶或芋头叶包扎成数个,拴在蒿子秆上插在田地的四方。其中带回一包夹在一棵小竹子上,插在寨门外,以告示天神保佑庄稼,并惩罚其害虫。无论有无灾情,每年都要进行这样的节日活动。通过这样一个灭庄稼害虫节以后,警示野外那些不怀好意的害虫引起注意,人们会靠天神的力量把它们用烫水、火燎、棍打加咒骂灭于地边地角。

图 6—24　鸡是蚂蚱等昆虫的天敌
Chicken the Natual Enemy of the Insects

（六）庆丰节日

哈尼族的庆丰节日除了十月年外,主要有"车拾扎"(ceilsiivqzaq)。"车"意为稻谷,"拾"意为新,"扎"意为吃。故汉语译为"尝新谷"节。一般在农历八月第一轮属龙日举行,节期为一天。属龙日,哈尼语称其为"劳脑",意为增加的日子,因此,哈尼族举行各种祭祀和节日将其作为吉利的日子是取哈尼语义,并非取汉语"龙"字语义。由于各地谷子成熟时间差异,因此,该节在各地选择的日期也有所不同,但最早也只在农历七月下旬,最迟不超过农历八月十五日。在元阳县东部嘎娘、上新城、小新街、逢春岭、大坪 5 个乡的哈尼族选择的日期相对统一，即在农历八月第一轮属龙日。此时，梯田里稻谷已是一片金黄，部分早谷已开始收割，但不过此节不能吃新米。节日活动的这一天，有的地方哈尼族女主人背起背篓，天还没有亮就来到自家的田里，选择稻穗长势良好的 3 株或 5 株，连根拔出来放入背篓中，然后用篾帽盖好，小心翼翼地背回家中，称其为背新谷娘回家。为了避免说出不吉利的话，往返途中无论遇到生人或熟人一律不打招呼。这些谷穗取少许做成米花后拌在米饭里被人们品尝"新米饭"外，留下一两穗挂在祭祖的神龛下，年年如此，挂上新谷，旧谷仍不取，意为新谷娘层出不穷。这种年年用于祭祖谷穗的"新谷娘"，为科学研究提供了重要价值。①

　　节日的特征就是家家户户以烹制新米饭为主食，配以猪肉、鸡肉、酒、茶祭祖后，新米饭取少量先喂狗，而后人们才可食用。

图 6—25　哈尼族以新谷穗祭神，旧谷穗仍留下
Sacrificing Gods with Newly-harvested Grain

---

①　云南农业大学朱有勇教授主持了国家重大基础研究项目（973 项目）"农业生物多样性控制病虫害和保护种质资源的原理方法"，课题组开展的实物调查工作中发现，在哈尼族农户家中祭祖留下的稻穗中找到了 100 多年的用于祭祀的水稻谷穗，取其基因研究证实了元阳梯田长期大面积种植同一个水稻品种至少已有 100 年的历史。"这一情况在世界上同类梯田中实属罕见。也是元阳梯田红米品种成为研究农业作物品种可持续利用最为宝贵的材料。"

相传远古时候，洪水淹没了人间，五谷庄稼全被洪水冲走，待洪水退后，在天边的一只小鸟找到一穗稻谷，高兴地啄着谷穗停息在一棵树梢上，此时，被树脚下的一只狗发现，发出"汪、汪"几声，小鸟被吓了一跳，慌乱中谷穗掉到地上，狗把谷穗叼回家中，人们就有了谷种。从此，哈尼人吃新米前先喂狗的习俗沿袭至今。

尝新谷节活动，其主要意义是庆祝丰收。其历法意义方面标志着季节由盛夏进入秋季，其农耕程序就是秋收大忙的开始，其实质是秋收的序曲。

第七章

哈尼族自然宗教观与生物多样性

哈尼族对宇宙天体的认识较为人格化，对于茫茫宇宙天体的构成和运行规律，有许多神秘色彩的神话传说和宗教解释，认为宇宙天地之间有三层，每一层都有不同的神灵主宰着；地上有多少人，天上就有多少颗星星，地上的人死去一个，天上的星星就要陨落一颗等。因此，晴朗的夜晚，人们看见天边的流星划破夜空下落时，吐一口唾沫表示忌讳。

哈尼族自然宗教信仰的思想基础是建立在世界 3 层论的自然宇宙观，万物有灵是自然崇拜的依据，自然神灵保佑和灵魂不灭是自然崇拜的核心，自然崇拜的目的是人、粮、畜的健康、增殖和发展，其信仰活动的基本内容是祈求自然神灵保佑、招魂求安、驱鬼除邪。自然神灵的化身多以自然山川、河流和动植物为主。因此，哈尼族自然宗教观既体现人与神灵相处的关系，又体现人与自然相处的关系，成为人与自然之间相处的媒介，这正是哈尼族宗教生态文化的中心思想。

一 哈尼族自然宇宙观

对于宇宙结构，哈尼族只知道"奥"（aoq：天）、"诺玛"（naolma：太阳）、"巴腊"（ba′la：月亮）、"阿沟习"（aqgeelsiq：星星）、"抽果"（ceqgov：银河系）等名称，并给少数几颗星星取了哈尼语名称。他们把启明星叫"索某"（saoqmeel）、七姐妹星叫"哈玛然社"（haqmassaqseq）等。

哈尼族对自然宇宙观形成的思想认识表现在水族动物创世和神灵创世的神话传说中。

（一）水族动物创世

哈尼族神话《神的古今·神的诞生》讲：远古的时候，世上只有无边无际静止不动的雾团，在雾中生出大海，大海中又生出一条巨大的金鱼。金鱼的左右鳍分别扇出了蓝天和大地；金鱼从脖颈的鱼鳞中抖出太阳神约罗和月亮神约白，从脊背上抖出了天神俄玛和地神密玛，从腰部抖出一男一女两个人神。由此，宇宙万物萌芽诞生了。①

哈尼族神话《青蛙造天地》说：远古时代，宇宙没有天地人烟，只有漫无边际的海水，水中有千万种动植物。随着岁月的推移，水中的植物被动物吃光。为了防止水中生物互相蚕食殆尽，大海龙王命令青蛙到水域之外造天地。青蛙经过千辛万苦，造就了天地日月和世间万物。②

哈尼族神话《天、地的来源》载：远古时候，天下只有一个大水塘。气候越来越热，水塘里的水受热后化为蒸气上升为天；水干后，水塘里的泥土就成为地。天地又生出了日月和万物。③

哈尼族神话《天、地、人和万物的起源》则说：远古的时候，世界是黑咕隆咚的一团混沌，没有高低左右和东西南北之分。不知在何时，随着一声巨响，刮起阵阵狂风，刮出了天和地，继而又刮出日月、星辰、山河等万物。④类似的神话不胜枚举。从生态史的角度看，这类神话的共同主题就是水族动物创世。也是哈尼族自然宇宙观的典型案例。

（二）神灵创世

随着哈尼族抽象思维能力的提高，单一的神话逐渐发展成为体系庞大的神话创世。在自然哲学领域，哈尼族已不再满足于将具体的感性材料作为万物的本源，反映出物质始基多元论的局限性。所以，力图在更高的层次上对宇宙本体做出新的概括，超越具体的感性材料，抽象出具有一般意义的本体。于是，神代替具体物质，被哈尼人看作世界万物的始基，神创

---

①　云南省民间文学集成办公室编：《哈尼族神话传说集成》，中国民间文艺出版社 1990 年版，第 1—2 页。

②　同上书，第 25—29 页。

③　同上书，第 32—33 页。

④　同上书，第 34—36 页。

世界说代替了物质始基多元论。这种新兴的自然观可称为目的论自然观。[①]

创世史诗《木地米地》讲：很古的时候，没有天没有地，天神和龙王没有居所，天神要造天和地。天神通过找天基地基、抬天被地被和抱天蛋地蛋等一系列的努力，终于造就了天地，进而造就了日月与万物。

创世史诗《十二奴局》说：远古的时候，天地混沌不分，没有蓝天也没有大地，天神和地神无处栖身。天神朱比阿朗和地神朱比拉沙造就了蓝天和大地，造就了太阳、月亮和星星，天神莫咪又把日月光线梳下来，普照万物。

创世史诗《阿波仰者》载：很古的时候，天是个烂天，地是个破地，没有日月星辰也没有风雨雾雪。天神打碎原有的烂天，重造蓝天，并造出日月；地神废弃原有的破地，重造大地。天神又使大地万木生长、禽畜欢腾、人丁繁衍。

在哈尼族早期神话中，神是被视为派生之物，神是从水、气、雾等具体的物质实体中生化出来的。但是，在创世史诗中，神已经上升为万能的主宰，神的意志成了宇宙万物衍生和存在的根据，也是神创世的思想基础。

（三）三层结构的宇宙观

哈尼族认为，整个宇宙是由三个部分组合而成的。第一部分为上层，即"天"，为神的世界；第二部分为中层，即天地之间的"世上"，为人间世界；第三部分为下层，即"地下"，为灵魂阴间世界。这三个世界是相互联结，亲密无间的，特别上层的"天"，下层的"地"都是为中层的"人世"服务的。上层神的世界居住着诸神，有最大的神司管着。神主宰着人间，人间的一切都有相应的神管理，如寨子有寨神，水有水神，林有林神，田有田神。神和人的关系有如父兄，随时关照人们，帮助人们消灾避难，战胜邪恶。而下层鬼魂世界居住着所有人间死去的人们，他们是活着的人们的先辈，是祖先，因而他们也在随时随地保佑和帮助人们安居乐业，幸福地生活。[②]

---

① 白克仰主编：《红河哈尼族文化史》，云南人民出版社 2006 年版，第 496—497 页。
② 王清华：《梯田文化论——哈尼族生态农业》，云南大学出版社 1999 年版，第 125 页。

　　在哈尼族看来，人间的现实生活中，人类的来源与万物的来源是一样的。换言之，万物的产生和人的产生一样，都有一个孕育、生长、死亡的过程。哈尼族的祖先与后辈的关系是以血缘为主线，这种联系是通过连名谱系制来体现。哈尼族的每个家庭都有完整无缺的家谱，虽然这种家谱系统没有文字来记录的文本，但它是不会消失的。因为哈尼族的每一代人都要把家谱牢记在心中，并以之作为连接哈尼族血亲关系中每一个人的"史记"。哈尼族的个体家庭成员以家谱形式往上能连接到每一家族成员，甚至连接到整个民族的一个共同祖先。正是这种亘古不变的父子连名谱系将整个人世间的哈尼人连接起来，成为哈尼族社会生态文化系统的"活化石"。

　　在哈尼族自然宇宙观的三个世界中，不仅有人的血缘谱系连接而形成人的生态系统，也有上层神的谱系和下层鬼的谱系，甚至动植物也有自己的谱系，而且将三层世界的谱系彼此连接为一个整体世界。换言之，哈尼族自然宇宙观的三层世界中既有各自的血缘谱系，又有神—动植—人连接而形成庞大谱系的社会生态文化系统。[①] 如，上层神的世界系统中，最大的神是天神俄玛，所有的神都是她派生出来的，可以说，她是诸神之始，诸神之祖。哈尼族史诗《窝果策尼果》第一章这样唱道：

> 最大最高的天神俄玛，
> 生下一位最高能的姑娘，
> 这就是天神梅烟。
> 梅烟是万能的女神，
> 梅烟是众神的尊王，
> 从此大神们传下了家谱，
> 一代一代不会中断，
> 梅烟生出大神烟沙，
> 这是一个万能的男神，
> 烟沙又生下大神沙拉，

---

① 哈尼族谱系中不仅仅是父子连名，而是将神、动植物与人连在一起。

沙拉和烟沙本事一样高强。①

在这里我们看到了天上世界神的繁衍，从梅烟开始，名字就严格按梅烟—烟沙—沙拉这样的连名谱系格式排列。紧接着史诗又唱道：

烟沙又生下九位大神，
他们的名字一个也不能忘，
他们就是：
管风的神米沙，
管雨的神即比，
管雷的神阿惹，
管土的神达俄，
管籽种的神姐玛，
管水的神阿波，
管田的神得威，
管地的神朱鲁，
管沟的神阿扎。②

如此诸神派生，形成一个庞大的神灵生态系统，成为主宰人间生产生活的谱系。

中间层的世界中，人的父子连名制谱系除了人的血缘联系外，还与动植物的血缘系统联系，连接成一个整体动植物的世界。在哈尼族神话传说《动植物的家谱》③ 中这样说道：

摩依姑娘生下一个小图，名字叫做遮姒，她是六种野物的先祖；直略姑娘生下的小图，名字叫遮奴，她是六种家畜的先祖。两个姑娘相亲相爱，生出来的后代也做了一家。但是六种野物和六种家畜要认

---

① 西双版纳傣族自治州民族事务委员会编：《哈尼族古歌》，云南民族出版社 1990 年版，第 19 页。

② 同上书，第 20 页。

③ 云南省民间文学集成办公室编：《哈尼族神话传说集成》，中国民间文艺出版社 1990 年版，第 132—141 页。

一认大小先后才好叫呀，两个姑娘就走来商量，把十二个弟兄的名分排下来了。

头天生下来的是老鼠，两个姑娘定它是十二种野物家畜中的老大，老鼠生下地的日子定做鼠日。二天生下来的是牛，水牛下地的日子定做属牛日，它是十二个兄弟里的老二。第三天生下来的是老虎，它下地的日子定做虎日，虎是老三。第四天生下来的是兔子，它下地的日子定做兔日，兔是老四。老五、老六、老七、老八、老九、老十、老十一、老十二分别是龙、蛇、马、羊、猴、鸡、狗、猪，它们下地的日子就是龙日、蛇日、马日、羊日、猴日、鸡日、狗日、猪日，定出这些就不会错了。

姐妹两个分家了，十二种动物也分开了，但是遮奴还是吃亏吃到底，遮妣还是便宜占到底：放野的动物在处宽，深山大菁老林，处处在；放家的动物在得窄，只是房前屋后寨边地脚，分出三年，遮妣的儿孙生出三千五百种，遮奴的儿孙只生出三百五十种……从此以后，世上的动物各在各的地方，各养各的子孙，各传各的家谱去了。

数完动物的家谱，又来数数植物的家谱。这高能的天神优妣来撒世人盼望的籽种，……这下世上有了人吃的庄稼：谷子有啦，苞谷有啦，荞子有啦，姜也有啦……可惜优妣天神只撒出三把庄稼种，世上只生出三百三十种人吃的东西……

天神优妣又撒出七把老林种……这下青松有啦，嗑松有啦，樱桃树有啦，麻栗树有啦……大树青草长满了大地，野物们的吃处在处有了，七千七百种野物喜欢啦，会过啦！

这就是植物的家谱，这就是天神优妣传下来的话。

在这则哀牢山区广为流传、家喻户晓的神话传说中，还有着一系列关于动植物繁衍及直系亲属关系的描述，如："黑蛇生下的，是黑亮的小黑蛇，还有花蛇和青蛇；红脖子蛇生下的，是它的小红脖子蛇、黄鳝和水蛇；大鱼生下的小娃，说起来就多啦，有大鱼小鱼和花鱼，有红鱼白鱼和黑鱼，还有虾子，螃蟹，虾巴虫，和数不清的在水里游玩的活物，大鱼的家谱老实长，七十只背箩也背不下。"对于纷繁复杂的动植物，哈尼族是根据直视物性来加以划分其大类的，并用在人间行之有效的父子连名制家谱加以连接而形成一个个动植物家族的。[①]

物种的起源、发展以及动植物各"家族"的发生发展都有着自身的规律。动物植物的分类以及动植物家谱的形成，不能不说是哈尼族对物种发展自然规律的深刻认识，也说明了哈尼族以一种独具特色拟人化的血缘谱系方式构建了一个庞大的生物生态系统。

二　哈尼族自然崇拜对象与生物多样性

原始人类深深依赖于自己群体所谋生的地理环境。大自然的无穷无尽和变化无常，既给人类的生存提供了选择的空间，同时又给人类造成无数的灾祸。他们的饥饱、冷暖、病痛、欢乐、希望和恐惧等都同自然界的种种变化紧密地联系在一起。他们对自然界的长期观察、了解和思索，加深了对自然界的感受。在一定意义上讲，原始人对自然界的关注往往超过对自己本身的关注，这是当时极为低下的社会物质生活条件决定的。在世代谋生活动中，他们对周围区域内看得见、摸得着的自然事物及其变化，常常观察得非常仔细，了解得很具体。但是，自然界为什么有这些繁杂的变化而生生不息？他们将自然界生动的现象和巨大的力量，直观地、朴素地用来同自身的经验做类比，对自然界不断展开人格化的想象和加工，进而用原始的、简单的"灵"的观念注入到自然界的各种事物中去，以此解释自然界变化的原因。

原始自然崇拜对"灵"的观念，最初起源于对人们生活最密切、影响最大的个别事物上。随着人们生活领域的扩大，意识到的东西更多，对灵的理解和解释也多样化起来，进而形成了"万物有灵"的观念，即凡是人具有的品格和能力自然界的万事万物都有；人没有但渴望具有的品格和能力，自然界也都具备。因此，人们把自然界神秘化和人格化是神灵产生的主要原因。

由于哈尼族自然观的思想基础是宇宙三层论，其原始自然宗教崇拜的依据是万物有灵，他们认为天和地是一个相连的整体，并根据哈尼族的神话传说，天、地、神、人是同时产生的。因此，在整个宇宙空间形成了神

---

① 王清华：《梯田文化论——哈尼族生态农业》，云南大学出版社 1999 年版，第 129 页。

的谱系。

从哈尼族的神灵起源及其神灵体系可以看出，特定的地理环境既是构成人们对认识世界的基础，又是决定哈尼族自然崇拜影响生物多样性的客观因素。哈尼族自然宗教崇拜的对象有天、地、日、月、风、雨、雷、闪电、山、河、动物、植物、水、石头、鬼魂、祖先等。也就是这种纷繁复杂的崇拜对象决定了哈尼族的自然宗教观，对生物多样性的保护产生了深刻的影响，下文选择具有典型生态文化意义的几种崇拜对象及其祭祀方式加以分析。

（一）天地崇拜与祭祀

以梯田稻作和陆地稻作为生存物质基础的哈尼族，天地气候的变化直接影响其农耕活动和食物的丰歉。因此，求天神、地神保佑食物丰收是哈尼族自然宗教祭祀活动的主要内容之一。

哈尼族称天神为"莫咪"，称地神为"咪收"。"莫咪"是天上诸神中至高无上的大神，司管着日月星辰、风雨雷电诸神的施行，也是人间最大主宰，它能保佑人间五谷丰收、人丁安康、六畜兴旺。直接与梯田农耕有关的"威嘴"和"石匹"2神，属于莫咪派生的次一级天神，它们司管人间的农业，奉为农业的保护神，年年定期祭祀。地神"咪收"，据说是天神莫咪的女儿，分管人间，并下住在人间的各个村寨之间，是下达天神莫咪旨意，上传民间意念的一位美丽女神。

给天神磕头，是哈尼族对天神崇拜的祭祀方式，分公祭和私祭两种。公祭时，祭祀牺牲为1只红公鸡，地点在寨神林旁边。选择属羊日进行，祭祀当天全寨忌日，不事生产，绝对禁止把绿叶树枝拿进寨子。具体祭献时，分活鸡、去毛整体鸡、熟鸡3次献祭，全村参加祭祀活动的人也要磕头3次。并每户要拿1把米，连同祭祀的公鸡肉合煮成一大锅稀饭，最后每家要分回一碗稀饭，全家人都必须尝一口，以此求得莫咪的保佑，全家人、粮、畜都得到发展。私祭，同样是1只红公鸡，地点在自家房头上，先安放一张桌子，桌上点3盏油灯，烧3炷香，备酒、茶、糯饭各3碗，外加一大碗米。鸡同样分活祭、死祭、熟祭3步，全家人分3次朝天磕头，并祈祷："尊贵的莫咪，今天用漂亮的公鸡祭献你，请保佑3层人丁，3类庄稼和3种牲畜……管粮的天神'色吴阿收'来；管人的天神'欧户农博'来；管畜的天神'奎么阿热'来。一天不来一次，3天一次一定来，在天神的庇护下，人粮畜才能发展。"①

　　哈尼族对"威嘴"、"石匹"天神的祭献是在每年农历六月"矻扎扎"期间举行。上文已述及，在此不再重述。

　　哈尼族对地神"咪收"的祭祀各地由于栽插节令不同而具体日期有所差异。元阳县小新街乡者台村哈尼族是在农历三月第一轮属马日举行，哈尼语称其为"咪莫突"。"咪莫"是土地神的意思，"突"是祭的意思。祭祀的主要牺牲是 1 头肥猪和公鸡、母鸡各 1 只。地点是在建寨时选好的 1 棵大榕树（俗称万年青）下。届时将肥猪和鸡宰杀后，以煮熟的肝、酒、茶祭献。祭毕，主持祭祀的祭师与村中几位男性长者就地共食祭品外，其余猪肉户均分配，带回家中烹制后向祖先神灵祭献，然后家人共食。认为这样就得到了地神咪收的护佑，终年可消灾避难，即将栽下的稻谷会丰收。

图 7—1　村民祭地神
Sacrificing Gods on the Earth

　　哈尼族对日月星辰、风雨雷电，也怀着神秘的崇拜心理，但无具体的祭祀活动，只是将代表日月星辰的符号戴在身上，以示敬仰。如哈尼语称星星为"阿沟形"，服饰的银泡也称"阿沟形"，满身的银泡如同天空的

---

① 　清波：《哈尼族民间诸神浅析》，《红河民族研究》1989 年第 1 期。

满天星星。在远古哈尼族意识中，日月为万物滋生之物，凡农事、历法乃至起屋、出游、婚嫁均依据太阳月亮运转周期而定。在哈尼族创世史诗和神话传说中，也叙及日月停居的天界是祖先神灵住地之一，或者认为老人死亡其灵魂回归故里时，至少要经过日月停居的天界。哈尼族还将地上的人与星辰联系在一起，认为天上有多少星辰，地上便有多少人，一颗星辰标志一个人。日月星辰看上去是天体之物，实际上则是哈尼族所崇拜的虚幻的天神"莫咪"的化身。

哈尼族对日月星辰的崇拜，也表现在日食月食的认识上，认为发生日食月食是天上的灾难。一旦发生日月食，那是"天狗"吃日月，人们就会击鼓敲盆，奔走呼叫："天狗别吃月亮啦！赶快放开它。""我们没有日月不会在！"以这样的呼声表示对日月的崇敬。忌讳在发生过月食的月份内进行叫魂、结婚等喜庆活动。

哈尼族对星辰的祭祀时间一般选在秋收季节，此时秋高气爽，星辰明亮，祭品是 1 只红公鸡，3 碗酒，3 碗茶，3 碗大米。点燃 3 盏油灯，将祭品用簸箕放于天井里看得见天空的地方，人们朝天磕头。①

哈尼族对狂风雷电、冰雹、地震等自然现象具有巨大的力量感到神秘而不解，于是产生了各种神奇的幻想，做出各种各样的解释。但其中心观点认为在深邃的天空中，有一塘巨大的风海，水溢浪起，地上就会起风；风海一旦决口，狂风暴雨就会倾泻而来。因而人间会遭殃，每当遇到风雨冰雹毁房、毁庄稼时，全寨人就要忌日一天，不事生产。并在村边寨旁杀牲祭祀。

对于雷电现象的解释，也是多种多样。但主要观点认为天上的两个风王相遇在一起时，像牯子牛一样互相抵架，发出隆隆的雷声，溅出了火花，产生雷鸣电闪。如果地上的人和动物违背了天规，此时天神就要用雷电来惩罚。因此，哈尼族认为自然界的树木和岩石常遭雷击，是因为此处树上或岩石有蝎虎等小动物把屁股对着天，蔑视天神，就用雷击惩治它们。每年的第一声春雷，在自己生日属相那天听到是最不吉利的。一旦碰到这种情况，至少要用一对鸡鸭蛋叫魂。初春季节，普遍要给孩子叫一次魂，以防不懂事的孩子在自己的生日属相那天听到第一声春雷。

---

① 清波：《哈尼族民间诸神浅析》，《红河民族研究》1989 年第 1 期。

图7—2　防止野生动物危害的祭祀
Sacrificing Wild Animals for Compromise

（二）水火的崇拜与祭祀

水和火崇拜在哈尼族的自然崇拜中带有普遍意义。水和火与人们的生产生活息息相关，水除了人们日常饮用外，是梯田农耕的"血脉"水源。哈尼族对水的崇拜具体表现在水生动物的敬仰及人们对水井的祭献。

哈尼族认为，鱼是人类和宇宙的起源。流传于元阳县《天、地、人的传说》：

远古时代，世间空荡荡，只有茫茫一片雾在无声无息地翻腾。不知过了多少年月，这雾变成了极目无际的汪洋大海，生出了一条看不清首尾的大鱼。又不知过了多少年月，那条大鱼把右鳍往上一甩，变成了天；把左鳍往下一甩，变成了地；把身子一摆，从脊背里送出了7对神和一对人种。世间这才有了天、地，有了神、人。那对人种男的叫直塔，女的叫塔婆。塔婆便浑身上下怀孕，生下了21个娃娃，其中，老大是虎，老二是鹰，老三是龙，剩下的9对是

人……①

这里的鱼不仅是人类的起源，而且是飞禽走兽的起源。另一则流传于墨江的哈尼族神话《青蛙造天地》是讲青蛙是宇宙和人类的起源：

> 远古时没有天，没有地，没有人，只有无边无际的大海。水族互相吞食，海里一切可食的东西快被吃光了。龙王惊恐了，只得让青蛙去造天造地。青蛙浮到水面后，奇迹出现了：青蛙吃剩的骨头吐出去，变成了冒出海面的大石头；拉出的屎变成了粘在大石头上的土，石头和土不断长大，海面上渐渐出现了岛屿。青蛙生下了一对巨人兄妹，青蛙就让兄妹俩继续造天造地。兄妹俩在青蛙的指导下，用青蛙吐出的沫子继续造地，用青蛙的四肢做擎天柱造出了天，青蛙的两只眼睛变成了太阳和月亮。②

上述两则是不同地区哈尼族洪水荒年兄妹传人的故事，故事的主题都是水族创世。故事说明，水是可怕的，它可以毁灭人类。因此，人们对水充满敬畏之情。另外，水族中的鱼、青蛙是人类的起源。因此，人们敬重它们，崇拜它们。在今天哈尼族女子的银饰佩物中有鱼、螃蟹、青蛙、螺等水族造型，它们既是水中之物的神，又是水神的象征符号。因此，人们爱戴它们，祭献它们。从中体现了哈尼族对自然感恩的思想。

哈尼族祭祀水神的地点主要在日常饮水用的水井旁或泉水边，称为"倮合说"，一般在每年农历二月"昂玛突"节和六月"矻扎扎"节时进行。哈尼族认为，人们日常饮用的清泉永不枯竭，是龙潭或泉眼中的螃蟹和石蚌起保护作用，于是视其为水神。届时由两寨老和一位莫批，带着鸡、鸭、米、酒、姜汤、蒜汤等供品来到建寨时指定昂玛突节用水的泉水井边进行祭祀。并用篾片编织一只如簸箕大小的螃蟹，穿于竹棍之上，插于泉边。祭祀开始时，莫批将鸡鸭手提活祭，然后杀之煮熟祭。祭词念

---

① 《哈尼族民间故事》编辑组：《哈尼族民间故事》，云南人民出版社 1984 年版，第 1—4 页。

② 云南省民间文学集成办公室编：《哈尼族神话传说集成》，中国民间文艺出版社 1990 年版，第 25—29 页。

毕，从每份供品中取少量倒在泉边，其余部分由参祭人就地共食。

图7—3　祭水井
Sacrificing Spring Well

哈尼族对火怀着崇敬的心理。哈尼人家的火塘既是房屋中心，又是祭祀火神的地方。火塘既是哈尼人日常烹饪场所，又是烹制祭祀祖先祭品的场所，3块锅桩石是火神的象征，任何人不得随意移动或跨越。每年十月年，以汤圆、茶、酒等祭献锅桩石和灶，即使今天锅桩石被铁三脚架取代，也要在火塘边立一小块锅桩石，象征火神永远在火塘边。因此，哈尼族家里火塘一年四季烟火不熄，即使人们外出劳作，也要把火红的炭火用灰捂起来。

哈尼族认为，火给人类带来温暖，也可以给人类带来火灾。因此，每年正月或农历二月在寨子边的箐沟里举行"民迷迷"或"民塞塞"仪式，意即把火神封锁起来，不让它到处乱跑，以免发生火灾。下文以元阳县箐口村祭火神为例，描述哈尼族的祭火仪式。

案例：箐口村祭火神仪式

2005年2月27日（农历正月十九日，属马日）上午11时左右开始，全村各家各户均交一小捆柴、一小包米糠或柴灰和约3两大米到寨中心，这个过程由小"咪谷"主持，而且一直持续到下午2时左右。紧接着具体主持该祭祀活动的"莫批"、大"咪谷"和 5 个小"咪谷"来到大"咪谷"家。

　　大咪谷家中已备好祭祀牺牲，即 1 只白公鸡、1 只公鸡和 1 只母鸡、1 只公鸭、1 只小鸡和 1 只狗（这次买不起狗，仅用狗毛来代替），此外还有一头小猪（按旧习是需要一头大肥猪的，但经济条件有限则用小猪来代替）。莫批从大咪谷家的火塘里取出一根火把。按规定，除了莫批和大咪谷以外，其他人不得进入大咪谷家的火塘边，否则就是冒犯神灵。其他的大小咪谷则带上已备好的上述祭品和村民交来的柴米等物从大咪谷家出发往村外西北的一小箐沟中祭祀。途中要经过寨中心，在经过莫批家的路边停下，莫批蹲在墙角祈祷，祷毕用从大咪谷家带来的水浇灭火种。接着这一行人继续出发，大咪谷边走边大声向村民宣告要去祭火神，村里选出的其他一些男性则带上锅、碗、瓢、盆等炊具尾随其后。所有这一行人浩浩荡荡到达目的地之后，首先用树枝搭建起一个临时的两层的祭台，莫批在上层放上 3 碗茶水、1 碗生米、1 碗熟糯米，糯米上放 1 个熟鸡蛋；下层也要摆放 3 碗茶水、1 小碗米饭等祭品。小咪谷在祭台附近杀牺牲，杀牲顺序也有讲究：先杀白公鸡，再杀那一对公鸡和母鸡（先公后母），最后才杀鸭。鸡血要用碗接好，然后放在下层祭台。同时，村里来帮忙的男性在另一边支灶生火，杀小猪，用一大铁锅煮肉以供参与共祭的村民享用。莫批把其他祭祀用品，1 升生米、1 卷白土布、1 只银手镯、1 斗谷子放到祭台旁；而小咪谷则准备 1 个芭蕉根，中间挖洞，以备后用。到此为止第一次的祭献仪式结束。该仪式意在用祭品招回各大小火神。

　　所有的鸡鸭供品牺牲，从宰杀到蒸煮到最后的享用都只限于莫批和大小咪谷，用于通神和求得神灵的保佑。等到所有的肉类煮熟后才开始第二次的献祭。莫批在下层祭台摆放 1 碗水、3 碗煮熟的米饭、1 碗熟鸭肉、1 碗母鸡肉、1 碗公鸡肉（这些肉类均只取其身体各部位的少许作为代表），还有 1 碗酒，然后在有肉的碗上各放一双筷子。之后由大咪谷摆放上层的祭品，这些祭品要先放在竹篾桌上，然后才移放在祭台上，有 4 碗熟米饭，4 碗肉，1 碗水和 4 碗酒，也要在有肉的碗上各放 1 双筷子。所有这些准备好之后，大"莫批匹"立向祭台诵经，诵完一段词，大小咪谷与莫批一起向祭台连磕 3 个头。念完经后莫批用下层的祭品献祭火神，剩余祭品撤下祭台；而上层祭品的献祭则由大咪谷负责，每种祭品分 3 次各取少许放到祭台上，这次的献祭意为让各火神享用过祭品后快快回到各自来的地方去。

　　祭献结束之后，莫批用米饭献过其祖师以后，其他人才可以准备开饭，同时通知村民来共享祭品。在吃饭之前，莫批手持火把和一碗水在前，一个小咪谷抱小鸡和芭蕉根尾随其后，到箐沟里低潮处用水浇灭火种，把小鸡放进芭蕉洞后活埋起来。回到祭台边，把村民交来的米糠和柴灰包用尖刀刺破后撒在地上，意即阻止已被送回去的各路火神再折回村里为害。

　　村民每家出一男性（小孩均可参加，但妇女严禁参加）自带碗筷、饮料、米饭和蘸水在附近共享猪肉；而莫批和各大小咪谷要在祭台边享用鸡鸭肉。不论村民还是祭祀人员，祭品的享用都意味着通神、人神共娱，吃完祭品就意味着关闭了火神回村的门，各种邪顽妖魔鬼怪都被撵出寨子了。

图7—4　"咪谷"与"莫批"主持祭祀火神仪式
Migu and Mopi Hosting Rite to Sacrifice the Fire God

（三）山神崇拜与祭祀

　　哈尼族认为，凡是山都有一定的神灵司管，如果得罪了山神，轻者庄稼颗粒无收，重者危及人的生命。哈尼族各村寨每年都要定期举行杀牲祭祀山神的仪式活动。有的一寨祭一座山，有的数十寨祭一座山。在此以红河县架车等地的哈尼族祭祀阿姆山为例，从中可窥见哈尼族山神崇拜之一斑：

阿姆山位于红河县中南部，最高海拔 2534 米，覆盖着茂密的原始森林，常有毒蛇猛兽出没，为云南省级自然保护区。人们平时进入林中常常会迷失方向，更增添了神秘恐惧之感。当地哈尼族称其为"迷最"，意即"山之王"，周围村民无不虔诚祭祀供奉。据统计，每年参加祭祀的有数十个村寨，2000 余户。这些村寨从东、西、南三个方向朝阿姆山祭拜，有的一年一祭，有的三五年一祭。祭祀以联合村寨或各村寨的方式进行。祭祀牺牲选择时，要打鸡骨卦择定，一般是 1 头牛、1 只公鸡、2 只母鸡，各村分散祭祀时则用 1 只山羊、鸡 1 公 2 母、1 甑糯米饭。村寨联合祭祀有固定的地点，村寨分散祭祀则在村旁看得见阿姆山的地方进行。祭祀时间一般选择在农历六月属羊日。祭祀当天，男女老幼均不事生产，不做针线活，把准备好的黄花牛赶到祭祀地点，由莫批主持。牛宰杀之后，牛肉全部剔下，整个牛骨不能散架，牛头及四肢不砍断，扶起牛头朝向阿姆山站立，然后把剥下的牛皮披于骨架上，犹如活牛遥望阿姆山。祭献时，先用树枝搭一祭台，台上铺松毛树叶，然后摆 2 碗肉、3 碗饭、3 碗酒、3 双筷，主祭人朝向祭台和阿姆山磕头，所有参与祭祀的人跪拜，而后一起在山上就餐。祭祀的目的是祈求阿姆山神保佑周围村寨五谷丰登、六畜兴旺、寨民安康。[①] 此外，绿春县城山梁子的 12 个村寨，每年农历二月第一轮属牛日也在元阳和绿春交界的分水岭"阿保欧滨"以杀牛进行祭祀山神的仪式。

2010 年 5 月 20 日，笔者参加了元阳县新街镇阿者科、牛俸普、大鱼塘、爱村、哈单普、岩子脚等 10 多个哈尼族、彝族村寨联合祭祀元阳县东观音山的活动。时间一般是栽插结束后，农历五月选属马日。祭祀牺牲是 1 头黄牛、1 头母猪、3 只公鸡、3 只母鸡、1 只母鸭。主持祭祀的有 9人，其中 1 人莫批是主祭。每户村民的成年男子必须有 1 人参与活动。祭祀活动的费用原则上户均摊派。

哈尼族选定寨址或坟地时，都要查看周围山脉走向，认为这是祸福攸关的大事。寨址和坟地后边要有坚实的"靠山"，左右有较长的山脉走向，并中间不被河流截断。认为这样的地方才是最佳的人居环境。

---

① 李期博：《哈尼族原始宗教探析》，载《红河民族研究文集·第一辑》，云南大学出版社 1991 年版，第 12—13 页。

图 7—5　元阳县新街镇爱村等哈尼族祭祀观音山神活动

**Worship Activities to theBuddha Mountain Deities Hosted by the
Hani People in Xinjie，Yuanyang County**

（四）动物崇拜与祭祀

哈尼族动物崇拜是自然山水崇拜的发展和深化。哈尼族崇拜的动物除上述的水族动物外，还有狗、虎、蛇、燕子、白鹇、喜鹊、麻雀、阳雀、乌鸦等多种动物。哈尼族动物崇拜对保护生物多样性产生了不可低估的影响。

狗能看家守门，出山狩猎，可谓人的忠实伙伴。20 世纪 70 年代前，很多地区的哈尼族忌食狗肉，个别人要吃也必须到僻静的地方去煮吃。吃了狗肉之后，锅碗都不要了，把吃狗肉看作是羞耻之事，小伙子吃狗肉，会被姑娘冷落。哈尼族地区在梯田稻谷转黄之际，一般在农历八月第一轮属龙日举行尝新米节，新米饭先喂狗之后人们才能吃。据说五谷绝种之时，是狗找回来谷种才使稻作文明得以延续的。为了感激狗的功劳立下吃新米节米饭先喂狗的规矩。燕子从天上带回了南瓜种，让人们过上了硕果累累的幸福生活。

虎是山中之王，也是山神的象征。红河县乐恩等地区，至今还保留着祭石虎的习俗，这里的石虎被尊崇为寨子的守护神。村边盖一间简易的竹瓦房，屋里供着两只未经雕琢的一公一母石虎，守护村寨人畜安宁，每年正月间要杀一只红公鸡祭献。老虎以村社保护神的面目出现，跟哈尼族俗话说的"真正的老虎是不吃人的"、"老虎不咬吃饭人"的意思是合拍的，反映哈尼族对老虎的崇敬心理。因此，把老虎视为兄弟，严禁狩猎。前引哈尼族民间故事《天、地、人的传说》已述及，塔婆不仅是人类始祖，也是飞禽走兽的始祖，换言之，人和老虎是兄弟。在元阳县箐口村、全福庄等寨脚也立有石雕的老虎，农历二月昂玛突节前夕以公鸡和母鸡各一只做牺牲对其进行祭献。

图 7—6　守寨门的石虎
Stone Tiger Guarding Village Gate

哈尼族敬畏蛇，尤其惧怕大黑蛇、蟒蛇等。哈尼族不食蛇肉，在哈尼人看来，它们用腹部走路，形象丑陋，但能伤及人命。因此，人们平时在山上碰到大蛇，一般不敢轻易地走过去，并说一声"各走各的路"，示意让蛇走开。出门碰到蛇拦路，认为是不吉利，必须返回家中择日再出门。哈尼族认为蛇是悬崖、江河、龙潭、高山等地神灵的化身，村寨神林中的蛇出没，认为是寨神的化身或寨神的坐骑。有时蛇类伤及人也通过法事化解人与蛇的"矛盾"。

哈尼族认为，白鹇、喜鹊、麻雀、阳雀、乌鸦等都是益鸟，与人们的生产生活息息相关，人们严禁狩猎，并把它们的身影绣在服饰上爱戴它们。

（五）森林崇拜

以万物有灵论为理念的哈尼族自然宗教观，对山水林源寄予特殊的文化内涵。在哈尼族看来，碧波万里的原始森林里，栖息着众多人格化的神灵，它们具有神秘的威力，并能够鉴别真伪，惩恶扬善。因此，从建村立寨之时起，哈尼族就非常重视培植村社周围的树木。尤其喜欢种植金竹、棕树、梨树、刺通树等树木。哈尼族把村旁的树木当作围墙，不让灾难、邪恶、瘟疫进寨。他们认为树好水好，儿女才能长得漂亮聪明。寨子边的古木枝丫垂地，意味着人能长寿。因而视寨子边上古木为神圣之物，一旦这些树木枯死倒下，全寨人要忌日子以示哀悼，并且让其自然腐烂，不做柴火或他用。在创建新村落之时，村址的选择必须考虑接近水源林，并要在村落上方选择一座森林茂密的小山作为护寨神栖息之所。

一般来讲，哈尼族的每一个村寨都必须有一座具有生物多样性的神林。据笔者初步调查统计，元阳县哈尼族神林有 529 座，红河县哈尼族神林有 665 座，绿春县哈尼族神林有 702 座，金平县哈尼族神林有 254 座。这些村寨神林大小不等，大者 30—50 亩，小者 1—3 亩。这些神林既是众神栖息的大森林缩影，又是哈尼族一年一度"昂玛突"节杀牲祭祀的场所。主持祭祀的祭师及助手由全体村民推选进入林间进行祭祀活动。如果随意进入神林中折断草木，都被视为对寨神的不敬，认为这触犯了寨神，此人就必须按传统礼仪杀牲向寨神赎罪。因此，林中的一草一木均受全体村民的保护。

哈尼族的神林由于受到宗教文化的长期保护，具有原始森林的生态景观，可以为生物多样性提供生境。一个个的神林，像一块块镶嵌在哀牢山间的绿宝石，如同跳棋盘上的空格，有助于生物从一个神林迁移到另一个神林，成为哀牢山中生物迁徙的走廊，能够促进生物遗传信息的交流，有利于保持物种的遗传库。这与法律保护的原始森林资源相得益彰，成为哈尼族地区重要的水源林。

自然保护区是在全球人类生存环境因人类活动而出现生存环境危机的状况下，由科学家倡议，通过法律手段，杜绝人为破坏而达到保护目的规定的区域。哈尼族地区的自然保护区是 1984 年才建立起来的，主要有哀牢山、屏边大围山、金平分水岭、绿春黄连山等国家级自然保护区，红河

图7—7　哈尼族神林围绕的村落
Villages Surrounded by the Holy Forest

图7—8　哈尼族的神山森林
Holy Forest

县阿姆山、元阳县东西观音山、元阳与绿春交界的分水岭等省级自然保护区。这些保护区既受法律的保护，又受宗教文化的保护。哈尼族从古至今对这些山林定期进行杀牲祭祀活动。人们以此为契机调整人地关系的行为准则，客观有效地保护了水源林，保证了哈尼族梯田持续发展的"血脉"

水源。因此，这些山林具有意义深刻的生态文化内涵。例如，绿春与元阳两县交界处的"阿罗欧滨"地方，那里古木参天，每年都有 10 多个哈尼村寨杀牲祭祀。当人们要出远门或出征打仗之前，都要去那里磕头跪拜，祈求树神保佑。相传，一个名叫简收的姑娘，拄着一根拐棍，走村串寨，翻过一座山又过一座山去乞讨。一天，她走到"阿罗欧滨"，在一处泉水边停下喝水，把拐棍插于泉水边。当她要继续赶路时，拐棍已经生根拔不起来了。后来便萌发成一棵遮天蔽日的大树，人们称之为大万年青树王。

三　哈尼族利用动植物祭祀与生物多样性

哈尼族祭祀活动对动物牺牲与植物祭品的需求促使人们对相关物种进行必要的保护，这种保护虽然是以祭祀需要为目的，但客观上起到了保护哈尼族地区生物多样性的作用，因为如果某种生物人们不需要了，久而久之就可能消失了。哈尼族在各种祭祀活动中利用的动植物种类繁多，数量较大，而且由于哈尼族节日繁多，使得对动植物的需求量出现普遍化、经常化的特点。详见表7—1：

表7—1　　　　　　　　　哈尼族利用动植物祭祀一览表[①]

祭祀名称	祭祀对象	祭祀时间	祭祀地点	主要牺牲	主要植物
祭天神	莫咪	农历十月属羊日	寨神林旁	1 只红公鸡、1 枚熟鸡蛋	茶水、酒、糯米饭、筷
祭地神	咪收	农历三月属马日	地神林中	1 头肥猪、公母鸡各 1 只、1 枚熟鸡蛋	茶水、酒、染黄糯米饭、糯米饭、筷
叫寨魂	昂玛	农历二月属虎日	村寨出入口	1 头肥猪、1 头小猪、公母鸡各 1 只、1 碗腌鸡蛋、1 枚熟鸡蛋	茶水、酒、糯米饭、腌萝卜、炒黄豆、臭油果枝叶、油菜花、筷

---

① 孟晴、褚潇白、黄绍文：《云南哈尼族传统宗教文化与生物多样性保护》，载薛达元主编《民族地区传统文化与生物多样性保护》，中国环境科学出版社 2009 年版，第 68—69 页。

祭祀名称	祭祀对象	祭祀时间	祭祀地点	主要牺牲	主要植物
封寨门	邪恶鬼神	农历二月属马日	村寨出入口	1只公狗、1只红公鸡、1只白公鸡、1枚熟鸡蛋	茶水、姜汤、酒、蒜、米饭、竹篾条、siqmavqmeilqeil、稻草绳、筷
祭水井	螃蟹、石蚌	农历二月属羊日或六月属猪日	村边公用水井	1只红公鸡、1只花母鸡	麻椒水、酒、刺竹、黄豆苗、苤菜、松树枝、筷
祭寨神	昂玛	农历二月	寨神林中	1头肥猪、公母鸡各1只、1枚熟鸡蛋	茶水、姜汤、酒、蒜、糯米饭、五里香花、筷
苦扎扎	威嘴、石匹	农历六月	磨秋场	1头水牛或黄牛、公鸡和母鸡各1只；每户家庭各2只鸡祭祖；1枚熟鸡蛋	麻椒水、茶水、酒、乌山草、黄豆苗、苤菜、松树、龙竹、野藤、蜂蜜花叶、黄豆芽、黄瓜、栗树、筷
祭田坝	田神	农历四月属龙日	村寨脚能见梯田的草坪	1头肥猪、公母鸡各1只、1枚熟鸡蛋	磨椒水、柳树枝、蜂蜜花叶、酒、糯米粑、筷
莫昂纳	牛、农具	农历四月	秋场、梯田水口	1头肥猪、公母鸡各1只	茶水、酒、米饭、糯米粑、紫兰草、筷
祭山神	山神	农历六月属羊日	山脚、村寨边	1头水牛或1只山羊、公鸡和母鸡各1只、1枚熟鸡蛋	松树叶、栗树枝、茶水、酒、米饭、筷
镇火神	火神	正月属马	箐沟边	1只公狗、1头肥猪、白公鸡和红公鸡各1只、1只母鸡、1只公鸭、1只小鸡、1枚熟鸡蛋	茶水、酒、生米、米饭、芭蕉根、米糠、草木灰、白土布、筷

续表

祭祀名称	祭祀对象	祭祀时间	祭祀地点	主要牺牲	主要植物
家庭招魂	全家人	农历十月	寨子出入口、家门口	1只母鸡、1只公鸡、1只母鸭子、2枚熟鸡蛋和鸭蛋	茶水、酒、糯米饭、白土布、3只小贝壳、布条火绳、筷
招回田间失落之魂	失魂人	失魂人生日	梯田水口、家院子	1只白公鸡、1枚熟鸡蛋	茶、酒、筷、火绳、3只贝壳、白土布
招回水中失落之魂	失魂人	失魂人生日	失魂河水边及回来沿路	1只母鸡、1只公鸡、1只母鸭子、1条活鱼、1枚熟鸡蛋	金竹勾、9片黄泡刺叶
招回阴间失落之魂	失魂人	失魂人生日	村边磨秋场	1只母鸡、1只公鸡、1只母鸭子、1条公狗、1头小猪、1枚熟鸡蛋	茶、酒、米饭、9枝金竹勾、9片黄泡刺叶、1枝蒿草秆、3枚贝壳
求神放魂	司管魂之神	失魂人生日	村子脚的箐沟边	1头山羊、1只鹅、1只公鸡、1只公鸭、1只鸽子	茶、酒、米、1个槟榔、3片棕叶、白土布、筷
保魂固魂	任何人	农历二月	寨子边	1只母鸡、1只公鸡、1只公鸭子、1头山羊、1头小猪、1枚熟鸡蛋	茶、酒、米、糯米粑、金竹、谷子、玉米、荞子、黄豆、棉子、贝壳、筷、
招家畜之魂	家畜	春耕或秋收后家畜属相日	畜厩旁	1只母鸡、1只公鸡、1只公鸭子、1枚熟鸡蛋	茶、酒、米、9片刺叶、9条乌山草、1把饲料草、筷
招五谷之魂	五谷（稻、荞、棉）	五谷成熟之际的属龙日	田间	1只母鸡、1只公鸡、1只阉鸡、1枚熟鸡蛋	

续表

祭祀名称	祭祀对象	祭祀时间	祭祀地点	主要牺牲	主要植物
婚礼		农历十月	家庭屋内	主祭公鸡 1 只、食用鸡数十只、食用肥猪 1 头、泥鳅 1 碗、鱼 1 碗	茶、酒、糯米饭、米、金竹、树花、魔芋、豆芽、其他食用蔬菜
丧礼	祖先		家庭屋内	山羊 1 头以上、牛 1 头以上、肥猪和小猪数头、鸡数十只	茶、酒、糖、糕点、龙竹、刺竹、芦苇、刺通数、野蓝靛、蜂蜜花叶、黄刺泡、尖刀草、米饭、糯米饭、食用蔬菜数种

哈尼族的祭祀活动对动物牺牲和植物祭品的需求促使人们对相关物种进行必要的保护，这种保护虽然以确保其祭祀用品的实际需要为目的，但在客观上使许多物种得到了有效的保护。我们在田野调查中发现，哈尼族的寨子周边，不仅有许多自然生长的植物，而且还有人工栽培竹类、棕树、芭蕉树、刺通树以及桃、李、梨等果木树。如黄泡刺、尖刀草、蒿枝、金竹、细黄竹、毛竹、棕树、槟榔、蓝靛、桃子、李子、梨、樱桃、桤树、大杜鹃花、臭油果、锥栗、毛毛树、柳树、槐桃树、七里香花、蜂蜜花、野芭蕉树、山魔芋、藤子果叶、芦苇、野姜叶、车前草、菖蒲、蕨草等植物为不同祭祀活动所需用品，既有野生的，又有栽培的。这些不仅是村寨特有的景观，而且与哈尼族的祭祀用品的需求有密切的联系。因此，哈尼族的祭祀活动对生物多样性保护具有积极的作用。

四 哈尼族咪谷与莫批祭祀对生物多样性的保护

（一）咪谷与莫批的产生和发展

"咪谷"和"莫批"是哈尼族社会中普遍存于自然宗教的两种神职人员，是哈尼族自然宗教活动的主持者，他们之间既有区别，又有联系。

从咪谷与莫批产生的历史背景、社会身份与职能看，他们是伴随着哈尼族定居生活的产物，而哈尼族何时定居至今仍然缺乏清晰的时段，但我们从哈尼族的口碑传说与其在现实生活中所扮演的村社祭师及其职能活动中进行深入的剖析，还可以窥视这一问题的历史面貌。

"咪谷（milguq）"，又称"昂玛阿伟"、"普玛阿波"、"普司"、"最玛"等，均为汉字音译哈尼语，"咪"意为地，"谷"意为筋脉，咪谷的字意为"山梁脉络"；哈尼语对村社祭祀活动的祭师，也称"咪谷"，其引申意为"村寨精神的支柱"。此取后者意义。

在哀牢山区哈尼族聚居的红河、元阳、绿春等地区，广泛流传着《三个神蛋》和《最、批、技》的传说故事。故事内容描述的都是哈尼族社会中三种重要身份人物的来历，即最（头人）、批（莫批）、技（工匠）。《三个神蛋》的大意是：天神莫咪的神鸟下了红、绿、白三个蛋，三个蛋里出来三个男人，红蛋里出来的人说："我来当官，给地上的人判事"；绿蛋里出来的人说："我来当莫批，给地上的人驱鬼治病"；白蛋里出来的人说："我来当工匠，给地上的人制造工具、盖房子"。[①]《最、批、技》的大意是：天神烟沙家有白、花、红三块大田，白田里播下的人种，长出三等头人；花田里播下的人种，长出三等莫批；红田里播下的人种，长出三等工匠。[②] 从此三种能人来到人间各司其职，社会四平八稳，人民安居乐业。

上述传说故事一方面给我们提供这样的信息，从古至今在哈尼族社会里管理村内事务政治人物的头人与从事宗教活动人物的咪谷与莫批以及从事专业技术的工匠是同等重要。因此，哈尼谚语说："头人不在城墙倒，莫批不在鬼作乱，工匠不在田地荒。"意思是说，头人管理村寨事务，莫批是驱鬼避邪，工匠是修理农具。这深刻地反映了三种能人在哈尼族社会中的地位和不同作用。另一方面说明三种能人是由天神降生，其地位的等同性和不可替代性，同时，也反映了哈尼族历史社会结构是政、教、工艺合一的组织形式。这与史料记载的哈尼族历史社会相吻合。

---

① 云南省民间文学集成办公室编：《哈尼族神话传说集成》，中国民间文艺出版社 1990 年版，第 207 页。

② 同上书，第 215 页。

　　据考证仲牟由（搓莫耶）是 7 世纪唐代早期的人，他是"和蛮"① 部落的一个首领，是哈尼族父子连名制谱系中共同追溯的"搓莫耶"的谐音，被视为哈尼族的男性共祖。当时的哈尼先民有过"鬼主"制度，即部落首领和原始宗教祭师合二为一的氏族部落制。鬼主有大、小之分。大概是一氏族就是一小鬼主，部落则有大鬼主。因此，哈尼族父子连名谱系中的"搓莫耶"其实就是一个大鬼主，也许是一个集众多部落联合体的大鬼主。因为仲牟由的众多遗裔中，有绛、阔、闷畔、乌蒙、芒布五个部落，自大渡河南境向东南迁徙，活动于今川西南凉山彝族自治州及滇东北昭通地区和黔西北毕节地区的乌蒙山区。这些地区皆在金沙江流域的两侧。闷畔、乌蒙、芒布这三个和泥部落，自唐代至明代千余年间，曾是滇东北乌蒙山区的统治者。上述的"鬼主"其实具有人神媒介的特殊身份，它就是哈尼族自然宗教祭师——咪谷和莫批合二为一的前身，同时也是集政教合一的部落首领。这种鬼主制度遗留至 20 世纪 50 年代在云南西双版纳的哈尼族地区仍然普遍存在。据调查，西双版纳哈尼族社会中的"最玛"（头人或寨老之意），过去就是政教合一的人物。每个家族有一个最玛，为小最玛；九个小最玛可产生一个大最玛。最玛原初为世袭，后变为选举产生，他既管理村寨事务，又主持宗教活动。这与鬼主制度如出一辙。②

　　从哈尼族传说故事、家谱和汉文史籍的零星记载以及具有原始遗存性质的习俗生活来分析，我们可以粗略地看到哈尼族政教合一的历史社会组织形式。咪谷和莫批就是产生于这种组织制度的原始氏族部落时期。但随着社会的变迁，从宋代大理国至明清时期，中央王朝在哈尼族居住的哀牢山区推行土司制度后，土司领主取得统治地位，政教合一的鬼主制由此受到冲击，既是头人又是祭师的鬼主演化成咪谷和莫批两种身份的人物不得不从最高政治权力中分离出来，传说中"最"就是咪谷的前身，故咪谷或最玛（西双版纳的哈尼族对"祭师"的称呼）仍然具有头人的含义，只是其政治领导权被土司领主所替代，他只能主持宗教活动，从此失去了往日显赫的社会政治地位，其职能范围亦随之缩小。但时至今日，咪谷在哈尼族社会中仍然具有很高的威望，今哈尼族村社中的村民小组、咪谷组

---

　　① "和蛮"：唐代历史文献对哈尼族祖先的称呼。
　　② 黄绍文：《诺玛阿美到哀牢山——哈尼族文化地理研究》，云南民族出版社 2007 年版，第 21—22 页。

织和莫批组织各司其职，相互协调，互不干预职能。

（二）咪谷选举条件和莫批的分类与职能

1. 咪谷选举的条件

哈尼族自然宗教神职人员咪谷选举的候选人必须具备传统规定的一些条件：一是其直系亲属中曾经任过咪谷；二是其直系亲属没有发生过死于野兽、枪伤、烧伤、淹死等非正常死亡的人；三是其只结过一次婚，夫妻健在，儿女双全，五官端正，跛脚、断手、眼瞎、驼背、六指等人不能胜任；四是其为人正派，办事公道，从未参与过盗窃行为；五是其一生中没有被人袭击、野物咬伤、火烧伤、患过疑难杂症；六是其直系亲属中没有发生过劳教等不光彩的行为；七是 30 岁以上的男性村民。凡符合上述所有条件缺一不可者，方可列为咪谷的候选人。

2. 咪谷选举的过程

2005 年春节笔者有幸全程参与了元阳县小新街乡者台村咪谷改选仪式。2 月 13 日（农历正月初五，属龙日）下午，村民小组根据前一届李毛则大咪谷的辞职请求，如期召开了一个有村民小组成员、莫批、村民代表参加的小型会议，会议根据选举咪谷的条件，推选出 8 名候选人，他们是：李山贾（50 岁，属前一届小咪谷）、高检木（50 岁）、曹欧杂（49 岁）、李让则（43 岁）、李贾木（40 岁）、普让木（43 岁）、李为候（43 岁）、李拾奔（39 岁）。他们根据会议安排，14 日（农历正月初六，属蛇日）中午饭后先后来到前一届大咪谷李毛则家中，下午 1 时以鸡卦确定正式人选的仪式开始，由本村莫批曹贾杂主持。根据 8 名候选人必须用 8 只鸡，即相应一名候选人用 1 对鸡骨卦。仪式开始时，候选人坐在莫批一旁，莫批逐一为他们祈求"昂玛"寨神降临灵验咪谷。莫批对每一位候选人的祈祷语是："今天是属蛇的好日子，今天在咪谷家，是德高望重的父母家，四孔四眼的鸡骨卦出来，五孔五眼的鸡骨卦出来也不怕，骨卦不好的一个身上也不要出来。"念完祷词，候选人将公鸡宰杀，切毛剖腹干净后，把鸡腿上端骨卦分解下来，并做上自己的标记将所有骨卦与鸡肉一同煮熟。骨卦煮熟后第二次仪式开始，将骨卦上的肌肉剥离干净，每位候选人记住属于自己的那一对鸡卦，将 8 对鸡卦分别给莫批打卦、看卦，此时，候选人必须避开，打卦时莫批沿着鸡骨上的小孔轻轻插入削尖的小竹签，以某一对骨卦为例，若竹签顺小孔插入深，并能直立的为上等签；有的签直立，有的签斜插为中等签，所有签都只能斜插的为下等签。此 8 对 16 只骨卦，每一只上最少的有一个小孔，最多的也只有 2 个小孔。打卦的结果是：最好一对是右脚有 2 签，并像一双筷似的直立，象征有吃有喝，左脚有 1 签并直立（按习惯左脚直立的最好），象征脚踏实地，站得稳，受神灵欢迎。次好一对的左右脚各只有一签，左签直立，右签斜插。其余 6 对的左右脚均斜插，为下等签。这样打卦出来的结果：最好一对卦相应的候选人是李拾奔为大咪谷，次好一对卦相应的候选人是李贾木为小咪谷。新一届的咪谷就这样产生了，他们谁也说不清前一届与新一届咪谷在者台村是第几任。但是，以这样的方式在者台村的新老咪谷交替永远延续下去。新一届咪谷产后于 2005 年 2 月 27 日（正月十九，属马日）为吉进行新老交替仪式。届时新当选的咪谷以特制的篾箩背 2 包糯米饭、1 市斤酒前往老咪谷家祭献祭祀用具后背回到新一届大咪谷家中；与此同时，老咪谷向新咪谷传授祭祀程序及祭词。

图 7—9　以鸡骨卦选举咪谷
Choosing Migu with Chicken Bones

3. 莫批分类与职能

"莫批"（moqpil）又称"毕莫"（bilmoq），均为汉字音译哈尼语，意为宗教智慧的老人。从他们所从事的宗教职能来看是具有"巫师"和"祭师"双重身份的人物，从他们所掌握的人类知识来看，是哈尼族社会中的智慧人物，享有较高的威望和地位。他们与上述的咪谷是属于同一层次社会身份的人物，都是在神界与人界之间相互沟通传递信息的圣人，也是神灵的代言人。

　　哈尼族莫批按职能可分为三类。这三类莫批的名称各地叫法不一。其中在红河县乐育乡尼美、坝美、然仁一带的叫法是"仰批"、"翁批"和"沟批"。①也可理解为上、中、下三种类型的意思。这三种莫批，都没有完全脱离生产劳动，他们职责有明确的区分，各自行使自己的职能，互不干扰，具有相对独立性，但他们又互为依存。

　　（1）仰批：有的地方叫"收批"、"批玛"。主要职责是送老归天，主持丧葬祭祀活动，也主持其他难度较大的祭祀活动，还能打卦问卜。他们是哈尼族宗教活动中威望最高的莫批。"仰批"都是师徒相承，多数属父子相传。

　　（2）翁批：有的叫"刹批"或"刹拖"。这种莫批没有资格杀牛，不能主持丧葬等重大祭祀活动，但可以协助仰批。他们只能进行村社和家庭的各种公祭和私祭活动。诸如求神驱鬼叫魂，乞求神灵保佑山寨平安无事。"翁批"也是师徒相承，或父子相传。

　　（3）沟批：可分为两种情况，一种称"尼玛"，以中年女性居多。她们主要是看蛋卦、米卦等，为人问病。这种人只管看卦决疑，不能进行具体的祭祀活动。另一种称为"擦批"或"尤批"，以中年男性居多。传说这种人能通神。他们问病决疑，一定要晚上在病人的家中，在堂屋里临时搭建一张床，睡在床上演唱决疑，通宵达旦。"擦批"睡下之前，床边要摆一张桌子，桌上放一斗大米，米上方一生鸡蛋、一只银饰、一米白土布等。并要指定一个人做"擦批"的助手，事先他同"擦批"一起洗手脚。"擦批"进行法事的过程中，只有这个助手能和他通话。据说，"擦批"能及一个或两个"艳莫阿玛"的神灵。他睡下之后这个"艳莫阿玛"就指引提示他能够找到被丢失灵魂，传达死者亲人的意愿。他能来往于人和鬼神之间，也能把人的愿望传达给死去的亲人。

　　尼玛和擦批都不是师徒传承的。而是经过一场大病或突然发疯，病愈之后，他们变成"与众不同"能通成各种神灵的人。这种人一般不搞驱鬼等祭祀活动。但他能指明需要做什么样的祭祀活动，能达到驱鬼求神之目的。这类神职人员在元阳等地哈尼族不把他们列入莫批组织行列，他们属于哈尼族宗教中的巫师，在凡人面前常以神秘的面目出现。

　　在哈尼族的宗教领域中，"仰批"、"翁批"和"沟批"实际上就是

---

① 李期博：《哈尼族原始宗教调查》，《红河民族语文古籍研究》1987 年第 1 期。

三个不同的等级。"仰批"是最高等级的莫批，他们掌握哈尼族宗教祭词的全部或大部分。能主持最高等级葬礼活动和需要杀牛祭祀的大型宗教祭祀活动。"仰批"了解哈尼族社会历史发展的脉络，懂得丰富的本民族有形和无形的传统文化知识，因而得到"翁批"和"沟批"的尊重和支持。尤其是"翁批"做祭祀活动时，还要借助"仰批"的威力来共同制服各种鬼怪。"翁批"为中等级莫批。他们所掌握的宗教祭词和传统文化知识，在"仰批"之下。只能做一些一般的祭祀活动。并且要请"仰批"来坐镇，才能驱除或制服鬼怪。"沟批"为哈尼族神职人员中的最低等级，一般不能主持杀牲的祭祀活动，其职能范围停留在原始巫术活动的层次上。打卦问卜是他们的主要职能，一般不能主持祭祀活动。[①]

4. 咪谷与莫批的关系

咪谷和莫批在哈尼族祭祀活动中的角色和作用是有明显区别的，他们在宗教领域内有严格的分工，不可越权。下面以 2005 年笔者在元阳县箐口村的田野调查资料来阐述咪谷与莫批的关系。

箐口村位于元阳县梯田文化核心区，坐落在海拔 1600 左右的半山地带，因历史上处于原始老林箐沟边而得名，距元阳县老城区新街镇 6 千米，交通便利，已开发成哈尼族民俗文化生态村。该村典型的民间组织就是咪谷组织和莫批组织，咪谷组织按上述条件选举产生，共有 6 人，其中大咪谷 1 人，小咪谷 5 人，另指定 2 名"昂徒"（跑腿或助手）。莫批组织按不同家族丧礼活动的主持人分为 2 组，每组 5—7 人，每一组有 1 个大莫批，他们是师徒传承或父子传承。主持丧礼活动是莫批的主要职能；此外，莫批还有驱鬼避邪、保魂固魂、行医治病、指导农业生产、民族文化保存与传承等功能。与咪谷祭祀活动较为密切的莫批是该村大李氏家族大莫批李正林，具体分工下文述及。

箐口村的咪谷主要主持村社的公祭活动。如昂玛突（祭寨神）、矻扎扎（祭磨秋）、普去突（祭山神）、祭地神、祭水井、封寨门等，他们之间有具体的分工。

箐口村咪谷组织的第一层是大咪谷，名叫李沙热（80 岁），他的祖辈也是咪谷，祖辈沿袭到他已是第四代咪谷，是该村公祭活动的主祭，他家里饲养着一只大红公鸡，象征寨神的化身，前往神林地时他要抱着大红公

---

① 李期博：《哈尼族原始宗教调查》，《红河民族语文古籍研究》1987 年第 1 期。

鸡走在行人队伍的前面，祭祀时把公鸡拴在神树脚，祭祀完又把公鸡抱回家饲养，这只公鸡永远不能宰杀，即便得鸡瘟死了也将其掩埋后立及增补一只公鸡饲养起来，否则视为不吉利。祭祀供品由他来摆放，向寨神祈祷寨人平安无事、庄稼丰收、六畜兴旺。

咪谷组织的第二层是小咪谷，其中常务小咪谷叫李虑生（54 岁），他父亲曾经任过该村的大咪谷。他的职责是收拾祭祀用具、准备供品，蹲在大咪谷旁边随时听候使唤，并向大咪谷按顺序传递祭桌上的各种祭品。每次前往祭祀地点，他都紧随大咪谷。尾随大咪谷的第 3 位小咪谷叫李正亮，负责搬运给神灵当座位的 4 个篾凳和摆放供品用的篾桌；尾随大咪谷的第 4 位、第 5 位小咪谷叫李克朴和李约沙，他们负责搬运村民向寨神祭献的糯米粑粑，第 5 位咪谷李约沙还负责击鼓；尾随第 6 位的小咪谷叫张春朴，负责搬运祭祀取水用的竹筒，并负责敲击铓锣。出发时敲击铓鼓是向寨人宣告咪谷组织前往祭祀地点，村内该回避的东西要收拾好；祭祀完后敲击铓鼓是向寨人宣告祭祀完毕，咪谷们即将回寨。

咪谷组织的第三层人是"昂徒"，即跑腿或帮手。他们有 2 人，一般不通过选举产生。他们俩的职责是每一次公祭活动前向每家每户搜集财物，准备祭祀费用，并到集市上购买祭祀牺牲等，他们俩不参与大小咪谷主持的具体祭祀活动。

箐口村正月举行的祭火神和七月举行的驱邪驱鬼以及昂玛突前夕的叫寨魂等公祭活动是由咪谷组织与莫批李正林共同主持。但是莫批组织更多的是主持私祭活动，并进行有偿服务，而上述的咪谷组织是义务性的无偿服务。莫批主持一次丧礼，丧家宰杀的主牺牲，即牛的左边 9 条排骨、亲朋好友丧祭牺牲的头和脖子以及丧祭的生米统统归莫批所有。家庭或个人请莫批主持退鬼治病、驱邪、叫魂、保魂、固魂等仪式完之后必须付20—50 元不等的人民币作为莫批的谢意之礼。

哈尼族社会中咪谷和莫批都是人神之间的媒介人物，但从他们主持的形式和祈求的内容看，咪谷与神的交流是单向的，他们主持各种各样公祭仪式，以贵重的牛、猪等牺牲向神灵祭献，把村民对神灵的敬意和人间的愿望通过他们传递给神，而神对村民的善恶态度无法知晓。莫批与神的交流是双向的，莫批通过占卜问卦、驱鬼治病、叫魂等仪式，将世间人的敬意、祈求的目的传递给神，又把神的意志和安排转达给世间的人。因此，人们不惜耗费钱财，想方设法为达到消灾避难、除病求平安、延年增寿、为死者亡灵指路等目的而举行各式各样仪礼而在所不惜。

咪谷和莫批在哈尼族社会中是两种不同地位和作用的宗教人物，虽然有的村社咪谷与莫批集一身，甚至与政府任命的村长或组长集一身，比如，绿春县平河乡爬别村莫批李三贵就是当今哈尼族村社中集政教合一的典型案例。李三贵于1926年出生在哈尼族祖传莫批世家，1956年就被推选为首任村长，在此之前已任该村的咪谷，1962年他（36岁）举行了传统的哈尼族莫批承职仪式。他履职政教合一的村务管理一干就是40年，直到1996年因年迈体弱才从村长的职位退下来，但咪谷一职仍然兼着。[①]一般来说，大多数地区村社咪谷与莫批的职责是有明显的区别：一是咪谷一职在哈尼族社会里是崇高而神圣的职务，具有"皇"的象征意义；而莫批是为了哈尼族社会保一方平安，从事招魂求安、驱鬼除魔、求神保佑使命的"军队"。二是咪谷为村社主持祭祀是不计报酬的义务服务，而莫批主持祭祀是有报酬的服务（个别偶尔参与公祭活动外）。三是莫批大多主持私祭活动，而且主持频率、形式和内容都比咪谷多。四是咪谷主持祭祀是定期举行，而莫批主持祭祀大多是不定期的。

图7—10　"咪谷"与"莫批"主持祭祀招寨魂仪式
Migu and Mopi Hosting Sacrificing Rite to Summon Village Spirits

① 李克忠：《人与神的对话——"魔匹"李三贵的个寨考察》，载《哈尼族文化论丛·第一辑》，云南民族出版社2000年版，第173—179页。

图7—11　"莫批"看鸡骨卦吉凶
Mopi Divining With Chicken Bones

（三）咪谷与莫批祭祀对生物多样性的保护

由于自然宗教观的核心思想是人与自然和谐相处，哈尼族咪谷与莫批通过以树木为"神灵"标志的祭祀活动来达到人与自然和谐相处的目的，实质是哈尼族自然宗教文化对生物多样性保护产生积极影响的具体表现。在哈尼族看来，村落环境不仅是有几间房子，住几户人那么简单，千百年来，他们都生活于大山深处，长期与大自然共生共荣，和谐相处。村落是他们赖以生存繁衍的重要场所，村寨的安宁、稳定、和谐是他们追求的目标，为实现这一目标，对村落环境赋予许多丰富的生态文化内涵。他们把村落环境的寨神林、地神林、磨秋场、水井、阻鬼拦邪处的寨门树、镇埋污秽处、镇火神处、猎神树等都以树木为标志的祭祀地点作为村落必备的设施。这些地点分布于村寨周边，以古老树木为标志，对村寨形成一道天然的绿色屏障，如同城墙一样，对寨子起着护卫作用。围绕这道绿色的"城墙"，哈尼族在一年之中以各类牺牲定期祭祀，祈求各类神灵尽心尽责地护卫村寨，由此在人们的心灵中形成一道无形的精神安全防线，村民就能安居乐业，深刻反映了哈尼族咪谷和莫批祭祀的重要意义，从而对环境保护及其生物多样性产生深远的影响。

就一个具体的村落而言，创建村落之时，村址的选择必须考虑村落上方要有一座森林茂密的小山作为护寨神"昂玛"栖息的神林。这是众神栖息大森林的缩影，哈尼族每年农历正月或二月根据村落选址确定之日为特定吉日（一般为属龙日），选神林中某棵固定树木做神树，并杀猪、鸡祭祀。主持祭祀的咪谷及其助手虽然各地的称呼和组成人员不一样，但这一宗教职务是村寨精神生活及做人楷模的象征。

在哈尼族看来，寨神林是哈尼族村寨的重要组成部分，它不仅是直观地展现村寨重要的风景林，而且是村落环境中最为神圣之场所，人们在建村立寨之时，就选定并培植下来的。一般寨神林都选在村寨的上方，表示对神灵的尊崇。哈尼族之所以对寨神林那么重视，是因为寨神林是寨神的居所，寨神则是村寨的保护神。哈尼族认为寨子没有寨神护佑，那么村民饲养猪鸡、牛马等禽畜不会发展，不是得瘟疫，就是被豹子老虎咬死吃掉，或被老鹰叼走。生下的儿女也难以长大，反之，如果寨神尽心保护寨民，那么村寨就会兴盛，人丁繁茂，五谷丰登，六畜兴旺。按照传统的习惯，认为寨神林的树木越多，长得越密越好。神林中要设一个主祭台，这个祭台必须以一棵高大标直、树梢不能断而且能够开花结果的树木做标志。哈尼族把村民称为寨神的"儿孙"，因而，每户出一名男性到神林参与祭祀活动，品尝祭品，磕头求平安。并且各户都分一点祭祀牺牲猪肉带回家中，让每个家庭成员都尝到祭祀寨神的猪肉，以求得神灵的保护，参祭人员进神林时，必须人人赤足，表示对寨神的尊敬。按哈尼族的传统习俗，寨神林是村寨中最神圣的地方，神林范围内任何人不能去砍树，枯干的树枝或死亡的树木，任其倒伏，腐烂，村民忌讳拿回家当柴烧或做其他用途。神林中不让牛马、猪羊等牲畜践踏，更不得去随意大小便，否则便是亵渎神灵。

案例1：者台村神林与生物多样性

元阳县小新街乡者台村的神林位于靠近村落上方（南面）的小山包上，面积约有30亩，自建寨之日起是一年一度的神林祭祀场所。林中的一草一木按哈尼族宗教信仰理念受全体村民的保护。据村里的老人回忆，1958年以前，神林及村寨周边的风景林的大阔叶树木有丝栗树、麻栗树、毛毛树、野核桃、野樱桃、野梨树、水冬瓜树等，豺狗、豹子经常进入村寨袭击家禽、家畜，大树脚下、箐沟草丛中禽畜尸骨随处可见。如今这一切成为昔日的神话。者台村的神林虽然遭受多次破坏，但自 1979 年后，以宗教文化信仰保护了这片树林，如今是一片四季青翠的森林，形成顶层为乔木或灌木、中层为草本、底层为地衣苔藓的生物多样性植物群落。

案例 2：箐口村神林与生物多样性

元阳县新街镇箐口村的神林主要有 4 座，即大神林、小神林、山神林和田坝神林。除了山神林分布在距村西南面 4 千米处，其余神林均分布在村寨周边，与周边的风景林交错分布。大神林位于村寨西侧，哈尼语称"昂玛昂丛"，面积约 3 亩，以石块围栏。据村民介绍，是建寨之日起保留下来的一片丛林，林中仍然具有植物群落结构：顶层是高大乔木，中层是小灌木，下层是草本，地面层是苔藓类。在高大乔木中树龄较高的有水冬瓜树、多依树、黄心树、野棠梨等，其中一棵高大的野棠梨树脚安置一块与地面平行的永久性石板祭台，是每年农历二月属羊日杀猪、鸡祭祀寨神的地点，届时除了村民公推出来的大小咪谷 6 人进入林中举行祭献仪式外，平时任何人很少入内，否则视为对寨神的不敬，会给全村带来厄运。因此，全体村民都会自觉严守禁忌。为了识别神林中的树种，我们邀请了村中的一位男性老者。由于生物学的知识有限，神林中不知学名的树有许多种，甚至以当地汉语也叫不上名，我们只好以箐口哈尼语的叫法识别树种。高大乔木中能以当地汉语识别的有野棠梨树、多依树、水冬瓜树、臭油果树、麻栗树、野柿子、野樱桃、黄心树、山樟树、五眼果树等。其他以哈尼语命名的，如 hameilzaol、naoqnilzaol、daolsiqpeiq、siinavzaol、syunilzaol、husuq 等 20 多种。现存活的高大乔木有 100 多棵。这片神林是村民们以宗教禁忌文化保护的重点对象，林中的枯枝落叶不做柴火，更不敢在林中随意砍伐。但是，我们也发现林中的 2 棵乔木的树皮被刮破，这种树当地哈尼语称其为 aqniuqmeiqnilzaol，意为"牛红眼病树"，据称树皮可治疗牛红眼病而得名。据村民介绍，2004 年 7 月"矻扎扎"节时，更换秋梁的树也来自神林中，这棵树是由于树根被箐沟水冲击后自然倒下的一棵直径约 30 厘米的五眼果树，按神林禁忌任其自然腐烂。但经咪谷及助手商量出于以下考虑：一方面这棵树仍然用于村寨祭祀活动中，磨秋梁本身是杀牛祭祀的对象，而不是村民拿去做薪柴；另一方面为了减轻村民的祭祀费用负担，充分利用资源，否则村民还要凑钱去购买另一棵树做秋梁。这里传统禁忌文化与实际需要发生了一些微妙的变化。

在神林的北侧相距 100 多米处又有一片丛林，称小神林，面积约 2 亩，是祭祀大神林后第二天举行祭祀活动的地点，永久性的石板祭台安置在五眼果、臭油果树脚下。仪式完毕，村民每家每户准备一桌菜抬到此处就餐，其实质是邀请除恶英雄"昂玛"寨神与民同乐。林中虽然保留下水冬瓜树、毛毛树、五眼果树等树龄较大的乔木，但乔木种类和荫蔽程度比起大神林少得多，林中猪鸡禽畜也随意出入。2001 年由于该村开展旅游景点的需要，一条宽约 40 厘米的石块路面人行道穿过其间。现在林中人工栽培了一些金竹。

村寨东南也有一片丛林，夹杂在私人林中，是隔年举行祭田坝神的祭祀地点，在农历八月属龙日举行，时值田间稻谷开始转黄，意义在于让田神护佑稻谷丰收。丛林约 1 亩，林中虽有臭油果、野樱桃、野棠梨、多依树、毛毛树等老树，但种类少而稀疏，禽畜随意出入，甚至附近农户将此做"厕所"，失去了神林的神圣性。

祭祀火神的地点在村寨西北 500 米处的"阿果等倮巴"箐沟中，有水冬瓜树、五眼果树、野竹等少量分布，周边是玉米地和杂草丛。

祭山神的地点位于村西南 4 千米处的一座小山包丛林中，面积约 4 亩，其下方有层层梯田分布。因此，这片神林实际上既是宗教活动地点，又是一片水源，周边也有许多私有林分布。祭山神活动是在每年农历三月属虎日举行。届时由咪谷等 6 人进入林中杀猪、鸡祭献。林中有一棵直径为 1 米多的乔木树脚的一半已腐烂，但另一半仍活着，这曾经是古木参天原始森林的见证。现在存活的乔木树龄都较小，但植物群落结构仍然明显：顶层乔木，中层草本植物，地面层苔藓。树冠荫蔽度密，地面阴暗潮湿，枯叶堆积层厚，地表为腐质土，草本茂盛，乔木树干上生长地衣、苔藓、树藤发达。林中树种以麻栗树、丝栗树为主，神林的外围生长 1 米多深的蕨类植物。

除了上述神林外，箐口村周边还有私有林、风景林。私有林中的主要树种是水冬瓜树、旱冬瓜树、五眼果树、龙竹、金竹等。箐口村民对风景林仍有宗教祭祀活动。2004 年 5 月 19 日晚，村东南侧的一棵直径约 1.5 米的大柳树，由于树龄大而树脚逐渐腐朽成空心被自然风吹倒。村民认为一棵守护村边的大树倒下,如同人老病死。因此,于 6 月 30 日每户村民平均集资 1 元钱、3 两大米,买来鸡、鸭做牺牲向大树祭献,并在其倒下的树脚重新补栽一棵小柳树,意为大树倒下,小树跟上,守护村寨的风景林前仆后继。两年前,箐口村磨秋场周边的 2 棵大柳树也由于树龄老化而自然倾倒,也举行了同样的祭祀活动。

第八章

哈尼族传统生态伦理观

哈尼族传统伦理包含两大类，一类是社会伦理或人为伦理，以规约人与人、人与社会的关系，另一类是生态伦理，以规约人与自然的关系。社会伦理和生态伦理构成的有机的伦理体系是哈尼族传统信仰体系的重要组成部分，它不仅内化为一种个体的价值观与行为方式，成为"精神家园的意识形态"，而且是一种全族性的普遍的生存方式和生活方式，成为一股强大的文明整合力量，最大限度地保障了哈尼族传统社会的和谐（包括人与自然的和谐）。

一　人类与自然万物"同源共祖"

我们先来审视几则流传至今的哈尼族创世神话传说。

其一，《天、地、人的传说》。该神话传说讲述道："相传，远古年代，世间只有茫茫一片雾在无声无息地翻腾。不知过了多少年月，这雾变成极目无际的汪洋大海，从中生出一条看不清首尾的大鱼。那大鱼把右鳍往上一甩，变成了天，把左鳍向下一甩，变成了地；把身子一摆，从脊背里送出来了七对神和一对人种。""再说从大鱼脊背里出来的那对人种，男的叫直塔，女的叫塔婆，他们从大鱼脊背里出来不久，塔婆便浑身上下怀孕，生下了二十一个娃娃。这二十一个娃娃，老大是虎，老二是鹰，老三是龙，剩下的九对是人。……"①

其二，《毕蝶·凯蝶·则蝶》。这是元阳县黄草岭乡树皮寨老歌手杨批斗演唱、史军超先生存留的创世歌谣，其内容与上一则神话相似，但

---

① 《哈尼族民间故事》编辑组：《哈尼族民间故事》，云南人民出版社1984年版，第1页。

21 种种族的母亲变成了依贝。兹摘录于下：

> 萨——啊咿——萨！
> 世上的种族不生嘛也要生了！
> 世上的种族不出嘛也要出了！
> 亲亲的兄弟姐妹，
> 世上有了一个生二十一种族的母亲啊！
> 世上生二十一种族的母亲叫依贝啊！
> 依贝先生的是老鹰，
> ……
> 后生出来的是老虎，
> ……
> 后生出来的是龙，
> ……
> 瑶家生在（依贝的）头发边，
> 学着树倒的声音说话；
> 彝族生在半腰上，
> 分住半坡梁子边；
> ……
> 哈尼生在肚脐上，
> 在的地方很热和，
> ……
> 汉人生在指缝间，
> 手指一动会写字就得吃。[①]

其三，《神和人的家谱》。这则神话说：传说在三层高天上，有一座大神们居住的烟罗神殿，神殿中央放着一把金椅，上面坐着最高最大的天神俄玛，"她是生下一切神和人的阿妈，天上地下的万事万物也是她生出来的"。天神俄玛生下一位高能的姑娘，名字叫"阿匹梅烟"，她是万能的女神，是万能的大王，这是第一代神王。天神俄玛又生下人神玛窝，开

---

① 　转引自史军超《哈尼族文学史》，云南民族出版社 1998 年版，第 99—101 页。

了哈尼家谱的头。之后代代相传。到了第16代的先祖，名叫"梅烟恰"，是"老实会生会养的先祖"。"高能的先祖梅烟恰生着天地一样广大的肚子，她不单是人的祖，还是三种野物的先祖，人和野物就是从她分起的啦。她生下了四个妹妹，大姐是人祖恰乞形，二姐是所有会跑的野物的祖先优哈，三姐是所有会爬的野物的祖先优本，四姐是所有会飞的野物的祖先优贝。"① 《哈尼族古歌》也有几乎一致的传说。②

其四，《俄八美八》。这则神话传说讲：洪水过后，只有者见和阿妮两兄妹躲进大葫芦里而幸免于难。为了使人类不致绝种，兄妹俩结成夫妻。"又过了一些时候，妹妹生孩子了。全身上下，两手两脚连指头，都生下了孩子。据说就是今天各个民族的祖先。只有肚子里生下来的不是人，却是一个肉团团。兄妹俩一见，又是生气又是害怕，拿刀来砍，把个肉团团剁成了碎末末，他们剁的剁，撒的撒，撒向四面八方。想不到，那些肉末末一下子都变成了数不清的飞禽、走兽和花草、树木。从此，天地间才又有了万物，才又充满生机。"③

"一部作品之不朽，并不是因为它把一种意义强加给不同的人，而是因为它向一个人暗示了不同的意义。"④ 同样的道理，上引神话传说之所以在哈尼族中代代相传，流传至今，成为"不朽之作品"，就是因为它向人们暗示了"多重意义"。这些多重意义的组合，构成了民族特有的文化密码。以往，人们通常从宗教学、神话学、哲学、文学等角度去破译和解读这些文化密码，揭示其蕴含的意义，得出相应的结论。然而，其所蕴含的多重意义并未揭示殆尽，甚至可以说，一些重要的意义仍未被揭示出来。如果我们将这些神话传说放在当下的文化语境中，用生态伦理的视角去审视，就会发现，这些"保存关于过去的回忆的宝库"⑤ 的神话传说蕴

---

① 云南省民间文学集成办公室编：《哈尼族神话传说集成》，中国民间文艺出版社1990年版，第7—14页。

② 西双版纳傣族自治州民族事务委员会编：《哈尼族古歌》，云南民族出版社1992年版，第33页。

③ 谷德明编：《中国少数民族神话》（上），中国民间文艺出版社1987年版，第334—336页。

④ ［英］安·杰斐逊、戴维·罗比等：《西方现代文学理论概述与比较》，陈昭全等译，湖南文艺出版社1986年版，第101页。

⑤ ［法］保尔·拉法格：《宗教和资本》，转引自王东昕、邹华《从〈阿细的先基〉看人类早期的婚性问题》，《云南民族学院学报》（哲学社会科学版）1998年第3期。

含着一种朴素而深邃的生态伦理观，其核心便是人类与自然万物（主要指动物、植物）"同源共祖"。

尽管各个神话传说中的"共祖"各有不同，或为塔婆，或为依贝，或为梅烟恰，或为阿妮，但有一点却是惊人的一致：人与自然万物（动物、植物）有一个共同的本源和始祖，"都是同宗同族的兄弟姐妹，相互之间存在着密不可分的血缘关系"。①

哈尼族这种人与自然万物同源共祖的观念潜藏着非凡的生态智慧。这可从以下三方面去透视。

其一，它与华夏文化中的"天人合一"观有异曲同工之妙。季羡林先生曾说："东方哲学思想的基本点是'天人合一'。什么叫'天'？中国哲学史上解释很多。我个人认为，'天'就是大自然，而'人'就是人类。天人合一就是人与大自然的合一。"②方克立先生也论述道："在中国哲学中占主导地位的是'天人合一'、'民胞物与'、'性天相通'、'辅相参赞'等观念，人与自然不是一种疏离以至对立的关系，而是息息相关、相互依存、内在统一不可分离的关系。'天人合一'与'主客二分'、'天人对立'是中西哲学观念的基本差别之一。""'天人合一'是中国哲学的最高生态智慧，或者说是中国古代生态思想的哲学基础。"③哈尼族中人与自然万物"同源共祖"的观念实质上就是一种"天人合一"观，即人来自大自然，是自然界的一部分，人与自然是不可分割的统一体。

其二，它符合马克思主义的自然观。恩格斯强调人类"自身和自然界的一致"，反对"那种把精神和物质、人类和自然、灵魂和肉体对立起来的荒谬的、反自然的观点"，指出："我们连同我们的肉、血和头脑都是属于自然界、存在于自然界的。"④

其三，它与当代风靡全球的生态伦理观有相通之处。生态伦理学的重要代表人物霍尔姆斯·罗尔斯顿（Holmes Rolston）就认为，人类和原野不只是资源关系，而首先应该是根源关系。人类不应该把人与自然的关系片面地限定在资源关系之中。按照人与自然的根源关系，人类应该归属于

---

①　卢文静：《论哈尼族均衡心理》，载《首届哈尼族文化国际学术讨论会论文集》，云南民族出版社1996年版，第108页。

②　季羡林：《"天人合一"方能拯救人类》，《东方》1993年创刊号。

③　方克立：《"天人合一"与中国古代的生态智慧》，《当代思潮》2003年第4期。

④　恩格斯：《自然辩证法》，人民出版社1971年版，第159页。

自然，并且自觉地把自己的地位限定在与自然的关系之中。[①] 哈尼族中人与自然万物"同源共祖"观念，其实就是从本体论意义上确认了人类与自然万物具有生命起源的同一性和生命本质的同一性。

在作为哈尼族历史记忆的神话传说中所深藏着的人类与自然万物"同源共祖"的生态伦理观，尽管被虚幻和神奇的重重迷雾所包裹，却仍然强烈地闪耀着质朴的科学理性之光。这种科学理性之光中有两道亘古永存的、穿越时空的光束。

其一，人类是动物家族中的一员。人类本是动物中的一分子，人与其他动物在起源、形态和能力等方面有密切的联系。"起源上，人是动物界的一种，与高等灵长类是近亲。形态上，人去于禽兽几稀，或仅有程度上的差别。我们的身体特质，动物多少都有，大猿更多。黑猩猩和大猩猩的蛋白质结构和 DNA 顺序，98%—99% 与我们相同。我们也不是唯一双足行走的动物，鸟类如企鹅也是。能力上，我们能做的动作其他动物多少也能做。"[②] 人类与动物的关系问题是人类文明史上一个古老而鲜活的命题，古人在苦思，今人也在冥想。一般而言，在人类文明诞生之初，囿于自身生存能力和群体力量的弱小，人类普遍地带着一种敬畏的心理和平等的目光来平视我们的同类——动物。随着技术的进步、贪欲的膨胀，人类逐渐在自然界中迷失自我，自视为"万物之灵"，开始用一种俯视的目光来看待动物同类，将它们视为可以随意征服、主宰和杀戮的对象。生活于现代文明中的现代人，更是羞于与动物为伍，耻谈"我"就是动物。这种有意识或无意识地将"动物"视为异己的观念，本质上是人类中心主义文化观的一种表现，犯下了最基本的逻辑错误，亦有悖于科学理性。在哈尼族神话中，人类与动物是"同根生"的兄弟姐妹。在《天、地、人的传说》和《毕蝶·凯蝶·则蝶》中，人类与虎、鹰、龙是同胞兄妹；在《神和人的家谱》中，人类与"会跑的野物"、"会爬的野物"、"会飞的野物"是亲姐妹；在《俄八美八》中，人类与飞禽、走兽为同一母亲所生。从中折射出的"人类是动物家族中的一员"的科学之光无疑是可以照亮许多自认为掌握了现代科学的现代人的心灵的。

其二，人类与植物有血缘关系。从广义上讲，"所有生命的能量来自

①　余正荣：《生态智慧论》，中国社会科学出版社 1996 年版，第 129 页。
②　庄孔韶主编：《人类学通论》，山西教育出版社 2003 年版，第 88 页。

太阳，太阳能量穿过绿叶，传递给了植物体内，植物再传递给人体，才延续了人类的绵延。地球上的植物细胞，每年为大气补充几百亿吨的氧气，消耗大气中几百亿吨的二氧化碳，维系大气的新陈代谢平衡，维系人类生存，所以人与植物有血缘关系"。① 哈尼族《俄八美八》神话中讲述的人类与花草树木同源共祖的关系，正是从根本上揭示出人类与植物间的血缘关系。

传统的哈尼族社会是一个无文字的社会。在这样的社会中，民族的历史和文化是以口耳相传的形式得以传承的，而传承的重要载体之一就是各种各样的神话传说。在"前喻文化"② 时代，这些神话传说中所蕴含的人与自然万物同源共祖、平等亲善的观念也与神话传说本身一道被传承下来，既可能被规约为古规祖训或习惯法，进入制度文化层面；也可能积淀为一种"集体无意识"，形塑一种人与自然和谐共生共存的基本价值取向，从而对哈尼族的生态伦理观产生潜移默化的、持久而重大的影响。

二　自然万物皆亲人

如上所述，在哈尼族的传统观念中，人类与自然万物"同源共祖"，因而从未视自然万物为异己之物、对立之物，而是视之为自己的亲人和伙伴。正是在这种人与自然万物"同源共祖"的文化整体观的指导下，哈尼族用人类社会中形成的亲属称谓制度来规范和统摄人与自然之间的亲缘关系，使这种亲缘关系具体化和明晰化。

作为山地民族，哈尼族对大山怀有一份特有的依恋。这种犹如儿女之于父母的依恋从文明发端之时便深植于哈尼人心中：

> 远古的先祖住在老林，
> 远古的哈尼歇在岩洞，

---

① 《云南政协报》2005 年 7 月 6 日。

② 美国著名人类学家米德将整个人类的文化划分为三种基本类型：前喻文化、并喻文化和后喻文化。"前喻文化，是指晚辈主要向长辈学习；并喻文化，是指晚辈和长辈的学习都发生在同辈人之间；而后喻文化，则是指长辈反过来向晚辈学习。"［美］玛格丽特·米德：《文化与承诺》，周晓虹、周怡译，河北人民出版社 1987 年版，第 27 页。

　　　　老林是亲亲的阿妈，

　　　　日日送给先祖吃食，

　　　　岩洞是亲亲的阿匹，

　　　　把哈尼护在洞中。①

　　就是说，在哈尼族尚处于"穴居"时代时，是洞穴给了哈尼族庇护之所，是森林给了哈尼食物之源，因此称森林为"亲亲的阿妈"，称岩洞为"亲亲的阿匹"。

　　隋唐之后，哈尼族经历了"由刀耕火种旱地旱稻、杂粮栽培文化向山地梯田稻作文化的转型"，② 在红河流域的哀牢山区创造了举世闻名的梯田文化。对于这片养育了一代又一代哈尼人的大山，哈尼人"有着千言万语和永远表达不完的情怀"。③

　　安寨定居是关乎种族生存和繁衍的大事。哀牢山区哈尼族有句俗话："要种田在山下，要生娃娃在山腰。"建寨于山腰的习俗与哈尼族苦难的迁徙历史相关联。在一次次与异族争夺平坝的战争中，哈尼族均不得不因战败而背井离乡，踏上漫漫迁徙之途，最终还是山高林密的哀牢山敞开胸怀接纳了他们。因而哈尼族由衷地称让自己安寨定居的大山深处的"凹塘"为"亲亲的爹娘"：

　　　　从前哈尼爱找平坝，

　　　　平坝给哈尼带来悲伤，

　　　　哈尼再不找坝子了，

　　　　要找厚厚的老林高高的山场；

　　　　山高林密的凹塘，

　　　　是哈尼亲亲的爹娘。④

---

　　① 西双版纳傣族自治州民族事务委员会编：《哈尼族古歌》，云南民族出版社1992年版，第90页。

　　② 李子贤：《水——生命与文化之源——论红河流域哈尼族神话与梯田稻作文化》，载《首届哈尼族文化国际学术讨论会论文集》，云南民族出版社1996年版，第13页。

　　③ 王清华：《梯田文化论——哈尼族的生态农业》，云南大学出版社1999年版，第306页。

　　④ 云南省少数民族古籍整理出版规划办公室编：《哈尼阿培聪坡坡》，云南民族出版社1986年版，第197—198页。

在《哈尼族古歌》中，哈尼又赞颂大山"像阿妈的胸脯"：

> 哈尼的寨子在哪里？
> 在骏马一样的高山上；
> 哈尼的寨子像什么？
> 像马尾苯在大山下方。
> 大山像阿妈的胸脯，
> 把寨子围护在凹塘。①

水被称为哈尼族的"生命与文化之源"，② 哈尼族"将水文化创造性地移植到高山上"，③ 创造了梯田稻作文化。因此哈尼族将水视为命根子，称之为"亲亲的水娘"：

> 草籽和水最亲近。
> 喝过水的草籽是哪样？
> 就是金闪闪的谷子。
> 从此啊，
> 哈尼再也离不开水了，
> 水像哈尼的阿妈一样亲！
>
> 是呢，
> 先祖的后辈儿孙，
> 水成了哈尼的命；
> 快用双手扒开山岩中的枯叶，
> 快用双脚蹬开崖脚的乱石，
> 快去把封住水口的石头搬开啊，

---

① 西双版纳傣族自治州民族事务委员会编：《哈尼族古歌》，云南民族出版社1992年版，第133页。

② 李子贤：《水——生命与文化之源——论红河流域哈尼族神话与梯田稻作文化》，载《首届哈尼族文化国际学术讨论会论文集》，云南民族出版社1996年版，第12页。

③ 同上书，第25页。

快把亲亲的水娘领出来啊！

……

来啦，

牵着牛的哈尼来了，

拉着猪的哈尼来了，

背着鸡的哈尼来了，

吆着狗的哈尼来了；

先祖来引水了，

先祖来合群了，

亲亲的水娘啊

把世上哈尼团得老实紧。①

哈尼族认为"梯田像人一样是有生命的，有灵魂，有感情的，因此他们对待梯田犹如对待人一样"。② 在《哈尼阿培聪坡坡》中，称大田（梯田）为"独儿子"、"独姑娘"，大田称为"宝贝"：

大田是哈尼的独儿子，

大田是哈尼的独姑娘。③

哈尼走到天涯海角，

不忘发家的宝贝是大田。④

在哈尼族的心中，庄稼、人类和牲畜（耕牛）三者间相互依存，情同手足："庄稼是长子，人是二儿子，牲畜（指牛）是小儿子。"⑤ 哈尼称猪、狗为"兄弟"：

---

① 西双版纳傣族自治州民族事务委员会编：《哈尼族古歌》，云南民族出版社 1992 年版，第 102 页。

② 王清华：《梯田文化论——哈尼族的生态农业》，云南大学出版社 1999 年版，第 291 页。

③ 云南省少数民族古籍整理出版规划办公室编：《哈尼阿培聪坡坡》，云南民族出版社 1986 年版，第 29 页。

④ 同上书，第 49 页。

⑤ 转引自王尔松《哈尼族梯田文化与现代化建设》，载《中国哈尼学》（第二辑），云南民族出版社 2002 年版，第 14 页。

先祖叫来两个兄弟，
一个是猪，
一个是狗，
叫他们做挖田的事情。①

　　火的发明是人类文明史上一件具有划时代意义的伟大成就。"就世界性的解放作用而言，摩擦生火还是超过了蒸汽机，因为摩擦生火第一次使人支配了一种自然力，从而最终把人和动物界分开。"② 哈尼族对此有深切认识，称火为"亲亲的火娘"：

哈尼没有火，
熟食不得吃，
火地不得种，
身子不会热，
眼睛不会亮。
世世代代的哈尼，
一下也离不开火，
先祖把红红的火，
叫做亲亲的火娘。③

　　迁徙史诗《哈尼阿培聪坡坡》也唱道：

有了"火娘"和房屋，
先祖找着落脚的地方，
老人嗨嗨地笑了，
娃娃爬满草房。
你见我也喜欢，

---

　　① 西双版纳傣族自治州民族事务委员会编：《哈尼族古歌》，云南民族出版社1992年版，第104页。
　　② 恩格斯：《反杜林论》，人民出版社1999年版，第112页。
　　③ 西双版纳傣族自治州民族事务委员会编：《哈尼族古歌》，云南民族出版社1992年版，第81页。

我见你也高兴，

一个见着一个会招呼，

一个遇着一个会礼让。①

以上叙述远未涵盖哈尼族对自然大家庭成员的所有称谓，但我们结合第一部分中的几则神话传说，仍可以勾勒出一幅较为简单的"哈尼族'自然大家庭亲缘关系图'"：

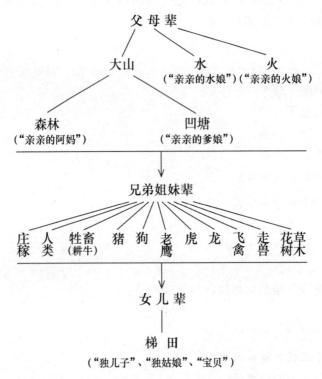

图 8—1　哈尼族"自然大家庭亲缘关系图"
Close Relationship Between Hani People and the Nature

人类社会中的家族亲属称谓是一种基于血亲、姻亲的客观存在，并被限定在特定的时空之中。而上述哈尼族"自然大家庭亲缘关系图"则超

① 云南省少数民族古籍整理出版规划办公室编：《哈尼阿培聪坡坡》，云南民族出版社1986 年版，第 10—11 页。

越了时空的限制，并不是一种客观、真实的存在，而是该族人民基于对人与自然关系的理解进行的文化建构。建构者并不是特定时间的特定人，而是世世代代的哈尼族，也就是说，这些在传说中的亲属称谓不是哈尼族某位先贤所做的系统的、学理化的总结，而是世世代代哈尼族的集体创造，"它们经历了一个丰富、添加、黏附的过程"，[①] 并且作为哈尼族的集体记忆通过口耳相传的方式代代相传。上述"自然大家庭亲缘关系图"是作为"他者"的笔者依据《哈尼族古歌》、《哈尼阿培聪坡坡》等口述资料所做的粗略概括和勾勒。因此，如果用科学的思维和标准去审视，这一亲缘关系图既不严密，也不尽科学。如从科学的隶属关系看，"兄弟姐妹辈"的"庄稼"应成为"孙子辈"，即有了梯田才有庄稼的生长。然而，这丝毫无法掩盖其中蕴含的科学理性的光芒和卓越的生态智慧。

森林孕育了人类，也孕育了人类的文明。水是生命之源、智慧之源。火在人类进化史上扮演了重要角色。这几种被哈尼族列为父母辈的自然物，对哈尼族文明的产生、演化和传承产生了持久的、重大的影响。森林、水又是生态要素，是维系自然生态系统的稳定与平衡的重要力量。将森林、水、火列为父母，主要表现出的是一种对自然的敬畏、崇拜的心理。被哈尼族列为兄弟姐妹辈的则是动物（包括牲畜、猪、狗、老鹰、虎等）和植物（花草树木），主要表现人类与动物、植物间基于"同源共祖"理念而形成的亲如兄弟姐妹的亲密合作关系。哈尼族将梯田列为儿女辈的"独儿子"、"独姑娘"，其实是隐喻了哈尼族创造梯田这一伟大壮举，犹如父母生下孩子。"独"更彰显出哈尼族对梯田的钟爱及对自己这一伟大创造的自豪感。这三个层次的划分，似乎可以做这样一种解读：在以森林、水为核心的自然母亲的怀抱里，人类借助火这种强大的自然力，与动物、植物兄弟通力合作，创造了人类文明——梯田。因而总体上是符合现代科学所揭示的地球生命演化和人类文明诞生的历程的。

从上述称谓图中，我们可以一目了然地看到人类在自然大家庭中所处的位置。在人与自然万物"同源共祖"的观念体系中，哈尼族心中从未视自然为异己之物、对立之物，而是视之为人类存在的母体和家园；从未视自己为万物的主宰，人与自然之间的关系从来就不是征服与被征服、统

---

① 赵世瑜：《小历史与大历史：区域社会史的理念、方法与实践》，生活·读书·新知三联书店 2006 年版，第 123—124 页。

治与被统治的关系，而是"一家人"的关系。哈尼族视自己为"自然之子"，谦卑而恰当地存活于天地间。对此，有研究者曾这样论述道：

> 在哈尼人的心目中，人与自然物、超自然物是均衡存在的。"人"在这个世界上绝对不是唯一的主人，也绝对不享有任何统治自身生存环境——地球、天空的任何特权，也永远不会有统治它们的力量或能力。人们唯一能够做到的，就是与宇宙间的万事万物和平共处，互相依存，共同繁衍。①

现代生态伦理学的奠基人、美国生态学家莱奥波尔德（Aldo leopold）首次提倡人类要和自然建立伙伴关系模式，以取代把自然当成征服和统治对象的传统关系模式。他指出："大地伦理学改变人类的地位，从他是大地—社会的征服者转变到他是其中的普通一员和公民。"包括人类在内的所有生命物种，都是大地共同体的孩子，都是同一自然大家庭中的成员。人类在大地共同体中，与其他生物处于一种平等的地位，并不高于任何物种。人类没有理由把自己看成是可以征服和统治自然的主宰。②

事实上，哈尼族从古以来世世代代都是这样想的，也是这样做的，如同太阳每天要从东方升起，是自然而然、天经地义和顺理成章的。

中国著名人类学家黄淑娉指出："亲属制度不仅是一种称谓，而且体现了人们之间的相互关系，体现了团体内人们相互承担的义务，'这些义务的总和便构成了这些民族的社会制度的实质部分'。"她赞成列维—斯特劳斯提出的亲属制度由称谓制度和态度体系组成的看法，将人们的相互关系、所承担的义务归为行为态度，认为："行为态度对称谓制度是一种补充的关系，是从属的附加物。"③ 她论述的是人类社会的亲属制度，但同样适合存在于哈尼族观念中的"自然大家庭亲属制度"。也就是说，这不仅是一种称谓，而且包括"态度体系"，体现了人与自然之间的相互关系，规约了人与自然各自的权利和义务，潜藏着更多的生态伦理观念，包

---

① 卢文静：《论哈尼族均衡心理》，载《首届哈尼族文化国际学术讨论会论文集》，云南民族出版社1996年版，第108页。

② 详见佘正荣《生态智慧论》，中国社会科学出版社1996年版，第44—46页。

③ 黄淑娉、龚佩华：《文化人类学理论方法研究》，广东高等教育出版社2004年版，第268—271页。

括对自然感恩、以自然为师、与自然签约、推及自然的善恶观等。

需要指出的是，在哈尼族丰富的口述资料中，充斥着大量将自然拟人化和人格化的描述，如在《哈尼族古歌》中，把梯田比作"小伙子"、"姑爷"，把秧苗比作"姑娘"，把谷种比作"金谷娘"，① 把水牛比喻为"独儿子"：

> 独儿子一样宝贵的水牛啊，
> 知道哈尼的心情，
> 在一块田里走十转也不厌烦。②

这些拟人化的称谓并非自然大家庭的亲属称谓，而是基于想象、情感等所做的文学创作，如将秧苗栽到大田（梯田）中，犹如姑娘嫁给小伙子：

> 秧姑娘不嫁到大田，
> 一辈子找不到她的伴。③

正是在一个特定的语境中，才称秧苗为"姑娘"、大田（梯田）为"小伙子"，并非自然大家庭中的排序。至于称水牛如"独儿子一样宝贵"，则反映了哈尼族对水牛的珍爱之情。哈尼族将自然拟人化和人格化，同样反映了该族亲和自然、以自然为友的生态伦理观。

三 以自然为师

大自然是神奇而伟大的。作为自然大家庭重要成员的动植物，在漫长的进化过程中，各自形成了一套适者生存、与自然协同发展的生存法则。

---

① 西双版纳傣族自治州民族事务委员会编：《哈尼族古歌》，云南民族出版社 1992 年版，第 342、452、467 页。

② 同上书，第 342 页。

③ 同上书，第 452 页。

这些独特的生存法则既顺乎自然，又充满智慧，是人类取之不尽、用之不竭的智慧之源。古今中外许多重大发明无不是在大自然的启迪下诞生的。飞机的出现无疑来自对飞禽鸟类的直接模仿，船和潜艇也来自人类对鱼类和海豚的模仿……从这个意义上讲，保护生物多样性，就是保护人类文化的多样性，保护人类文明的源头活水。

如前所述，在哈尼族的观念中，世间的各种动物与哈尼族"同源共祖"，"它们是先祖热闹的伴，和先祖是一个祖宗"，① 是同一自然大家庭中的亲人和伙伴，因而哈尼族从未自视为"万物之灵"，从不认为自己无所不能，而是深刻地认识到自己心智和体能的局限，以一种平等的、平和的、谦虚的心态，拜自然大家庭中的动植物兄弟为师，从自然界感悟和学习生存之道，获取创造发明的灵感，从而开启了哈尼族的"文明之幕"。

衣、食、住、行关于人类生存繁衍和文化传承，是人类最重要的需求——生存需求。人类早期重大的物质文化创造几乎都是围绕这四个方面渐次展开的。哈尼族当然也不例外。不过，与有的民族不同的是，哈尼族并未将功劳全部归于自己，而是承认自己"以自然为师"，承认自然大家庭其他成员的功劳。

先看"衣"。哈尼族古歌《雪紫查勒》（采集狩猎）讲，他们的先祖最先是不穿衣裳的，后来认穿山甲为"师傅"，才学会穿衣裳：

> 先祖睡觉没有被盖，
> 白日上山也不穿衣裳；
> 望见过路的穿山甲，
> 先祖赶紧去问：
> "亲亲的阿尼②，
> 你一身甲壳老实亮，
> 冷天不怕冷，
> 热天不怕热，
> 借给阿哥来用用！"

---

① 西双版纳傣族自治州民族事务委员会编：《哈尼族古歌》，云南民族出版社 1992 年版，第 90 页。

② "阿尼"：哈尼语，意为"兄弟"，此指师傅。

穿山甲说:

"借嘛不会借,

我来教你缝!"

先祖尾着穿山甲,

擗回尖尖的硬刺;

串起大片的树叶,

大串大串挂身上;

这件衣裳真是好,

热天抖开会凉快,

冷天缩起遮冷风。①

后来,哈尼族又模仿蜘蛛学会了织布:

蜘蛛是织布的先者,

蜘蛛爬出树洞,

把树株和草棵当织架,

多少年前的阿火明农,

模仿蜘蛛学会了织布。②

其次看"食"。在采集狩猎时代,森林中可食用的果实、野菜是重要的食物来源之一。寻找可食性植物的过程充满艰辛,甚至会因误食有毒食物而付出生命的代价,哈尼族古歌《雪紫查勒》(采集狩猎)就讲:哈尼先祖因认不得哪些树果吃得、哪些树果吃不得,结果"早上吃死七个姊妹,晚上吃死七个弟兄"。③ 但哈尼族是个善于观察、善于学习的民族,向飞虎、天鹅学习采集可食性植物的本领:

教人吃树果的有一个,

---

① 西双版纳傣族自治州民族事务委员会编:《哈尼族古歌》,云南民族出版社 1992 年版,第 91—92 页。

② 李勇等编:《西双版纳哈尼族歌谣》,云南少年儿童出版社 1989 年版,第 169 页。

③ 西双版纳傣族自治州民族事务委员会编:《哈尼族古歌》,云南民族出版社 1992 年版,第 92 页。

就是绿眼睛的飞虎。
人和飞虎结成伴，
天天出去摘树果，
满山树果不敢吃，
肚子扁得像树叶，
飞虎吃得肚子撑，
回去路上走不动。
先祖问：
"飞虎阿尼，
你是吃什么，
撑成这个样？"
飞虎说出七十七样果：
圆的红的是吃得，
尖的绿的吃不得，
滑的甜的是吃得，
癞的苦的吃不得，
先祖学着了，
肚子也撑了。
……

教先祖吃水菜的有一个，
就是毛衣白白的天鹅。
先祖和天鹅去找菜。
嫩汪汪的水菜望不着边，
先祖会望不会吃，
赶紧来把天鹅问：
"亲亲的阿尼，
你吃得这样胖，
嘴巴也吃成扁嘴，
是吃哪样呢？"
天鹅说出十七样：
绿的亮的是吃得，
黄的灰的吃不得，

嫩的鲜的是吃得，

老的枯的吃不得，

先祖会吃了，

吃得身子重。①

《哈尼阿培聪坡坡》则说，哈尼先祖"看见猴子摘果，他们学着摘来吃，看见竹鼠刨笋，他们跟着刨来尝"。②

再看"住"。哈尼族古歌《雪紫查勒》（采集狩猎）讲，哈尼先祖原住于山洞，过着穴居生活，后来认鸟雀为师傅，学会了盖"虾雀"：

山洞不够在，

就去问鸟雀：

"阿尼，

你有七个小娃，

住处只有一个，

在不下的孙儿孙女，

哪里去躲雨躲风？"

鸟雀说：

"不怕，阿尼，

再有七十七个子孙，

我也会搭七十七个在处！"

先祖尾着雀鸟，

在树枝上盖成"虾雀"③；

先祖的"虾雀"头尖底圆，

中间开个进出的洞。④

① 西双版纳傣族自治州民族事务委员会编：《哈尼族古歌》，云南民族出版社1992年版，第92—93页。

② 云南省少数民族古籍整理出版规划办公室编：《哈尼阿培聪坡坡》，云南民族出版社1986年版，第9页。

③ 虾雀：窝棚。

④ 西双版纳傣族自治州民族事务委员会编：《哈尼族古歌》，云南民族出版社1992年版，第91页。

哈尼族迁徙史诗《哈尼阿培聪坡坡》则说是喜鹊教会人类建房：

> 哈尼先祖生养下了大群儿孙，
> 石洞不能再当容身的地方。
> 看见喜鹊喳喳地笑着做窝，
> 先祖也搭起圆圆的鸟窝房，
> 鸟窝房搭上树杈，
> 冷天暖和热天阴凉，
> 圆圆的房子开着圆圆的门，
> 堵起大门不怕虎狼。①

至于"行"，尚未找到相关传说，容待后补。

哈尼族认为，天生在属鼠的日子里，因为在十二属相里，鼠是最大的一个。② 为何这样认为呢？哈尼族古歌《湘窝本》（开田种谷）讲：哈尼先祖最先过着采集狩猎的生活，常常食不果腹、饥饿难当。后来向老鼠学会了栽种：

> 先祖赶紧去瞧，
> 看见老鼠打地洞，
> 打出的洞里掉进草籽，
> 后脚蹬蹬又埋起来；
> 埋进去的草籽，
> 烧山的大火烧不着，
> 劈山的大雷劈不死，
> 长出的草秆拇指粗，
> 结出的草籽老实饱，

---

① 云南省少数民族古籍整理出版规划办公室编：《哈尼阿培聪坡坡》，云南民族出版社1986年版，第10页。

② 西双版纳傣族自治州民族事务委员会编：《哈尼族古歌》，云南民族出版社1992年版，第18页。

摘下一颗来吃吃，

嘴里口水淌不赢！

这回先祖会啦，

拿着草籽去埋；

……

自从哈尼会栽种，

不消日日去撵山，

家养的牲畜又胖了，

地里的庄稼也安宁。①

　　哈尼族"由于与自然植物的大量接触，观察到它们春华秋实的交替过程，又观察到老鼠一类以植物籽实为食的啮齿类动物的储食行为（'埋草籽'实为鼠类搜集储藏植物籽实），及鼠洞里长出植物的现象，启发了人类模仿其行为栽培植物籽实，从而产生了最初原的农业种植"。② 从采集狩猎文明向旱地农耕文明的转型，是哈尼文化史上的第一次重大转型，在这次重大的文明转型过程中，鼠充当了人类"老师"和"引路人"的角色。

　　哈尼族文化的第二次重大转型是旱地农耕文明向梯田稻作文明的转变。在这次重大转型中，人类的"老师"和"引路人"则是水牛和猪。古歌《湘窝本》（开田种谷）讲：

水牛望见清水淌，

急急忙忙跑去喝，

花瓣样的牛蹄子，

把坝子踩出花花的脚印；

大猪瞧见清水流，

急急忙忙去打滚，

凸凸凹凹的土地，

---

① 西双版纳傣族自治州民族事务委员会编：《哈尼族古歌》，云南民族出版社 1992 年版，第 98—99 页。

② 史军超：《哈尼族文学史》，云南民族出版社 1998 年版，第 198 页。

被大猪滚平。

……

哈尼老人叫齐所有的儿子，

把新的规矩来定：

"我的后代儿孙，

……

要叉开你们的手手脚脚，

像猪拱山坡一样翻地，

要动起你们的脚脚手手，

像牛滚塘一样去挖地，

挖出的地上埋下草籽，

结出的果实给你们吃不完吃不尽！"

……

教翻地的是大猪，

教开田的是水牛，

世上的哈尼永远离不开猪和牛，

世代哈尼牢牢记着猪和牛的情。①

而居住于红河县浪堤、大羊街、车古等地的哈尼支系奕车人则流传着这样的传说：

相传，哈尼祖先阿波仰者从遥远的北方搬迁到红河南岸哀牢山丛林里时，日子过得艰难。阿波仰者一生养育了八个儿子，他把老五者奕安插在车普（今属红河县）地方。一天，者奕和他的老婆、孩子在山箐里采摘野果时，忽然发现了一桩奇异的事情：一只奕车语称作"占德俄哈"的大野鹅在沼泽边啄食，啄着啄着，不多一会儿便啄出一条长长的小沟沟，清水从小沟沟里缓缓地流淌出来。聪明的者奕看到这种情形，深受启发，便带领老婆、孩子不分昼夜地依着山势垒造梯田，并开挖山沟，引水灌田，栽种粮食，再也不靠采摘野

---

①　西双版纳傣族自治州民族事务委员会编：《哈尼族古歌》，云南民族出版社 1992 年版，第 100—101 页。

果为生了。①

　　无论是水牛、猪，还是大野鹅，其实都是一种隐喻、一种象征符号，它表明了人类创造梯田的灵感来自于大自然，大自然是人类的智慧之源、创造之源。

　　哈尼族进入农耕文明后，居住方式逐步从游居转变为定居。这种情况下，选择建寨地址就是一件关于族群盛衰的大事。在选寨址中，"哈尼族往往通过观察家养禽畜对环境的反应来确定村址。比如，今元阳县嘎娘乡嘎娘村的哈尼族祖先，辗转迁徙来到今嘎娘乡境以后，最先在今嘎娘乡石灰窑建村立寨。哈尼族在石灰窑居住一段时间以后，村址一带逐渐发展成为方圆村寨的集市，小偷随集市的出现而出现。村民为窃贼所累，不堪其苦，决定迁移他处。在当时，今嘎娘村址一带是原始森林繁茂的林区。石灰窑村民的耕牛经常跑到今嘎娘村址的老林中歇息打滚，村民们认为这是个好地方，于是，逐年从石灰窑迁上来"。② 许多村寨都是依据植物景观命名的，如哈播、麻栗寨、金竹林、箭竹林、苦芦寨、多依树、棕匹寨等。③

　　在创造精神文化的过程中，哈尼族同样以自然为师，从大自然获取创造的灵感和智慧的源泉。

　　哈尼族天文历法的一个显著特点是"物候定农时"，即"以所居之地山野间树木的生长、开花、结实和各种飞鸟的往还为识别季节变化的标志"。④ 该族民间故事《阿罗找布谷鸟》讲：是布谷鸟教会哈尼族分清了四季，告诉人类过年和栽秧的时间：

　　　　它（布谷鸟）飞到哈尼族人住的地方，叫着："二月土狗叫，布谷！布谷！布谷！"哈尼人都说："布谷鸟来叫我们种谷啦，不是坐着的时候啦！"于是哈尼人都忙着把山上的藤子捻成鞭子，赶着公

---

　　①　毛佑全、傅光宇编著：《奕车风情》，云南民族出版社1990年版。
　　②　白玉宝：《哈尼族蘑菇房建筑考察——兼及蘑菇山寨文化生态博物馆建设构想》，载《哈尼族文化论丛》（第一辑），云南民族出版社1999年版，第98页。
　　③　同上书，第100页。
　　④　史军超：《哈尼族十月物候历与农耕生产》，载《中国哈尼学》（第一辑），云南民族出版社2000年版，第45页。

牛，扛着锄头、犁耙到田里耕田、撒种去了。

三月，布谷鸟说："三月水满田。秧苗无爹无娘想哭泣，认蒿枝嫩尖尖做爹娘。"于是人们就到田里去拔秧栽秧，拔秧的时候，一定要先往田里插一些蒿枝嫩尖尖。四月，布谷鸟说："四月生杂草。"于是人们就到田里去打埂草。五月，布谷鸟说："五月长青草。"于是小娃就牵着牛到山上去放。六月，布谷鸟说："六月要翻年。"于是大伙就忙着杀猪、杀牛，准备过六月年。七月，布谷鸟说："七月谷子黄。"哈尼人就忙着修寨子脚的路，准备收谷子抬回来。布谷鸟的嘴叫出血了，田里黄亮亮的谷子在埂子上睡瞌睡了，把谷子收回来，就不愁吃的了。①

此外，"麻栗树叶飘落了，哈尼人家要过年"；"热坝鲜红的攀枝花一开，高山染饭树抽出了骨朵"，哈尼人开始栽秧，等等。②

哀牢山区的哈尼族大体上并行着两种历法，一种为"十月物候历"，这是主要历法；一种为"十二月历"，是次要历法。③无论是十月历还是十二月历，其发明都与"年轮树"（"年月树"）有关。先看"十月历"：

> 从前我们哈尼族计年月，
> 是按月亮里的乌波树④来计算。
> 这棵乌波大树，
> 树有十条根，
> 一年算为十个月，
> 树有十三桠，
> 一轮算为十三天，
> 树有三十六个枝，
> 一月算为三十六天，

① 《哈尼族民间故事》编辑组：《哈尼族民间故事》，云南人民出版社 1984 年版，第 48—49 页。

② 马居里、罗家云编著：《哈尼族文化概说》，云南民族出版社 2000 年版，第 212 页。

③ 史军超：《哈尼族十月物候历与农耕生产》，载《中国哈尼学》（第一辑），云南民族出版社 2000 年版，第 45 页。

④ 乌波树：哈尼语，即榕树。

树有三百六十片叶子，
全年算为三百六十天。①

再看"十二月历"。传说很久以前，一棵大树遮住了天地，世上的人难生存。哈尼、汉、傣、彝等族的人民聚集在一起商议对策，请射箭高手姆基人（彝族的一个支系）射穿遮天树叶，人们又重见阳光。后又请白鹇去数树叶有多少，白鹇数后告诉人们："树枝有十二枝，树杈分为十三丫，树上长着三百六十片叶。"人们又请翻手鼠（一种小鼠）去数树根有多少，翻手鼠钻到地深处数后告诉人们："树根只有三十条。"于是——

由于树根有三十条，
将一个月定为三十天。
就因树有十三个丫杈，
一轮定为十三天。
因为树有十二枝，
一年定为十二个月。
因为树叶有三百六十片，
一年定为三百六十天。②

上述传说不是历史，却形象化地反映了历史。人类在师法自然中获取了创造灵感，完成了文化发明。或者说，人类在动植物兄弟的帮助下完成了文化创造。

哈尼族关于扇子舞（棕扇舞）的起源有多种传说，刘金吾先生共收集到4种传说，其中一种讲："一个叫阿衣的男孩，不幸父母早逝，在他困难之际，众神仙前来帮助，并带他去学白鹇鸟跳舞，此后，他就叫阿衣而笛施笛玛，即哈尼族开始跳舞的人。从此，哈尼族也才开始有了舞蹈。"③　又一类似的传说讲："哈尼人在从诺玛阿美往南迁移时，有一天走

---

① 白碧波、李克忠、白祖额、阿黑译注：《哈尼族礼仪习俗歌》下册，云南民族出版社1999年版，第669—671页。

② 同上书，第687—709页。

③ 刘金吾：《哈尼族舞蹈中的多元文化特征》，载《首届哈尼族文化国际学术讨论会论文集》，云南民族出版社1996年版，第626页。

到一座山头上，大家都走累了便坐下来休息。这时，天空中传来了一串串悦耳的鸟啼声，众人抬头看去，只见天空中有一群鸟在向南边飞。一位老人对大家说：'我们要像鸟一样自由就好了。'说着，就从路边棕树上摘下两片棕叶，当鸟的翅膀，学着鸟的动作跳起来。棕扇舞便从此产生了。"[①]

此外，哈尼族中还流传着人类向鹦哥学会讲话的传说。[②]

由于哈尼族以自然为友，以自然为师，并在自然大家庭中的动植物兄弟的帮助下完成了一系列关乎种族繁衍和文化衍生、传承的重大文化创造，因而从文明肇始时便深深埋下了珍爱自然、向自然感恩的种子，并衍化为一种"集体记忆"，代代相传。

四　对自然感恩

哈尼族是个具有强烈感恩意识的民族。这种感恩意识不仅存在于族与族之间、家庭与家庭之间、人与人之间，而且渗透到人与自然之间。对于自然给予的恩泽、帮助，哈尼族不是抱着一种理所当然的、无所谓的甚至是不知足的心理，而是怀抱感恩的、敬仰的情怀，以各种各样的方式表达心中的感激之情。

哈尼族有祭拜松树的古老习俗。关于这一习俗的来源，哈尼族民间史诗《十二奴局》中讲道：

> 大水淹没人世的时候，
> 多亏纳米堵合[③]的青松将我们搭救，
> 孩儿不管到了什么地方，
> 遇到松树要磕头拜礼。
> 每年过节的日子，
> 要把青松接来家里，

---

① 王洪伟：《戈奎白鹇鸟展翅的地方》，《大观周刊》2005 年第 43 期，第 21 页。

② 云南省少数民族古籍整理出版规划办公室编：《哈尼阿培聪坡坡》，云南民族出版社1986 年版，第 9 页。

③ 纳米堵合：哈尼语，一座高山。

要给它烧香磕头，
还要用酒肉饭菜献祭。①

哈尼族具有建寨植树的优良习俗，在村头寨尾种植棕树、刺桐树、锥栗树、竹、芭蕉树等。这一习俗的形成和传承既有功利性的原因，也有观念层面的因素。哈尼族古歌《厄朵朵》（洪水泛滥）讲，远古的时候，天上出了两个太阳，大地上的水晒干了，野物也死了。人大多晒死了，哈尼的头人、贝玛和工匹三个能人却活了下来，因为：

三种不死的能人，
找着永生的芭蕉树，
咬着渡命的根根，
吸着根水活命。②

还有一群哈尼人也活了下来：

不死的人还有吗？
还有呢，
在东方出水的毛竹根下，
躲着一窝长命的祖先，
他们找到了毛竹底下的水源，
找着了活命的源泉。③

对于在民族生死存亡的关键时刻立下大功的芭蕉树和竹子，哈尼族自然心存感激，世世代代精心种植和养护以表感恩之情和不忘之志。以竹为例。该族迁徙史诗《哈尼阿培聪坡坡》中讲：哈尼在嘎鲁嘎则④居住了两辈人后，又不得不迁徙。迁徙时"挖一蓬龙竹带上呵，哈尼没有把

---

① 赵官禄等搜集整理：《十二奴局》，云南人民出版社1989年版，第23页。
② 西双版纳傣族自治州民族事务委员会编：《哈尼族古歌》，云南民族出版社1992年版，第155页。
③ 同上书，第156页。
④ 嘎鲁嘎则：地名，具体地点不详。

阿撮①的好意遗忘；挖一蓬龙竹背上呵，让哈尼不管走多远，都有嘎鲁嘎则的竹林遮太阳。"② 从此之后，哈尼族建寨植竹成为世代相沿的神圣习俗。

哈尼族为何要将锥栗树奉为村寨"三宝"（另两宝为刺桐树和青竹）之一呢？有一则民间故事讲：

> 很早以前，大地上只有草没有树，一个叫长生不死的老奶奶极不满意，想重新装扮山河。她放一把火把草烧光，而后到天上去取树种。天神给了她各种树种。她请管风的两个女神帮她播种。不久，高山、平坝、深谷到处都长满了树，世界美丽极了。长生不死的老奶奶十分高兴，人们也很高兴。在所有树中，最先发芽、生长和成材的是锥栗树，然后才是青松、沙罗、杉、杨柳、水冬瓜等。锥栗树非常神奇，有了它，人们分得清年、月、日和节令，人们懂得赶街天，生活才有了秩序，人们才过上了安宁生活。锥栗树长在元江县的打硂山上。红河的大羊街一带没有锥栗树，那里的人们仍不懂日历，生活仍一团糟。人们决定派最聪明能干的虚纪去偷。虚纪偷来三条树枝，栽在最好的地方。不久，枝条长成大树，那里的人们过上了安乐生活。于是，人们把锥栗树视为神来崇拜，久成习俗，流传至今。③

对曾给予人类以帮助的动物朋友，哈尼族同样心存感激，知恩图报。

牛曾赋予哈尼先祖创造梯田的灵感，又是哈尼族在创造辉煌的梯田文化的过程中最得力、最忠实的帮手，因而对牛有一份特殊的挚爱，并通过相应的仪式和习俗加以表达。

哈尼族支系奕车人，凡生了小水牛的人家，都要举行"牛然伙鸟扎"仪式，意为给牛吃糯米饭。

> 按照奕车的传统习俗，生下小水牛的人家，全家主要劳动力一齐出动，哪怕荆棘戳脚，藤蔓缠身，哪怕要走一二十里路程，也得设法

---

① 阿撮：据传为傣族，待考。

② 云南省少数民族古籍整理出版规划办公室编：《哈尼阿培聪坡坡》，云南民族出版社1986年版，第23页。

③ 李光荣：《从民间文学看哈尼族的传统生态观》，载《哈尼族梯田文化论集》，云南民族出版社2000年版，第252—253页。

从深箐沟畔割来鲜嫩的青草喂给刚生儿的母水牛吃，绝不让它自己艰难地上山找青草吃。有的人家还用老肥肉和红糖喂养"坐月子"的母水牛。如果遇上天气寒冷，就用旧棉絮和旧衣裳包裹起小牛的身子，或烧火来给它取暖，以便来日个大力强。生下小牛后的第三天早晨，主人家便蒸出香喷喷、热气腾腾的糯米饭，端到牛厩门前，摆开一张篾桌，先按家中人口数捏做糯米饭团，再给母牛和小牛各捏一团，整整齐齐地摆在篾桌上。家长先给母牛和小牛喂过糯米团，然后全家老小各食一团。①

奕车人通过这种仪式，既表达对生育小牛的母牛的谢意，又祈求小牛健康生长。此外，元江哈尼族族规规定："耕农糟蹋了庄稼，只究人而不准毒打耕农。否则，究其毒打耕农者的赔偿责任。"②

哈尼族中广泛流传着尝新米先喂狗的习俗："每年秋禾成熟后，居住在今红河、元阳、金平、绿春的哈尼族，在收割前都要过吃新米饭的节日，到尝新之夜，用当年栽种早熟的大米煮出的饭或炸的米花，等祭祖完毕后，第一碗饭或米花都要先喂狗后，人们才就餐。"③ 关于此习俗的来历，哈尼族有多种传说。传说之一《尝新先喂狗的由来》讲：原来人们不会开田种地，五谷也由天神摩咪掌管。地上人们无衣无食、饥寒交迫的凄惨情景感动了天神的女儿摩咪然密。她偷了天上的谷种，带下凡间教人们栽种，还教给人们纺纱、织布、做衣服。从此，凡人才过上有衣穿、有饭吃的好日子。摩咪得知此事，十分震怒，把摩咪然密变成一条母狗，贬下人间来。"从那时候起，我们哈尼族人每逢到了初秋季节，把第一批稻谷收割回来后，都要杀猪宰牛，煮上新米饭，举办一次尝新米节。过节时，在吃饭前，每家都要舀一碗新米饭，先给家里饲养的狗吃，表示我们哈尼族永远不忘舍己为人的摩咪然密。"④ 传说之二《猫、狗、老鼠和五谷

① 毛佑全、傅光宇编著：《奕车风情》，云南民族出版社 1990 年版，第 83 页。

② 李崇隆：《元江哈尼族族规民约浅说》，载《首届哈尼族文化国际学术讨论会论文集》，云南民族出版社 1986 年版，第 435 页。

③ 车高学、卢朝贵：《红河流域哈尼族自然崇拜和祖先崇拜礼仪》，载《中国哈尼学》（第一辑），云南民族出版社 2000 年版，第 85 页。

④ 《哈尼族民间故事》编辑组：《哈尼族民间故事》，云南人民出版社 1984 年版，第 44—46 页。

的传说》讲：猫和狗历尽艰辛，向天神库鲁阿希要到"五谷种子蛋"，交给哈尼人。"由于猫和狗给人带来了五谷，人为了感谢它们，每年新米上市，就要先让狗尝新，喂猫时，则要鱼或干巴之类的东西，作为报答。"①

哈尼族中还有禁食狗肉的习俗：

> 解放前哈尼族的"克甲"、"窝努"、"玛努"等氏族都不吃狗肉，也不轻易把狗卖掉。据传"克甲"氏族，曾与其他部落战争，最后"克甲"部被人征服，男性除被人强迫为奴卖到很远的地方外，其余走不动的老少都被残杀，最后仅剩一个男婴儿被藏在狗窝中。母狗为婴儿喂奶，婴儿幸免于死，被人救出，在山洞中长大成人，后来聚拢失散的"克甲"部族，跋涉迁徙，终于逃避了强族的残杀，使"克甲"部族延传至今。后代为了报答母狗哺育先祖的恩情，整个氏族至今都不食狗肉。居住在今元阳一带的"窝努"家族，相传其部落长在相互并吞的征战中被人暗杀，敌方把"窝努"部落长尸体埋于水沟底隐没，后来部落长的家狗把族人拖于水沟边，把埋在沟底下的主人扒了出来，让族人找到了部落长的尸体。后人为了报答狗寻主人之恩，至 1958 年前都禁食狗肉。②

哈尼族认为，是布谷鸟教会人们分清四季，学会按节令安排农事。为表达对布谷鸟的感激，每年农历三月，哈尼族要过"黄饭节"：

> 阳春三月，哈尼族在布谷鸟的叫声中，选择一个属羊日过此节。届时，备办美味佳肴，用"染饭树"汁水浸泡糯米，蒸出喷香的黄色糯米饭，煮好红鸭蛋，向报春的布谷鸟虔诚地敬献。③

刘金吾先生收集了哈尼族关于扇子舞的 4 种传说，其中 3 种都讲扇子

---

① 云南省民间文学集成办公室编：《哈尼族神话传说集成》，中国民间文艺出版社 1990 年版，第 186—188 页。

② 车高学、卢朝贵：《红河流域哈尼族自然崇拜和祖先崇拜礼仪》，载《中国哈尼学》（第一辑），云南民族出版社 2000 年版，第 85—86 页。

③ 龙倮贵：《哈尼族梯田稻作文化浅析》，载《哈尼族梯田文化论集》，云南民族出版社 2000 年版，第 77 页。

舞是哈尼人为了感激白鹇鸟的救助之恩而发明的；其一，"很久以前，一只白鹇鸟在树上栖身，一位贫病交加的老人倒在树下，白鹇鸟即四处找寻，用嘴含来妙药，又含来了水让老人服了药，救活了老人。为了感激白鹇鸟，老人用芭蕉叶做鸟翅，模仿白鹇跳起了舞蹈"。其二，"很久以前，一场传染病流行，哈尼族死得只剩下一个婴儿，婴儿的哭声惊动了天上的仙姑，仙姑就变成一只白鹇鸟，用嘴含来药救活了小孩，使哈尼族才得以生息繁衍下来。人们为了感激白鹇鸟，就用棕树叶做扇子，模仿白鹇鸟跳起舞来"。其三，"白鹇鸟为哈尼族含来了谷种，为了感激白鹇鸟，就模仿白鹇鸟跳起舞来"。而木雀舞的起源传说，"也是说一个小男孩生了恶疾，百治无效，后来在一只翘尾巴雀的小鸟帮助下恢复了健康，故跳木雀舞以资纪念"。刘金吾先生继而指出："这些舞蹈中，既是反映了对这些崇拜物的怀念与赞颂，又表示了由于他们的搭救，哈尼族才得以繁衍生存下来的酬谢之情，同时也是把他们作为哈尼祖先敬奉。"[①]

哈尼族对燕子也十分珍爱。该族传说《燕子救人种》讲：远古时，洪水淹没了大地，世上的人都淹死了，只剩下装着一男一女的木箱。天神派啄木鸟和老鼠来开木箱，都未成功；最后派了燕子下来，打开了木箱，人类才得以繁衍。"人没有忘记燕子的救命之恩，让它在最神圣的堂屋上筑巢。哈尼的长辈们经常告诉自己的子孙，不能欺负燕子，要爱护燕子。"[②] 该族另一传说《大雁领去的地方》讲：是大雁将哈尼先祖带到"一片又宽展、又平坦、又肥又松的大平坝"，"为了纪念大雁，头人阿波给这个地方取了个好听的名字，这就是个个哈尼都认得的出名的'诺马阿美'，哈尼永远也忘不了大雁的恩情"。[③] 哈尼族古歌《嵯祝俄都玛佐》（遮天大树王）讲：哈尼先祖砍遮天大树，大树要倒的时候，鹦鹉告诉人们树倒会压死人，结果追鹦鹉的人活了下来，其余的全部被压死。"因为救人种的是鹦鹉，后代的哈尼不忘它的恩情，嫁姑娘讨媳妇的时候，要用

---

① 刘金吾：《哈尼族舞蹈中的多元文化特征》，载《首届哈尼族文化国际学术讨论会论文集》，云南民族出版社1996年版，第626—627页。

② 云南省民间文学集成办公室编：《哈尼族神话传说集成》，中国民间文艺出版社1990年版，第70—71页。

③ 同上书，第273页。

一只飞鸟来祭献。"①

上述传说都不是历史事实本身，却是"形象化的历史"，它折射般地反映出哈尼族观念文化深处所具有的对自然的感恩意识。哈尼族崇拜、祭献、怀念上述动植物，并非是因为哈尼族将这些动植物当作"图腾"或"神灵"，而是因为这些动植物在哈尼族种族繁衍和文化传承中立下功劳（尽管其中不乏虚构和想象的成分）。由于哈尼族视这些动植物为同一自然大家庭的亲人和伙伴，因而自然而然地将人与人之间知恩图报、感恩戴德的伦理意识投射到这些动植物身上。

五　自然权利观

直到 20 世纪 70 年代初，"自然权利"才进入环境伦理学的话语系统中。然而，现代人类只是自然权利理论的首创者，却非自然权利观念的最早拥有者。自然权利观念很早便深植于像哈尼族这样的少数民族的信仰体系中。通过对哈尼族《苦扎扎》等民间传说的现代解读，我们便能窥知哈尼族自然权利观之大端。

（一）　自然享有的权利

在哈尼族的观念中，自然享有的权利主要包括生存权利、环境居住权利、法律和道德权利。这可从对哈尼族民间传说《苦扎扎》②的现代解读中获得相关信息。

《苦扎扎》传说讲述的是哈尼族从游居到定居，从采集狩猎生产方式到农业生产方式的文明演进过程中人与动物界之间从冲突到和解的过程。

最先，人类为了满足自身的生存需求，单方面地行使了自己的生存权利："传说，在很古很古的时候，哈尼人从老林里走出来，在半山腰安下寨房，为了养活儿孙，就到山上去烧山开田。哈尼是勤快的人，早上烧

---

① 西双版纳傣族自治州民族事务委员会编：《哈尼族古歌》，云南民族出版社 1992 年版，第 218—219 页。

② 云南省民间文学集成办公室编：《哈尼族神话传说集成》，中国民间文艺出版社 1990 年版，第 252—255 页。"苦扎扎"也写成"矻扎扎"，均为哈尼语汉字音译，即哈尼族的六月节。以下未特别注明出处者，均引自此传说。

山，烧出的山是九架；晚上开田，开出的田是九块，一天不歇地烧山，一刻不歇地开田。"

农业的出现是由于人口压力造成的文化适应，当人口发展到攫取性经济无法支持时，稳定的食物来源成为大的问题，正是这种需求导致了农业的产生。[①] 农业文明取代攫取性的采集狩猎生产方式是哈尼族文明史上的巨大飞跃，它使哈尼先祖拥有了比较稳定和充足的食物来源，告别了"穴居野处"、"茹毛饮血"的蒙昧时代，正式跨入文明时代。然而，农业文明的诞生和演进是以砍伐森林资源为代价的，从而造成对自然环境的第一次大破坏。在类比思维和形象思维比较发达的哈尼族先祖看来，这种破坏最直观的表现便是侵犯和剥夺了动物兄弟的生存权和环境居住权："烧山烧黑了九十九架大山，开田开红了九十九座山坡"；"这些动物被烧得脚跛的脚跛，手断的手断，糊头糊脑的"。由于人类生存权的满足是奠定在侵犯和剥夺动物的生存权和环境居住权的基础上，"就得罪了住在山上的大大小小的动物"。于是动物开始行使自己的法律权利，通过法律的程序和手段来维护自己的正当权益。

动物们依照普通程序将人类告到大神烟沙那里："它们一窝一伙地挤到大神烟沙面前去告状。"大神烟沙隐喻的是仲裁人与动物冲突的一审法院的审判长。大神烟沙按照人世间通行的审判程序，认真听取了"起诉方"——动物们的申诉：

> 住在洞里的老熊和野鼠说："啊——阿波！[②] 这些哈尼为了养活自己的儿孙，不烧的山一架也没有了，不开的地一处也没有了。烧山烧倒了岩洞，老熊没有住处了；开山挖坍了地洞，野鼠没有住处了！"
> 住在老林里的野猪、狐狸也说："大神啊，我们受了无穷无尽的苦，哈尼烧山的火烟，秋[③]得野猪一家老小去跳崖，哈尼烧山的大火，烧死了狐狸家的七个儿子！"
> 住在土里的蚂蚁、蚯蚓也来控告："阿波，阿波，我们死的时候

---

① Ester Boserup: *Population and Technological Change*, Chicago, University of Chicago press, 1981. 转引自庄孔韶主编《人类学通论》，山西教育出版社 2003 年版，第 7 页。

② 阿波：阿爷。

③ 秋：方言，同熏。

到了！哈尼挖田，挖倒了蚂蚁七代的老窝，从今以后，蚂蚁天天搬家的日子来到了！哈尼挖地，挖断了蚯蚓的脖子，从此蚯蚓脖子上留下了褪不掉的印子！"

老鼠罗，蚂蚱罗，竹鼠罗，箐鸡罗，个个都来了，哼的哼，吼的吼，都说哈尼人要不得，要治治他们才行。

最后大神烟沙当庭做出宣判："听着，九山九箐的动物们，我大神烟沙来下判断了：哈尼这样整你们，叫他们拿命来赔！从今以后，一年叫他们杀一个男人来祭你们死掉的兄弟，你们这些活着的动物，一年四季可以到哈尼的大田里去，拱通了田埂不要赔，踩倒了庄稼不要还！"于是，"动物们听见烟沙开了口，喜喜欢欢地去了。"

然而，一审判决是建立在哈尼族传统社会中人与人之间"同态复仇"的法律理念之上的，即"杀人偿命，欠债还钱"，它鼓动动物对人类实施以牙还牙式的疯狂报复：

从此以后，哈尼人倒霉了，大田里的庄稼天天被野物偷还不说，每年要杀死一个男人祭被烧死挖死的动物，从此哈尼的寨子里再也听不见笑声，老人为死去的儿子悲伤，女人为死去的男人痛哭。

在另一传说《兄妹传人》中，哈尼先祖同样赋予自然以"同态复仇"的权力，并以自然实施了"同态复仇"的权力来建构和解释洪水神话：远古的时候，有一年天大旱，哈尼先祖为了度日活命，在树皮快剥尽、野兽快打光的情况下，下龙潭打鱼，几乎将鱼、虾等水生动物捕杀光。有一天，人们又将龙潭中一条大鲤鱼捕杀吃掉。第二天，天上下起了从未有过的暴雨，龙潭掀起一层又一层的恶浪，恶浪顶端出现一凶神恶煞的龙王，对着全寨人吼叫道："你们吃了我的子孙，害了我的水族，我要让你们遭水灾，我要你们偿命！"暴雨下个不停，洪水淹没了大地，人类都淹死了，只有一家兄妹俩，哥哥叫者比，妹妹叫帕玛，钻进葫芦中逃过厄运。后来兄妹成亲，才使人类得以繁衍下来。[1] 这则传说中的"龙王"，实则

---

[1]　云南省民间文学集成办公室编：《哈尼族神话传说集成》，中国民间文艺出版社1990年版，第60—64页。

是自然的代言人。

这种自然对人类实施报复的活剧在人类文化史上经常上演。正如恩格斯在《自然辩证法》中所论述的：

> 但是我们不要过分陶醉于我们对自然界的胜利。对于每一次这样的胜利，自然界都报复了我们。每一次胜利，在第一步都确实取得了我们预期的结果，但是在第二步和第三步却有了完全不同的、出乎预料的影响，常常把第一个结果又取消了。美索不达米亚、希腊、小亚细亚以及其他各地的居民，为了得到耕地，把森林都砍完了，但是他们梦想不到，这些地方今天竟因此成为荒芜不毛之地，因为他们使这些地方失去了森林，也失去了积聚和贮存水分的中心。阿尔卑斯山的意大利人，在山南坡砍光了在北坡被十分细心地保护的松林，他们没有预料到，这样一来，他们把他们区域里的高山牧畜业的基础给摧毁了；他们更没有预料到，他们这样做，竟使山泉在一年中的大部分时间内枯竭了，而在雨季又使更加凶猛的洪水倾泻到平原上。①

对于自然的报复行为，世界各个民族有各种态度。大致可分为两种，一种是对自然通过报复行为表达出的权利诉求置若罔闻，一意孤行，结果人类与自然"两败俱伤"，最终"导致了奠定文明基础的自然资源的毁灭"，②"在他们的足迹所过之处留下一片荒漠"。③ 两河流域的巴比伦文明、印度河流域的哈巴拉文明、中美洲的玛雅文明，就是典型例子。另一种是尊重自然的权利诉求，与自然"和解"，实现人与自然的和谐共存。

哈尼族采用的是后一种方式。在行为文化层面，他们通过在刀耕火种农业中实行有序的垦休循环制④、在梯田农业中保护神山和水源林，让森林植被得以恢复或保存；在观念文化层面，他们拟构出最高的天神阿匹梅

---

① 《马克思恩格斯选集》第三卷，人民出版社 1972 年版，第 517—518 页。

② ［美］费·卡特、汤姆·戴尔：《表土与人类文明》，庄峻、鱼姗玲译，中国环境科学出版社 1987 年版，第 1 页。

③ 同上书，第 3 页。

④ 参见廖国强《云南少数民族刀耕火种农业中的生态文化》，《广西民族研究》2001 年第 2 期。

烟，并赋予其调解人与动物冲突的最终裁定权，其角色相当于终审法院的最高法官。

《苦扎扎》接着讲道："哈尼的哭声和怨声传上了高天，震动了最高的天神阿匹梅烟。"她来到世上，调查取证，倾听当事双方的意见。她先到哈尼寨子里问明了原因，又到山上问那些动物。动物中分两派，一派以巴布腊西（鼹鼠）为代表，属反人类的强硬派，主张把哈尼人杀光；另一派以燕子为代表，属亲人类的和解派。燕子认为："啊，不合不合，哈尼人是好人不是坏人。我在他们的墙壁上做窝，在他们的屋檐下梳头，他们从来不骂我，因为我帮他们捉拿田里的虫虫，让他们得丰收。你们才是害人的。泥鳅土狗，你们天天在哈尼的田里拱庄稼，哈尼人怎么会喜欢你们？老鼠，人家的谷子还没有饱满，你就去偷吃，人家怎么会不恨你？你们这些野物啊，哈尼人杀你们也是应该的！"阿匹梅烟在充分听取当事双方的辩论后，做出终审判决。她向动物宣判了惩治人类的办法：

> 好嘛，你们实在讨厌哈尼人，我就帮你们治他们。他们的谷子二、三月栽上去，五、六月间青黄不接，在谷子还不熟的时候——谷子一熟，他们吃饱肚子，你们就斗不赢他们了——我把他们一个一个吊起来，拴在半空中打，把他们打得叫"不敢了，不敢了"才饶……

又悄悄告知人类：

> 你们到了六月，就支起高秋，架起磨秋来，老老小小伙子姑娘穿起最好的衣裳来打高秋、撵磨秋，你们一面打，一面叫，叫得箐沟、老林里的动物们都听见，这样你们就可以不杀人祭祀，动物也不会来怪你们了。

在哈尼族看来，阿匹梅烟想出的是一个"最好最好的办法"，做出的是一个"公正的判决"。因为"一审判决"中采用的"杀人偿命"的裁量标准只适合于人类社会，并不适合于人与动物之间。而"终审判决"采用了一种新的裁量标准，即"基于差异性的公正原则"，从而使人类与动物皆大欢喜。从人类来讲，他们将杀人祭祀改为杀牛祭祀，同时将原本是惩戒性的、充满悲伤的"受罚"活动变成欢乐的节日："过苦扎扎的时候，人们穿上新衣裳，成群结伙地来到秋场上打高秋、撵磨秋，打秋的人一面打，一面欢乐地高喊：'哦嗬！哦嗬嗬！哦嗬嗬！……'"于是，"哈尼人吃也得吃了，欢乐也得欢乐了，就把苦扎扎定做自己的年"。从而维护了人类的生存权和合理利用自然的权利。从动物来讲，它们"看见哈尼人一个一个吊在半空中，被阿匹梅烟打得飘过来荡过去，像干天的树叶一样，站都站不住，哈尼人痛苦的叫声把大山都震响了。动物们非常高兴：'嗯，还是阿匹梅烟的办法好，哈尼人啊，也给你们尝一回受苦的味道吧！'它们喜喜欢欢地回到各自的洞穴，不再来要哈尼人的人头"。从而满足了动物们惩治人类的权利诉求，从形式上和道义上主张了动物的法律和道德权利。

（二）哈尼族自然权利观的现代解读

我们可以运用环境伦理学中的自然权利理论，对哈尼族自然权利观做如下两方面的解读。

其一，哈尼族的自然权利观主要体现为一种动物权利观，换言之，哈尼族是"动物权利论者"，认为动物与人类一样具备权利主体资格，享有与人类类似的权利。这样的观念在对自然赋权范围及逻辑推理上与西方"动物解放论"或"动物权利论"有相似或相通之处。

自然能不能拥有权利？这是现代环境（生态）伦理学讨论的核心课题之一，"其中动物的权利问题又是环境伦理学试图打破传统人类中心主义道德体系的一个突破口"。[①]从20世纪70年代起，在世界范围内掀起一场旨在维护动物福利的"动物解放"或"动物权利"的运动。这一运动的代表人物皮特·辛格（Peter Singer）于1973年发表一篇题为《动物的解放》的书评，从动物的感受性或者说感受苦乐的能力出发，推出了动物应享有道德权利的结论。他采用的是简单的三段论式推理："大前提：凡是拥有感受痛苦能力的存在物都应给予平等的道德考虑。小前提：由于动物也拥有感受痛苦的能力。结论：所以，对动物也应给予平

---

① 韩立新：《环境价值论》，云南人民出版社2005年版，第61页。

等的道德考虑。"① 韩立新先生进而将辛格的观点总结为："既然动物也具有同人一样的感受苦乐的能力，那就应该享受同人一样的权利，我们不能把人这一特殊的物种作为一物是否享有生存权的指标。"② 该文从哲学上第一次论证了动物的权利问题，被称为动物权利运动的《圣经》。③ 另一新型动物保护主义者雷根（T. Regan）认为，动物之所以能够拥有权利，是基于以下推论，"即人之所以具有权利是因为人拥有'固有价值'，而人之所以拥有'固有价值'是因为人是'生命的主体（Subject of life）'，而动物也是'生命的主体'，所以动物也具有'固有价值'，因而动物也拥有受到道德关怀的权利"。他"并不认为所有的动物个体都是'生命的主体'。按他的说法，一个个体要成为一个'生命的主体'，需要满足一定的条件，比如确信、欲望、知觉、记忆、对将来的感觉、偏好、苦乐、追求欲望和目标的行为能力、持续的自我同一性、拥有不依赖于外界评价的自身的幸福等等，尽管要依照这些条件对所有的动物进行划分、判定并不是一件容易的事，但一般来说可以把'生命的主体'限定在'一岁以上的哺乳动物'这一范围内"。④

以上基于人与动物在欲望、知觉、记忆、感觉、苦乐等感受能力或曰"感受性"的相似性来推演动物拥有与人相似的权利的逻辑推理路径，与哈尼族有相似和相通之处。

哈尼族传统的逻辑思维是一种"原始逻辑的思维"。⑤ 他们最初并没有"把自己与自然分开，因而也不把自然与自己分开，所以他把一个自然对象在他身上所激起的那些感觉，直接看成了对象本身的性态。……因此人们不由自主地——亦即必然地，………——将自然的东西弄成了一个心性的东西，弄成了一个主观的、亦即人的东西。"⑥ 他们心中的世界具有如苗启明先生所概括的如下规定性：

---

① 此段文字为韩立新先生对辛格观点的概括。辛格的观点参见［澳］辛格《动物的解放》，孟祥森、钱永祥译，光明日报出版社 1999 年版，第 12 页。韩先生的概括见《环境价值论》，云南人民出版社 2005 年版，第 66 页。

② 韩立新：《环境价值论》，云南人民出版社 2005 年版，第 67 页。

③ 韩立新、刘荣华：《环境伦理学的发展趋势与研究对象》，《思想战线》2007 年第 6 期。

④ 韩立新：《环境价值论》，云南人民出版社 2005 年版，第 81—82 页。

⑤ ［法］列维·布留尔：《原始思维》，丁由译，商务印书馆 1981 年版，第 71 页。

⑥ 《费尔巴哈哲学著作选集》下卷，第 458—459 页。转引自苗启明《原始思维》，上海人民出版社 1993 年版，第 106 页。

　　（1）万物具有人一样的生命，即"万物有生"，世界是个生命化的世界。动物、植物、山川星汉乃至整个世界都是一种生命的存在；类生命观支配着原始人的头脑。

　　（2）万物具有人一样的生活与活动，即"万物有行"，世界是活动化、生活化的世界。一些较原始的观念把这点表现得很清楚。这是一种类人行为观。

　　（3）万物具有人一样的心理、感情、观念和意图，世界是人心化、情意化的世界。这可概括为"万物有情"。①

　　在他们的传统观念中，人与自然万物"同源共祖"，自然万物是人类的亲人和伙伴；在自然万物中，动物是与人类最亲近、最相似的一个种群，具有与人相似的意识、需要、愿望和情欲，是人类的亲兄弟（前已述及）。于是哈尼族在"将心比物"、"物我同一"的类比思维的驱动下，赋予动物权利主体资格，承认动物享有和人相似的权利，并将人类社会中人与人之间、人与社会之间所形成的道德关系、法律关系投射到人与动物之间。

　　在对自然赋权的范围上，哈尼族有别于以克里斯托弗·斯通（Christopher stone）为代表的"自然物的法的权利"论以及以阿伦·奈斯（Arne Naess，也译作阿恩·纳斯）为代表的"深层生态学"。② 斯通于1971年撰写了《树能站到法庭上去吗》一文，首次从法律的角度探讨了自然物的权利问题，主张："应该赋予森林、大海、江河和其他的所谓环境中的'自然物'以及整个自然环境法的权利。"③ 而深层生态学则主张

---

　　① 苗启明：《原始思维》，上海人民出版社1993年版，第106—107页。

　　② "深层生态学"是与"浅层生态学"相对应的学科概念，由挪威哲学家阿伦·奈斯（又译阿恩·纳斯）在其于1973年发表的《浅层与深层——长远的生态运动》（也译作《浅层生态运动与深层、长远的生态运动：一个总结》）一文中首次提出。1985年，美国生态哲学家比尔·迪优（Bill Devau）和乔治·塞逊斯出版了《深生态学：重要的自然仿佛具有生命》一书，比较全面地阐述了深层生态学的基本理论。此书成为深层生态学理论形成的标志。深层生态学主要探讨除了人以外的其他物种（生命）共同体、自然环境的内在权利、价值和利益问题，是西方环境伦理学的一种新的范型（详见王正平《深生态学——一种新的环境价值理念》，《上海师范大学学报》2000年第4期）。

　　③ Christopher Stone. *Should Trees Have Standing? Toward Legal Rights For Natural Objects*. 转引自韩立新、刘荣华《环境伦理学的发展趋势与研究对象》，《思想战线》2007年第6期。

将权利赋予生物圈中的所有事物。①

其二，哈尼族的动物权利观奉行的是一种"基于差异性的公正原则"。

尽管西方环境伦理学关于自然权利的论证角度、理论预设和推理逻辑各有不同，从而形成各种理论流派，但有一点却是趋同的，那就是都强调自然权利与人的权利的平等性。如雷根和泰勒（paul W. Taylor）"分别从'生命的主体'和'生命的目的'的角度论证了动物或生物拥有被平等对待的可能性，并从'权利论'和'尊重自然'的角度推出人和动物之间或人和生物之间的平等性"。② 挪威哲学家阿伦·奈斯将"生物中心主义的平等"作为深层生态学理论的两个"最高规范"或"直觉"之一（另一个是"自我实现"）。"生物中心主义的平等"的基本要义是："在生物圈中的所有事物都有一种生存与发展的平等权利，有一种在更大的自我实现的范围内，达到他们自己的个体伸张和自我实现的形式的平等权利。"③但这种自然享有与人平等的权利的理论却在实践层面面临严峻的困境："如果严格地贯彻平等原理，人是不能为自己的利益而杀害其他生命的，更极端一点，由于人是惟一可以意识到道德责任的存在物，那么也许饿死会成为人的义务。结果是为了人的伦理成了杀人的伦理，这显然是违背了康德所建立起来的对人格的尊重原理，在现实中也很难为人们所接受。"④尽管自然权利论者给自己的理论加入相关"补充规定"，如雷根提出人类的生命优先原则，泰勒提出人类 5 个优先原则（自我防御原则、对称原则、最小伤害原则、分配正义原则、补偿正义原则）等，⑤ 但仍然无法使自己从根本上摆脱困境，其中最棘手的难道是如何协调人的利益和动植物的利益之间的冲突，从而遭到学界的广泛质疑和批评。

哈尼族自然权利观奉行的是什么原则呢？让我们再次回到该族的民间传说《苦扎扎》上。天神阿匹梅烟对人类做出只有形式上惩罚而不用杀人偿命的"公正"判决，是基于这样的理念："哈尼人栽田种地是我教会

---

① 王正平：《深生态学——一种新的环境价值理念》，《上海师范大学学报》（哲学社会科学版）2000 年第 4 期。

② 韩立新：《环境价值论》，云南人民出版社 2005 年版，第 83 页。

③ 王正平：《深生态学——一种新的环境价值理念》，《上海师范大学学报》（哲学社会科学版）2000 年第 4 期。

④ 韩立新：《环境价值论》，云南人民出版社 2005 年版，第 84 页。

⑤ 同上。

他们的，人不吃饭是不会活的，不叫他们烧山开田，哈尼人不是要饿死了吗?"这其实反映了哈尼族在处理"人的权利"与"动物的权利"关系上所奉行的"基于差异性的公正原则"，即当人的基本生存权与动物的基本生存权发生了不可调和的冲突时，人类可以依据食物链中的层级关系，为满足生存权而有节制地利用自然，包括猎杀动物。由于人类与动物间在利益诉求、情感表达、思维能力、行为能力、认知能力等方面存在的先天性的差异，决定了人的权利与动物权利两者间不可能是绝对平等的。然而，哈尼族却力图在人的权益与动物权益之间寻找一种相对公平的解决路径，即在维护自己生存权的同时，通过各种禁忌（如忌食某些动物的肉、忌猎杀某些动物等）、仪式（如"苦扎扎"中将人类"吊起来"、"昂玛突"中的祭寨神仪式等）和行为（如旱地农作中的轮作垦休、保护神山等），表达对动物生命足够的尊重及内心深深的歉意，尽力取得被害方——动物的谅解（从上述"苦扎扎"传说中看，动物们也的确谅解了人类的施害行为，不再一味坚持"杀人偿命"），从而体现出哈尼族心中人与动物之间在权利上的公平观念。哈尼族的这种观念在另一民间故事《猴子敲石生火》中也得到反映。该故事讲：从前，人和动物是好朋友。当时人们住在深山密林里，靠采集野果充饥。后来一个叫盘赌的人，带领大家到大石洞里住。与人相伴的一只猴子无意地用石头相互不停地敲着敲着，被溅起的火星烧着了洞旁的枯叶。霎时，整个大地烧起一片火海，大树全被大火烧死，地上到处躺着被烧焦了的动物。"为了生存下去，盘赌对大家说：'没有果实吃啦，大家还不如干脆吃地上的动物肉。'这时，一个叫玉兴明的人一听，就气愤地指责他：'我们怎么能吃动物的肉，这跟吃我们身上的肉有什么不同的。'无奈，盘赌只好一个人从地上撕下一只被烧得黄黄的麂子的大腿，闭上眼，狠狠心就猛咬了一口。嚼着嚼着，他只觉得不怎么恶心了，相反越吃越香。因为人们都不同意吃动物肉，所以，盘赌也生气地低下头，一个人悄悄地吃着。人们开始时，都很厌恶地望着他，可是见他越吃越香，就迟疑地像盘赌的样子，撕下动物的肉，塞进嘴里吃起来。这样，人们才知道用火烧过的动物肉是那样的美味可口。这时，一群没被火烧死的老熊、老虎、麂子、马鹿刚路过，看见人正在吃它们同类的肉，就生气地问：'你们为什么吃我们动物的肉?'人们无奈地回答：'唉，没有办法呀，果子搞不到啦，不吃你们的肉，我们人就要灭亡啦。'动物一听，吓得离开了人群。从此，动物看见人就怕去伤害它们，吃它们的肉。"①

可见，哈尼族的自然权利观具体而言就是动物权利观。哈尼族在处理"人的权利"与"动物的权利"关系上所奉行的是"基于差异性的公正原则"，其基本要义包括：

（1）人类和生物（动物）都不是世界的"中心"，两者之间并非一种非此即彼、相互排斥的关系，而是一种并存的、互容的关系。世界真正的"中心"是制约天地万物的自然法则，用老子的话讲就是"道"，用哈尼族的话讲，其代言人就是天神阿匹梅烟。

（2）由于生物（动物）与人类是同源共祖的兄弟姐妹和朋友，因而享有与人一样的权利主体资格，享有与人类相似的权利。

（3）动物的权利与人类的权利存在差异性，并不是绝对平等的。

（4）人类依据自然法则所确定的食物链中的层级关系猎食某些动物的行为是被允许的，但这种行为要秉持"公正"的原则，即遵守自然法则，合理地利用自然。

（5）人类应对自己对自然（包括动物）实施的伤害行为表现出最大程度的愧疚和不安，并通过各种方式（无论是行为层面的还是观念层面的）表达这种愧疚且尽力弥补这种伤害，以求得受害方——自然的谅解，最终与自然和解。

进而言之，哈尼族已将公正的观念从人类社会扩展到人与自然之间，显现出其生态伦理观超越时空的深邃性。

---

① 红河县民族事务委员会编：《红河县民族民间故事》，云南民族出版社1990年版，第121—122页。

结　语

一　哈尼族生态文化：民族生态文化的典范

在中国少数民族生态文化的百花园中，哈尼族生态文化是一朵绚烂多姿的奇葩。哈尼族生态文化具有普泛性、传承性、全族性、实践性、规约性等特征，堪称民族生态文化的典范。

（一）普泛性：是泛及社会生活各个层面的文化

哈尼族生态文化泛及社会生活的各个层面，形成了由生态物质文化、生态制度文化、生态观念（精神）文化有机组合而成的独特的生态文化体系。

哈尼族生态物质文化鲜活而多样。拥有良好生态调适功能的梯田稻作农业无疑是哈尼族生态物质文化的核心和精华，除此之外，哈尼族的服饰（衣）、饮食（食）、村寨的选址和营构（住）等关乎种族繁衍和文明传承的重要领域都蕴含着丰富的生态文化事项。

为了调节和规范人—社会—自然三者之间的关系，哈尼族创制了具有鲜明生态保护取向的禁忌习俗、习惯法、村规民约、人生礼仪和节日庆典，从而构成了哈尼族生态制度文化。林惠祥认为："原始的法律不过是由舆论所裁定的风俗而已，故可以释为'任何社会规则，犯之者由习惯法加以刑罚'。"[①] 哈尼族以保护自然资源、维系生态平衡为目的的禁忌习俗、习惯法和乡规民约，其实就是哈尼族传统社会中的环境保护法。

哈尼族以寻求人与自然和谐共存为旨归的文化观，将人、神与自然视为相互有着密切联系的有机整体的宇宙观，以自然崇拜为核心的宗教观，

---

① 林惠祥：《文化人类学》，上海商务印书馆民国二十三年（1934 年）版，第 159 页。

以及以人类与自然万物"同源共祖"这一认知范式为基石而形成的生态伦理观，构成了哈尼族生态观念（精神）文化。这种生态观念（精神）文化实质上就是哈尼族处理人与自然关系的指导思想。

生态物质文化、生态制度文化、生态观念（精神）文化有机联系、互渗互融，交织而成一张"文化之网"，哈尼族处理人与自然关系的所有意识和行为都被这张巨网所笼罩。

（二）传承性：是从未被割断的文化

哈尼族生态文化经历了一个产生、发展、演化的过程，如果以唐代后期在哀牢山区形成"蛮治山田，殊为精好"①的梯田稻作文明作为哈尼族生态文化定型的标志，至今已有 1300 多年的历史。在这千年的历史长河中，作为哈尼族文化有机组成部分的生态文化得以代代相传，从未中断。以作为哈尼族生态文化典型代表的梯田为例，至今总面积达 140 万亩的梯田（据不完全统计）乃是哈尼族世世代代"接力棒"式辛勤开凿的结果。在具有鲜明"前喻文化"特征的传统社会中，每一代哈尼族都怀着一种敬仰和感恩的情怀传递着上辈人遗留下来的生态文化成果，并精心加以呵护和传承，不敢随意破坏，如元阳县小新街乡者台村的者台大沟开挖于1690 年，至今已有 300 多年的历史，但仍是溪水潺潺，水沟两侧植被良好，村民仍受其恩泽。② 其实，何止是梯田，村寨上方一片片黑压压的被视为神山的原始森林、各个村寨大小不等的寨神林、村寨中一口口清洁的水井等生态文化景观以及维系人与自然和谐共存的一整套制度体系和观念系统，都在千百年的历史长河中得以精心传承。正是这种令人惊叹的传承性导致了哈尼族生态文化深厚的历史积淀和丰富的文化内涵，使得这棵"文化之树"根深叶茂，硕果累累。

（三）全族性：是全民族共创共享的文化

哈尼族传统社会并非是典型的分层社会，③ 也就是说，整个社会并没

---

① （唐）樊绰：《蛮书·云南管内物产》。
② 黄绍文调查，详见本书第三章第四部分。
③ 哈尼族传统社会有一统治阶层——土司，但土司更多时候充当了一方土地和财富的所有者的角色，村寨享有充分的管理权和高度的自治权，形成一个运行良好的自组织系统，因此可以称这样的社会为"村寨社会"。

有被明晰地划分为精英阶层和大众阶层。尽管被视为神灵代言人和智慧化身的咪谷和莫批是哈尼族群体中的"精英分子"，扮演着哈尼族文化传承者的角色，在很大程度上担负着指导哈尼族生存活动的重任，但是他们平日里与其他村民们过着一样的生活，一样需要耕田种地、喂养牲畜、操持家务。因而仍然是大众之一分子，咪谷便是直接从村民中选举产生的。因而哈尼族文化并未被完全割裂为精英文化和大众文化，哈尼族传统社会的政治模式也不是精英决策、民众服从的模式。进而言之，哈尼族生态文化绝非是某个精英阶层或某几个"精英"建构的文化体系，也不是某个精英阶层或某几个"精英"将自己建构的文化体系灌输到大众中的产物，而是全体哈尼族人民共同创造、共同享有的文化。每一位哈尼人既是哈尼族生态文化的创造者，又是哈尼族生态文化的传承者和享有者。由于哈尼族生态文化是"内生型"文化，因而这种文化已经内化到全民族的集体无意识之中，进而演化为一种生活方式和生活态度。对于哈尼村民来说，植树种竹、保护森林、保护水源是自然而然、天经地义、"我自为之"的事，不用动员，无须说教。

（四）实践性：是在生产生活实践中逐步积累的文化

与以老庄为代表的注重直觉体悟的东方古代生态智慧不同，哈尼族生态文化不是来自几位哲人的玄思妙想，而是直接来源于哈尼人民的生产生活实践，是哈尼人民为实现种族繁衍和文明延续的崇高目标，在上千年的漫漫历史岁月中，通过对深奥的自然规律和生物共同体的有机秩序的切身体悟，真切地把握人类生存之道与自然界的有机联系而逐步积累起来的生存智慧。尽管这种文化由于缺乏所谓精英阶层的理论演绎和归纳而最终没能形成一个系统完备的生态文化理论体系，但这丝毫不影响这种被朴素外衣所包裹的文化所具有的穿越时空的恒久生命力。大众在生产生活实践中创造的文化才是最可靠、最值得景仰、最具生命力的文化。哈尼族的先辈们从来没有听说"生态平衡"、"可持续发展"之类的动听词汇，但他们懂得山的顶部那片黑压压的森林是神林，动不得一丝一毫，因而才有"山有多高，水有多高"；他们懂得节制贪欲，有所为有所不为，给自然（森林）留下一片生存空间，因而才能水土可保、清泉长流；他们懂得协调"自然需求"与"人类需求"的关系，划定薪炭林、栽树种竹，让人与自然"双赢"。他们采用木刻分水使水资源得以合理分配；采用水冲肥让每一块梯田得到滋养。哈尼族先辈们没有留下任何载诸纸牍的生态学著作（他们甚至是一个无文字的民族），却将生态学原理淋漓尽致地镌刻在每一块梯田、每一片森林、每一条溪河中，镌刻在整座大山上。其实，他们镌刻的何止是生态学原理，而是人类永恒的生存之道。[①]

（五）规约性：是具有很强约束力的文化

哈尼族生态文化是一种适应性文化，"是适应民众集体心理和生存需要的相对稳定的模式。这种模式的稳定性和约定俗成，使它具有不成文法的强制或约束力量"。[②] 这种强制力或约束力既来自由禁忌习俗、习惯性、村规民约所组成的生态制度文化，又来自以宗教信仰为主干的生态观念（精神）文化。有学者认为，"我国西部的民族传统文化，实质上是一种宗教性文化占统治性地位的传统文化"。[③] 哈尼族生态文化同样被涂抹上了一层较为浓厚的宗教色彩。正因如此，它对人们的强制或约束力便被大大强化甚至神化。例如，哈尼族会将特定区域内的大山、森林、树木、龙潭、水井等自然物视为神灵的栖息地、载体或化身，并通过各种各样全族性的祭祀强化其在全族人心中的神圣性，这些神山、神林、神树、圣水因此而受到严格保护。以寨神林为例，由于一年一度全寨人参与的盛大的"昂玛突"（汉语意译为"祭寨神"）仪式，使得寨神林成为全寨人心中的"神圣空间"，具有神圣不可侵犯的地位，因而受到严格保护。据不完全统计，仅元阳县哈尼族寨神林就有431座，大者30—50亩，小者1—3亩，几乎都是郁郁葱葱，呈现出原始森林的生态景观。而坟山由于被视为祖先灵魂的栖息地，其森林植被也受到很好的保护。

总之，哈尼族生态文化既源远流长，又丰富深邃，值得我们去沉思、去体悟、去研究。

---

① "农业学大寨"就是官方运用公权力以运动的形式强制推行国家意志的典型，结果造成了一场深重的生态灾难。据黄绍文调查，哈尼族地区"学大寨"时期砍伐了大片森林，最终"大寨田"变成了"雷响田"。如元阳县台村在寨子东南方海拔1600米的地区砍伐一片森林后，造出约100亩的"大寨田"，结果由于水热条件不足，收割的水稻2/3是秕谷。详见本书第三章第二部分。

② 钟敬文：《民俗文化学发凡》，《北京师范大学学报》1992年第5期。

③ 肖万源、张克武主编：《中国少数民族哲学·宗教·儒学》，当代中国出版社1995年版，第303页。

二　哈尼族传统生态文化的变迁与现代调适

涵化是文化变迁理论中的重要概念，美国人类学家称之为 accultura-
tion。由于"涵化"一词古奥难懂，有人将 acculturation 一词翻译为"文
化移入"或"文化接触"。因此，这里所用的"涵化"与英国和受其影响
的亚、非、大洋洲的人类学家使用的"文化接触"（culture contact）含义
是相同的。赫斯科维茨在《涵化——文化接触的研究》一书中，重申了
他和 R. 雷德菲尔德及 R. 林顿在《涵化研究备忘录》中对涵化所下的定
义："由个别分子所组成而具有不同文化的群体，发生持续的文化接触，
导致一方或双方原有文化模式的变化现象。"① 所谓文化接触是指两种以
上完全不同的文化系统互相接触，经过一段长时间接触后，彼此相互采
借、适应而引起原有文化的变迁。但通常情况下，文化态势强者更深刻地
影响文化态势弱者。

哈尼族文化经历了一个与汉文化为主体的异质文化长期相互接触的过
程，在这个过程中，可以明显地看到文化接触对哈尼族生态文化变迁的影
响。我们把 20 世纪中国境内哈尼族传统生态文化的变迁大致划分为三个
阶段：

第一，自然状态阶段。在 20 世纪 50 年代初期以前，由于江河、大山
的阻隔，哈尼族所处的哀牢山和无量山区的交通、信息极为封闭，哈尼族
社会处于自给自足的自然经济状态，与外界接触比较少，虽然有少量的马
帮商业贸易和土司层面的汉文化接触，但是，人员、信息、技术流动所带
来的文化接触，还不足以推动文化的变迁，因而哈尼族传统生态文化仍然
处于稳定的自然状态，其中维持了千余年的梯田稻作就是传统生态文化系
统的经典案例。因此，20 世纪五六十年代深入哈尼族地区的外来干部视
哈尼族梯田为"卫生田"，存在"不施肥"、"不懂科学种田"等一系列
的问题。其实这是对哈尼族梯田生态系统缺乏深入调查的一面之词。

第二，社会制度变革阶段。这个阶段是 20 世纪 50 年代至 80 年代初
期，这一时期推动哈尼族生态文化变迁的主要动因是社会制度的变革。中

---

① 黄淑娉等：《文化人类学理论方法研究》，广东高等教育出版社 1998 年版，第 215—216 页。

华人民共和国成立后，随着土地改革、"大跃进"、人民公社化、家庭联产承包责任制等农村体制的变迁，改变了民族地区原有的政治制度和经济体制，政治上、经济上、文化上由上而下的种种变革对哈尼族长期以来形成的生态文化产生了深刻的影响。

第三，改革开放阶段。20世纪80年代初期以来，随着家庭联产承包责任制的推行以及改革开放，哈尼族生态文化变迁进入了一个崭新的阶段。特别是进入90年代初期，随着社会主义市场经济体制的建立和哈尼族各地的对外开放，经济、文化、商品等信息不断涌入哈尼族山寨，电视机、录像机、DVD、电话机等电子信息产品相继在哈尼族地区落户，以汉文化为主体的各种异质文化特质以不同方式、不同程度不断地在哈尼族地区传播。这一阶段也可视为全球化语境下的哈尼族传统生态文化的变迁过程。以下就第二、三阶段的哈尼族传统生态文化变迁及其所面临挑战的主要问题做一探讨，并提出应对变迁的现代调适措施。

（一）制度变革对哈尼族传统生态文化变迁的影响

中华人民共和国成立以来，和平协商土地改革、"大跃进"、人民公社化、"文化大革命"等社会制度的变迁和连续不断的政治运动，对哈尼族长期以来形成的传统生态文化机制的变迁产生了深刻的影响，主要表现在以下两个方面。

1. 制度变革对哈尼族传统农耕生态秩序的影响

1956年哈尼族地区进行和平协商土地改革，废除了封建地主土地私有制和土司世袭制。从此，广大农民获得了土地，接着建立生产合作社。在土地改革之前，无田或少田的贫民虽然给土司、地主耕种农田，但以户为单位生产，很少以大集体的形式出现。合作社建立之初，虽然打破了以户为单位的生产方式，农民刚获土地，互助组生产资料私有，集体劳动，个体经营。因此，没有影响生产积极性。但是，农业合作化的基础尚未打牢，在1958年"大跃进"号角声中哈尼族地区实现人民公社化，哈尼族地区的林业，即公有林、集体林、神林、风景林、私有林统统入社管理，生产生活上实行所谓"组织军事化，行动战斗化，生活集体化"的管理方式。生活上以管理区为单位办公共食堂，提倡"吃饭不要钱"，但吃的是山茅野菜，许多人由于营养不良而患水肿病。生产管理上由公社统一指挥，抽调农村大量劳力去毁林开荒，"大炼钢铁"，造成农耕劳力散失，庄稼成熟无人收割，稻谷霉烂在田里。其结果是 1958—1960 年连续 3 年粮食大减产。1960 年 9 月解散公共食堂，调整农业体制，提倡办小社、办互助组。1964 年恢复农业生产合作社，1970 年，恢复人民公社，下设生产大队，生产队重新实行大集体生产。生产组织形式的反复变化，导致维持了上千年的哈尼农耕生态机制无所适从，虽然梯田等农业生产一直未停止，但传统的农耕技术、耕作制度、农耕祭祀等相应的生态机制受到严重冲击，由此，打乱了千百年来形成的农耕生态秩序。

2. 制度变革对哈尼族传统生态理念变迁的影响

1950 年以后，哈尼族地区适宜开垦的土地已开成梯田，只剩下水源缺乏的旱地，这些旱地都是轮歇坡地或荒坡地带，土质相对贫瘠，这些土地就成为"大跃进"、"农业学大寨"所开挖梯田的对象。指挥者不考虑水源问题，号召遍地开荒，并提出当年开田当年靠雨水栽秧的"思路"，叫"现开现栽"田。其结果，这些新田开出来后严重缺水，开垦过程中也不讲究传统开田的生态程序，雨季来临到处塌方。从实际调查可知，哈尼族开垦梯田是讲究生态理念的，开始时在坡地上刀耕火种旱地作物，将生地变熟地，然后将熟地坡改台地，坡改台地的时间是每年收割完至整个冬季，在台地上种几年旱地作物，使生土尽可能熟化，也是选择冬季将台地垒筑田埂开成水田。由于冬季土质干燥，容易开挖，哪里渗水，也看得清楚，并可即时补漏加固，灌满水养田，第二年春季就可犁翻栽插。而"大跃进"时期，赶的是数量和速度，不讲求季节，一年四季都开田，特别是为了学"大寨田"，不惜砍伐森林，也不遵循地势弯曲顺势而开挖，人为把田埂拉直，结果承受压力集中，才挖好的梯田第二天田埂就倒塌。现今哈尼梯田中的部分"雷响田"，即等到雨季来临后才能栽种的田，就是这一时期开挖的田。让人痛心的是不惜砍伐森林造"大寨田"，如元阳县者台村，由于当年能开梯田的缓坡山梁被祖先们早已开满了田，为了造大寨田，无奈在寨子的东南方海拔 1600 米的地方砍伐一片森林后，造出了约 100 亩的"大寨田"，类似这样造田的不止是者台村，几乎村村寨寨都有"大寨田"。①

从红河南岸哈尼族的分布区域来看，长期以来维系哈尼族生态文化的

---

① 黄绍文、廖国强：《农村体制变迁对哈尼梯田及生态的影响》，《云南民族大学学报》（哲学社会科学版）2009 年第 1 期。

森林生态系统在从"大跃进"到"文化大革命"的多次运动中遭到严重破坏,茫茫林海以前所未有的速度消失,森林覆盖率的下降异常惊人。如元阳县的森林覆盖率从 1949 年的 24% 下降到 1985 年的 12.9%,绿春县的森林覆盖率从 1957 年的 70% 下降到 1985 年的 21%,红河县的森林覆盖率从 1956 年的 60% 下降到 1986 年的 13.6%。但可喜的是,至 2008 年,上述元阳、绿春、红河 3 县的森林覆盖率分别上升到了 42.5%、60%、49.6%。

(二) 全球化语境下哈尼族传统生态文化面临的挑战

全球化源于经济全球化,它是指全球范围内一些文化因素流动对于不同区域、不同民族产生的影响,也是不同区域、不同民族之间的相互影响,以及不同地区、不同民族之间的文化在全球层面上的流动对其他地区和其他民族的影响。也就是说,全球化语境下的文化是一种互相影响的互动关系。[①]

改革开放以来,中国的农村发生了前所未有的变迁。由于市场经济、人口大幅度增加、农村劳务输出等诸多方面的影响,哈尼族传统生态文化也面临着严峻的挑战。归纳起来主要表现在以下几个方面:

1. 传统观念的变化对传统生态文化的影响

改革开放引发的文化变迁对长期以来形成的哈尼族传统生态文化发生着深刻的影响,如果说 20 世纪 50 年代至 70 年代末期的文化接触打破了长期以来封闭的哈尼族社会的话,那么改革开放 30 年则促使哈尼族社会全面开放,促使传统生态文化面临着严峻的挑战。如梯田农耕技术是哈尼族千百年传承下来的治家本领,在家庭联产承包责任制实行以来的前 10 年里,年轻的哈尼人一丝不苟地学习前辈的耕作技术。按哈尼族传统衡量年轻人的人才标准,小伙子帅不帅,不是要看他的相貌,而是要看他的耕田技术如何,如果小伙子是犁田、耙田、垒筑田埂、铲田埂的能手,就会得到大众的称赞,也就会赢得姑娘们的青睐。同样,姑娘美不美,要看她栽插时节蜻蜓点水似的栽秧技术。

但是,通过 10 年家庭联产承包责任制后,长期以来困扰人们的温饱问题已基本解决。同时市场经济主导下的社会,以汉文化为主体的异质文

---

①　郑晓云:《论全球化与民族文化》,《民族研究》2001 年第 1 期。

化不断涌入哈尼山寨，电视、DVD、电话、流行服装、流行歌曲、交际舞等外来文化极大地吸引着年轻人，于是他们不再满足于曾让祖祖辈辈魂牵梦萦的梯田故土，纷纷走出大山，将求财作为首选目标。汉文化为主体的一元化学校教育迫使哈尼族的年轻人彻底改变传统观念，20世纪90年代以来的哈尼族高中、初中、小学毕业生，少数人升入高一级学校，大部分人回乡务农后对传统梯田耕作毫无兴趣，更不愿意学习耕作技术，他们对传统古歌、情歌、舞蹈也不热衷，而是追求时尚的流行歌、交际舞，他们虽然也会参加传统礼仪活动，如丧礼、婚礼、祭寨神等，但他们的脑子里没有多少传统生态文化的内容。在他们的影响下，即使没有上过学的年轻人，男的仍然不愿去学耕作技术，女的不喜欢学纺织、绣花等传统服饰工艺。年轻姑娘由于不会绣花，就在自己的服装上贴上一些从市场上购买的花边，土不土，洋不洋，有的甚至就改穿汉装。因此，哈尼族传统生态文化的传承出现了问题，今天活跃在梯田里的大都是40岁以上的中老年人，甚至70多岁的老年人还不得不犁田耙田。

2．"科学种田"的话语霸权对梯田生物多样性的影响

实行家庭联产承包责任制后，分配上实行"完成国家的，上交集体的，剩下都是自己的"的激励机制，彻底改变了干多干少一个样，干好干坏一个样的平均主义思想，农民的生产积极性空前高涨，精耕细作自己的责任田。20世纪80年代起哈尼梯田引进外地品种，促使耕作制度发生变化。其中杂交稻的籽种、育秧、栽插、管理等方面让长期以来习惯种植传统品种的哈尼人无所适从。籽种不能自己培育，开始时，政府将籽种无偿送给农民，化肥也以优惠价供给。育秧也要求薄膜覆盖，管理不好容易受倒春寒袭击，延误栽插节令。但是，到了90年代，杂交稻凭借其产量高的优势，得到较大面积的推广，经过实践，海拔在1300米以下的哈尼梯田都适宜种杂交稻。

这里值得关注的是，哈尼族梯田曾经培育出几百个传统稻作品种，但在政府倡导种植杂交稻新品种的话语下，传统品种不断消失。为了提高传统品种的产量，哈尼族农民长期以来异地自由交换改良传统品种，即用自己的传统品种与其他地方的传统品种交换耕种，这样的改良，既没有改变传统品种的耕作制度，又能适当增产，也能抑制病虫害，一定程度上起到了保护传统品种的作用。但由于所谓"科学种田"的话语霸权，这样的民间改良品种在哈尼族梯田中又得不到大量的推广，致使哈尼族梯田文化核心区元阳县，从 20 世纪 70 年代 200 多种传统品种，下降至今整个县域内还种植的传统品种不足 80 个。在传统品种中，有不少是米质好、产量也较高的良种，但当地农业部门从来不去改良传统优质品种，而是一味引进外来杂交稻等新品种，致使许多优质传统品种消失。这对维护梯田稻谷生物基因和生物多样性是一大损失，也是对世界农业的一大损失！

3. 人口大幅度增加，生态环境承载力加大

20 世纪 80 年代以来，随着边疆民族地区医药知识的普及和医疗条件的改善，哈尼族地区人口有了大幅度的增加，人口环境承载力成为传统生态文化面临的挑战问题。以红河南岸哈尼族为主体的元阳、绿春、红河 3 县为例，元阳县 1949 年全县总人口 8.86 万人，到 2008 年就增加到 39.57 万人；绿春县 1949 年有人口约 4.5 万人，2008 年达到 21.96 万人；红河县 1953 年有人口 10.34 万人，到 2008 年有人口 28.78 万。50 多年时间，人口分别增长了 3.5 倍、3.9 倍、1.8 倍。

历史上，哈尼族对寨址自然生态环境的选择是十分讲究的。寨址上方要有茂密的森林，要有地势相对低平的凹塘，周边要有泉水叮咚响。但随着人口的增加，人们选择定居的场所也不能那么挑剔了。由于能开发的地方都得到了开发，人们不得不到条件并不优越的地方安寨定居。如高山区移民到下半山区定居开发热区地带，在这些地方，由于寨头没有森林水源，不仅影响到他们传统的梯田稻作生计方式，更影响了传统祭祀神林等生态机制的传承。

更为严重的是，人口的增加意味着对粮食需求的增加，对住房空间需求的增加，对生活能源薪柴燃料需求的增加等一系列的生态环境问题。这些自然资源的需要都是刚性的，没有缓冲余地。人口翻倍增加对粮食需求量增加使哈尼梯田生态不堪重负。以元阳县为例，19 万亩梯田，以平均每亩产量 400 千克计，共计产粮 76000 吨，但人均只有 0.48 亩梯田，人均只有 192 千克粮食。农村人口每年人均粮食实际消费 300 千克，故至少每人粮食缺口 108 千克。因此，数以万计的哈尼人不得不离开养育祖祖辈辈的梯田故土，纷纷走向城市以打工为生计，虽然一定程度上缓解了梯田生态的压力，但又出现了梯田农耕技术的传承问题。因为外出打工的都是16—40 岁的农村青壮年劳力，所以说，哈尼生态文化面临着诸多连锁问题。

4．"无神论"话语主导下哈尼族传统信仰体系的松动

1958 年，在"人定胜天"和无神论思想主导下，非理性的"大炼钢铁"除了使国有林和集体林遭到严重砍伐以外，长期以来哈尼族凭借万物有灵的神林信仰保留下来的寨神林和风景林也未逃脱厄运。据调查，1958 年在元阳县小新街乡者台村"大炼钢铁"的民工有 2400 多人，是当时全村人口的 5 倍，其中到原始森林中砍伐烧炭"大炼钢铁"的每天有 1400 多人，炼铁的炉子有 6 大口。在这样的背景下，者台村的寨神林、村寨周边古木树风景林也在"大炼钢铁"中一一消失。如者台村寨神林位于村落上方，面积约 50 亩，到 1958 年底，古木参天的神山树林已经化为光山秃岭，于 1959 年改变其利用方式种植玉米，由于当时无神论的宣传，不允许村民进行长期以来举行的祭神林活动。直至 1981 年，神林祭祀活动才得以恢复。但人们的思想观念发生了较大变化，对神林已不再是那么虔诚地信仰。1958 年的乱砍滥伐，村民长期循环利用的薪柴林已被砍光，为了生活能源，村民也学着"大炼钢铁"的民工向原始森林进攻而无所顾忌。据调查，1970—1981 年，除了砍伐建筑用材外，每家农户平均每年砍伐薪柴 4 立方米，者台村以 100 户计，每年仅薪柴就砍伐掉 400 立方米的森林，10 年毁坏森林 4000 立方米，森林分布的下线由 50 年代初海拔 1900 米推进到 80 年代初的 2100 米。①

以牺牲自然环境换取经济发展的思想观念，改变着人们的生态观念和衡量人生价值的标准，致使年轻的哈尼人对自然崇拜逐渐淡化，哈尼族传统神灵信仰的文化结构也陷入危机。比如，笔者在元阳县梯田核心区箐口哈尼民俗村做田野调查时发现，该村的神林祭司"咪谷"，由于家境相对贫困，有的村民表面上对其是有敬意的，但除了节庆祭祀活动期间有"德高望重"的尊严外，平时在村社管理中的声音很微弱。经常外出打工的年轻人，特别是小学以上文化程度的年轻人，既不推崇传统文化及其管理方式，又不服代表政府组织的村民小组领导。因此，哈尼族社区的生态管理处于两难境地。总体而言，以梯田稻作文化为核心的哈尼族精神文化的主题就是和谐，这种和谐反映在生产生活上，就是人与自然的和谐；反映在精神生活上，就是人与自然神灵的和平共处。而今，这种和谐关系遭

---

①　黄绍文、廖国强：《农村体制变迁对哈尼梯田及生态的影响》，《云南民族大学学报》（哲学社会科学版）2009 年第 1 期。

到一定程度的破坏。

综上所述，从 20 世纪 50 年代至 70 年代末，在"大跃进"、人民公社化、"文化大革命"等连续不断的政治运动冲击下，受无神论及破除"迷信"等意识形态的影响，哈尼族传统生态文化机制均被涂抹上强制性的政治色彩而产生严重扭曲和变形，传统文化的精华与糟粕均被列为革命对象，从而失去了许多优秀的具有进步意义的生态文化。80 年代后，推行家庭联产承包责任制，极大地激发了广大农民的生产积极性，使长期在温饱线上挣扎的农民摆脱了困境，特别是 90 年代后，随着社会主义市场经济体制的建立和完善，学校教育的全面改善，进城打工的诱惑力，乡村旅游业的兴起，使得哈尼族社会由一个半封闭的、自我循环的社会，脱胎而为开放的、多元的、复合型的社会。内外部多种因素的交互作用引发了哈尼族社会文化的变迁，从而使作为哈尼族传统文化的有机组成部分的传统生态文化也面临着严峻的挑战。

（三）哈尼族传统生态文化的现代调适

在中华民族多元一体格局下，汉文化与各少数民族文化的接触与吸纳，是无法回避的现实问题。因此，置于全球化语境下的哈尼族传统生态文化，在社会经济迅猛发展、信息革命不断深化的过程中，必须建立其发展的生态适应机制，其现代调适机制主要有以下两个方面。

首先，哈尼族生态文化调适的内部接受机制。所谓哈尼族生态文化调适的内部机制是指异质文化的冲击引发的文化变迁过程中由筛选地吸纳外来文化的各种生态特质，来丰富和发展其身的生态文化特质，以达到其文化和谐和可持续发展为目的的文化内部的生态整合过程。一个民族适应异质文化的内在接受机制，主要包括民族传统文化在现实生活中的价值、群体规范对个人行为具有调控能力的价值，以及不同个体行为活动均具有向外"他者"展示和导向作用等因素。民族传统文化在现实生活中的价值主要是指其传统文化模式能对该民族现实生活需要起到满足的作用，一个越是能满足本民族现实生活需求的传统文化模式就越体现其生命力和可持续发展。[1] 因此，只有将哈尼族传统生态文化模式调适到一个能充分满足

---

[1] 黄绍文：《诺玛阿美到哀牢山——哈尼族文化地理研究》，云南民族出版社 2007 年版，第 87—88 页。

人们现实生活需求的层面上，才能使其生态文化在全球化语境下，继续保持该民族传统生态文化精华，同时吸纳、采借异质生态文化的有用特质，使其注入新鲜的血液后充满积极向上的文化生命力。群体规范对个体行为的调控作用集中体现在当个体成员的观念和行为符合群体需求的时候，个体成员的言行就会受到人们的拥护和赞赏。反之，则要受到群体的谴责和处罚。随着哈尼族地区改革开放和教育文化事业的发展，到各级党政机关工作、到外地求学和就业的人会日益增多，这些人在全球化、城市主体文化的影响下深感民族文化的危机，民族自觉、民族认同感得到了加强，他们在自己的家乡或在城市生活行为，对哈尼族群体和特定社区的人们调适外来生态文化的行为必然会起到积极的导向作用。因此，在全球化语境下，哈尼族传统生态文化仍然得以复兴，其中，可视为民族生态文化范式的"红河哈尼梯田景观"于2007年11月被中国列入国家湿地公园；"哈尼稻作梯田系统"2010年6月被联合国粮农组织正式列入世界农业文化遗产；2012年1月，经国务院批准，"红河哈尼梯田文化景观"被正式确定为2013年中国政府向世界文化遗产委员会申报项目。这些都是在哈尼族地区的各级政府层面，甚至上升到了国家层面来调适哈尼族生态文化变迁的典型个案，这对哈尼族人民守住自己传统优秀的生态文化将起到积极的推动作用。

其次，哈尼族生态文化调适的外部机制。所谓文化调适的外部机制主要是指全球化带来的异质文化能给民族生存发展提供的客观需要和文化心理需求，以及异质文化与民族传统文化接触时间的长短、远近等因素。这些因素是影响少数民族适应异质文化的客观外在条件，即外部整合条件。当一种外来的文化传播与接触充分满足了该民族生存发展的客观现实需求和文化心理需要，该民族对这种外来的异质文化传播就会抱以友好、接纳、借鉴的态度，并从中吸纳有益的成分，达到整合效果。反之，则会遭到敌视和冷遇，达不到整合效果。① 生态文明是党的十七大提出的科学发展观的基本要义之一，党的十七届六中全会通过的《中共中央关于深化文化体制改革、推动社会主义文化大发展大繁荣若干重大问题的决定》，吹响了中华民族文化伟大复兴的进军号角，给哈尼族传统生态文化的现代

---

① 黄绍文：《诺玛阿美到哀牢山——哈尼族文化地理研究》，云南民族出版社2007年版，第88页。

调适提供了有利的外部条件。近年来，哈尼族各地相继采用"民族生态文化村"的模式对传统生态文化进行保护，特别是随着哈尼族地区旅游业的发展，民族文化成为有别于城市主体文化的生态资源，也是都市游客青睐的旅游资源。因此，哈尼族人民群众也感到穿民族服装、唱民族歌曲、跳民族舞蹈、举办各种民族节日活动以及共享具有民族特色的饮食佐餐等一系列具有生态意义的传统文化活动成为一种荣耀和自豪，在一定程度上有意识或无意识地强调和强化了自己的民族身份，也反映了哈尼族生态文化在现代文化变迁中的自我调适，虽然这种调适具有"被发动"和"被引导"之嫌，但它毕竟完成了从"要我做"到"我要做"的机制转换。换言之，在全球化这把"双刃剑"语境下，居于优势和强势地位的异质文化对哈尼族传统生态文化具有主导性影响，但只要积极应对，文化的接触和交融就会成为哈尼族生态文化自我认同和自我发展的有利环境和有效外部机制。

余　论

生态哲学：从"实体中心论"
走向"虚体中心论"

——以中国少数民族生态文化为视点

　　人类中心主义与非人类中心主义之争持续了近 20 年，至今仍争论不休。这场旷日持久的争论难以平息的一个重要原因是研究领域的狭窄（主要在现代哲学甚或伦理学领域）和所依赖的学术资源的有限性（主要是西方近代以来形成的理论范式和话语系统），缺乏一种多学科综合审视的眼光和更为宏富的学术资源的支撑。诚如田海平指出的："人类中心论／非人类中心之争，作为环境伦理学的两种典型的道德哲学方案，如果离开了文明、哲学、实践、人及其生态基础的整体背景和相互关联的语境，或者如果偏离了文明史、思想史、人类史和自然史等历史领域所展示的'垂直线'之'深度'，以及政治、经济、社会、文化、宗教、法律、教育等知识领域所展示的'地平线'之'广度'，就会陷入一种抽象的伦理学话语的两难困境。……环境伦理学不是人类中心论与非人类中心论的两种'立场'之间的非此即彼，而是对诸种道德世界观和伦理世界观的权衡和审视，……"[1] 鉴于此，笔者以中国少数民族生态文化为视点，对何为"中心"的问题做一初步探讨，意欲为学术界提供一种新的学术视角和学术资源。

---

　　① 田海平：《环境伦理的基本问题及其展现的哲学改变》，《天津社会科学》2009 年第 3期。

一　学术界关于"走进"与"走出"人类中心主义之争

　　20世纪90年代初，在国内生态问题日益凸显和西方环境（生态）伦理学逐步传入的双重背景下，国内一批学者开始反思生态问题产生的思想根源，并将人类中心主义视为引发生态问题的罪魁祸首，余谋昌等一批学者发出"走出人类中心主义"的呼吁，① 积极倡导一种新的理念——非人类中心主义，并相继提出一系列新的理论范式，以对抗或消解传统的理念——人类中心主义，如以主客一体取代主客两分，以对自然赋予道德和权利主体资格挑战人的道德和权利主体资格的唯一性和排他性，以自然拥有内在（天赋）价值否定人类在价值世界的中心地位。② 从而引发了一场持续至今的人类中心主义与非人类中心主义之争。

　　为了回应非人类中心主义的挑战，持人类中心主义论的学者一方面对非人类中心主义本身进行质疑和批判，认为自然（包括动物）根本不具备道德和权利主体资格，自然没有内在（天赋）价值，只有工具价值，人类的利益和价值是评判人类改造自然活动的最高尺度。另一方面提出一系列修正人类中心主义的论点，如应从传统人类中心主义走向现代人类中心主义③、从传统人类中心主义走向理性人类中心主义④、从强化的人类中心主义走向弱化的人类中心主义⑤、从绝对人类中心主义走向相对人类中心主义⑥、用"真实人类中心论"取代"虚假人类中心论"⑦，有的学者则提出"要把作为生态伦理纲领之一的人类中心主义和那种破坏生态

---

　　① 余谋昌：《走出人类中心主义》，《自然辩证法研究》1994年第7期。

　　② 李德顺指出："人是，且仅有人是价值世界的'中心'。"详见李德顺《从"人类中心"到"环境价值"——兼说一种价值思维的角度和方法》，《哲学研究》1998年第2期。

　　③ ［美］W. h. 墨迪：《一种现代的人类中心主义》，《哲学译丛》1999年第2期。

　　④ 吴仁平、彭坚：《从传统的人类中心主义走向理性的人类中心主义》，《求实》2004年第12期。

　　⑤ 叶平：《"人类中心主义"的生态伦理》，《哲学研究》1995年第1期。

　　⑥ 邱耕田：《从绝对人类中心主义走向相对人类中心主义》，《自然辩证法研究》1997年第1期。

　　⑦ 穆颜杰：《论"虚假人类中心论"与"真实人类中心论"》，《学术交流》2007年第3期。

的人类中心主义区分开来"。①

与此同时，一些非人类中心主义论者也以对自身观点的修正来回应人类中心主义论者的质疑，如有的动物权利论者主张用"弱势动物权利论"来修正"强势动物权利论"，认为动物拥有的权利比人类的权利狭窄得多，动物拥有自身利益而非内在（天赋）价值；② 主张人的权利在自然的权利面前享有优先性，"当自然的权利与人的权利相抵触的时候，应当优先考虑人的权利"；③ 等等。

就在人类中心主义与非人类中心主义争论不休的同时，一些学者力图跳出非此即彼的单向思维模式的藩篱，提出一些新的观点。笔者将之大致概括为以下几种：

一是统一论或整合论。如曹孟勤认为，人类中心主义和非人类中心主义之争具有"不可调和性及其观点的不可公度性"，"黑格尔关于人的自由意志是一个否定之否定过程的观点为走出这种争论提供了理论依据，马克思关于人与自然界完成本质统一的思想亦为消解这种对应奠定了理论基础"，人类中心主义与非人类中心主义"从对立走向统一"是"生态伦理学发展趋势"。④ 唐叶萍认为，"可持续发展观超越了人类中心主义和非人类中心主义的局限"，应实现人类中心主义和非人类中心主义二者的价值整合，走可持续发展之路。⑤

二是超越论。如袁振辉、曹丽丽认为，"只有建立在复杂性视野下的发生主体论，即把主体视为由自在主体、自为主体、自觉主体发生发展的演化过程和网络系统，才是超越人类中心主义和非人类中心主义的环境伦理学的新平台"。⑥ 李昭新则认为，"马克思关于人道主义与自然主义、功利主义与超功利主义有机结合的思想，科学地阐明了人与自然的合理关

---

① 李义天：《生态伦理学的使命与宿命》，《天津社会科学》2009 年第 3 期。

② 陈庆超、陈建平：《效用与崇高：从动物权利理论看人与自然正义》，《中州学刊》2007年第 3 期。

③ 何志鹏：《"自然的权利"何以可能》，《法制与社会发展》2008 年第 1 期。

④ 曹孟勤：《从对立走向统一——生态伦理学发展趋势研究》，《伦理学研究》2005 年第 6 期。

⑤ 唐叶萍：《论人类中心主义与非人类中心主义的价值整合——人与自然关系的哲学反思》，《湖北行政学院学报》2007 年第 3 期。

⑥ 袁振辉、曹丽丽：《发生主体论：超越人类中心主义和非人类中心主义——环境伦理学的复杂性视野》，《江南大学学报》（人文社会科学版）2007 年第 1 期。

系，消解了当代人类中心主义与非人类中心主义的对立"，从而实现了对人类中心主义和非人类中心主义的超越。①

　　三是去中心论。刘李伟、邹永图认为，"'人是自己创建的价值世界的中心'这样一个命题在逻辑上是一个同语反复的命题，因而在这个角度上的'人类中心说'是没有实际意义的"，而"自然中心主义"又具有忽视人与自然、主体与客体的历史差异性，忽视自然存在与社会存在的必然性，缺乏实践意义上的现实性等"佯谬"。应抛弃理论上二元对立的"中心论"，从"中心论"走向"主体论"。② 欧阳志远则认为，应"跳出孰为'中心'的思维误区"，"人类改造自然的行为阈值是：不能毁灭可再生资源的再生条件，这个极限使人不可能成为真正意义上的自然界中心"，"人在自然面前应持'人的类存在主义'"。③

　　四是虚假论。郑红娥认为，"现代人类中心主义是在现代主义范式中建构起来的"，而"非人类中心主义主要是在后现代主义范式中建构起来的"，"现代人类中心论和非人类中心论只是人类中心主义的两种不同表现形式，因此关于走入还是走出人类中心主义的争论，本身就是一个假问题"。④ 而孙道进则认为，"'走进'与'走出'人类中心主义的争论只是一个'伪争论'：'走出派'批判的是'人类'中心主义，而'走进派'捍卫的是'人类'中心主义；二者的争论根本不是在同一个层面就同一个问题在同一个语义平台上的对话"。⑤

　　以上观点并没有弥合或终止人类中心主义与非人类中心主义之争，按照田海平的说法，这些观点只是与这"两种针锋相对的道德哲学方案"相关的"补充性或替代性方案"。⑥ "走进"、"走出"人类中心主义之争

---

　　① 李昭新：《马克思对人类中心主义和非人类中心主义的超越》，《马克思主义与现实》2003 年第 2 期。

　　② 刘李伟、邹永图：《人与自然："中心论"还是"主体论"?》，《广东社会科学》2000 年第 1 期。

　　③ 欧阳志远：《从"人类中心主义"到"人的类存在主义"》，《教学与研究》2009 年第 12 期。

　　④ 郑红娥：《人类中心主义之争：一个虚假的问题》，《哲学动态》2003 年第 9 期。

　　⑤ 孙道进：《人"类"中心论与"人类中心论"——对人类中心主义的辩证法解读》，《贵州社会科学》2006 年第 2 期。

　　⑥ 田海平：《"环境进入伦理"的两种道德哲学方案——对人类中心论与非人类中心论之争的实践哲学解读》，《学习与探索》2008 年第 6 期。

仍在持续而激烈地进行着，分歧犹在，争论犹在，质疑犹在，尽管"从整个发展态势看，人类中心主义在理论上略占上风"。①

总观这场旷日持久的争论，我们不难发现，人们对人与自然关系的反思几乎都被限定在近代以来形成的现代主义和后现代主义范式内，所依赖的理论范式、话语系统都主要是西方的或现代的，缺乏更为宏阔的学术视野，因而上述争论只代表了近代以来受过现代化历程洗礼的人类（确切地说是其中一部分知识精英）的认识，绝非整个人类的认识。事实上，自人类诞生的那一刻起，人与自然的关系问题就是任何一个民族都要面对的重大问题。世界各民族多样化的文化背景下必然形成多样化的关于人与自然关系的认识。在西方或现代认知范式下困扰人类的许多问题，包括两种中心论之争的问题，或许在一些生活于传统社会的民族中根本就不存在。

那么，在中国许多少数民族关于人与自然关系的传统认知体系中，何为"中心"？是人类抑或是自然？还是其他什么东西？

二　中国许多少数民族传统观念中的"中心"

如上所及，人类对人与自然关系的认识与特定的认知范式密切相关。也就是说，人类对人与自然关系的认识是个流变的历史范畴，从这个意义上讲，郑红娥提出的现代人类中心主义是在现代主义范式中建构出来、非人类中心主义是在后现代主义范式中建构起来的观点是很有见地的。以人类中心主义为例，人类中心主义并非自古有之，而是近代以来，在由主体与客体分离、人文精神被科学精神所排斥和消解、片面追求自然资源的工具价值、享乐主义泛滥等组成的新的认知范式体系中逐步形成的。

中国少数民族对人与自然关系的认识也有其特定的认知范式。对许多少数民族而言，其认知范式的核心就是人与自然万物"同源共祖"。人与自然万物"同源共祖"的观念是这些民族认识人与自然关系的起点和重要基石。

举几个代表性的民族。哈尼族有几则讲述人类与自然起源的神话传

---

① 谭萍：《对人类中心主义与非人类中心主义的反思》，《云南社会科学》2006 年第 2 期。

说。其《天、地、人的传说》讲，人类与虎、鹰、龙等动物都是先祖
"塔婆"所生的同胞兄妹；① 《神和人的家谱》讲，人类与"会跑的野
物"、"会爬的野物"、"会飞的野物"都是先祖"梅烟恰"所生的亲姐
妹；② 《俄八美八》讲，人类与飞禽、走兽、花草、树木都是先祖"阿
妮"所生。③ 苗族古歌《枫木歌》讲，枫树生蝴蝶妈妈，蝴蝶妈妈生人类
及其他动物。④ 侗族古歌《人类的起源》也认为，最初的人和动物是兄
弟。⑤ 纳西族东巴经神话《署的来历》讲，人类与自然（即"署"）是同
父异母的兄弟。⑥ 尽管各民族传说中的"共祖"各有不同，甚至同一民族
不同支系的"共祖"也各有差异（如有 20 余个支系的哈尼族），但有一
点却是惊人的一致：人与自然万物（动物、植物等）有一个共同的本源
和始祖，都是地球大家庭的兄弟姐妹。

　　神话传说是这些民族"形象化的历史"或"保存关于过去的回忆的
宝库"。诚如杜尔干所说："神话中祖先的群体正是通过一种精神上的联
系与社会相互连接的。"⑦ 在传统社会中，上述神话传说中所蕴含的人类
与自然万物"同源共祖"、是同母所生或同父异母的兄弟姐妹的观念也与
神话传说本身一道被传承下来，在漫长的生产生活实践中逐步积淀为一种
"集体无意识"，形塑一种"自然万物皆亲人"的基本价值取向。正是在
这种人与自然万物"同源共祖"的文化整体观⑧的指导下，这些民族从未
视自然万物为异己之物、对立之物，而是视之为自己的亲人和伙伴。如傣

---

①　《哈尼族民间故事》编辑组：《哈尼族民间故事》，云南人民出版社 1984 年版，第 1 页。

②　云南省民间文学集成办公室编：《哈尼族神话传说集成》，中国民间文艺出版社 1990 年
版，第 7—14 页。

③　谷德明编：《中国少数民族神话》（上），中国民间文艺出版社 1987 年版，第 334—336
页。

④　罗义群：《苗族神话思维与生态哲学观》，《贵州民族研究》2008 年第 4 期。

⑤　转引自宝贵贞《少数民族生态伦理观探源》，《贵州民族研究》2002 年第 2 期。

⑥　杨福泉：《略论纳西族的生态伦理观》，《云南民族大学学报》（哲学社会科学版）2008
年第 1 期。

⑦　［法］E. 杜尔干：《宗教生活的初级形式》，林宗锦等译，林耀华校，中央民族大学出版
社 2002 年版，第 307 页。

⑧　传统社会中的许多少数民族秉持的是人类与自然万物为一体的整体性的"生生不息的生
成论世界观"，人类与自然并未分化。近代以降，人类秉持的是机械构成论的世界观，世界的原
始整体性被拆解和分割了，失去了原始统一性；人类依靠理性，从而失去了对神秘力量应有的敬
畏。

族认为："森林是父亲，大地是母亲。"贵州彝族认为："天为父，地为母，百鸟是友人。"云南泸沽湖畔的摩梭人称大地为"大地母亲"。壮族称土地为"地母"，苗族则称之为"田公地母"。佤族古歌讲："人类钻出葫芦，百鸟是人类的朋友；人类踏上大地，百兽是人类的伙伴。"① 苗族一首民歌唱道："吃树上果，穿树上皮，烧树上柴，用树上棒，伙伴哟，伙伴哟，树是好友哥。"② 这种"自然万物皆亲人"的观念在哈尼族中得到最充分的体现。哈尼族称森林为"亲亲的阿妈"，称大山深处人类安寨定居的"凹塘"为"亲亲的爹娘"，称水为"亲亲的水娘"，称火为"亲亲的火娘"，称庄稼为"长子"，称人为"二儿子"，称牲畜（指牛）为"小儿子"，称猪、狗为"兄弟"，称大田（梯田）为"独儿子"、"独姑娘"、"宝贝"……让人惊叹的是，哈尼族已用人类社会中形成的亲属称谓制度来规范和统摄人与自然万物之间的亲缘关系，使这种亲缘关系具体化和明晰化。笔者曾根据《哈尼族古歌》、《哈尼阿培聪坡坡》等资料以及前述几则神话传说勾勒出"哈尼族'自然大家庭亲缘关系图'"。③

在这些民族的观念中，既然人与自然万物"同源共祖"，从起源上讲是同母所生或同父异母的兄弟姐妹，在世世代代的生息繁衍（既指人类也指自然万物）中又是亲密的亲人和伙伴，那么，人类与自然万物都不是世界的中心，人类与自然万物的关系就绝不会是"主人"与"臣子"的关系，就不会是征服与被征服、统治与被统治的关系，而是"一家人"的关系，人类不会自视为自然万物至高无上的主宰，自然万物也不会是可以被任意宰制、奴役和盘剥的对象。这些民族视自己为"自然之子"，谦卑而恰当地存活于天地间。不仅如此，人类与自然间也不是主体与客体的关系，人的主体地位或主体性被消解了，主客体之分完全失去了认识论根基，人类与自然成为一个互为主客体的有机存在，按迈克尔·波伦的表述就是："每一个主体都是客体，而每一个客体也是主体。"④

也就是说，这些少数民族既不是"人类中心主义者"，也不是"自然

---

① 刘永堤、陈学明：《葫芦的传说》，云南人民出版社1980年版。

② 杨海涛：《民间口传文学中的人与自然》，《民族艺术研究》2000年第6期。

③ 详见本书第八章第二部分。

④ ［美］迈克尔·波伦：《植物的欲望：植物眼中的世界》，王毅译，世纪出版集团、上海人民出版社2005年版，第9页。

中心主义者"。因而说他们是"非人类中心主义者"未尝不可。① 但这里说的"非人类中心主义"仅仅表明"人类非中心"而已，却与现代环境（生态）伦理学中所说的"非人类中心主义"大相径庭：由动物解放论、动物权利论、生物中心主义、生态中心主义等流派所组成的现代"非人类中心主义"其实就是"自然中心主义"。接下来需要追问的问题是：何为"中心"？既然"中心"非人类非自然，那我们就从"实体"探寻转向"非实体"探寻，从观念体系中寻求答案。

在介绍和研究中国许多少数民族宗教信仰的论著中，充斥着各种各样名目繁多的"神灵"。这些"神灵"被人们顶礼膜拜，享有至高无上的神圣地位，因而这些少数民族被描述为"万物有灵论者"或"有神论者"。对此人们受之泰然、坚信不疑。但一个值得关注的事实是，这些论著是现代学者用现代的汉语话语系统写成的，"神灵"是汉语的意译。事实上，这些被汉语意译的"神灵"在少数民族各自的母语系统中都有特定的称谓，理解这些称谓所表达出的真实含义将有助于我们对少数民族"神灵"的理解。对此我们以哈尼族为例说明之。哈尼族有一重大祭祀仪式——"昂玛突"（意译为祭寨神），"昂玛"被许多人意译为"护寨神"，但日本学者稻村务通过调查后指出："如把'昂玛'的'昂'和'玛'分开来考虑，'昂'是力量，'玛'是母亲及源，可以将其译为'力量之源'。"② 笔者相信稻村务的调查。这种"力量之源"到底是什么？许多学者认为，"神灵"的出现与自然力有密切关系，是自然力被想象、被塑造的结果。也就是说，"神灵"的"力量"仅指自然力。但哈尼族中的"昂玛"并不仅指自然力（无论是将自然力理解为自然本身潜藏的力量还是自然影响、支配人类的力量），而是指掌控人类和自然命运的"力量"。哈尼族学者李克忠便指出："寨神（即'昂玛'——笔者注）不仅管护全村中的一切生灵，而且还护佑着人畜饮用的水源和土地，使泉水长流不断，土地久用不竭。"③ 在"昂玛突"仪式中，人们会进入寨神林中选一

① 如董淮平认为："佤族传统生态观具有非人类中心主义之向度。"详见董淮平《佤族传统生态观的当代解读》，《思想战线》2006 年第 6 期。

② ［日］稻村务：《"昂玛突"——介于村落祭祀与亲族祭祀之间的仪式》，载《第四届国际哈尼/阿卡文化学术讨论会论文集》，云南民族出版社 2005 年版，第 226 页。

③ 李克忠：《源自传统的生态观——哈尼族传统文化中的生态理念与生态保护》，载《第五届国际哈尼/阿卡文化学术讨论会论文集》，云南民族出版社 2007 年版，第 24 页。

棵标直的大树进行虔诚的祭拜。正如另一位哈尼族学者李期博所说："哈尼族崇拜'昂玛'的实质并非寨神林本身，而是'昂玛'这个护寨之神。寨神林可以说是护寨神'昂玛'的载体或者说是'昂玛'的居住场所。"① 哈尼族通过昂玛突这一神圣仪式表明，"人类"和"自然"都不是"中心"，"中心"就是"昂玛"。

在中国许多少数民族的观念中，有一统领众神的至高神，至高神掌管整个人间与自然的命运，② 众神则分管具体人群与具体自然物的命运，如水神掌管人与水的命运，土地神掌管人与土地的命运，森林神掌管人与森林的命运……如是，"神灵"便成为凌驾于"人类"与"自然"之上的"第三方"，成为真正的"中心"。因而从此意义上讲，这些民族不是"去中心论者"或"无中心论者"，而是坚定的"中心论者"，这个"中心"用现代的汉语话语系统表述就是"神灵"，实则是超越和凌驾于人类与自然之上的、冥冥之中主宰人类与自然命运的一种神秘而又无处不在的"第三方力量"的化身。借用汉语话语系统，我们可以称这些民族为特定意义上的"神灵中心论者"。③ 也就是说，这些少数民族不是"实体中心论"者（即人类与自然都不是中心），而是"虚体中心论"④ 者（即左右和决定人类与自然的"第三方力量"是中心）。在这些民族中，不存在"自然顺从或敬畏人类"（带有人类中心主义色彩）还是"人类顺从或敬

① 李期博：《哈尼族民间神祇及信仰研究》，载《第四届国际哈尼/阿卡文化学术讨论会论文集》，云南民族出版社 2005 年版，第 210 页。

② 任何神都是人的创造物，因而只要是神在的地方，都是与人发生关系的场域。如森林神，森林不是神，只是人创造出的神的载体或象征。因而海德格尔所说"神即自然"是值得商榷的。

③ 中国许多少数民族都用各自特有的称谓来表征这种"第三方力量"。为了行文方便，本篇借用汉语系统中的"神灵"一词统一指代这种力量。这一具有特定意义的"神灵"不同于被视为宇宙自然和世界万物的创造者的上帝。使用"神灵中心论"的表达确实要冒陷入某种意义上的神秘主义的风险。但本文的主旨不是辨析"有神"还是"无神"、"唯物"还是"唯心"，而是探讨在中国一些少数民族传统观念中何为世界（宇宙）的"中心"。

④ "实体中心论"、"虚体中心论"是笔者受庞朴关于"一分为三"思维方式的论述的启发而提出的概念。庞朴将"一分为三"之"三"分为 4 种形态：三个都是实体、两实一虚（即两个实体，一个虚体）、两虚一实、"正反合"（从时间维度来说）。详见庞朴《从一分为三谈中国人的智慧》，《解放日报》2005 年 5 月 22 日。"人类"、"自然"和凌驾于两者之上的"第三方力量"构成了一种"两实一虚"的关系。无论是人类中心主义还是非人类（自然）中心主义都可称为"实体中心论"，而以"第三方力量"为中心则可称为"虚体中心论"。

畏自然"（带有自然中心主义色彩）的问题，"自然"和"人类"都要顺从或敬畏"神灵"，并且只顺从或敬畏"神灵"。"神灵"享有不容置疑的神圣地位，全族人都要在她面前谦卑而虔诚地敬拜。这种敬拜仪式代代相传，强化了族群认同和族群记忆，成为本民族重要的文化象征符号。对这些民族而言，"虚体中心论"不仅仅是一种伦理观，还是一种文化观、价值观和生态哲学观。

说这些少数民族并不"敬畏自然"可能会招致广泛的质疑。但让我们透过现象看本质，看看他们到底"敬畏"的是什么。

表象之一：神山、神林、神树。典型者如彝族撒尼人之密枝林、哈尼族之寨神林、藏族之神山等。几乎所有的神山、神林中的树都严禁砍伐，甚至连枯树枝都不能捡，不准人们在里面打猎和放牧，平时不准人们进入，而神树也是严禁砍伐的。但不能因此就得出结论说这些民族"敬畏自然"，如前所述，他们真正敬畏的是超人类、超自然的"神灵"，而山、林、树等只是神灵的栖息地、象征物或载体。[①] 这些山、林、树也不具有"神性"，只是因为它们是神灵的栖息地、象征物或载体，因而才成为"神山"、"神林"、"神树"。正如杜尔干所说："物体具有的神圣性并不是其所固有的特点：这种神性是外加的。"[②] 离开了作为神灵栖息地这一神圣空间，离开了作为神灵象征物或载体这一特殊身份，则山、林、树就只是山、林、树而已。

表象之二：作为图腾的动植物。凡被视为图腾的动植物一般都禁止捕杀或砍伐，如果人们迫不得已对之发生了伤害行为，就要举行种种祭献仪式，向受害者——动植物表示真诚的歉意，祈求对方的宽恕。表面看充满对动植物的敬畏，但实质上，这只是将人际伦理拓展到人与作为图腾的动植物之间的结果：既然这些动植物是本民族的祖先，与本民族有血缘关系，那么就应当恪守尊重生命权的道德底线，禁止捕杀或砍伐。这是一种泛化了的"亲人之爱"（祖先之爱），而非"敬畏"。

表象之三：坟山林。作为祖先栖息地，坟山上的一草一木都不能动，

---

① 诚如有的学者指出的，神山森林是神灵的象征，其中的动植物都是神灵的使者。详见李先琨、苏宗明《广西岩溶地区"神山"的社会生态经济效益》，《植物资源与环境》1995 年第 4 期。

② ［法］E. 杜尔干：《宗教生活的初级形式》，林宗锦等译，林耀华校，中央民族大学出版社 2002 年版，第 251 页。

因为在许多少数民族的观念中，祖先的生命已转化为坟山上的一棵树、一块石头、一片土地、一个动物，这些自然物成了祖先的化身。因而这样的保护行为也是"亲人（祖先）之爱"对自然物的投射。

表象之四：对各种动植物的祭拜。这些动植物之所以被虔诚地祭拜，不是因为它们是神的载体、象征或是本族的图腾，而是因为它们在少数民族生息繁衍、长途迁徙、安寨定居、文化创造以及抵御重大自然或人为灾害的漫漫历程中，曾给予人们许多重要的帮助。由于人类将这些动植物视为亲人和伙伴，因而将人类社会中的感恩伦理拓展至人与动植物之间，用崇拜、祭献的方式表达对动植物的感恩情怀。这种感恩情怀在佤族庆祝新房落成后的歌谣中得到较充分的体现："喝吧！我们喝了不要忘记牛和狗，我们吃了不要忘记火和刀，我们饱了不要忘记竹和树，我们好了不要忘记山和水。"[①] 彝族的跳公节、壮族的榕树祭拜和青蛙节以及许多民族中的敬狗、敬牛、敬猴、敬鸟习俗就是这样形成的。[②] 这些祭拜活动恰恰反映了人与动植物之间的亲密之情。

表象之五：开山种田、砍伐森林前祭献神灵的活动。贵州、广西的侗族称首次剥棕片为"开棕门"。"开棕门"不能站着开，要双膝跪下，口中念念有词："我开棕门，得罪树神，不敢贪心，只取三层。"广西大苗山苗族在砍树之前，老辈人总要先往自己掌心吐口痰，表示唾弃这双手，伤害树木是一种罪过。接着要对山神土地公发誓要砍一种百，以求宽恕。土家族砍竹时要说"请原谅"、"不得不砍"、"砍一罚十"之类的话。云南迪庆藏族为了盖房，需要砍树，事前必先跪在地上祈祷，向神陈述不得不砍的原因或理由，请求树神原谅自己的过失。云南云龙县白族上山伐木或丧葬时，一般要用一只公鸡祭献山神，并念祭词，意为：我们砍了你的树，动了你的土，现来酬谢你，请你不要怪罪我们。他们敬畏的不是自然万物，而是"神灵"。为了满足生存需求，人类不得不开采自然，从而在客观上对自然造成伤害。但自然万物是亲人和伙伴的观念使他们产生深深的负疚感，担心因伤害自然而遭到惩罚使他们产生深深的恐惧感，因此要向人类和自然万物的掌管者——山神、树神、大地神祭献以求宽恕。而纳

① 赵富荣：《中国佤族文化》，云南民族出版社 2005 年版，第 216 页。
② 详见廖国强《朴素而深邃：南方少数民族生态伦理观探析》，《广西民族学院学报》（哲学社会科学版）2006 年第 2 期。

西族则通过举行祭祀仪式向大自然神灵"还债":"纳西人把自然视为人一生赖以生存的恩惠之源,是大自然抚育了人类,人的一生欠着大自然很多债。这些债要通过举行祭祀大自然神灵的仪式来'还债'。"①

可见,这些少数民族对自然万物不是敬畏,而是尊重;不是强势物种对弱势物种的施舍和同情,而是发自内心的兄弟般、朋友般的情爱和感恩。

三　非凡的智慧:启示和借鉴

在中国许多少数民族的观念中,人类与自然都不是世界(宇宙)的中心和主宰,真正的中心和主宰是一种超越和左右人类与自然的"第三方力量",其化身就是借用汉语话语系统表述的"神灵"。这种"虚体中心论"的生态哲学观尽管是少数民族基于神秘力量而产生的朴素信仰,但却蕴含着独特而非凡的智慧,给予我们许多有益的启示和借鉴。

(一)科学智慧:探寻左右人类和自然的"第三方力量"

现代生态科学揭示出"生态系统中各要素的相互依赖性、系统整体的平衡性、有机性和整体性"。"整个生态系统犹如一张'无缝之网',人和其他生物都是网上的一个'节'。"② 也就是说,从生态科学的角度看,人类与自然万物(以生物为主体)都不是世界(宇宙)的中心、生态系统的中心。对此叶平指出,"人类中心主义是不科学的,其伦理也是人类主观的。生态科学是与人类中心论背道而驰的,因为它只能证明物种占有特定的生态位相互依存构成动态平衡的生态系统,以任何物种为中心都是局部相对的;'整体支配并决定部分'在系统层次上取消了物种中心的可能性"。③ 而刘福森、李力新也承认,"从科学上说,整体决定部分,因而

---

① 杨福泉:《略论纳西族的生态伦理观》,《云南民族大学学报》(哲学社会科学版)2008年第1期。

② 雷毅:《生态文化的深层建构》,《深圳大学学报》(人文社会科学版)2007年第3期。

③ 叶平:《"人类中心主义"的生态伦理》,《哲学研究》1995年第1期。

构成生态系统的每一个物种（包括人）都不是系统的中心"。① 这实质上为否弃人类中心主义与非人类中心主义之争提供了生态科学的支撑。②

那么，何为"中心"？古今中外的人类都在苦苦追寻其答案。在中国先秦文化中，人们力图用"天道"③来解释宇宙的中心；在中世纪的西方，人们将宇宙的中心归于全知全能全善、掌握宇宙万物绝对主权的"上帝"。而中国的许多少数民族则以最接近现代科学的方式去寻求这个中心：这个中心不是人类，也不是自然万物，因为人类与自然万物是共生共存的"生命共同体"和"利益共同体"，是地球大家庭中的兄弟姐妹和亲人、朋友，这个中心是一种左右人类和自然万物的"力量"，这种力量不单是"自然力"，更不是"人类力量"，也不是两者的简单相加，而是凌驾于"自然力"和"人类力量"、左右"自然力"和"人类力量"的"第三方力量"，其化身就是用现代汉语系统表述的"神灵"。④ 这样的认识是有科学依据的。现代生态科学表明，人只是生态系统中的一个物种，由于"整体支配并决定部分"，因而生态系统整体的运行规律及显示的力量就不仅"支配并决定"自然，也"支配并决定"人类。也就是说，中国许多少数民族中的"神灵"仅从生态科学的角度审视实质上就是包括人类在内的生态系统整体的运行规律及显示的力量（包括遵从规律而得到的护佑力、降福力及违背规律而得到的报复力、惩罚力）的化身。但

① 刘福森、李力新：《人道主义，还是自然主义——为人类中心主义辩护》，《哲学研究》1995 年第 12 期。

② 《韦伯斯特第三次新编国际词典》对人类中心主义的解释是：（1）人是宇宙的中心；（2）人是一切事物的尺度；（3）根据人类价值和经验解释或认识世界（转引自叶平《"人类中心主义"的生态伦理》，《哲学研究》1995 年第 1 期）。至于非人类中心主义，动物或生物显然不是"中心"，而由人与其他生物组成的生态系统整体也不是"中心"，生态中心主义其实暗含了"生态系统整体是生态系统整体的中心"这种逻辑悖论，是难以成立的。

③ 在中国先秦文化中，"道"分"人道"和"天道"。"人道"即人与人的关系的原则，或者说社会关系的原则；"天道"是指自然界的运行规律或宇宙的运行法则。详见汤一介《"文明的冲突"与"文明的共存"》，《文汇报》2004 年 10 月 24 日。

④ 许多学者认为"神灵"是自然力被神化的产物；而有学者认为，宗教崇拜的神圣对象——"神灵""是人性的升华和放射，并客观化、对象化而形成的创造性成果"（吕大吉、张世辉：《宗教是一种社会文化形式》，《中国民族报》2004 年 8 月 24 日）。这些观点至少对于像哈尼族这样的少数民族是值得商榷的。这些民族中的"神灵"确如吕大吉所说是"高于人类与自然，并反过来支配人类生活和自然活动，主宰人类命运和自然进程的神圣对象"，但不是人性放大的产物，而是一种力量的化身。

放至这些民族的整体文化语境中去考察，这种"力量"可能还带有终极色彩，即是决定生态系统整体运行规律及其力量的一种"终极力量"，类似于中国古代"天道"中的"宇宙的运行法则"。① 正因为这种力量既无处不在又难以捕捉，因而在科学认识水平相对较低的少数民族传统社会中，这种力量便幻化成各种各样的或可敬或可怖的"神灵"，成为人们宗教崇拜的神圣对象。这样，直觉般的、朴素的科学认识便以宗教信仰的形式表现出来，诚如余谋昌所说："当我们涉及生态伦理学时，可以认为它既包含科学，又包含信仰。因为它是作为科学的伦理学知识体系的一部分，但又包含崇拜生命的信仰。"② 少数民族的这种生态智慧是一种消解了科学与宗教对立、人与自然对立的卓越智慧，可为我们真正超越和弥合人类中心主义和非人类中心主义之争提供有益的启示。

（二）哲学智慧：从"一分为二"到"一分为三"

人类中心主义与非人类中心主义之争实质上采用的是"一分为二"（将世界分为人类与自然）的思维方法，即"更多的是强调不可两立、势不两立那一方面"，③ 其结果便是人类中心主义与非人类中心主义的"非此即彼"。然而，无论是人类中心主义还是非人类中心主义（自然中心主义）均遭到广泛的质疑，如去中心论（主体论）者认为，人类中心主义表达的"人是自己创建的价值世界的中心"这一命题在逻辑上是一个同语反复的命题，将人与自然的关系变成"中心"与"服从"、"主人"与"仆役"的关系；而"按照'自然中心主义'的泛伦理观，人是否就不再吃动物、进而不再吃植物再进而他甚至不应该吸进氧气，呼出二氧化碳？"④ 这种观点其实已经隐含了人类与自然都不是世界（宇宙）的中心的意思，显示出寻找"第三条道路"的信心和勇气。其他如统一论（整合论）、超越论、虚假论等观点均摒弃了二元对立的思维模式，力图找到通向人类与自然统一的途径。诚如有学者指出的："无论是自然归属于

---

① 这是一个十分复杂、玄妙和高深的问题，有待多学科携手进行深入研究。笔者仅提出问题而已。

② 余谋昌：《惩罚中的醒悟》，广东教育出版社 1995 年版，第 76 页。

③ 庞朴：《从一分为三谈中国人的智慧》，《解放日报》2005 年 5 月 22 日。

④ 刘李伟、邹永图：《人与自然："中心论"还是"主体论"？》，《广东社会科学》2000 年第 1 期。

人，还是人归属于自然，都以牺牲一方的本质存在为代价，这都不是真正意义上的人与自然的统一。"①

那么，人与自然的"本质"或"本性"是什么呢？对此问题，刘福森、李力新曾深刻地指出："自我中心主义不仅是人类的社会实践的本性，而且是一切生命的本性。""事实上在生态系统中每一物种的活动都是自我中心主义的，即从自身的生存利益出发去处理它同其他物种的关系。"② 既然人类与自然都具有"自我中心主义"的"本性"，两者必然要在利益博弈过程中产生矛盾和冲突。

如何化解人类与自然之间的矛盾和冲突？中国一些少数民族请出凌驾于人类与自然之上的"第三方"——"神灵"作为仲裁者或调解者。如纳西族《署古》讲：人类与自然这对同父异母的亲兄弟曾经反目成仇，人类肆意残害动物、毁林造田，自然则以各种巨大的自然灾害对人类实施报复，结果两败俱伤。后来在天神的调解下，双方签订了互谅互让的协约。③ 哈尼族传说《苦扎扎》讲：人类在烧山开田过程中，与动物们发生了尖锐矛盾，最后最高天神阿匹梅烟作出了一个"公正的判决"，人类与动物皆大欢喜。④ 在这些民族的观念中，凌驾于人类与自然之上的"第三方"——"神灵"被视为"正义之神"，是中立的，不会偏袒任何一方，并且会依照"基于差异性的公正原则"⑤ 来裁决人类与自然间的矛盾。这些民族在处理人类与自然关系上采用的是"一分为三"的思维方法，"一分为三"之"三"指"两实一虚"，即"人类"与"自然"两个实体，"神灵"一个虚体。关于"两实一虚"，庞朴举了一个既生动又深刻的例子加以说明："在市场上进行交易的，看上去似乎只有买方和卖方，实际上冥冥之中还有个第三方，这个第三方在主宰着、控制着、指挥着买卖双

---

① 曹孟勤：《从对立走向统一——生态伦理学发展趋势研究》，《伦理学研究》2005 年第 6 期。

② 刘福森、李力新：《人道主义，还是自然主义——为人类中心主义辩护》，《哲学研究》1995 年第 12 期。

③ 和品正：《与山神签约》，《山茶·中华人文地理杂志》1997 年第 2 期。

④ 云南省民间文学集成办公室编：《哈尼族神话传说集成》，中国民间文艺出版社 1990 年版，第 252—255 页。"苦扎扎"（矻扎扎）即哈尼族的六月节。

⑤ 中国许多少数民族在处理人与自然的关系上秉持的是一种"基于差异性的公正原则"。关于此问题，可参见本书第八章第五部分。

方，它虽然不可见，但确实存在。这在经济学上被称为'看不见的手'。"① 地球上的人类与自然犹如市场上的买方和卖方，"神灵"就是冥冥之中"主宰着、控制着、指挥着"人类与自然这两个实体的"第三方"，就是前述的那种神秘而又无处不在的"力量"的化身，就是那只"看不见的手"的化身。

　　这些民族以"一分为三"思维方法处理人类与自然的矛盾和冲突蕴含着独特的智慧。从纯法理角度看，人类与自然都是利益相关方，都具有自我中心的本性，因而当两者发生冲突和矛盾时，以任何一方作为仲裁者或调解者（即使人类以自然的权利"代理人"的身份出现），都不可能作出公正的裁决，最公正的方式便是请出公正的"局外者"或"外星来客"② 充当法官的角色（当然这只是一种想象中的状况）。

　　尽管在现代社会中，我们不可能仍以"神判"的方式来处理人类与自然的纠纷，③ 但少数民族"一分为三"的思维方式仍给我们有益的启示。作为地球生物中惟一的智慧生物，人类首先应当做的是尽力去研究和探寻冥冥之中主宰人类与自然的"第三方力量"，这是一个艰辛的科学探索过程。之后，犹如依据"看不见的手"制定市场公平交易规则一样，人类应依据"第三方力量"制定让人类与自然互利共赢的公正原则，并将这种公正原则法制化和制度化。同时大力宣扬人与自然万物和谐共存的生态伦理观。这样，科学（"是"）、法律（"必须"）与伦理（"应当"）三管齐下，就有望弥合"是"与"应当"、"人道主义"与"自然主义"、"理论理性"与"实践理性"之间的裂缝，超越人类中心主义与非人类中心主义之争，从"实体中心论"走向"虚体（非实体）中心论"，从"一分为二"走向"一分为三"，将人类的智慧转移到最大限度地实现种

---

　　①　庞朴：《从一分为三谈中国人的智慧》，《解放日报》2005 年 5 月 22 日。

　　②　刘湘溶、李培超曾有这样的表述："从局外者（例如公正的外星来客）的立场看，任何一种动物的证明在逻辑上与人类的证明都是等值的。"（刘湘溶、李培超：《论自然权利——关于生态伦理学的一个理论支点》，《求索》1997 年第 4 期）本篇借取了他们的表述。

　　③　现代人尝试的是另一条路径，即赋予自然（主要是动植物）以法律地位，让自然物也能站在法庭上，这些自然物通过代理人与人类"对簿公堂"。它的开拓者是美国人克里斯托弗·斯通。他为支持环境保护团体谢拉俱乐部状告美国内务部（后者批准了一项影响野生生物生存的开发计划），于 1971 年撰写了《树能站到法庭上去吗？》一文。日本曾于 20 世纪 90 年代发生了 6 大"自然的权利诉讼"案。详见韩立新《环境价值论》，云南人民出版社 2005 年版，第 128—141 页。

际公正上来。

四　结论

　　人类对人与自然关系的认识与特定的认知范式密切相关。人类中心主义与非人类中心主义之争其实就是现代主义认知范式与后现代主义认知范式之争。中国许多少数民族认知范式的核心是人类与自然万物"同源共祖"，在他们的观念中，人类与自然万物是同母所生或同父异母的兄弟姐妹，是亲密的亲人和伙伴，人类与自然都不是世界的中心，真正的中心是超越和凌驾于人类和自然之上的、冥冥之中主宰人类和自然命运的一种神秘而又无处不在的"力量"，其化身便是用现代汉语话语系统表述的"神灵"。因而，这些少数民族不是"实体中心论"者（即人类与自然都不是中心），而是"虚体中心论"者（即左右和决定人类与自然的"第三方力量"是中心）。这种生态哲学观采用的是"一分为三"的思维方法，蕴含着独特而非凡的科学智慧和哲学智慧，为我们反思和超越人类中心主义与非人类中心主义之争，从"实体中心论"走向"虚体（非实体）中心论"提供了有益的启示和借鉴。

后　记

在中国 55 个少数民族中，哈尼族是人口超过百万人的少数民族之一，据 2010 年全国第六次人口普查统计，中国哈尼族人口总数为 165 万余人，在全国少数民族人口排序中位居第 15 位，在云南省少数民族中人口排序第 2 位，是云南省跨境而居的少数民族之一。在国内主要分布在云南省南部的元江—红河、澜沧江之间的哀牢山、无量山、南糯山等半山地带。以行政区域而言，哈尼族主要分布在红河哈尼族彝族自治州、普洱市、西双版纳傣族自治州和玉溪市等地。因此，本书的研究范围主要集中在哈尼族聚居的县域内。

党的十七大提出的科学发展观，第一要义是发展，核心是以人为本，基本要求是全面协调发展，根本方法是统筹兼顾，即统筹城乡发展、经济社会协调发展、人与自然和谐发展。以梯田稻作文明为核心的哈尼族传统文化的主题就是和谐，即，人与自然和谐、人与人之间的和谐、人与神灵的和谐。这一文化主题恰好决定了哈尼族认识客观世界之平等，对待生命之尊贵的行为取向，从而形成"以和为贵"的人生处事原则。同时，在经济全球化、民族地区现代化、城镇化、信息化进程的推进中，少数民族文化处于急剧的变迁之中，许多传统文化不断消失，许多少数民族传统生态知识濒于失传。

这就是我们选定"云南哈尼族传统生态文化研究"课题的主要原因。并于 2008 年 3 月将该课题向全国哲学社会科学规划办公室申报。让我们喜出望外的是，同年 8 月接到了全国哲学社会科学规划办公室的立项通知书。为了使项目尽早实施，红河学院作为项目经费管理单位，给予了大力支持，随即召开了开题论证会。而后，课题组立即进入了紧张的田野调查阶段。两年多来，课题组分别在哈尼族聚居区红河流域的元阳县、红河县、绿春县、金平县、元江县、墨江县等以及澜沧江流域的澜沧县、勐海县等地进行了点面结合的哈尼族传统生态文化实地调查，并获得了大量的第一手资料。我们在第一手资料的基础上，吸收前人研究的成果撰写出30万字的研究报告，于2011年11月经云南省社科规划办提交到全国哲学社会科学规划办接受评审，于2012年5月1日公示评审结果，项目成果的鉴定等级：良好。参与评审的专家对该成果突出的特色、主要建树和价值的结论：一是"全面、系统地梳理了云南哈尼族传统生态文化"。二是"在深入开展学术对话的基础上提出了自己的新见解"。三是"开创了研究民族生态文化的新视角"。因此，"该成果既有学术的新贡献，深化了该领域的研究，是该领域研究的一项重要成果，对现代生态文明的建设也有积极的借鉴作用"。

为了认真完成撰写任务，我们课题组成员在共同完成田野调查任务之后，具体写作分工是：课题组负责人黄绍文独立撰写第一章，第二章的第二、三部分，第三章中的第一、二、三部分，第五章、第六章、第七章。课题组成员廖国强独立撰写第八章和余论；课题组成员关磊独立撰写导论的第四、第五部分；课题组成员廖国强和关磊共同撰写导论第一、二、三部分和结语第一部分；课题组负责人黄绍文和成员关磊共同撰写第三章第四、第六部分、第四章和结语第二部分；课题组负责人黄绍文和成员袁爱莉共同撰写第二章第一、第四部分和第三章第五部分。黄绍文负责全书统稿，廖国强对全部书稿进行了全面审阅。书中所有写真图片由黄绍文摄影。目录和书中插图说明的英文由李怡女士翻译。

在写作研究过程中，我们力求突出生态文化及其特色，较为全面系统地介绍哈尼族传统生态文化在祖国西南大地上的发生、发展和演变过程。我们在评审专家组提出修改意见的基础上又做了认真的补充、修改完善后形成本项目的最终成果。但由于生态文化学是新兴的学科，课题组成员研究能力有限，加之任务重，时间紧，故课题组对不能完成直接撰写任务的成员做了微调。作为哈尼族生态文化研究领域的第一本集体性著作，错误在所难免，恳请广大读者批评指正！

本书研究、出版过程中得到了红河学院党委书记陈永明，红河学院原校长彭兵，红河学院副校长安学斌，红河州人民政府副州长、公安局长王军，红河州中级人民法院院长王泽祥，红河学院校长助理、科技处处长张灿邦，红河州民族研究所所长白克仰等有关领导的大力支持，在此对他们给予的工作支持和悉心关怀表示衷心的感谢！也感谢关心和支持研究工作的其他朋友！

《云南哈尼族传统生态文化研究》课题组

2012 年 10 月于蒙自

附　录

结项证书

结项证书

项目类别：国家社会科学基金西部项目（批准号：08XMZ033　）

项目名称：云南哈尼族传统生态文化研究

负 责 人：黄绍文　　　　　　主要参加人：廖国强　关　磊　袁爱莉

证 书 号：20120838

鉴定等级：良好

　　本项目经审核准予结项，特发此证。

全国哲学社会科学规划办公室

2012　　月4